비블리오드라마를 활용한

집단미술치료

using Bibliodrama Group Art Therapy

비블리오드라마를 활용한 집단미술치료

박은미 저

머리말

한국 사회의 특성은 급속한 사회변동에서 찾아진다. 경제적 압축성장과 그로 인한 빠른 사회변동은 장점과 동시에 단점을 지니고 있다. 세계적으로 유례가 없는 성공적인 경제성장은 후발개발도상국가들에 있어 모범적인 모델로 제시되고 있으나, 다른 한편으로는 성장의 뒤안길에 남겨진 각종의 사회문제로 인하여 혼란과 어려움이 노정되고 있다.

이러한 전환기적 한국사회에서 특히 여성들의 삶과 내면세계는 더욱 드라마틱하다. 21세기 여성시대의 성공적인 여성의 전형으로 되어 있는 여성대통령과 각계의 여성지도자들이 있는가 하면 다른 한편으로는 사회의 최하층 계층으로 어려움 삶을 살고 있는 여성들이 허다하다. 가정에서의 생활도 이와 유사하다. 많은 여성들이 가정이나 사회에서 여전히 억압받고 고통스러운 삶을 영위하는 사례를 흔히 볼 수 있다.

이러한 배경에서 저자는 집단미술치료와 비블리오드라마를 통하여 중년여성들의 이야기를 그려보고자 하였다. 본서는 중년여성들 중에서 기독교 중년여성들을 선택하여 이들이 그동안 살아오면서 지녀왔던 자신의 실존적 문제들을 탐구해 본 연구이다.

저자는 서양화를 전공하고 중학교에서 미술교사로 재직한 경험을 가지고 있다. 언어적 상담으로 문제를 발견하고 치료하기 어려운 경우, 미술매체를 통해 집단적인 치료를 가능하게 하는 집단미술치료의 가능성을 발견하였다. 여기에다 상담과 미술치료를 결합하고, 더 나아가 집단미술치료, 그리고 비블리오드라마 등을 학습하고 실천경험을 쌓으면서 융합의 지평을 넓혀가는 즐거움을 알게 되었다.

이 과정에서 중년여성들의 어려움을 상담하고 함께 기도하는 생활 속에서 비블리오드라마와 집단미술치료를 연계하여 이들이 가진 문제를 다루어보기로 하였다. 저자는 기독교인으로서 오랫동안 교회를 다니면서 경제적 문제에서부터, 신체적·인간관계적·심리적·정신적 문제를 어떻게 해결할 것인가에 관심을 가져왔다. 상담과 사회복지학을 공부하고 중보기도도 여러 사람들과 같이 하고 있으며, 성경적인 말씀에 비추어 문제해결을 위해 노력하고 있는 중이다.

이러한 경험을 바탕으로 하여 박사학위 논문으로서 기독교 중년여성들의 문제를 비블리오드라마와 집단미술치료를 통해 그 해결을 시도해보기로 하고, 여러 가지 방법론적인 접근을 해 보았다. 사전·사후 검증 형식의 양적연구방법, 질적연구방법인 현상학적 방법, 그리고 존재론적인 탐구방법 등을 차례로 시도해 보았다. 결국 기독교 중년여성들의 문제해결보다는 이들과 함께 저자가 각자의 존재론적 질문을 던지고 이를 비블리오드라마와 집단미술치료로 실천하면서 그 실존적 존재가 어떻게 변화되는지를 분석하는 것이 박사학위 논문으로 귀착되었다.

따라서 본서는 이러한 과정을 상세하게 서술한 박사학위 논문을 저서로 편집한 것이다. 저자는 기독교 중년여성들이 어린 시절부터 결혼을 하고 중년이 될 때까지 가정과 사회에서, 그리고 부모와 남편으로부터 어느 정도의 억압과 고통을 경험하였거나 경험하고 있다는 사실을 발견하였고, 그 문제를 해결하기 위해 중년여성들이 생활 속에서 부단히 노력하고 있음을 발견하였다.

본서는 드라마와 미술을 매체로 집단치료를 하는 전 과정을 담아낸 연구자료이다. 그 중 비블리오드라마는 성경의 이야기를 나의 삶의 이야기로 가져와서 즉흥적으로 재현해 봄으로 교리적이고 인지적이었던 절대적 가치를 내 삶에 적용해보거나 그 차이를 실감해볼 수 있도록 기회를 제공한다. 미술은 훈련되어진 언어를 넘어 공간과 색채, 무의식의 익숙하지 않은 매체를 통하여서 진솔한 자신을 드러내고 발견되게 한다.

대부분의 상담에 관한 이론서는 다양한 상담이론을 제시하거나 간단한 예시정도만 기술되어져 있다. 본서는 6명의 기독교 중년여성들에게 비블리오드라마를 활용한 집단미술치료 전 과정을 기술한 것이다. 그러므로 본서는 집단미술치료의 진행과정과 그 과정에서 일어나는 역동을 상세히 알고 싶거나 안내를 받고 싶은 사람들을 위한 사례집처럼 도움을 줄 수 있을 것으로 기대한다. 특히 비블리오드라마가 상담이나 미술치료장면에서 아직 생소한 이 시기에 그 진행과정을 알아봄으로써 좀 더 쉽게 이해할 수 있는 기회를 제공할 것으로 보여진다.

무엇보다도 집단미술치료와 비블리오드라마를 연계하여 적용함으로써 미술치료학계에서나 비블리오드라마 영역 모두에서 각각의 지평을 넓혔다는 점이 의미 있는 작업으로 보여질 수 있다. 저자 역시 앞으로 더 매진하여 미술치료의 활용을 다양화하고 깊게 하는 데 기여하고 싶다. 같은 뜻을 가진 많은 분들과 함께 의미 있는 연구와 실천을 계속하기를 희망한다.

끝으로 이 저서가 나올 수 있도록 박사학위 과정의 지도교수님이신 최외선 교수님과 김갑숙 교수님께 감사드리고, 무엇보다도 존재론적인 탐구를 수행할 수 있도록 상세하고 자상한 지도를 해 주신 박세원 교수님께 감사드린다. 그리고 본서를 저서로서 적절하게 편집하여 출판해 주신 동문사 이중수 사장님과 직원 여러분께 감사드린다.

2017년 7월
푸르른 여름에
박은미

차 례

머리말 ◆ 4

CHAPTER 01 '기독인', '여성', '치료사'의 의미 발굴 준비하기 11

1. 기독인 여성과 치료사의 관계적 존재 의미 되묻기 12
2. 탐구의 필요성과 목적 22
3. 존재론적 물음들 31
4. 연구논문의 구성 32

CHAPTER 02 '성서의 터'에서 '몸'과 '눈'의 연장 다듬기 35

1. 기독교 중년여성의 자아와 신앙 36
2. 집단미술치료와 비블리오드라마 46
3. 치료사의 역할 64

CHAPTER 03 존재론적 의미의 '발굴' 방법과 과정 67

1. 존재론적 탐구 68
2. 연구 참여자 선정 74
3. 프로그램 구성의 원리 76
4. 프로그램 진행의 단계 80
5. 자료수집의 방법과 절차 83
6. 자료해석의 방법과 절차 87
7. 연구 참여자에 대한 윤리적 고려 90

CHAPTER 04 살아졌어야만 했던 내 삶의 터들을 목격하며 실존으로 살아내고 싶은 내 삶의 터를 그린다 93

1. 첫째 날: 몸속에 깊이 묻혀 있던 살아져야만 했던 '나'의 흔적들과 대면하기 94
2. 둘째 날: 결혼이라는 '터'에 그대로 뿌리 내리웠던 '나'의 상처 흔적 들여다보기 134
3. 셋째 날: 부모라는 언어 속에 새겨진 '나'의 아픈 조각들 들여다보기 170
4. 넷째 날: 참된 '나'를 짓눌렀던 거짓된 '나' 걷어내기 202
5. 다섯째 날: 실존으로 살아내고 싶은 '나'를 함께 발견하고 그리기 231

차 례

CHAPTER 05 발굴된 존재론적 스토리라인들 265

1. 관계 속에 서 있는 '여성'–기독교 중년여성의 자아개념 구성 266
2. 신 앞에 맨 몸으로 다시 서는 여성–실존적 해석이 신앙인의 삶에 가지는 치료적 가치는 무엇인가? 281
3. 그림과 드라마에 힘입어–비블리오드라마와 집단미술치료가 자아개념 형성에 어떤 기능을 하는가? 294
4. 너의 동반자 되다–치료사의 역할 319

CHAPTER 06 스토리라인들이 주는 가치 333

CHAPTER 07 신 앞에서 실존자로 서며 '만남'을 준비한다 339

참고문헌 350
찾아보기 360

CHAPTER 1

'기독인', '여성', '치료사'의 의미 발굴 준비하기

1. 기독인 여성과 치료사의 관계적 존재 의미 되묻기
2. 탐구의 필요성과 목적
3. 존재론적 물음들
4. 연구논문의 구성

1 기독인 여성과 치료사의 관계적 존재 의미 되묻기

나는 어릴 때부터 기독교 신앙을 가진 가정에서 자랐다. 할머니와 부모님을 따라 교회에 다니던 나는 목사님의 설교와 어머니의 간증어린 이야기를 통해 막연하게나마 하나님에 대하여 알고 있었지만, 실제 내 삶에 하나님이라는 존재는 멀게만 느껴졌었다. 청소년 시기가 되었을 때 부모님은 직장 때문에 한동안 지방에 내려가 계셨고, 나는 부모 없이 할머니, 형제들과 함께 사춘기를 보내고 있었다. 이 시기에 자신의 미래에 대한 불확신으로 인해 불안하고 우울했었던 나는 하나님을 나의 하나님으로 직접 만나야겠다는 생각을 하게 되었다. 그러던 중 친구의 초청으로 청소년 부흥회에 참석하게 되었고 마지막 기도시간에 용기를 내어 하나님 앞에 독대하여 마주앉은 심정으로 나를 만나 달라고 큰 소리로 외치게 되었다. 늘 기도하며 간증거리가 많던 어머니의 하나님도 아니고, 타인에 의해서 들려지는 이야기 속의 하나님이 아닌 나의 하나님으로 만나달라고 점점 간절하게 소리를 질렀다. 그렇게 처음으로 그리고 절박하게 나의 의지를 다해서 하나님을 찾는 시간을 가졌던 것이다. 그러한 얼마간의 시간이 지나자 내 몸과 마음이 뜨거워지면서 어떤 변화들이 일어나기 시작함을 느꼈다. 희미하였던 하나님의 사랑이 강하게 느껴지며 점점 하나님의 존재가 있음이 더욱 확신되었고 하나님의 사랑이 나에게 부어지는 것이 느껴졌다. 그러한 격정적인 사랑의 감정들로 인하여 나는 눈물이 계속 쏟아져 내렸다. 나는 진심으로 하나님은 살아계심을 고백할 수 있게 되었다. 하나님과의 만남은 이성적 깨달음이기보다 하나님으로부터 몸과 마음에 감정으로 주어진 그런 만남이었다. 그 이후에도 한동안 나는 누군가와 첫사랑을 하는 것처럼 두근거리는 기쁨과 감동으로 눈물을 계속 흘리며 지냈다. 그렇게 체험으로 각성된 마음은 새로운 세상을 선물로 받은 것 같아서 내가 바라보는 세상은 아름답고 환한 사랑이 가득한 곳으로 여겨졌다. 이러한 경험은 내 인생에서 가장 큰 전환점이 되었고, 나의 삶이 유신론적 가치를 가지고 성장하도록 해 주었다. 나는 기쁨으로 충만해진 이 한 번의 사건으로 내 인생은 아무런 문제가 없는 상태로 나아갈 수 있으리라는 기대를 하였다. 그러나 한편으로는 아직도 미성숙한 나의 문제들, 타인과 관계 맺는 것의 어려움, 그리고 때때로 무력하고 우울했었던 내 안의 문제들은 다 사라져서 해결이 된 것일까에 대한 의문을 지닌 채 대학생이 되었다.

나는 미술대학에 서양화를 전공으로 하여 진학하였다. 그러나 나의 정체성은 '예술가'이기보다는 '하나님을 잘 믿는 기독교인'이었다. 나는 많은 시간을 들여 기독교적 활동을 하였다. 새벽같이 기독교 서클룸에 가서 아침기도를 하고 점심시간에는 회원들과 함께 전도하며, 1대1 만남의 성경공부는 물론 외부강사를 모시고 하는 큰 모임에도 참석하였다. 방학이 되어 친구들은 여행을 다녔지만 나는 교회와 서클의 각종 수련회에 참석하다보면 어느새 방학이 다 지나게 되었다. 그러나 친구들과의 만남에서도 '나'로서가 아니라 '기독교인'으로서 그들을 만났다. 그러나 여전히 나는 자유롭지 못하였고 늘 외부 상황에 맞추어 행동하고 있었다. 책임과 의무감으로 맡게 된 많은 행사와 봉사로 인해 나는 점점 지쳐갔다.

결국 대학교 4학년 말에, 누적된 피로와 스트레스로 인한 허리디스크 때문에 병원에 입원을 하게 되었다. 이 일로 나는 졸업 작품 전시장에도 참가하지 못했고, 가족들도 주인공 없는 전시장에 다녀오게 되었다. 나의 열심이었던 대학신앙생활의 마지막 결과는 허리디스크라는 신체적 반응으로 나타났다. 병원에서는 젊은 나이에 수술을 하게 할 수 없어 50파운드의 추가 매달린 허리 벨트를 차고 한 달 가량을 병원에 누워만 있게 하였다. 그러나 결국은 수술을 해야 한다는 병원 측의 이야기에 화가 나신 부모님이 집에 모든 장비를 구입하다가 다시 50파운드의 추를 천장에 달고 나를 누워 있게 하였다. 나는 하루 종일 공중에 매달려 있는 추를 바라볼 수밖에 없었다. 마음이 추만큼이나 무거웠다. 한편으로는 차라리 아무 일 안 하고 그냥 누워만 있다는 사실이 반갑기도 하였다.

심리적으로 안전한 도피생활을 하는 것 같았기 때문이었다. 나의 대학생활의 마지막 결과는 무엇인가? 기독교적 말씀에 따른 '행위'와 '율법'은 나를 왜 자유롭지 못하게 하는가? 지금의 이 신앙으로만 해결되지 않는 그 무엇이 있단 말인가?

결혼 후 나는 서울과 부산에서 몇 년간 공립중학교 정규직 미술교사로 근무하였다. 그러나 자녀들이 생기면서 두 자녀의 어머니 역할이 더욱 소중하다고 판단해 미술교사를 그만 두었다. 그 후 두 자녀가 어느 정도 성장해서 내가 중년이 되기 시작할 즈음에 다시 고등학교 미술교사 임시직을 시작하였다. 아들의 친구들이 앉아 있는 교실에 실로 오랜만에 교사로 서보니 전과 다르게 학생들이 모두 내 자녀처럼 여겨지고, 예뻐 보였다. 그러나 신체적으로 새벽부터 밤늦게까지 앉아서 공부만 하고 정신적으로는 성적에 대한 스트레스를 받는 학생들을 보면서 나는 매우 안타까웠다. 그리고 학생들은 진정한 배움의 즐거움보다는 미술수업을 성적과 연결해서 생각할 뿐 의무적으로 작품을 만들고 있었다. 이러한 문제점을 생각하고 있던 즈음에 나는 한 권의 미술치료책을 보게 되었다. 이 책은 나로 하여금 미술수업 장면에서 미술치료기법을 활용함으로 더 역동적인 수업을 할 수 있을 가능성을 보여주었다. 그리하여 나는 미술수업 시간에 작품위주만의 수업을 벗어나서 작품에 대한 자신의 감정에 대하여 발표하는 시간을 더 많이 할애하기 시작하였다. 학생들은 자신의 생각이 드러나거나 자기경험을 이야기할 수 있게 되자 서로의 말에 귀를 기울이며 재미있어 하였다. 적어도 미술수업은 학생들에게 자유롭고 즐거움을 주는 수업이기를 바라왔던 나에게 미술치료는 그 방법을 제시해 주었다. 수업시간 이외의 교실 내에서 벌어지고 있는 그들만의 세상을 그들의 그림 속 이야기를 통하여서 더 깊이 접할 수 있었고, 또한 미술치료의 진단용 그림을 활용한 학생들의 그림은 막연히 느껴보던 이들의 심리적 어려움을 구체적으로 드러내 주었고 나의 마음에 와 닿도록 하였다. 더 나아가 학업에 흥미를 잃고 가출을 일삼던 몇몇 학생의 힘든 마음도 돌아볼 수 있었다. 나는 미술치료가 그림으로 타인과 대화하고 변화시키고 도움을 줄 수 있다는 가능성을 확인하고 희열을 느끼게 되었다.

임시직이 끝난 후, 전적으로 미술치료사의 길을 가기로 작정하고 미술치료를 배우기 시작하였다. 마침 자녀들에게 손길이 많이 필요한 시기가 지났기에 새로운 미술치료 학습에 전념할 수 있었다. 미술치료를 공부하면서 먼저 내 자신을 탐색할 수 있는 즐거움도 알게 되었다. 때로 집단미술치료를 통하여 집단구성원 간의 역동에서 나 자신을 살펴볼 기회도 얻었다. 그리고 그 과정에서 배우게 된 많은 인간행동이론들은 기독교적 인간관, 가치관 이외의 다양한 관점에서 인간을 바라볼 수 있는 길을 제공해 주었다. 또한 내가 보기를 원하지 않았던 내 안의 부정적인 감정들을 존중하기 시작하였고, 내가 알지 못하던 나의 모습들을 타인으로부터 피드백 받게 되었다. 나는 점차로 영적인 성장 이외에 인간이 지닌 신체적·인지적·감정적인 성장에 대하여 관심을 두게 하였다.

인생에서 힘든 자들을 돕는 역할로 미술치료사의 역할을 선택한 것은 내게 타인을 더 진지하게 대할 수 있는 길로 인도하였으며, 목표를 향해 방향을 지시하던 교사에서 그들과 함께 걷는 상담자로서의 정체성을 얻게 하였다.

한편 나는 16년간 여성들이 모여 중보기도를 하는 선교단체에 리더로서 몸을 담고 있다. 이 단체 활동을 통해 많은 크리스찬 여성들을 만날 기회가 있었고 그들과 삶을 나누며 간접적이지만 다양한 일들을 경험할 수 있었다. 영성이 깊은 여성들도 많았으나 교회 안에서 공개하기에 너무 힘든, 그리고 마음에 상처가 있어 치유가 필요한 여성들이 더 많았다. 소집단으로 자신의 비밀스러운 이야기를 나누고 서로를 위해 기도하는 시간들은 깊은 만남을 제공하였다. 어려운 환경에서 신앙의 힘으로 이겨나가는 여성들인 만큼 기도를 하면서 얻어진 영적세계의 경험들이 많았고 신앙적 열정은 대단하였다. 하지만 그들의 삶은 분명 하나님을 찾고 기도를 많이 하는 삶인데도 불구하고 너무 많은 굴곡과 고통의 일들이 일어나고 있는 것을 보게 되었다.

나는 처음에는 그들의 어려움을 같이하고 기도를 하며 지지를 하는 과정을 보냈다. 그러나 나는 그들과 현실적인 삶을 나눌수록 상식적이지 않고 기이하리만큼 고통스러운 일들이 그들의 삶 속에서 계속해서 일어나고 있음을 알게 되었다. 일반적으로 기독교인의 삶은 윤리적이어야 하며 역경 없는 평화롭고 축복된 삶이어야 한다는 기대를 받게 된다. 나 역시 그러한 가치관을 지니고 살아왔다. 3대에 걸친 믿음의 가정에서 평탄하게 자란 나로서는 하나님을 아는 자들의 삶에 질곡이 많다는 것에 의아해졌다. 진리를 알고 있고 남들보다 더욱 하나님을 갈망하는 자들의 삶이 왜 이러할까? 나는 머리로는 그들을 이해하고자 하였으나 마음으로는 그들의 신앙이 의문스러워졌다. 나는 점점 그들의 삶의 방식에 문제가 있을 것으로 판단하게 되었고, 그들에게 조금씩 구체적인 대안에 대한 조언을 하거나 때로는 가르치기 시작하였다. 그러던 중 어떻게 그들을 받아들이고 대해야 할지 혼란스러웠던 나에게 매우 갈등적인 사건이 일어났다.

선교단체의 임원인 ㅇ집사의 경우 의처증이 심한 무직의 남편 때문에 결국 직장을 그만두고 교회 일에 전념을 다하고 있지만 남편에게 알리지 않고 생활비로 써버린 카드빚이 점점 늘고 있어서 에너지가 소진되어가고 있었다. 나는 ㅇ집사가 가진 문제로 인해 영적 사역자의 상담을 받았고 구체적인 해결책을 실행에 옮기도록 지시 받게 되었다. 영적 사역자는 ㅇ집사의 경우 하나님께서 좋은 직장을 주실 테니 직장을 다니면서 조금씩 돈을 갚을 것에 대한 이야기를 ㅇ집사에게 하였다. 그러나 ㅇ집사는 하나님께서 자신에게 그와 같은 마음을 주시지 않는다며 직장에 나갈 마음이 없다고 하였다. 예언적 상담을 하는 그 사역자는 그 후에 나에게 이 선교단체에 그 집사가 임원으로 있음이 합당치 않으니 참석하지 못하게 하라고 말하였다. 그 사역자의 사역에서 병을 고치거나 많은 기적들이 일어나고 있었고 나는 하나님의 이름으로 하는 사역자의 조언을 감히 의심하며 거역할 수 없었다. 더군다나 사역자는 그렇게 조치를 할 것을 더 강하게 요구하였다. 나는 무엇이 옳은지를 혼란스러워하며 고민을 하다가 너무나 어렵게 결국 ㅇ집사에게 선교단체에 나오지 말 것을 권하게 되었다. 그러나 ㅇ집사는 더 당당하게 모임에 나타나서 격앙되어 큰소리를 내었고, 결국 나는 모든 회원이 있는 자리에서 자초지종에 대한 설명을 하고 공개적인 이슈로 드러내게 되었다. 회원들 또한 혼동스러워 했으며 이 일로 깊은 신뢰를 바탕으로 하던 모임은 혼란에 빠졌다.

리더로서 치유자로서 나는 과연 무슨 일을 한 것일까? 리더로서 고통을 당하고 있는 사람들에 대한 나의 견해가 혼란한 틈 속에서 나는 제 3자의 의견에 주관 없이 움직이는 리더가 되어 있었다. 내가 처음 하나님을 개인적으로 만날 때 믿음의 확신이 하나님으로부터 주어졌던 경험들은 매순간의 다양한 일들에 대한 의미 역시 영적인 절대적 가치가 계시될 때 가장 확실할 것으로 생각을 해 오고 있었다. 그래서 영성이 높은 누군가의 견해를 아무 분별없이 받아들이고 있었다. 그러나 이제 어느 누구도 내게 답을 줄 수 없었다. 결국 나는 기도원에 가서 3일 금식기도를 하기 시작하였다. 한 집단의 리더로서 누군가의 말에 의한 것이 아닌 스스로의 결정과 하나님의 뜻을 찾아야만 하였다. 힘든 3일이 지났으나 명쾌한 하나님의 음성은 없었다. 그렇지만 내 안에 확실한 생각이 자리 잡았는데 결국 가장 중요한 것은 '사랑'이며 하나님의 본질도 '사랑'이라는 것을 붙잡게 되었다. 나는 선교모임에서 공개적으로 나의 잘못을 시인하고 용서를 구하였다. 이후 한동안 ㅇ집사는 계속 임원으로 함께 하였다.

이러한 경험들은 각 사람의 삶 속에서 일어나고 있는 것들을 해석할 자각이 내 안에 없었으며 진지하게 살고 있는 각자 개인의 실존적 삶을 이해하지 못한 미성숙이 있음을 알게 하였다. 그리고 나는 타인의 의견과 조언을 분별할 만한 어떠한 지혜도 부족하였다. 누구의 지시가 아닌 매순간 나는 내가 선택하는 일에 책임을 져야 한다. 신께 의존하되 인간의 지·정·의 영역에서 성숙되어야 할 영역을 소홀히 하여왔다. 다시 나의 언어로 질문을 던져야 한다. 과연 나는 하나님을 얼마나 잘 알고 있는가? 하나님이 사람들 각자를 바라보는 시각은 어떤 것인가?

성경의 여러 인물 중에서 의로운 욥에 대한 이야기가 있다. 하나님은 욥에게 고난이라는 이름으로 말을 거신다. 하나님은 욥에게 더 개별적이고 구체적인 실존적 만남을 시도하신다. 성경에는 우리들과 같은 평범한 사람들의 많은 이야기가 나온다. 시아버지와 잠을 잔 며느리의 이야기, 사명을 회피하고 도망하는 요나 이야기가 현재 우리들의 삶에서도 동일하게 일어나고 있다는 사실을 중년이 다 된 이 시점에서야 발견하게 된다. 즉, 걸어온 발자취가 쌓인 사람들에게서만 자신의 이야기로 하나님과의 친밀하고 개별적인 관계를 발견할 수 있는 것이다. 그래서 중년의 시기야 말로 이상화된 객관적인 진리와 실제로 자신이 선택한 삶의 차이를 보게 되는 시기라고 생각한다. 하나님은 개별적인 삶에서 개인을 만나 주시는 것은 아닌가? 어떠한 이유에서든 고난을 당하는 사람들에 대한 나의 실존적 '해석'은 이제 예전과는 달라져야 한다. 치료자로서 어떠한 자세와 마음으로 고난 중인 인간을 대할 것인가?

이러한 영혼들과 만나고 기도하고 상담하면서 치유하는 일들은 나를 더 전문가로 공부할 필요성을 가져다주었다. 또한 그것은 미술치료 박사과정을 공부하도록 동기를 부여하였다. 나는 영적치료의 장면과 심리치료장면에 늘 있으면서 영적인 성장과 인간으로서의 성장에 대한 끊임없는 질문을 가지게 되었다.

그러던 중 미술치료 박사과정에서 사이코드라마(Psychodrama, 심리극)라는 교과목을 공부할 수 있었는데, 이 수업은 내게 새로운 경험과 도전을 주었다. 사이코드라마는 내담자의 자발성과 즉흥성을 요구하며 집단원들을 활용하여서 자신의 내면의 이야기를 다루는 상담기법으로 매우 흥미로웠다. 그리고 사이코드라마에 대하여 공부를 하면서 비블리오드라마(Bibliodrama)라는 치료기법도 있다는 사실도 알게 되었다. 성경의 이야기를 가지고 자신의 이야기로 풀어내며 치료를 하는 상담이 있다는 것을 듣고 크리스찬 상담에 매우 도움이 되지 않을까 하는 생각이 들어 비블리오드라마가 어떤 것인지 알아보기 시작하였다.

그리하여 사이코드라마를 거쳐 비블리오드라마를 학습하기 시작하였다. 당시 비블리오드라마 수업과정들이 단계별로 진행되고 있었는데, 처음 단계로 4일간 합숙하며서 지낸 경험은 나를 즐겁게 하였다. 30여명의 목사님들과 전도사님들, ㅇㅇ대학생들과 웜 업의 놀이시간은 모처럼 어른이 되어 돌아가 본 동심의 세계였다. 남녀의 성을 의식하지 않고 어우러져 몸으로 엮여 게임을 하는 행위는 모든 경계심을 내려놓게 하였다. 나는 아주 어린 시절 저녁 무렵까지 '다방구' 놀이를 하던 기억과 감정들이 되살아났다. 이렇게 몸으로 놀아보는 것이 집단 안에서 행복과 소속의 안전을 준다는 사실이 너무 절실히 내게 와 닿았다. 초등학교 다니던 아들의 생일잔치 때의 일도 생각이 났다. 집에 초대된 아이들은 음식을 먹고 난 후 각자 개별적으로 흩어져서 놀고 있을 뿐 전체로 함께 노는 법을 몰라 점점 지루해져가고 있었다. 결국 나는 오락부장을 자청하고 나서서 아파트 앞마당에 나가 다 같이 몸으로 뛰어다니거나 손을 맞잡고 노는 옛날놀이를 가르쳐주며 놀았다. 비로소 모든 아이들이 함께 웃고 즐길 수 있었다. 요즈음은 함께 잘 놀아보지 못하는 아이나 어른들이 많아지고 있다. 나 역시 어른이 되어서 논다는 것을 잊고 살았다.

참 잘 놀았습니다!
제대로 놀아보았습니다!
또 놀고 싶습니다!
며칠이 지난 지금도 저를 행복하게 합니다.

각자가 여미고 있던 옷깃이 스르르 풀어지고
평소에 열지 않았던 마음의 방문들이 열리고
지난 과거가 살아나서 일어섭디다.

아픔도 봇물 터져 흐르고
정체된 에너지가 아스르 풀리더니
새로운 노래가 되더이다.

나무의 옹이진 생채기가 사라지고
잘려진 나뭇가지에
새 물길이 올라
가지마다 확장 되더이다.

머리로 살아내느라
가슴은 동여매졌고
손은 부산해서 발을 재촉했지만
머리와 가슴과 손과 발이
같이 즐거워하기는
오랜만이더이다.

불안을 이기기 위해
얼른 자라고 싶었던
어른아이가
어른이 되어 만난
천진한 마음은
너무 좋더이다.

성숙과 중용이라는 이름으로
어느새 지루해졌고
거룩의 이름으로 판단을 앞세웠으나
내 하나님은
많이도 유연하시더이다.

어제도 아니고
내일도 아닌
내가 가진 아집을
조금은 내려놓을 줄 아는 이때가 되어서
이 놀이터를 알게 되어
다행이더이다.

4일간의 일정을 마치고 홈페이지에 소감을 올렸던 글이다. 한바탕의 역할극이 이루어지고 개인들의 아픔들이 쏟아져 나오고 그들만의 아픔이 아닌 공동의 아픔으로 눈물을 흘리면서 모든 이들이 동일하게 치유되는 경험들을 하였다. 성경의 이야기의 말씀 행간마다 그 빈 공간에 얼마나 많은 이야기가 더 있으며 인간의 희로애락의 정서가 담겨 있는지도 알게 된 기간이었다. '나'의 이야기로 '성경'의 이야기를 크게는 '놀아

본다'는 것이 자기탐색과 해방, 그리고 치료와 구원을 준다는 것은 내게는 매우 큰 감동이었다.

한참 이후 3일간의 지도자 과정에서의 경험은 특별했다. 성경의 이야기를 부조리하게 바꾸어서 경험하는 것도 내게는 조심스럽고 전혀 다른 세상을 경험하는 것 같았지만 역할극을 통해서 역시 전혀 알고 싶지도 않은 세상을 경험할 수 있었다.

디렉터는 나를 지목하고 '막장드라마' 같은 상황 속에 나를 세웠다. 나는 문제아를 둔 아버지가 되었다. 내 아들은 아직 어린 청소년이지만 이성 간의 연애를 하며 일찍부터 육체적 관계까지 한다. 내 눈앞에서 그들은 불량한 모습으로 서로를 안고 있다. 나는 아들을 불러내어 점잖게 훈계를 한다. 실제로 말끝마다 대드는 아들을 상대하면서 나는 도저히 말만으로 대화가 되지 않았다. 큰 소리가 오고 가고… 어쩌면 저럴 수 있나! 억장이 무너지고, 말이 안 통하는 아들을 점점 용납하기 힘들어지니 나는 화를 내기 시작한다. 내가 감당하기 힘든 상황이 오니 나는 빠르게 내 마음에서 아들을 포기하고 싶은 마음이 생겼다. 훈계할 때 쓰던 종이 몽둥이를 내 팽개치며 나는 집에 들어오지 말라고, 너는 내 아들이 아님을 선포한다. 순간 그들을 오랫동안 보기 힘들어하는 내가 얼마나 극한 상황에 취약한지를 느끼며 흠칫 놀란다. 그들은 집을 나가서 동거를 한단다. 평화운동을 하는 목사님이 아들 역할을 맡았는데, 그가 얼마나 미운 역을 잘해내는지… '좀 있어봐' 하고 여자친구에게 말을 하고 내게로 온다. 그리도 몽둥이를 칼이라 하면서 뒤에서 팔로 내 목을 두르고 칼을 댄다. "돈 내 놓으시죠!"한다. 악!

그런데 이런 막장드라마 같은 일들이 실제로 많이 일어난다는 것이다. 상담현장에 있고 평화운동을 하는 아들 역인 목사님이 즉흥적으로 이런 상황을 주도적으로 연출한다. 나는 내 세상에서는 생각지도 않던 상황을 현실처럼 당하면서 나 역시 저 상황에서는 똑같은 연약하고 처참한 모습일 수밖에 없다는 것에 놀랐다. 사실 그들의 세상과는 다른 삶을 사는 특권의식이 있었다는 것을 한순간에 인식하였다. 그리고 내가 잘해서 평온한 삶을 살고 있다고 생각을 했는데 삶이 나를 보호해서 나의 취약한 것들이 드러내지 않고 살고 있음을 느꼈다. 결코 상담자는 될지언정 내담자의 구차한 삶은 나와 무관하다고 생각하고 있지 않았을까? '막장 드라마' 같은 일이 내게도 일어날 수 있다는 생각은 겸허히 그들의 어려운 문제가 나의 문제로 다가오게 해 주었다. 상담자는 내담자와 동일선상에서 만나야겠다는 생각도 들게 하는 순간이었다.

이렇듯 나는 인생의 주된 관심사였던 주 안에서 한 개인으로서의 성숙의 문제와 타인과의 성숙한 관계는 어떠하여야 할지에 대한 주제를 가지고 본 연구에 임하게 된다. 그리고 이제 치료사로서 가장 적절한 치료적 도구를 개발하여 그들의 변화과정을 연구하고자 하며 치료사의 역할에 대한 연구를 하고자 한다. 기독교 여성들의 자아성숙은 어떻게 이루어지는가? 또한 문제와 고통 속에 있는 그들의 변화를 위해서 비블리오드라마와 집단미술치료가 어떻게 그 길을 제시할 수 있는가? 치료사로서 나는 어떠하여야 할지에 대한 답을 찾고자 본 연구를 시작하게 되었다.

2 탐구의 필요성과 목적

이제 나도 50세를 훨씬 넘은 중년여성이 되었다. 나는 '더 이상 젊지 않다'는 인식과 함께 노화의 단서를 더 자주 자각하게 된다. 자신의 안정되지 않은 정서와 감정이 부담되었던 청소년 시절, 왠지 시간이 지나 나이가 들면 신체는 늙어진다 해도 성숙된 자아로 인해 평온하리라고 기대를 했었던 것 같다. 어느덧 중년의 자리에 서 있는 나는 어떠한가? 지난 일들을 바라보니 실제로 '나'를 찾는 과정이 청소년기에 막연히 생각했던 것처럼 저절로 생기는 것도 아니었고 지식이 쌓여서 생기는 것도 아니어서 쉽지 않은 일임을 실감하였다.

중년의 시기는 여성들에게 많은 변화를 요구한다. 어머니에 대한 자녀의 전적인 의존이 감소하고 자녀의 사회적 관계망이 파악하기 어려워지면서 결코 통제되지 않는다는 것이 중년여성들이 경험하게 되는 변화이다. '일상을 보살펴주어야 하는 자녀'가 없다는 사실, 즉 자신의 인생에서 과거와 같은 어머니 역할이 중심인 시기는 지났다는 사실은 지금까지 해온 일들에 대해 평가하도록 만든다. 중년여성들은 자신의 역할 재편성의 필요성을 깨닫고 성인 여성으로서의 자신 혹은 한 개인으로서의 자신에 대해 인식을 하게 된다. 이들은 '도대체 나는 누구인가? 나는 지난 세월 동안 무엇을 하면서 살았는가?'라는 질문을 던지게 된다. 자녀를 보살피는 일에 매여 있었던 지난 시기에 대한 허무감과 이제 더 이상 자녀를 성장시키며 보살피는 일이 인생의 주된 기능이 아니라는 인식이 나타나며 '어머니'가 아닌 여성으로서의 '나'에 대한 인식이 나타나는 것이다(김애순, 1993). 또한 사회생활이나 가정생활, 직업생활 등에서는 젊은 시절의 모든 난관과 역경을 극복하고 경제적으로나 정서적으로 최상의 안정과 균형을 확보한 상태에서 더 이상의 성취가 힘들다는 것과 자신의 노후에 대한 준비로 마음이 우울해지기 쉬운 시기이기도 하다(이정희, 2013: 13).

중년기는 외적으로 신체적인 노화, 사회문화적인 요인과 가족주기의 변화를 겪고, 내적으로는 외적인 요인들에 의해 영향을 받아 심리적인 변화가 일어나게 되며, 특별히 영적인 문제에 대한 관심이 생기게 된다. Jung은 자신에게 찾아온 환자의 2/3가 영성적인 문제를 갖지 않은 사람이 없었다(Howard Clinebell, 2001)고 할 정도로 중년기에는 영적인 문제에 대하여 성찰을 하게 된다. 인간은 '의미'로 살아가며 그 의미는 자신의 삶에 대한 '해석과 평가'에 의해 형성된다. 한편 중년기의 개념은 산업과 의학의 발달로 인해 평균 기대수명의 70세를 넘어가면서 생긴 개념이다. 점차로 수명이 연장되고 있으며 중년기 인구수도 늘고 있으므로, 앞으로의 남은 긴 인생 후반기를 맞이하기 위해서는 중년기에 자신의 삶을 성찰할 기회가 필요하다. 중년여성의 자아변화에 대한 해석과 의미를 구하는 연구는 그들에게 도움을 주게 될 것이다.

그리고 내 개인적인 의문으로 시작되는 탐구로서 이 연구는 중요한 의미를 가진다. 여전히 내가 선교단체에서 만나게 되는 많은 여성들의 삶은 고난과 질곡이 많다. 그들은 현재 당하고 있는 고난의 사건으로 인하여 쉽게 판단과 평가를 받게 된다. 그러나 단순하게 정죄해 버리기에는 너무나 치열하게 그들 역시 하나님을 찾고 있다. 진리를 알고 있고 더욱 갈망하는 자들의 삶에 나타나는 고난과 역경의 의미는 무엇인가? 그리고 나는 그들을 어떻게 바라보아야 하는가? 이러한 의문은 나로 하여금 기독교 중년여성의 자아에 대한 연구를 시작하게 하였다.

기독교 중년여성들은 정체성의 위기를 느낄 때 그 어려움을 이해하고 그 의미를 올바르게 수용하고 또 문제를 해결하기 위해서 신 앞에서 그 답을 찾고자 한다. 즉, 기독교 중년여성은 신 앞에서의 종교적 실존에 대한 질문 앞에 늘 서 있게 된다. 그렇다면 '신 앞에서의 종교적 실존'이란 무엇을 의미하는 것일까? Kierkegaard는 '실존'이라는 용어를 이야기할 때, 그것은 보편적인 인간을 말하는 것이 아니라 개별적이고 구체적인 인간을 가리킨다고 하였다. '실존'이란 자유로운 개인을 기술하는 개념으로서, 실존한다는 것은 이것이냐, 저것이냐의 자유로운 선택을 통해서 자신을 실현하는 것을 일컫는다(Kierkegaard, 1843/1992). 즉, 기독교 중년여성들이 자신을 실현하기 위해서는 Kierkegaard가 주장했듯이 우리는 우리의 이성과 자유의지를 가지고 선택하고 결단해야 한다. 그리고 우리가 실제로 실존을 직접 체험해야 한다. 이러한 실존적 사고는 비로소 유한적인 것의 고뇌와 불안, 절망과 좌절을 통해서 실존하는 인간의 참모습이 드러나게 하기 때문이다(표재명, 1992: 90).

기독교 중년여성이 신 앞에서 자신의 참모습으로 서게 하고 실제로 경험하고 체험해서 자신의 자유의지로 결단하도록 함이 필요하다. 그런 의미에서 기독교의 가치를 바탕으로 하는 비블리오드라마를 활용한 집단미술치료는 기독교 중년여성들에게 종교적 실존을 찾아가도록 하며 저마다의 실존적 삶을 회복시키도록 하는 프로그램으로 매우 적합하다.

비블리오드라마(Bibliodrama)라는 용어는 'Biblion'과 'Drama'의 합성어이다. 'Biblion'은 기독교 신앙의 기초이자 절대적인 기준인 성경을 의미하는 그리스어이고, 'Drama'는 삶의 진실을 탐구하기 위한 효과적인 도구를 의미한다(이범석, 2007). 즉, 그것은 "성경의 이야기들을 드라마로 체현하는 것이다"(Bjön Krondorfer, 2009). 성경을 배경으로 인물이나 사건 및 이야기들을 다루는 일은 성경의 인물들과 동일시가 가능한 크리스찬들에게 유용하며 기독교 관점에서 자신의 삶을 들여다보고 탐색하도록 한다. 비블리오드라마는 포스트모더니즘시대에 인간의 다양한 관점들의 수용과 객관적 사고의 해체라는 요구와 함께 성장하기 시작하였다. 그래서 비블리오드라마는 다양한 성경 해석을 가능하게 한다. 역사–비평학과 비교해 볼 때 어떤 배타적인 진리관을 고집하지 않는다. 비블리오드라마는 성경의 이해과정에서 독자의 현대적 경험을 연계시키는 노력을 한다. 이러한 열린 관점은 문화와 역할 속에 갇혀서 자신의 정체성을 찾지 못하는 기독교 중년여성들에게 순수한 자신이 되어보도록 배경과 관점을 제공해 준다.

Ulman은 미술치료는 시각예술이라는 수단을 이용하여 인격의 통합을 돕는 것이다(한국미술치료학회 편, 1994: 33)고 하였다. 미술치료장면에서 얻어진 작품을 통하여 심리적 갈등과 문제를 발견하고, 미술활동 자체가 가지는 창조성으로 인하여 스스로 치료가 이루어지게 한다. 이러한 특성은 미술치료의 중요한 전제인 '치료로서의 미술치료'의 견해를 지지한다.

Rollo May(1976)는 미술이 '창의적 노력에 힘'을 주는 것이고 창의적 과정은 자아의 표현이며 실존적 갈등을 직면시킨다고 주장하면서 실존주의 인간 이해의 특성과 미술이 상당한 연관성이 있음을 말하였다. '자기'를 찾고 적응시키는 인간의 능력이 요구되는 포스트모더니즘시대에, 예술차원에서 창작성의 이해와 심리차원을 이해함으로써 창작과정을 치료과정으로 전환하는 등의 다양성을 갖고 있는 집단미술치료(김진숙, 1996)와 비블리오드라마의 접목은 중년여성들의 자기탐색을 촉진시켜 변화를 이끌어내기에 적합하다.

그리고 비블리오드라마와 집단미술치료는 '몸'이라는 공동의 중요한 매개를 사용한다. 비블리오드라마는 '몸'으로 드라마를 시연하며 몸속에 묻혀 있던 의미를 드러내고 또한 그렇게 얻어진 의미를 다시 몸으로 습득한다. 미술은 몸의 일부인 '눈'을 통해서 보고 신체의 구체적 노작을 통해서 작품을 창출하며 의미화한다.

Merleau-Ponty(1945/2002)는 인간의 의미구성에 대한 새로운 해석적 지평을 열어주었는데, 그것은 다름 아닌 인간의 신체성을 말한다. 인간은 신체 밖으로 한 발짝도 나가서 존재할 수 없기에 신체성에 기초해 의미를 구성하는 존재자라는 것이다. 의미를 구성하는 존재자로서 인간은 신체에 갇힌, 즉 세계와 분리된 신체를 통해 자기성을 인식하는 존재자이다. 하지만 물리적 차원에서 나와 세계의 떨어져 있음은 곧 의미의 부재를 의미하기에(박세원, 2014), 그들의 신체성은 나와 세계를 의미의 체계로 꿰어내기 위해 몸을 통해서만 세상을 향해 의미를 표상한다. 그리고 인간은 자신이 구성한 의미를 신체 밖의 외재적 표상물로 창작하므로 자신의 체험적 의미를 보다 온전한 내용과 형식으로 표상할 수 있다. 그리고 인간은 몸에서 눈을 통해 보며 사물을 바라보고 인식한다.

비블리오드라마의 극적 방법의 사용은 반드시 신체적인 활동으로 이어진다. '몸'을 통한 체험은 '몸' 안에 갇혀진 억압된 감정과 사고를 치유한다. 또한 비블리오드라마는 활동과정에서 다양한 '역할'들 속에 들어가 투사와 동일시를 경험하며 치유를 받는다. 그러나 비블리오드라마가 행위적·극적인 활동으로 말미암아 강한 감정의 치유가 일어나지만 시간적으로나 공간적인 제한을 받는다. 신체적 언어는 오감을 통해 현전으로 체험되는 그들의 의미성을 매순간 즉시적으로 표상할 수밖에 없는 제한성을 가지고 있다.

하지만 표의적 가공물에 의한 예술적 의미 표상은 즉시적 표상을 반복하는 한계성을 극복하는 동시에 체화된 의미를 신체가 반응하는 방식 그대로 재구성할 수 있는, 즉 신체성에 기반한 표상을 가능하게 한다(박세원, 2014). 예술적 행위로 탄생된 표의적 가공물은 비록 그것이 언어적 생명성을 가지고 사람에게 다시 말을 걸어오지만 그 행위 자체만으로 인간이 외부적 지시성에 의해 지배받지는 않는다. 왜냐하면 예술적 언어는 그것을 가공한 사람의 자기 존재 구성적 표상물이며 그것에 대한 타자의 해석 또한 외부적 강제가 아니라 자신의 삶에 기반한 상상적 구성이기 때문이다(박세원, 2014). 표의적 가공물을 만들어내는 미술치료는 확실한 자료로써 남겨진 자신의 투사자료를 활용하여 점진적으로 시간을 두고서 자신을 탐색할 수 있게 한다. 그리고 드라마의 즉흥성에 의해서 경험된 감정을 그림으로 정리하면서 인지적인 각성을 할 수 있도록 한다.

이상과 같이 공통적인 '몸'이라는 매개로 말미암아 집단미술치료와 비블리오드라마를 연계한 치료는 실존적 체험으로 나아가게 하는 그 기능을 극대화할 수 있으며 각각의 영역에서 그 독특성을 발휘하면서도 서로 보완하기 때문에 기독교 중년여성들에게 강한 실존적 변화를 유도할 수 있는 매체가 된다.

그리고 기독교 중년여성들의 상호 역동성을 불러일으키고 변화를 주는 가장 중요한 요소는 집단치료라 할 수 있다. 집단미술치료와 비블리오드라마는 모두 집단을 단위로 하기 때문에 집단역동을 가져다준다. Merleau- Ponty는 '지각의 현상학'에서 다음과 같이 말한다.

> 나의 주체성의 내용이 그저 나에게서만 존재하는 것이 아니라 타인의 몸짓과 그 몸짓에서 일어나는 의미들과 함께 형성된다. … 인간의 몸은 타인들의 몸과 분리되어서는 결코 존재할 수조차 없는 것이기에 마치 내 몸의 부위들이 서로 유일한 체계를 이루듯이 나의 몸과 타인들의 몸이 유일한 하나의 전체를 이루는 가운데 그것을 관통하는 익명적인 실존이 성립되는 것이다.
>
> —조광제, 2004: 385 재인용—

이 세상 모든 존재자는 스스로 존재할 수 없다. Buber(1923/1979)의 분석처럼 나는 언제나 너를 전제로 하는 말이다. 내가 의미로 존재하기 위해서는 언제나 너를 내 삶에 꿰어내어야만 한다(박세원 외, 2013). 비블리오드라마와 집단 미술치료는 '기독인중년여성'이라는 공동의 경험을 배경으로 개인의 삶의 의미, 가치, 목적이 신체성을 배경으로 상호적으로 형성하고 재형성하는 기회를 제공함으로써 나와 너를 대화적으로 꿰고 소통하는 중요한 경로를 제공해 줄 것이다.

그리고 비블리오드라마에서 사용하는 성경텍스트를 활용한 드라마는 은유적으로 자신을 드러내도록 허락하는데, 무엇보다 중요한 것은 그것이 놀이형식을 가지고 있다는 점이다. 드라마에서 상징적 표상활동은 무의식의 내용과 조합하는 방식이며, 또한 내적 갈등과 외적 표현 그리고 잠재적 해결책 사이에 교섭이 일어나는 방식이다(Pihl Jones, 1996/2005). 미술 또한 창조성을 바탕으로 노는 것과 같은 즐거움을 선사한다. 예술을 매개로 하는 이러한 집단치료는 순수한 신체적 언어가 아닌 외부적 가치, 규범, 목적을 인간에게 지시적으로 부과하는 기호문자에 지배받아 살면서(박세원, 2014) 소외와 억압을 받아 온 기독교 중년여성들에게 함께 놀면서 그들의 삶을 신체성에 기반하여 재구조화하는 경로를 제공한다. 그리고 몸과 눈을 사용하여 안전한 공간 속에서 자발성과 즉흥성으로 순수한 자신에게로 돌아올 수 있게 하여 실존적 답을 찾도록 해 준다.

본 연구의 가장 큰 특징으로는 치료자로서 연구자의 자세에 대한 탐구이다. 과연 기독교 중년여성들의 실존적 삶을 집단미술치료와 비블리오드라마를 통하여서 드러내고 자각하는 일에 나는 무엇을 할 것이며 무엇을 또한 얻게 될 것인가?

Yalom은 심리치료의 가장 중요한 요소 중에 하나는 '동행자'의 개념이라고 하였다(Yalom, 2007a). Josselson은 Yalom의 실존주의 심리치료에서 계속해서 은유적으로 언급되고 있는 중심주제는 상담자가 내담자들과 '동행자'가 되어야 한다는 것이라고 지적하였다. 환자로서, 치료자로서, 또는 단지 한 사람의 인간으로서, 우리는 우리에게 찾아오는 죽음, 우주 안에서의 외로움, 삶에서 의미를 찾고 우리의 자유를 인식하면서 우리가 이끌고 있는 인생에 책임을 느끼는 동행자의 역할을 하지 않으면 안 된다. 현명한 치료자는 이 모든 문제들이 우리가 함께 노력해서 풀어야 할 문제라는 것을 알고 있다. 치료자들은 좀 더 유능해서, 이런 문제들을 정직하게 이야기할 수 있는 특권을 가질 수 있기를 희망할 뿐이다. 그러므로 Yalom이 그려내고 있는 치료자의 초상은 모든 사람이다 (Josselson, 2007/2008: 94-95). 집단원들의 집단치료 전 과정에서 드러나는 실존과 그 자아 변화과정에 치료사이며 같은 중년여성의 동행자로서 나 역시 같이 실존하고 자아가 어떻게 변화될 것인지를 기대한다. 이로 말미암아 본 연구는 전 치료과정을 상세하게 기술할 것을 요구한다. 매 순간의 기독교 중년여성의 실존을 발견하고 자아변화가 어떠한지를 탐구함이 그 목적이다. 이러한 목적을 이루기 위해서는 존재론적 탐구방법이 본 연구의 연구방법으로 가장 적합하다고 본다.

그동안 집단에 프로그램을 실시한 후 주로 양적연구방법으로써 결과를 분석하는 연구가 대부분이었다. 그러나 이러한 양적연구방법은 비블리오드라마와 집단미술치료의 집단구성원 사이의 다양한 역동을 탐색하고 변화되어가는 심리적 현상을 명료하게 전달할 수가 없다. 확률적으로 드러나는 수치상의 변인으로 설명하기 어려운 너무 많은 의미를 놓치고 만다. 양적연구가 결과나 효과를 중시한다면 질적연구는 집단 내에서 일어나는 모든 변화과정을 중요시한다. 그리고 질적연구는 그 사람의 내적 변화와 변화과정에 초점을 둔 진정한 탐구를 하도록 한다.

참여자들의 의미 형성과정을 추적하기 위해 본 연구는 또한 내러티브적 연구방법을 도입하고 있다. 특히 내러티브적 연구방법은 연구 참여자의 주관적 경험에 대한 이해를 목적으로 연구를 수행하는 데 적합한 연구방법이다. 내러티브 접근의 장점은 말하는 사람의 목소리를 충분히 이끌어내고 이야기의 형식으로 기술되는 동기와 행위의 결과를 연구대상자와 연구자가 함께 이해할 수 있도록 문화적 배경을 공유할 수 있게 한다(Bell, 1991). 내러티브 탐구는 특정한 상황 안에서 인간에 의해 경험된 현상을 설명함으로써 더 깊은 이해와 의미에 도달할 수 있도록 한다(Mckiel, 1996). 즉 크리스찬 중년여성들과의 이야기를 통해 그들이 살아온 개인적인 삶을 이해할 뿐 아니라 나아가 실제 크리스찬 중년여성들이 가지고 있는 독특한 가치체계를 파악하는 역할을 할 수 있다. 중년이 되기까지 크리스찬 여성으로 사는 삶은 공통적으로 경험하는 사건들은 있지만 그 사건에 대한 개인의 내러티브는 각기 다르다. 개인의 각기 다른 이야기를 통해 그들 자신의 관점에 의해 고통의 의미를 이해하는 것이 상담에 있어서 매우 중요하다. 이렇게 내러티브 탐구는 참여자들로 하여금 이야기하기를 통해 과거를 재평가하며, 현재를 수용하는 과정을 통해 새로운 삶의 방식을 구성할 수 있도록 도울 수 있게 한다(Clandinin & Connelly, 2000).

"내가 입을 열지 않을 때에 종일 신음하므로 내 뼈가 쇠하였도다."(성경 시편 32편 4절)라는 성경적 고백은 하나님 앞에서만이 아니고 인간관계에 있어서도 필요한 훈련이 아닐 수 없다. 이와 같은 고백은 중년여성이 자신의 고통을 숨기지 않고 하나님과 이웃에게 개방하는 것을 의미하며 일반 상담에서는 자기노출이라고 할 수 있다(홍근미, 2004).

이러한 내러티브 연구는 살아온 날들이 긴 중년여성들이 미술치료의 그림을 통하여 드러낸 이야기들과 비블리오드라마를 통해 실제 몸으로 체험되고 경험된 많은 이야기들을 충분히 탐구할 수 있도록 할 것이다.

마지막으로 중년여성에게 비블리오드라마를 활용한 집단미술치료는 그들이 그린 그림과 작품을 통해서, 그리고 스스로 자신의 이야기로 만들어낸 드라마를 통해서 그들이 살아온 삶의 현상이 무엇인지를 보여줄 것이다. 이 과정에서 집단구성원 간의 상호작용은 어떻게 이루어지며 어떤 피드백과 관계가 서로에게 변화를 주는지를 발견하는 것도 중요하다. 또한 이 과정은 자신의 생활을 가치 있고 존경할만한 생활로 이끌어 올림으로써 기독교 중년여성들에게 새로운 자각과 성숙을 바라보게 할 것이다.

나 역시 기독교 중년여성으로서, 그리고 그들과 함께 신 앞에서 동일한 질문을 가진 자로서 기독교 중년여성의 자아개념에 관심을 가지게 된다. 그리고 실존적 해석의 가치가 어떤 것인지를 연구에 담아내고자 하며 그 방법으로 비블리오드라마를 활용한 집단미술치료가 기독교 중년여성들이 어떤 과정을 통해 자아가 변화되는지, 그리고 그 의미의 본질을 밝히기 위해 참여자들의 경험의 과정을 심층적으로 연구할 필요성이 제기된다. 본 연구는 기독교 중년여성이 실존적 해석을 바탕으로 한, 비블리오드라마를 활용한 집단미술치료를 통해 어떻게 자아변화가 일어나는지 심층적인 이해를 돕는 데 목적이 있다. 또한 치료사로서 어떻게 그들과 함께 하며 무엇이 그들을 변화시키는지를 연구하고자 한다. 그리고 연구방법으로 실존론적 내러티브에 대한 존재론적 연구방법을 적용하여 기독교 중년여성의 자아변화 체험의 본질과 의미를 직접 생생하게, 그리고 보다 심층적으로 이해하고자 한다. 본 연구는 기독교 중년여성 미술치료에 대한 질적연구의 활성화에 기여할 것이라는 점에서 그 의의가 크다고 하겠다.

3 존재론적 물음들

(1) 비블리오드라마를 활용한 집단미술치료를 통해 구성되는 중년여성의 자아개념은 어떤 것인가?

첫째, 기독교 중년여성의 자아개념구성의 특성은 무엇인가?
둘째, 실존적 해석이 신앙인의 삶에 가지는 치료적 가치는 무엇인가?
셋째, 비블리오드라마치료와 집단미술치료가 자아개념형성에 어떤 기능을 하는가?
넷째, 집단치료장면에서 치료사의 역할은 무엇인가?

(2) 비블리오드라마를 활용한 집단미술치료의 연구의 과정에서 기독교미술치료사로서 나는 어떤 삶의 정체성을 형성하는가?(나는 누구이며, 무엇을 믿고, 어떻게 살아야 하는가?)

4 연구논문의 구성

본 연구는 기독교 중년여성들 자아개념 형성과정을 연구하는 동시에 연구자인 나의 자아개념 형성과정 또한 탐구하고자 한다. 따라서 연구목차에 소개된 언어들은 연구자인 내가 존재론적 탐구를 전개하면서 경험한 여정들의 의미를 잘 대변할 수 있는 문구들로 구성하였다.

기독교 여성들과 치료사의 관계적 존재 의미를 되묻고 그 의미를 탐구하는 일은 마치 땅속에 묻힌 사태의 실체들을 발굴하는 것과 같은 느낌이었다. '발굴'이라는 표현은 파내다, 드러내다, 밝혀내다 등의 의미를 지니며 마치 고고학자가 세심한 계획과 많은 이론들을 집약시키고 준비하여 체계적으로 지면 아래 묻혀 있던 흔적들을 캐내는 모든 과정을 떠오르게 하는 단어이다. 우리는 현재의 일상을 살면서 보고, 느끼고, 생각하는 수많은 경험들이 사태의 전부라고 의식하며 살아간다. 하지만 껍데기 언어들로 포장된 터 아래에는 지금의 터보다 더 근원적이고 본래적인 사태가 숨겨져 있다. 존재가 시간성을 가정하는 말이듯이 현재의 내 삶의 근원을 밝히는 작업은 내 신체에 파묻혀 있던 과거의 시간들, 공간들, 사람들, 사물들, 언어들을 불러와야 한다. 그 속에서 다시 끄집어낸 경험들을 앞으로 살아갈 의미를 부활시키는 일은 분명 고고학자가 수행하는 발굴의 의미라 할 수 있다. 발굴을 하기 위해서는 땅을 파야 하는 노작이 필요하듯이 몸에 꼭꼭 묻혀 있는 언어들을 찾아내는 행위 역시 그와 비슷한 신체적·상상적 노작이 필요하였음을 상징적으로 표상하는 언어가 바로 발굴이라는 언어였다.

제1부 '기독교', '여성', '치료사'의 의미 발굴 준비하기는 연구를 하게 된 나의 자전적 탐구를 소개하며 탐구의 필요성과 목적과 연구문제를 다루는 '서론' 부분이다. 제2부 '성서'의 '터'에서 '몸'과 '눈'의 연장 다듬기는 '이론적 배경'을 의미한다. '성서의 터'는 기독교 중년여성들이 살아가면서 지니고 있는 기독교적 세계를 나타내며, 그것은 비블리오드라마가 성서의 이야기를 배경으로 하고 있음도 아울러 함의한다. 비블리오드라마를 시연하는 과정은 몸을 도구로 과거의 감정을 드러내고 느끼고 다시 재현하는 체험을 하게 한다. 이런 맥락에서 본 연구에서는 비블리오드라마를 '몸'이라는 상징적이고 본질적인 의미로 대치하여 사용하였다. 미술치료는 개개인이 경험한 사적인 감정과 의미를 작품을 통하여 통합적이고 무의식적으로 드러낸다. 이 미술적 드러냄은 신체 중 주로 '눈'을 통하여 이루어지기에 그 도구적 역할을 강조하기 위해서 '눈'이라는 은유를 미술치료의 의미로 사용하였다. 제3부 존재론적 의미의 '발굴 방법과 과정은 연구방법 및 절차를 의미한다. 제4부 살아졌어야만 했던 내 삶의 터들을 목격하며 실존으로 살아내고 싶은 내 삶의 터를 그린다는 본 연구의 '본문'에 해당된다. 이 문장 형식의 은유는 참여자와 연구자 모두의 자아개념 형성 과정을 대변하고 있다. 본문은 연구에 참여한 우리 모두가 이 발굴 작업을 통해 자신이 살아왔던 과거의 삶의 실체들을 발견하고 그것들을 성찰하면서 미래의 삶을 구상하는 내용을 담고 있다. 본문 안의 5절은 5일간 드러난 그들의 하루하루의 의미를 대표하는 은유적 표현들이다. 하루마다 뚜렷한 주제가 있었으며, 그 주제 속에서 집단원들 사이에서 일어난 역동을 문장화하였다. 제5부 발굴된 존재론적 스토리라인들은 5일간의 집단원들의 의미 표출을 주제별로 정리한 '논의 및 결론'의 영역이다. 제6부 스토리라인들이 주는 가치는 '제언'에 속한다. 제7부 신 앞에서 실존자로 서며 '만남'을 준비한다는 전체 연구 여정이 나에게 준 의미, 가치, 목적을 정리한 자전적 끝맺음이다.

CHAPTER

2

'성서의 터'에서 '몸'과 '눈'의 연장 다듬기

1. 기독교 중년여성의 자아와 신앙
2. 집단미술치료와 비블리오드라마
3. 치료사의 역할

1 기독교 중년여성의 자아와 신앙

1) 중년여성의 의미와 특성

중년여성이란 중년, 즉 인생의 중간이라는 의미로서 청년과 노년의 중간기에 해당되는 연령상의 여성을 말한다. 일반적으로 중년이란 인생의 젊은 시기에서 늙은 시기로 진행되는 중간시기를 말한다. 많은 학자들이 자신들이 생각하는 사회 인구학적 특성에 따라 중년기를 다양하게 다르게 구분하고 있으나, 다수의 학자들의 연구에서 중년의 연령은 대체로 40~60세로 보는 것이 보편적이다(김명자, 2003). 중년이 단순히 연령상으로 인생의 중간시기에 있다는 것을 의미하지만 중년기에 있어서 느끼고 체험하는 인생은 다른 어느 시기 못지않게 특별하다. 중년기에는 일반적으로 자신의 지나온 인생에 대하여 돌아보며 새롭게 결단하고 미래로 나아가야 하는 시기이기도 하다.

더욱이 저출산 고령사회와 여성시대로 대표되는 현대사회는 평균수명의 연장으로 중년 이후의 삶이 점점 길어지고 있을 뿐만 아니라 활력 있는 중년 이후의 삶이 개인적·가정적·사회적으로 중요해지고 있다. 또한 여성의 사회적 역할이 강화되고 늘어나기 때문에 중년여성에 대한 관심과 연구도 늘고 있는 실정이다.

중년여성은 여러 가지 특성을 지니는데, 특히 인간발달상 네 가지 측면에서 그 주된 특성이 드러난다. 첫째는 신체적 특성으로서, 중년여성들은 다양한 신체적 변화를 경험한다. 머리카락, 주름, 체형 변화, 시력과 청력의 약화 등은 물론 폐경으로 인한 호르몬 변화와 그에 따른 심리적 변화가 그 특징이라 하겠다. 이는 어머니 역할의 해방, 출산능력의 상실을 의미하며, 결국 이러한 신체적 변화는 심리적 정서불안을 수반하게 된다.

둘째는 가정적 특성으로서, 자녀양육으로부터 해방됨으로써 중년여성은 부모역할 중심에서 부부생활 중심으로 그 역할 전환이 요구되며, 인간성에 근거한 동반자의 관계로 발전시켜 나아가게 된다(손영희, 2000: 12). 동시에 노부모와의 관계에서 여성의 역할이 더욱 중시되는데, 이 시기에 중년여성은 노부모가 의존의 대상이 아니라 돌봄의 대상으로 인식하여 성숙된 성인으로서 책임과 역할을 나눌 수 있어야 한다.

셋째는 심리적 특성으로서, 중년기 여성은 아내, 어머니가 되기를 결심한 초기 성인기에 어느 정도 자아정체감 위기를 해결하였으나, 결혼 후 10여 년 이상 경과한 중년기에 이르러 독자적 자아정체감을 수립하고자 하는 욕구에서 위기를 경험하게 되어 심한 우울 증세를 나타내게 된다. 이는 여성이 남성처럼 위기 대처 수단이 다양하지 못하고 자기감정에 직접적으로 직면하기 쉽기 때문이다(김정란, 1993). 다른 한편으로는 Erikson에 의하면, 중년기의 생성감은 다음 세대를 설정하고 지도해 주는 근본 관심사이다. 생성감은 다른 사람들을 위한 일은 할 만 한 가치가 있다는 신념으로, 그의 잠재력을 실현시키고 젊은 세대를 지원하기 위한 일들에 관심을 가지는 것이다(손영희, 2000 재인용). 이런 점에서 중년기는 새로운 도전의 시기이기도 하다.

넷째는 직업적 특성으로서, 직업에 종사하지 않았던 여성은 중년기에 이르러 자신의 역량을 새롭게 발휘해 보고 싶은 내면적 욕구를 감지하면서 취업이나 사회활동을 추구하고자 한다. 반면 직업을 자져왔던 중년여성은 전 인생동안 폭넓은 후원체계를 지니고 자립심을 길러왔으므로 중년기 변화에 적응능력이 크다(손영희, 2000 재인용). 결국 중년기 여성은 직업과 관련하여 새로운 변화를 경험하게 된다는 것이다.

이상과 같이 중년여성은 심리적 발달과정이나 사회 환경적 변화의 측면에서 전환적 특성을 가지므로 중년여성에 대한 관심과 중요성이 강화되고 있다. 이에 본 연구의 대상이 된 중년여성의 특성을 자아변화와 관련하여 좀 더 살펴보면 다음과 같다.

2) 중년여성의 자아변화: 정체성의 위기

Erikson은 중년기를 자기탐닉과 정체의 수렁에 빠지느냐, 아니면 창조적이며 생산적인 삶의 길을 택하느냐의 기로에 놓인 시기로 보았다(송정아, 1992 재인용). 즉, 중년기는 자아 성숙과 퇴보의 가능성이 공존해 있음을 의미한다.

중년여성의 자아정체성의 위기현상은 결혼 후 자녀의 성장과 어머니 역할의 감소와 더불어 남편의 사회활동 증가와 직업적 성취 등으로 가사노동에서 어느 정도 해방되면서 자신의 역할과 삶의 의미에 대해 새로운 도전에 직면하면서 발생하게 된다. 특히 현대 사회의 급속한 사회변화와 지역사회의 해체, 공동체적 인간관계의 약화 등으로 인하여 중년여성의 자아정체성은 흔들리게 된다.

중년의 자아정체성의 위기현상은 특히 고등교육을 받은 여성의 경우 더욱 심한 경향을 보이며, 다른 역할이 있는 여성의 경우에도 자녀의 성장에 따른 어머니 역할의 감소와 더불어 남편의 사회활동 증가, 산업사회에서의 빈번한 이사 등으로 사랑의 상실과 인간관계의 단절을 경험하면서 극대화되기도 한다. 또한 비취업 주부의 경우 가족 건강과 정서적 만족감이 자신의 노력에 기인한다는 가사노동의 중요성에 대한 확신을 지님으로써 자신의 정체성을 찾아갈 수 있으나, 자녀의 독립, 사회변화에 따른 성역할 변화 등으로 자아정체감의 안정감이 흔들리는 경향도 보인다.

Levinson(1978)은 자기 자신에 대한 재평가는 중년기에 있는 사람이라면 누구나 겪어야 할 발달단계라고 말한다. 남편은 직업을 통해 폭넓은 자기개발과 대인관계의 확장으로 자아정체감을 견고히 세워갈 때 주부들은 남편과의 상대적인 차이로 심리적으로 위축되고 텅 빈 공허감과 소외감에 직면하게 된다. 특히 반복되는 가사일로 자신감과 의욕이 결여되고 부정적인 자아개념과 열등감에 사로잡혀 자신의 위기를 경험하게 된다. 이러한 중년기 여성은 아내로서의 역할, 어머니로서의 역할, 직장 속에서, 자신이 몸담은 공동체에서 자신의 역할에 대해 전면적인 점검을 필요로 한다. 이러한 점검은 아내로서의 역할, 어머니로서의 역할과 나아가 자신의 실존에 대한 질문을 통하여 새로운 인생을 준비할 수 있게 된다(조재호, 2008 재인용).

중년여성의 특성과 정체성의 위기라는 맥락에서 중년여성들이 겪고 있는 자아변화는 개인적으로 중요한 의미와 가치를 가진다. 특히 우리나라와 같이 급속한 근대화 과정에서 경험하게 된 가족과 사회의 변동은 여성들에게 더욱 중요한 영향을 끼치게 되었다고 생각한다. 압축 성장과정에서 가족해체와 급변하는 사회변동에서 여성으로서, 어머니로서, 때로는 직업인으로서 중년여성은 상대적으로 남성과 다른 삶의 경험을 지니고 있으리라 본다.

전통적인 가부장적 가정에서 여성과 어머니로서의 역할이 과거와는 달리 오늘날은 한층 덜 억압적이고 자유로워지고 남성과 대등한 것으로 변화되었다. 중년여성들이 자신들이 지나온 가정과 현재의 가정에서 많은 세대차와 이질감을 느끼고 자아변화의 가능성과 좌절감을 동시에 체험하게 되어 혼돈에 빠지게 되기도 한다. 가사노동으로부터의 해방과 부부 중심 가족에서 자녀 중심 혹은 '빈 둥지'로서 가정을 경험하면서 중년여성은 자아의 흔들림을 경험한다. 특히 여성의 사회진출을 통한 직장생활에서 경험하는 여성의 역할과 위치, 그리고 극히 최근에 이루어진 여권신장으로 인한 여성의 사회적 역할 강화 등은 중년여성의 자아변화에 큰 도전이 되고 있다. 전통적인 유교문화로 인한 남성 중심의 여성 억압적인 가정과 사회에서 인생의 유년시절을 보내다 민주적이고 개방적인 여권신장의 최근 문화를 반영한 사회와 가정에서, 중년여성은 과거로부터 지녀 온 억눌린 자아를 깨고 새로운 자아에로 나아가려는 성찰과 실존적 삶을 만들어가야 하는 과제를 안고 있다. 오늘날 한국의 중년여성의 자아성장과 성숙은 가정적 사회적 급변으로 인한 문화적 변화로 말미암은 혼란을 넘고 또한 개인적으로 인간발달상에서 경험하는 정체성의 혼란을 넘어 새로운 자기성찰과 실존적 삶으로 나아가야 하는 전환기적 시점에 놓여 있다.

연구자는 비블리오드라마와 집단미술치료를 통하여 연구 참여자인 기독교 중년여성의 참가자들이 개인적·가정적·사회적 삶의 과정 속에서 경험하였던 여러 가지 사건과 에피소드를 몸짓, 동작, 언어, 미술활동 등으로 표출하게 함으로써 자아변화를 스스로 상호적으로 불러일으키게 하였다. 그리하여 중년여성들의 몸에 배어 있는 지시적 언어와 타자의 언어들을 찾고 그 언어들을 자신의 언어로 재구성할 수 있는 기회를 제공하고자 하였다. 이를 통해 중년여성들이 직면하고 있는 문제와 정체성의 혼란을 넘어 새로운 자아에로 나아갈 수 있는 존재론적 자아변화, 실존적인 자아탐구를 수행하도록 돕고자 하였다.

3) 중년여성의 자아성숙과 보살핌의 윤리

그렇다면 과연 우리나라의 중년여성의 자아성숙과 변화는 어떤 방향으로 나아가야 할 것인가? 중년여성의 자아성숙에 대한 논의는 여러 가지 방향으로 이루어지고 있다. 그중에서 인간발달사에서 본 여성의 도덕발달에 대한 연구가 주목할 만하다. 전통적으로 남성과 여성을 동일하게 보아 도덕적 발달이 이루어진다고 하였으나, 근년에 와서는 도덕성에 있어서 남녀 간에 성 차이가 있다는 주장이 활발하게 제기되고 있다. 그중에 Gilligan의 이론이 지적될 수 있다.

Gilligan의 이론 중 가장 핵심적이며 논쟁을 많이 불러일으키고 있는 점이 바로 도덕성에 있어서 남녀 간의 성차가 있다는 주장이다. Gilligan은 남성에게는 정의의 도덕성이, 여성에게는 보살핌의 도덕성이 나타난다고 주장하였다. Gilligan은 이러한 주장을 Kohlberg의 도덕 발달론이 성적 편견을 반영하고 있다는 비판에서 시작하고 있다(이혜진, 2009).

보살핌(care)이란 남의 처지나 입장을 이해하고 염려하는 심리적·정서적 태도를 포함하기도 하고, 보살핌을 필요로 하는 사람의 복지, 상황에 대한 최소한의 지식이나 이해, 주의력과 같은 인지적 능력을 포함하기도 하며 걱정하고 염려하는 사람과 접촉하여 구체적으로 도움을 주는 실천적 의지적 행동도 포함된다(신주영, 2002: 28).

Gilligan의 보살핌의 관점은 남성과 여성, 이성과 감성, 공과 사, 정신과 육체와 같은 이분법적인 존재론에서 열등한 것으로 치부되어 왔던 것들을 새롭게 사유함으로써 평가절하되었던 여성적 경험에 기초한 도덕성 덕목을 계발하고 새롭게 긍정함으로써 정의, 권리로 대변되는 근대적 윤리담론과는 다른 새로운 패러다임의 길을 제시하였다. Kohlberg의 이론에 대해 Gilligan은 정의와 윤리만이 도덕 개념이 아니라고 비판하면서 여성의 경우 관심을 갖는 도덕 문제는 남성과 같이 정의나 권리 그리고 의무와 관련된 것보다는 타인과의 관계라고 보았다. 그러면서 Gilligan은 남성 중심의 사회 속에서 항상 열등하고 결핍되었다고 평가되던 여성의 가치를 드러내고자 시도한다.

우리나라의 중년여성은 어린시절부터 가정과 사회 속에서 가족을 보살피고 주위사람들을 돌보는 생활을 위주로 생활하도록 학습되었고 또 그렇게 생활하였다. 여성들은 전통윤리와 자녀사랑, 그리고 남편의 내조생활에서 보살핌의 삶을 살아왔고 가족과 친족관계 속에서 관계지향적 배려의 삶을 살아왔다. 이러한 우리나라의 전통과 문화 속에서 내재된 보살핌과 배려의 삶, 그리고 관계지향적 삶이 성숙한 자아를 가진 여성이라는 도덕성과 명제가 주류를 이루어왔다.

그러나 최근 여성학이나 여권주의자들 사이에 여성의 가정적·사회적 역할이 남성과 동등한 역할로서 상정되고, 여성들 역시 남성과 대등하게 독립성과 자율성의 덕목이 중요하다고 주장되고 있는 경향이다. 더욱이 20세기 후반 이후 여성시대가 진전되고 여성들의 사회적·직업적 진출이 활발하게 이루어지면서부터 한층 과거의 전통적인 여성의 덕목이던 보살핌과 배려, 관계지향적 특성이 상대적으로 약화되고 있는 듯하다.

이러한 가치와 문화의 변동 속에서 중년여성들은 과거의 삶과 현재의 삶이 급변하는 상황 속에서 상당한 가치관과 자아의 혼란, 역할의 어려움을 겪고 있다. 중년여성들은 기존의 관계지향적 삶, 보살핌의 삶을 살아야 하는 동시에 자율적이고 독립적인 삶을 살아야 하는 그런 복합적이고 중층적인 삶에 직면해 있다고 할 수 있다. 본 연구는 이러한 사회적, 가정적 맥락에서 중년여성들이 비블리오드라마와 집단미술치료를 통하여 그들이 가진 과거의 전통적인 가부장적인 억압적 문화와 가치를 깨뜨리고 자유와 자율의 새로운 자아를 탐구해가는, 그러면서도 동시에 자기다운 모습으로 보살핌, 배려, 관계적 삶을 살아내는 그런 절충적 자아를 실존적으로 찾아가도록 돕고자 하였다.

본 연구의 참여자들인 기독교 중년여성들이 비블리오드라마와 집단미술치료를 매개로 해서 과거의 삶의 경험을 이야기 형식으로 풀어내며 형성하는 존재론적 자아변화가 어떤 과정으로 전개되는지 살펴보고자 한다. 정의와 권리의 윤리와 대비하여 여성적 도덕발달 혹은 자아성숙의 내용으로서 보살핌과 인간관계의 내용이 어떻게 전개되는지를 존재론적 탐구를 통해서 해석할 것이다.

4) 기독교 중년여성의 자아변화와 실존적 해석

기독교 중년여성이란 주로 개신교 신자로서의 중년여성들을 말하는데, 이들은 성경적 원리, 즉 성경말씀에 따라 믿음을 가지고 있으므로 자아변화도 성경말씀에 근거하여 변화되어간다. 이 중에서 가장 중요한 변화는 하나님께서 모든 사람들을 사랑하시고 한 사람 한 사람을 존귀하게 생각하신다는 성경내용이다(요한일서 4장 7~10절). 이는 기독교 중년여성들의 자아정체성에 관한 것으로서 한 사람의 생명이 천하보다도 귀하고 하나님은 한 사람 한 사람을 지극히 사랑한다는 내용을 담고 있다. 기독교의 핵심교리인 칭의, 성화 및 영화 역시 기독교 중년여성으로 하여금 자아를 성숙하게 하는 내용이다. 인간이 죄로 인하여 죽을 수밖에 없는 상황에서 하나님께서 독생자 예수 그리스도를 이 세상에 보내셔서 그를 믿는 자마다 의롭다 칭하여 영생을 얻고, 예수 그리스도의 인격과 삶을 닮으려고 신앙생활을 하는 과정에 성화의 단계에 이르게 되어 인격적 성숙과 자아 성숙에 이르게 될 수 있다.

그럼에도 불구하고 기독교 중년여성들은 교리적 내용과 성경말씀을 추상적이고 보편적인 원리로 수용하는 경향이 있다. 이러한 보편지향적 진리는 때로 나와는 아무 상관이 없을 수 있다. 왜냐하면 성경의 진리는 개별적·주체적 진리로 다가와야 성숙할 수 있기 때문이다. 결국에 기독교 중년여성들의 자아는 신 앞에서 자아관을 찾아가는 과정을 걷게 되며, 자신의 삶에서 일어나는 고난과 불안과 절망과 좌절을 통해서 신 앞으로 주체적으로 나아갈 기회를 얻게 된다. 기독교 중년여성들의 자아에 대한 인식은 기독교 종교적 실존을 탐구한 다음의 두 신학자의 견해가 필요하다.

실존주의자 Kierkegaard는 주체적 진리라고 하는 것은 나와 아무 상관이 없는 객관적 진리를 찾는 것이 아니라 나로 하여금 참으로 내가 되게 하는 이념을 찾는 것이라고 하였다(표재명, 1992). 하나님의 사랑을 다른 이들에게 알리는 철저한 봉사자로 자신을 여겼던 Kierkegaard는 소외된 인간 실존을 신 앞에 세우기를 원했다. Kierkegaard가 '실존'이라는 용어를 이야기할 때, 그것은 보편적인 의미의 인간을 말하는 것이 아니라 개별적이고 구체적인 인간을 가리키며 신 앞에 홀로 서 있는 인간 존재자를 말한다. 이러한 단독자의 의미는 특별히 탁월하거나 재능이 있다고 하는 의미에서의 단독자가 아니라 모든 사람이 누구나 그런 존재가 될 수 있고 또 되어야만 한다는 의미에서의 단독자이며, 단독자임을 자신의 영예로 여겨야만 하고 더욱이 한 사람의 단독자임에 참으로 자신의 축복을 발견하게 되는 그러한 것이라고 주장하였다. 실존이란 본래의 자기를 자각하고 실현하려는 계속적인 노력이요 끊임없는 생성이다. 인간적 실존의 과제는 참된 자기 자신으로 되돌아가는 것이며, 이것은 본래의 자기 자신이 되는 것이다.

참된 자기 자신을 되찾기 위해 Kierkegaard는 미적 실존, 윤리적 실존, 종교적 실존이라는 세 단계의 자기 형성을 제시했다(Kierkegaard, 1968). 첫째, 미적 실존이란 감성적 욕구의 충족 즉 감각적인 쾌락만을 추구하는 단계이다. 말초적인 쾌락만을 추구하는 이러한 실존의 양식은 참된 자기의 발견이 아니라 오히려 자기상실이다. 이 사실을 깨달은 인간은 윤리적 실존이라는 두 번째의 단계로 향할 수 있다. 이것은 양심을 가지고 윤리적인 것을 의무로서 이행하는 단계이다. 그러나 윤리적 사명에 충실하고자 노력하면 할수록 이상과는 너무나 동떨어진 부족한 자기 자신을 발견하게 된다. 윤리적 실존에 사는 이는 자기의 양심이 요구하는 것과 유한한 개인의 실존 사이에서 괴로워하며 회의와 절망에 빠지게 된다. 즉, 윤리와 도덕이 인간에게 무엇을 해야 하는지를 가르쳐주지만 그 윤리와 도덕을 실천할 능력을 주지 않는다는 것이다. 결국 윤리적 실존 역시 종교적 실존의 단계에 오르게 된다. 이것은 신앙을 가지고 사는 단계이다. 여전히 인간의 내면에 영원성이 본질적으로 새겨져 있다는 것을 알지만 더 나아가 인간의 내면을 벗어나 초월적인 것을 향한다. 그래서 실존적 삶의 추구는 '초월성의 종교성'으로 나아간다.

Kierkegaard는 신과 인간이 무한한 질적인 차이를 가지고 있음을 주목한다. 그래서 신과 인간이 만난다는 것은 불가능해 보인다. 그러나 여기서 우리는 놀라운 사실을 발견한다. 사람에게 영원한 진리와 복을 주기 위해 신 자신이 사람이 되어 오신 것이다. 이것이 바로 그리스도교의 역설이다. 이 절대적 역설을 이성으로 받아들이기는 결코 쉽지 않다. 이것은 모험이며 신으로부터 주어지는 은총이다. Kierkegaard는 '공포와 전율'에서 믿음의 조상이며, 아들 이삭을 바치기로 순종한 아브라함을 종교적 실존을 살아낸 존재자로보고 있다. 실존의 세 가지 단계 중에서 윤리적 단계의 도덕적 가치로 볼 때, 비록 자기의 아들을 죽이지 않았지만, 그가 한 행위는 살인자의 행위라고 이야기할 수 있다. 그러나 종교적 단계의 관점에서 바라보면, 그는 하나님의 말씀에 온전히 순종하는 믿음의 모범을 보여준 것이다. 이처럼 도덕과 신앙은 서로 같다고 볼 수 없다. 신앙은 도덕의 차원을 멈추게 하고 그 차원을 넘어선다. Kierkegaard의 실존사상이 도달하는 마지막 지점이 이 '초월성 종교'이다.

Schleiermacher는 종교는 배울 수 있는 것이 아니라 깨달을 수 있을 뿐이라고 말한다. Schleiermacher는 그의 저서 『종교론(On Religion)』에서 통속적인 교리와 교의적인 개념에 얽매여 있는 사람들을 비판한다.

Schleiermacher에게는 그들이 주장하는 교리와 교의보다도 더욱 중요한 것은 종교적 직관이다. 즉, 그는 절대적인 것에 대한 주관적 체험을 강조하였고, 종교를 '사유와 도덕이 아닌 직관과 감정'이라고 생각하였다. 그가 말하는 직관과 감정은 인간의 심리학적 의식의 개념이 아니다. 쉽게 말한다면 주관적인 느낌이 아니다. 이것은 신앙의 감정을 말하는 것이지 감정 일반을 말하는 것이 아니다. Schleiermacher는 종교로 들어가기 위한 길은 직접적인 체험이며, 본질적으로 무한한 것에 대한 의존의 감정이라고 하였다. Schleiermacher는 인간이 죄의식을 극복하는 길은 직접적 자기의식, 절대의존의 감정, 다른 말로 경건성으로 충만해지는 것이라고 하였다(Schleiermacher, 1999).

기독교 중년여성들도 앞서 말한 한국의 중년여성들이 겪고 있는 공통적인 자아혼란과 변화를 경험하고 있다. 다만 이러한 자아혼란과 변화를 어떻게 바라보며, 어떻게 해결해야 하는 방법에서 차이를 가지고 있다. 이는 결국 신앙, 믿음으로 극복하고 해결하려는 것으로 풀이할 수 있다. 그런데 그 믿음의 내용이 단순히 교리적이고 성경적인 내용, 객관적인 진리로서 받아들여져서는 자신들이 가진 자아혼란과 자아성숙의 문제를 해결하기가 쉽지 않다는 것이다. 이는 성경의 내용이 과거의 특정지역에서 있었던 성경인물들에 대한 객관적인 이야기로서가 아니라, 그들의 삶을 오늘 여기서 개별적이고 단독자로서 하나님 앞에서 체험되어야 비로소 기독교 중년여성들의 자아변화가 가능하다는 것이다. Kierkegaard가 말한 '신 앞에서 선 단독자'로서, Schleiermacher가 말한 '직접적·주관적 체험'으로서 하나님을 만나야 인격적 변화가 가능하다.

따라서 본 연구는 비블리오드라마와 집단미술치료를 매개로 하여 성경 속에 등장하는 여러 인물들을 중년여성들이 재현함으로써 그들이 가졌던 신앙적 체험을 통해 자신의 자아문제와 변화를 성경적으로 새롭게 이해하고 해결하는 존재론적인 탐구를 시도하고자 하였다. 이러한 체험을 통하여 기독교 중년여성들의 삶의 경험이 되살아나고 내러티브적 존재 구성에 의한 존재론적 탐구를 통해 자아변화를 겪게 될 것이다. 그리하여 Kierkegaard가 말한 단독자로서 하나님 앞에서 진정한 실존적 자아(김종원, 2005; 안재성, 2007)를 발견하는 체험을 하게 될 것이다.

2 집단미술치료와 비블리오드라마

기독교 중년여성들의 과거의 긴 인생 경험들은 그녀들의 '몸'속에 묻혀 있다. 치료장면에서 그녀들의 몸속에 녹아 있는 잠재된 의식과 감정들을 끄집어내는 작업은 결코 쉽지 않다. 언어로만 사용하는 상담이나 단순한 대화만으로 부족하다. 보다 전문적인 방법이 요청된다. 그래서 비블리오드라마와 집단미술치료를 연계하여 접근하려고 하였다. 비블리오드라마를 활용한 집단미술치료는 기독교 중년여성들의 과거의 삶에 용해되어버린, 그리고 오랫동안 억압되어 온 자아를 '신체'를 통하여 새롭게 발현되도록 할 것이다. 드라마는 '몸'을 매개로 실존을 드러내며, 미술작품은 '눈'이라는 신체적 언어를 통해 실존을 드러내도록 한다. 또한 작품과 드라마로 이렇게 드러난 실존은 집단 내에서 끊임없는 이야기하기를 통하여 의미구성을 하면서 존재를 재구성하게 된다. 두 예술치료의 연계된 치료방식은 삶이 치유되고 성장, 변화되기를 바라는 그녀들의 자아를 드러내는 것에 매우 획기적인 방법이 될 것이다.

미술치료라는 용어는 1961년 'Bulletin of Art theraphy'의 창간호에서 편집자인 Ulman이 처음으로 사용하였다. 미술치료는 교육, 재활, 정신치료 등 다양한 분야에서 널리 사용되고 있으며, 어떤 영역에서 활용되고 있든지 공통된 의미는 시각예술이라는 수단을 이용하여 인격의 통합 혹은 재통합을 돕기 위한 시도라고 진술하였다(한국미술치료학회편, 2000: 33). 시각예술의 수단으로의 미술작품은 자신의 삶의 경험적 반향(echo)

으로서 자기노출(self-revelation)이며 미술치료는 이러한 예술작품을 통하여 자기표현과 발산뿐만 아니라 자기탐구(self-exploration)를 위하여 이용하도록 돕는 것이라는 Wadson의 말과 같이 미술치료는 개인의 잠재적 창의성을 개발하여 자신을 탐구하고, 나아가서 사회의 한 구성원으로서 적응하도록 하는 데 도움을 주는 것이다(신연숙, 1995). Merleau-Ponty는 실제로 본다는 것은 그저 관념상의 추상적인 세계가 아니라 현존하는 세계가 드러나고 그것에 대한 구체적인 의식을 가질 수 있다는 점을 강조하였다. 봄의 의식은 그야말로 체화된 의식이라는 이야기이다. 봄은 적어도 항상 보이는 사물에 철저히 결합되어 있다. 이를 Merleau-Ponty는 붙들림 혹은 사물 속으로 달아남이라고 표현한다. 이것이 바로 초월이라고 말한다(조광제, 2004: 405-408).

Gerhard Marcel Martin은 비블리오드라마에 대해서 다음과 같이 정의한다. 비블리오드라마는 한 명 혹은 다수의 비블리오드라마 지도자의 안내를 받아, 12명에서 최대 18명의 참가자와 성경 본문 사이에 상호작용의 과정이 일어나는 열린 프로그램이다. 비블리오드라마는 경험 지향적이면서 동시에 텍스트 지향적이다. 나 자신의 경험이 성서의 경험과 만나는 것이다. 성서의 이야기, 상황, 인물, 기도, 명상, 가르침 속에 생생하게 살아 있는 경험, 때로는 일그러져 있거나 아예 묻혀 있는 경험과 나의 경험이 만나는 것이다. 우리는 성서 안에서, 혹은 성서와 마주할 때 어떤 당혹스러움, 감정의 차단, 소망의 투영 등을 느낀다. 비블리오드라마는 그런 느낌을 의식의 영역으로 끌어올리는 과정이며, 그것을 통해 자유로워지고 삶을 즐길 수 있는 잠재력을 발견하는 과정이다(Martin, 2010: 21). 그러므로 신앙을 삶의 기준으로 삼고 사는 기독교 중년여성들의 경험들을 성서의 경험과 만나게 함으로써 묻혀 있던 그들의 이야기와 경험들을 가장 자연스럽게 끄집어낼 수 있게 될 것이다.

Merleau-Ponty는 '지각의 현상학'에서 우리의 몸이 원초적 지각의 '선험적 근거'라고 한다. 근대철학에서는 몸을 인식주관이 대면하는 여타의 다른 대상과 다를 것이 없는 시공을 채우고 있는 연장(延長)으로 보았다. 몸을 인식주관의 개념적 틀이 파악하는 대상으로 보았지, 그것이 모든 인식이 가능하기 위한 선험적 조건이라는 점은 모르고 있었다. 즉, "규정된 대상의 총합으로서가 아니라 규정된 모든 사고에 앞서 스스로 우리의 경험에 끊임없이 현존하는 잠재적 지평으로서의 몸"을 발견하지는 못했던 것이다. 그러나 몸은 의식이 지각하는 대상이기 이전에, 몸 때문에 바로 외부 대상들이 우리에게 존재할 수 있게 되는 것이다(Merleau-Ponty, 1945/2002). 결국 몸은 의식 외부의 대상이 아니라 몸을 통해서 비로소 외부 대상이 주어진다. 기독교 중년여성들이 몸을 활용하여 몸이 깨어나는 작업을 할 때에 비로소 오랜 기간 동안 억압되어왔던 자아가 완전하게 드러나게 되는 것이다. 그러므로 지시성을 가진 기호적 언어와 타자의 언어에 자신을 희생시키고 살았던 기독교 중년여성들에게 가장 실존적인 자아를 찾아가기 위해서는 '신체적 언어'로 자신을 드러내게 함이 필요하였다.

Clandinin & Connelly(2000)는 삶은 우리가 의지해 살아가는 이야기이며, 인간은 이야기를 통해 자신의 삶의 의미를 만들어간다고 주장한다. 미술치료는 중년여성들의 삶과 관계가 있는 주제로 창조성을 기반으로 작품을 만들고 그것을 상호 이야기하게 한다. 이러한 이야기하기는 인간이 자기 정체성을 형성해가는 근본 구조이며, 인간이 삶의 의미를 만들어가고 구현하는 삶 자체가 이야기적 구성에 기초하기 때문이다(Kenyon & Randall, 1997). 인간의 자아는 이야기적 구성에 의해 윤곽이 그려지고 구현된다(Kerby, 1991). 이후 같은 주제로 비블리오드라마를 진행할 때 참여자들로 하여금 즉흥성과 자발성을 가지고 낯선 역할과 상황 속에 다시 서게 한다. 평소에는 당연한 것으로 치부해서 거의 관심을 기울이지 않았던 자신의 움직임, 지각의 과정, 호흡의 리듬까지 주의를 기울이며 새롭게 경험하게 한다. 자신의 이야기를 몸으로 다시 이야기하고 살아내어 봄으로써 지금-여기에 실존으로 다시 서게 하는 것이다.

그러나 강력한 자각과 경험을 겪게 하는 비블리오드라마는 시간과 공간에 제한을 받고 일회성으로 이루어진다. 이러한 비블리오드라마의 일시적이고 즉흥적으로 얻어진 실존의 몸짓을 명료화, 개념화하여 지속적으로 유지시킴이 필요하다. 그래서 인지적인 자각으로 전환시켜 통합시키는 과정이 미술치료의 소감활동으로 주어지게 된다.

기독교 중년여성들은 그 생생한 '몸'의 경험에 관한 작품을 이미지화하여 통합함으로써 새로운 인식을 하고 인지적 변화까지 도달한다. 결국 이러한 과정을 통하여 기독교 중년여성들은 실존적 자아를 탐구하게 되고 자아변화가 가능하게 된다. 이러한 구성과 절차에서 집단미술치료와 비블리오드라마를 연계시킴은 공동의 신체적 언어사용, 행위의 즉흥성, 작품의 영원성이 결합하는 것을 의미한다.

다음은 비블리오드라마와 집단미술치료가 가진 치료 측면을 해석학적으로 상세하게 살펴보면서, 이러한 활동들이 어떻게 기독교 중년여성들에게 자아에 대한 실존적 탐구가 가능할 수 있는지를 소개하고자 한다.

1) 집단미술치료

(1) 이야기하기로서의 미술치료

이야기(story)는 의미구성의 내용이며 이야기하기(storytelling)는 의미구성의 방법이다. 이때 화자의 이야기하기는 과거의 사실들을 있는 그대로 드러내는 것은 아니다. 즉, 화자의 이야기하기는 실존적 힘과 언어로 주체적인 의미를 구성하는 것이다. 이렇게 이야기하기는 나 = 세계(공간성), 나의 과거–현재–미래(시간성)라는 주제를 중심으로 의미화하는 실존적 의미 구성의 과정이며, 인간은 실존적 이야기하기를 통해 자신의 삶의 의미, 가치, 목적을 끊임없이 생성해 나간다(박세원, 2013). 이야기적 존재 구성은 자신의 존재 의미를 생성하고 실현하고자 하는 인간의 근본적인 존재 구성 양식이다. Kerby 역시 "자아는 이야기적 구성에 의해 윤곽이 그려지고 구현되는 것(Kerby, 1991)"이라고 말하면서 이야기하기가 자아구성에 있어서 근본적인 방법임을 강조한다.

미술치료는 그림이나 작품 구성을 통하여 내면에 있는 감정과 과거의 사건을 표현한다. 그런데 이 표현의 과정은 충분히 자신의 작업을 탐색하면서 이야기하는 것이다. 무의식적으로 나타난 이미지나 작품을 통하여 깨달아진 것을 이야기 형식으로 표출할 뿐 아니라 이야기를 하는 과정에서 의미를 재창출하거나 재정립하게 된다. 이야기는 의미 없는 세상에 의미를 부여하는 기능을 한다. 특히 집단미술치료에서 자신의 작품으로 이야기를 나눌 때 청자에게도 같은 삶을 공유하도록 한다. 모든 대화관계에서 자신의 의미를 표현하기 위해서는 문장을 만드는 화자가 있기 마련이다. 이때 청자는 단순한 단어들의 배열을 듣다가 갑자기 어떤 신비한 과정을 통하여 그 단어들의 의미를 알아차리게 된다. 신비적이고 심지어는 성스럽기까지 한 이 과정이 바로 해석학적 과정이다. 해석학은 듣기의 기술이다. Schleiermacher(1999)에게 있어서 기술(description)로서의 이해는 텍스트 저자의 원래의 정신적(심리적) 과정을 다시 체험(추체험)하는 것이다. 추체험은 이미 고정되고 완결된 표현에서 시작하여 원래 그 표현이 생겨났던 정신적 삶에로 거슬러 올라가는 것으로 그는 이 과정을 해석학적 순환이라고 부른다. 해석학적 순환은 그것이 기능하기 위해서 직관의 요소를 가장하고 있다. 의사소통은 대화적인 관계이기 때문에 애초부터 화자와 청자에 의해서 공유되는 의미공동체가 가정된다.

인간은 이야기를 통해 삶을 배우고 자신의 삶을 표현하고 살아가는 종이다. 우리의 삶에서 이야기를 한다는 것은 우리 자신의 정체성에 대해 말하는 것이다. May(1991)에 의하면 이야기란 '우리의 내적 자아가 외부 세계와의 관계 속에서 빚어내는 자기해석의 틀'이라 말하였다. 우리는 이야기하기를 통해 우리 자신과 타인 그리고 이 세계와 관계성을 맺고 있는 것이다. 이야기는 인간의 삶에 틀과 의미를 제공해 주는 중요한 통로인 것이다.

Freud의 첫 환자였던 Anna도 역시 이야기의 치료적 힘에 대해 말했다. 그녀는 자신의 마음을 상하게 하고 아프게 한 정신적 외상에 대해 이야기하면서 도움을 받았기 때문에 정신분석을 '말하는 치료(talking cure)'라고 진술하였다. 사람들은 자기 자신에 대한 이야기를 말 하고자 하는 욕구를 가지고 있다. 그리고 자서전적 이야기(autobiographical)의 진술은 그 이야기를 말하는 자로 하여금 자신의 과거와 다시 연결시켜 줄 뿐 아니라 이 과정을 통해 이제껏 무의식의 어둠 속에 묻어 놓았던 자신의 과거와 새롭게 화해할 수 있는 길을 찾아줌으로써 막혀 있던 삶에 새로운 통찰과 의미를 주게 된다(양유성, 2004).

집단미술치료에서 기독교 중년여성들은 자신들이 형상화시킨 미술작품을 함께 이야기함으로써 자신의 내면의 감정과 과거의 사건을 표현한다. 말하는 사람이나 듣는 사람이 이야기를 통하여 의미를 발견하고 새롭게 하는 역할이 일어난다. 특히 집단미술치료에서 자신의 작품을 이야기로 나눌 때 듣는 청자에게도 같은 삶을 공유하도록 한다. 기독교 중년여성들은 집단미술 활동을 수행하는 과정에 창작한 미술작품을 상호적으로 이야기하면서 자신의 정체성을 변화시키고 새롭게 해석하기도 한다. 그리하여 집단미술치료 활동은 기독교 중년여성들로 하여금 이야기를 통해 실존적 자아탐구를 가능하게 한다.

(2) 비문자적 의사소통으로서 미술치료

Derrida(1998)의 지적처럼 인간은 언어(혹은 기호문자의 언어)의 덫에 걸려 그것 밖으로 한 걸음도 나갈 수 없는 존재자이다. 기호문자는 그 안에 내재된 일방적인 지시성으로 인해 인간의 삶에 억압이나 소외 현상으로 작용한다. 기호문자는 인간이 가진 의미를 추상적·역사적·문화적 의미로 생성하도록 하는 중요한 경로가 되지만, 또한 그것은 인간의 의미 구성을 외재적 문법 체계에 빼앗기도록 그의 삶을 구조화한다. 왜냐하면 외재적 문법 체계는 그것의 지시적 의미, 가치, 규범, 목적을 인간에게 항상적으로 부과하면서 인간의 신체적·본능적 의미 구성을 통제하거나 억압하기 때문이다. 이제 인간은 자신의 신체로부터 이탈된 기호문자 체계에 종속되어 사태를 현전(presence: 기원전 사태 자체)으로 직면할 수 없고 오직 기호문자라는 대리보충적 언어 지평 위에서만 자신의 존재성을 구성할 수밖에 없는 존재자가 되었다(박세원, 2011). 지시적 언어로써 기호문자가 인간을 지나치게 억압할 경우 인간은 심리적으로 병이 들게 된다.

그러나 그 해답으로 인간은 자신의 신체성을 기반으로 세상과 이야기적 삶을 소통하는 것에서 심리적으로 건강한 삶을 영위할 수 있다.

미술치료는 인간의 '눈'이라는 신체성을 기반으로 그림과 작품을 생성하고 의사소통을 이루며 인간을 치유한다고 말할 수 있다. 바로 신체 자체를 통해 굴절되는 모습이 세계에 대한 근본적인 지각 자체라는 점은 무엇보다도 '그림의 영역'을 통해 잘 드러난다고 Merleau-Ponty가 자신의 회화론 '눈과 마음'에서 주장하고 있다. 그림을 그리는 자의 시선이란 '눈'이라는 신체와 얽혀 있으며, 이 눈이라는 신체는 세계 안의 다른 대상들 사이에 있다고 하면서 "인간이 자기 집에 살고 있듯이 화가의 눈은 존재의 조직 속에 살고 있다."라고 말한다(Merleau-Ponty, 1964/2008: 54). 이러한 의미로 볼 때 그림과 작품을 통해서 의사소통 방식을 하는 미술치료는 신체화된 인간 존재성을 잘 드러낸다고 할 수 있겠다.

Freud(1917)는 일찍부터 예술의 치료적인 효과에 대해 언급했는데 예술은 환상세계와 현실세계를 잇는 가교이며, 예술가가 그 길을 찾는 방법은 혼자서 환상세계만을 추구하는 것만으로 가능한 것만이 아니고 창작을 통하여 환상세계를 현실세계로 구체화시키는 것에서 그 길을 발견할 수 있다. 그리고 이러한 창작 활동은 무의식의 세계라고 할 수 있는 심리세계에 유배되어 있는 마음의 갈등과 좌절감을 갖게 한 요소들을 외면화함으로써 오는 해방감과 고통의 경감이 가능하도록 하는 길이라고 했다. 미술치료에서는 꿈이나 환상, 경험이 순수한 언어적 치료법에서처럼 언어로 해석하기보다는 이미지로 그려진다(최외선 외, 2006: 14). 결국 미술치료란 비문자적인 커뮤니케이션 기법으로 이러한 기법을 반복 시행함에 따라 시각적 이미지를 통해 지금까지 상실, 왜곡, 방어, 억제되어 있는 내적 상황에서 보다 명확한 자기상, 자신의 세계관을 재발견하여 자기동일화, 자기실현을 꾀하는 것이다. 따라서 미술치료의 궁극적 목적은 심신의 어려움을 겪고 있는 사람을 대상으로 하여 그들의 미술작품을 통하여 심리를 진단하고 치료하는 데 있다(김동연, 1990).

Malchiodi(2000)는 미술치료의 특성을 다음과 같이 말하고 있다. 미술치료는 시각적 사고를 하도록 도와준다. 미술활동이라는 시각적 언어는 의사소통으로는 익숙지 않은 방법이라서 자신을 쉽게 숨길 수 없다. 언어로 표현한다는 것이 어려운 사람의 경우 미술은 자신의 솔직한 감정을 숨기고 회피할 수 있는 방법이 될 수 있다. 미술표현 같은 비문자적 형태의 의사소통은 언어로는 접근할 수 없는 생각과 감정의 표출구가 된다. 결과적으로 미술활동의 이런 가치는 무의식과 표출되지 않은 사고와 감정을 표현하는 길을 열어주는 것이다. 미술치료를 통해 말로 할 수 없는 것을 표현할 수 있다. 미술표현은 단선적인 과정이 아니므로 맞춤법이나 논리, 문법, 구분법 등의 언어법칙에 얽매일 필요가 없기 때문에 동시에 여러 가지 갈등을 표현할 수 있다. Wadeson은 이를 미술의 동시표현성, 복합 공간구조라고 불렀다. 이는 공간, 색, 선을 이용하여 상호관계를 표현하려는 미술의 능력이다. 언어와 달리 미술은 구조나 조직을 위한 일정한 규칙을 가지고 있지 않기 때문에 같은 그림 안에서 모호하고 혼란스럽고 상반되는 요소들이 같이 존재할 수 있다. 모순적인 요소들을 포함하는 미술의 이러한 능력은 갈등의 경험과 감정을 종합하여 통합하도록 도와준다(Malchiodi, 2000).

기독교 중년여성들은 그들이 살아오면서 과거에 지니고 있었던 의식적·무의식적 감정을 언어로는 표현할 수 없었던 것들을, 집단미술치료 활동을 통해 시각화하여 표출하게 된다. 그들은 스스로가 자신을 억압하거나 타인들에게 활용하는 방어기제를 깊이 내재화하는데, 미술활동은 그것의 실체를 드러내고 그것 안에 내재된 모호함과 갈등을 자신의 언어로 통합하도록 하는 것에 도움이 된다.

(3) 미술치료의 창조성과 실존적 자아탐구

Maslow는 전인적인 인간은 심미적인 투시력이나 육체적인 경험으로 자신을 구현하는 사람이라고 하면서, 이러한 자신의 내면의 구현은 모방하지 않는 자기 창조의 노력으로만 가능하다고 하였다. 미술치료는 이렇듯 창작이라는 작업을 심리치료이론의 틀에 맞추고 적절한 창작기법을 사용하여 상기한 미술치료의 목적을 달성하는 것이라고 할 수 있다(김진숙, 1996). Ariete(1981)는 창조과정이 인간에게 가져오는 의의에 대해 다음과 같은 세 가지를 열거한다. 첫째, 이차사고 과정의 구속으로부터 인간을 자유롭게 한다. 둘째, 예술적인 면에서의 인간의 경험을 확대시킨다. 셋째, 쉽게 얻어지거나 발견되지 않은 경험이나 존재에 대한 추구를 도와줄 수 있다. 미술활동의 경험은 자신에 대한 자신감과 객관화, 성취감 그리고 합리적 사고 등 개인적 만족감을 획득하게 하며 자신에게 만족감을 주는 창작행위의 표현을 통해 자아실현이 가능하도록 해 준다(Wadeson, 1980). 특히 Rollo May(1976)는 미술이 '창의적 노력에 힘'을 주는 것이고, 창의적 과정은 자아의 표현이고 실존적 갈등을 직면시킨다고 확신하였으며, 창의성이 정신건강의 핵심이라고 믿었다(Malchiodi, 2011/2012: 94). 집단미술치료장면에서도 재료의 선택이 창작자의 내면의 세계라고 볼 때 모든 창작품은 창작자의 소우주라고 할 수 있다. 그림은 소형의 내면세계라고 할 수 있는데 이러한 점을 이용하여 치료자는 창작자로 하여금 스스로 내면세계에 대한 깨달음으로 개인의 대인관계를 바꿀 수 있는 계기를 마련해 줄 수 있다(김진숙, 1996).

미술치료에서 창조적인 행위는 '놀이'의 의미로 볼 수 있다. 놀이는 신체성을 지닌 인간 개별자가 자발성과 흥미를 가지고 긴장에서 벗어나 감정을 공유하며 공동의 삶을 체험하게 한다. Winnicott는 "심리치료는 환자와 치료사, 놀이에 대한 두 영역이 겹쳐질 때 일어나는 것으로, 두 사람이 함께 노는 것이다. 놀이 자체가 치료라는 사실을 기억하는 하는 것이 좋다(Winnicott, 1989: 38, 50)."라고 말하였다. 개인이 이렇게 창조성에 접할 수 있을 때 진정으로 참자기를 발견할 수 있다.

집단 미술활동을 통한 창작과정은 놀이가 되어 자기표현과 집단구성원들 사이에 새로운 관계를 형성시켜주는 미술치료의 창조성을 활용하는 것이며, 이 과정에서 기독교 중년여성들은 자발적으로 내면세계를 드러내며 상호 역동적 활동이 진작되어 구성원들 각자가 자신의 실존적 자아에로 접근하게 된다. 이 과정에서 그들은 놀이를 통해 그것들은 같이 공유한다.

대부분의 기독교 중년여성들은 살아오면서 문화와 역할 속에 제한을 받으며 순수한 자신의 창조적 삶을 살기보다는 기호문자의 언어에 맞추어 살아왔다. 가장 자기다운 원초적 자신을 찾는 과정은 창조성을 발휘할 때 얻어진다. 가장 독특한 자신의 개성을 나타내 보일 수 있고 경험할 수 있는 것으로 미술활동을 통하여 자신을 드러내는 것이라 할 수 있다.

그러므로 연구자가 전체 프로그램을 진행하는 과정에 먼저 집단미술치료에서 얻어진 작품을 통해 기독교 중년여성들이 기호언어로 표현하기 어려운 것들을 작품으로써 드러내며 현재와 과거의 자신에 대해 이야기하게 하였다. 즉 미술치료의 창조성, 비언어적 의사소통, 작품을 통한 이야기성을 중심으로 기독교 중년여성들의 실존적 자아탐구를 진행하는 시초로 삼았다. 그 이후에 비블리오드라마를 활용하였는데, 이는 특별히 드라마 속의 인물을 연기하는 몸짓과 행동을 통해 기독교 중년여성의 자아탐구를 자극하게 하는 과정이다. 비블리오드라마를 하면서 몸으로 반응하는 자신을 경험하고 이 모든 자각을 다시 집단미술치료의 소감그림으로 통합하는 과정을 진행하면서 몸속에 감추어져 있던 자아들과 만남을 하게 하는 실존적 탐구를 시도하게 되었다.

2) 비블리오드라마

(1) 비블리오드라마와 신앙

성경을 해석하는 일은 오랜 기간에 걸쳐 이루어졌으며 아직도 합의된 것이 없다. 신화와 설화의 형식을 가지고 있는 성경은 본래 다양한 견해가 생기게 하고 그 만큼 애매한 특성을 지니고 있어서 결론을 도출해내지 못한다. 이러한 다양한 의견들의 충돌은 성경 자체의 전쟁이라고 할 수 있다. 우리가 성경에서 만나야 하는 것은 어떤 정확한 답을 얻는 것이 아니라 바로 우리가 겪는 실존의 상황과 심정을 만나는 것이다. 즉, 우리의 해석학적 임무는 '내적 경험의 전위'를 포함해야 한다. 성경 자체가 뭔가를 전달하는 순간, 우리는 즉각적으로 그 속으로 뛰어 들어가는 경험이 필요하며, 이런 경험이 해석의 과정이 된다. 이러한 과정은 성경의 장면 속에 들어가서 과거와 현재를 접합시키고, 그 접합은 우리로 하여금 성경적 상황과 동일시하게 하거나 갈등하게 하면서 실존적 해석을 투사하게끔 한다. 많은 성경 본문이 치유의 이야기이기 때문에 그런 성경 본문이 제대로 일을 행하도록 우리 자신을 맡길 때, 그 맡기는 만큼의 치유적 체험을 누릴 수 있다. 또한 현대연극은 한 단계 진보하여서 연기자와 참석자 모두 몸소 체험해 보길 원한다. 우리는 이제 연극을 그저 바라보기만 하는 관객의 시대를 벗어나서 연기자들과 관객들이 함께 어우러진다. 연기자나 관객 모두 두 역할을 공유하는 것이다. 주제와 이야기 사이, 그리고 경험과 설명 사이의 인식 경계선이 점차 허물어질 때 치료의 잠재성이 열린다.

현대사회는 포스트모더니즘을 통하여 진리의 보편성이 부정되면서 오히려 진리의 파편성이 강조되는 현상이 발생하였다. 이성을 중심으로 한 보편성을 강조하는 모더니즘의 영향력이 급격히 감소 내지는 변화되는 상황이고, 이것은 어떠한 사물의 영원불변한 요소에는 큰 관심을 두지 않으려 하면서 오히려 '순간성, 분절성, 불연속, 혼란' 따위를 전면적으로 수용하려는 경향성을 가진다(임성빈, 2004: 18). 이러한 포스트모더니즘적 사고방식, 가치관, 해석학, 그리고 다양성들에 근거하여 성서를 해석하는 데에도 일방적이지 않고, 기존의 틀을 벗어나, 개인의 다양한 삶의 집합으로 끌어들이려고 하는 노력이 바로 비블리오드라마인 것이다. 그러나 한편으로는 비블리오드라마는 삶의 실존성, 의미성이라는 인간의 본질적 질문을 연극적 상황에서 순전하고 열린 마음으로 체험하게 도움으로써 말씀의 진정한 의미와 가치를 해석할 수 있는 훌륭한 경로가 된다. 그래서 비블리오드라마는 물질문명 속에서 존재의 진정한 의미를 찾는 사람들에게 그 의미를 발견하게 하는 의미요법(logotherapy)과 같은 도움을 준다. 이 방법은 성경에서 시작하여 성경으로 돌아오기에(Krondorfer, 2008: 209) 허무한 종교성을 극복할 수 있는 기회를 제공하기도 한다.

예컨대, 현대 해석학이 전제로 하는 해석자와 텍스트의 시원적인(genealogical) 다원성을 근거로 성서의 해석에 있어서의 근본적인 다원성이 요구되기에 이르렀으며, 또한 신학의 방법론에 있어서도 특정한 문화적 전통이나 사회적 해석에 영향을 받지 않고 우리의 신앙이나 신학에 독립적인 기초를 제공할 수 있는 역사적이거나 인간적인 경험, 즉 어떠한 외부적인 기준도 있을 수 없다는 주장을 낳기에 이르렀다. 이렇듯 포스트모더니즘적 사고방식, 가치관, 해석학, 그리고 다양성들이 연합함으로써 성서를 해석하는 데에도 일방적이지 않고, 기존의 틀을 벗어나, 개인의 다양한 삶의 집합으로 끌어들이려고 하는 노력이 바로 비블리오드라마인 것이다.

그리하여 비블리오드라마는 성경의 이야기를 모티브로 하여 드라마형식과 놀이형식으로 행위화하면서 참가자들이 자신의 경험과 모순된 논리를 재정립하며 치료적 효과를 얻게 한다. 이러한 방식은 성경을 실증적인 학문으로써 해석하던 세계와는 확연히 다른 접근이라고 할 수 있다. 실증적이며 합리적인 연구방법은 인과론적이며 인지적 과정을 이용하여 결과물을 도출해낸다. 이러한 인과론적 가정은 그 한계가 있으며 전제가 있어서 자칫 그 외재적 가정에 해석자의 삶이 종속되는 오류를 범할 수 있다. 그리고 이러한 접근은 성경에 담겨져 있는 신과 인간의 대화적 의사소통의 요소들을 간과해왔다. 이와 다르게 어떤 본문을 극으로 재행위화하는 것은 그 내용에 대하여 완전한 통합적 접근을 가능하게 하는 기회를 제공한다. 즉, 비블리오드라마는 성경을 우리의 몸과 영혼, 감성과 지성으로 이해하는 것을 돕는다고 할 수 있다. 비블리오드라마는 해석자로 하여금 해답보다는 질문을 더욱 많이 가지도록 한다. 그러면서도 그것은 또한 그들의 삶 속에서 지침과 의미를 찾는 자들을 위한 것이다(Tim F. Schramm, 1992). 비블리오드라마에서도 성경을 통하여 은유를 사용한다. 그리고 상징은 무의식의 내용과 조합하는 방식이며, 또한 내적 갈등과 외적 표현 그리고 잠재적 해결책 사이에 교섭이 일어나는 방식이다(Pihl Jones, 1996/2005, 이효원 역, p.380). 비블리오드라마에서의 자기경험은 나의 긍정적·부정적 경험과 나의 좋고 나쁜 자아상, 나의 낙천적 혹은 비관적, 성공한 혹은 실패한 인생 계획의 총합 그리고 세상에 대한 나의 해석의 총합이다. 이러한 자기 경험과 인생경험은 비블리오드라마를 통해 성경말씀을 나의 온 몸으로 느끼고, 가치를 부여하고, 미적으로 반응하면서 신과의 대화적 관계를 형성하도록 돕는다. 비블리오드라마는 성경텍스트와 해석자의 삶과 연결시키고, 성서를 자신에 대한 지각과 함께 연계시키며, 영적으로 성장할 수 있는 기회를 제공해 준다.

기독교 중년여성들은 비블리오드라마를 통해서 교리적이며 이상적으로만 머물러 있는 신앙에서 자신의 구체적인 생활 속의 신앙으로 드러내고 신앙 안에서의 더 깊은 자신의 실존적 질문을 찾을 기회를 얻을 수 있게 된다.

(2) 이야기살기로서의 비블리오드라마

비블리오드라마의 진행 속에는 성경의 이야기가 자신의 이야기가 되어 드러난다. 드라마를 재현하는 과정에서 참여자들은 자신의 몸속에 묻혀 있던 삶의 의미들을 지금-여기에서 즉흥적이고 자발적으로 되살리게 한다. 이러한 즉흥적인 방식의 연극에는 치료적인 면과 예방적인 면이 함께 공존해 왔으며 사적이고 공적인 문제를 모두 다룰 수 있다. 성경의 장면 속에서 공적인 문제가 드러나기도 하며 인지적인 성경의 내용에 사적인 감정이 덧입혀지고 그 감정과 회고 속에는 자신의 유사한 감정과 사회에서 일어나는 유사한 일이 개인적으로 집단 속에서 발생하게 된다. 이러한 과정 속에서 해석자는 개인의 문제 혹은 집단의 문제에 직면하게 될 수 있다. 이렇게 개인의 심리적 문제와 당면한 문제를 다루는 방식을 Peter A. Pitzele(1998)은 Bibliodrama에서 bibliodrama로의 전환으로 설명하고 있다. 대문자 B를 사용한 비블리오드라마는 성경텍스트를 전제로 한 공적인 이야기를 가지고 드라마를 재현하는 것이고, 소문자 b를 사용하는 비블리오드라마는 개인적 이야기를 가지고 문제를 풀어낸다.

bibliodrama로서의 치료는 비블리오드라마의 전체 과정에서 일어난다. 성경 인물과의 몰입 과정 속에서, 자신의 감정을 표출하거나 저항하고 표현하는 과정 속에서, 혹은 관객으로 자신의 내면의 이야기가 극 중 역할 수행자의 이야기와 상호관계 속에서, 치료가 일어나기도 하며, 처리되지 않은 감정과 문제 해결은 개인 사이코드라마 방식의 bibliodrama를 통해 해결될 수 있다(김세준, 2009: 28). 이러한 bibliodrama 방식을 통해 소재를 가지고 씨름을 하거나 갈등을 느끼고 공감을 하면서 사람들은 비블리오드라마의 중재를 통하여 진정한 자기 자신과의 만남을 경험한다. 집단을 통한 진행과 이를 통한 자기와의 만남(자기 경험)이야말로 비블리오드라마를 이루는 중요한 요소라 할 수 있다.

교육적인 Bibliodrama에서는 성경의 텍스트에 대한 지향이 강한 반면, 치료적인 Bibliodrama에서는 성경의 텍스트에 대한 지향보다 치료에 더욱 지향점을 두게 된다(Elisaberth Naurath Uta Pohl-Patalong, 2002).

bibliodrama를 진행할 때는 대부분 사이코드라마적 기법들을 이용한다. 사이코드라마는 무대, 주인공, 디렉터, 보조자아, 관객이라는 다섯 가지 주요 요소로 구성되어 개인 자신의 인생을 주제로 극이 진행된다. 사이코드라마에는 이야기가 주된 구성으로 도입되지 않는다. 그러나 사이코드라마와 다르게 비블리오드라마는 철저하게 성경텍스트를 전제로 시작하며 성경텍스트 안에서 자신을 발견하고, 그것을 가지고 극을 진행하게 된다. 시작부터 마치는 순간까지 모든 수행의 기준은 성경텍스트이다. 비블리오드라마의 첫 번째 시작인 성경을 이미지화해서 읽고 느끼는 것부터 시작해 마지막 다시 성경으로 돌아와 피드백을 나누는 순간까지 비블리오드라마는 성경 본연의 텍스트를 원천으로 하고 있다는 점이 사이코드라마와의 차이라 할 수 있다.

기독교 중년여성들은 이미 성경을 객관적으로 이해하고 있으며, 성경의 이야기들을 신앙의 관점에서 바라보고 그 속의 인물들을 대상화하여 신앙의 핵심적인 내용으로 받아들이고 있다. 비블리오드라마는 결국 사이코드라마가 가진 복합적이고 다양한 치료적·방법론적 특성을 기반으로 하면서 성경 내용을 기본 텍스트로 드라마를 전개하는 차이가 있다. 그래서 기독교 중년여성들은 비블리오드라마를 통해 성경 속의 인물들이 자신들이 되어, 드라마 과정에서 자신과 직면하게 된다. 그리하여 기독교 중년여성들은 비블리오드라마 속에서 성경인물로 투영된 자신을 실존적으로 바라보게 되며 그 과정에서 자아에 대한 탐구와 구성 작업이 이루어진다. 비블리오드라마의 참여자와 연구자인 치료자가 함께 드라마 속으로 들어가 예측 불가능한 이야기 전개와 역동을 불러일으켜 전인적이고 복합적인 해석과 치료를 경험하게 된다.

(3) 비블리오드라마의 치료적 가치

비블리오드라마의 치료적 요소 중에 가장 중요한 것으로 첫째, '몸'을 통한 치료라 할 수 있다. 우리의 감정적 삶은 신체적 삶이기도 하다. 신체는 우리로 하여금 삶에 대한 감정을 불러일으키며, 감정은 다시 스스로를 우리의 신체에 각인시키기 때문이다. '신체는 무의식적인 마음이다'라고 조지타운 대학 교수 Candice Pert는 저서 『감정분자(Molecules of Emotion)』에서 이렇게 말했다. "자신이 감당할 수 없는 감정으로 인해 유발된 억압된 외상은 신체 일부분에 저장되기도 한다. 그래서 우리가 그러한 신체부위를 느끼고 움직이는 데 영향을 미친다"(Pert, 1997).

사랑을 하거나 춤을 출 때 피곤하거나 배고프거나 갑자기 고통을 느끼거나 아플 때도 몸의 체험이 부각된다. 몸 치료는 이런 체험이 원만히 이루어지는 것을 돕고 각각의 체험에 상응하는 명칭과 이미지를 찾아내려는 시도이다. 나아가 몸 치료는 이렇다 할 특징 없이 무감각하게 늘어져 있는 몸에 생기를 불어넣으려는 시도이다. 뭔가를 그냥 가볍게 하는 것을 넘어서서 제대로 의식하는 데까지 나가는 것은 직접적인 몸 체험을 통해 가능하다.

비블리오드라마는 연극적인 방법과 그것을 바탕으로 하는 치료적인 방법을 사용하고 있다. 이렇게 극적 방법의 사용은 반드시 신체적인 활동으로 이어진다. '극적 신체'라는 용어는 연극적 혹은 극적 행위와 관계된 신체를 일컫는다. 극적 신체는 상상과 현실이 만나는 장소이다. 배우는 신체를 빌어 상상을 표현하고, 신체는 배우가 상상 속의 생각을 찾아 드러낼 수 있게 도와준다. 관객의 상상력은 움직임과 소리와 다른 사람과의 상호작용을 통한 배우의 신체적 표현에 의해 작동된다. 배우는 얼굴 표정, 손, 움직임, 곧 신체를 통해 생각과 역할 그리고 관계를 발견하고 표현한다. 개인의 신체는 극적 형식 안에 있을 때나 밖에 있을 때나 본질적으로 같은 상태이다. 그러나 극적 행동이나 공간으로 들어갈 때는 개인이 자신의 몸과 정체성의 관계를 경험하는 방식에 변화가 일어날 수 있다. 그 변화는 행동 및 신체 그리고 자기와 다른 사람들과의 관계에서의 변환과 관련되며, 그 변환은 극적 공간의 경계 내에서 작동하는 규칙으로 인해 발생한다. 이 규칙은 통상 드라마 외부의 현실에 존재하는 규칙과 구별된다. 개인의 정체감은 극적 활동에서 외양과 신체 언어를 물리적으로 바꿈으로서 변화될 수 있다. 그에 따라 다른 사람들이 개인의 신체와 정체성을 인식하고 그와 관계 맺는 방식이 달라진다. 이것은 사람들이 개인과 함께 드라마에 참여하거나 관객으로서 간접적으로 참여하는 경우에도 해당된다.

그래서 비블리오드라마에서의 신체적 수행은 자연스럽고 유기적인 방식으로 인간을 치유하게 해 준다. 비블리오드라마는 추상적인 방식으로 사건에 대해 생각해 보게 하는 대신 치료를 통해 사건을 처음 경험했을 때의 모든 감각을 되살려 떠올리게 한다. 장면이 진행됨에 따라 권력불균형, 친근함과 소원함, 타인과의 소외가 유기적으로 드러나고 감정이 어떻게 몸속에 저장되었는지가 확실하게 밝혀진다. 주인공들은 고통스러운 일을 직면하려 할 때 맥박이 빨라지고 호흡이 가빠지며 이를 맞부딪치거나 근육이 긴장됨을 느낀다. 반대로 잊어버렸던 감정을 몸을 통해 느끼고 기억할 때, 그리고 몸속에 저장되어 있던 긴장을 털어낼 때 그들은 깊은 편안함과 쾌감을 느끼고 솔직해진다(Tian Dayton, 2011, 김세준 역, p.165).

Merleau-Ponty는 '지각의 현상학'에서 "내 몸은 모든 다른 대상들에 감응하는 대상이다. 내 몸은 모든 소리에 반향해서 울리고, 모든 색깔에 진동한다(조광제, 2007: 297에서 재인용)."고 말한다. 인간이 세계를 향해 끌려 나가고 세계가 인간에게 끌려 들어오게 하는 근본 동력은 "세계의 몸짓과 그 몸짓에서 일어나는 의미들에 감응하는" 내 몸의 미적 반응임을 그는 강조한다. 이렇게 세계에 대한 내 몸의 붙들림 가운데 나와 세계는 공유적 존재 의미를 형성할 수 있게 된다.

비블리오드라마의 치료적 효과에서 또한 중요한 것으로 두 번째, '놀이' 치료의 영역이다. 놀이의 특징을 지닌 비블리오드라마가 진행되는 동안 참여자는 감성의 풍부한 표현과 체험을 가질 수 있게 되며 즉흥적이고 창조적인 활동을 하게 된다. 이때의 자발성은 개방성과 접근의 신선함, 솔선하여 위험을 기꺼이 감수하는 것, 그리고 사고와 감정에 대한 사람의 내적세계와 외적인 현실을 통합하도록 돕게 된다. 창조성은 역할연기를 바탕으로 생성되는데, 여기서 연기는 과거의 경험이나 기억만의 고정 반복이 아니라 개성적이고 창조적으로 역할을 연기하는 것이다(박희석, 2002). 이러한 창조성으로 인해 역할극은 활기를 띠게 되며 기존의 관점이나 이야기를 답습하는 것이 아닌 새로운 이야기와 해석들로 풍성해지게 되는 것이다. 극이 시작하면 참여자들은 성경의 이야기를 통해 자신을 행위화하고, 표현화하며, 구체화한다(이범석, 2007). 놀이를 통해서 내 마음, 내 정신 속에, 그리고 나의 의식과 무의식 속에 잠재된 것은 무엇이든 겉으로 몸을 통해서 드러나게 하는 일, 나의 느낌이나 생각뿐만 아니라 나의 상상 이미지, 꿈, 이상, 요구 등 지금 이 순간 내 안에 존재하는 나의 내면 깊숙이 흐르고 있는 온갖 정신 요소들과 감각들을 가감 없이, 그리고 취사선택함 없이 그대로 표현할 수 있다(Pihl Jones, 2005).

놀이야말로 삶의 진지함과 성스러움을 우회적으로 표현한 실체였음을 알고, 놀이의 신성함을 살려 이를 통해 인간의 삶을 살펴보는 것은 중요하다. 놀이야말로 현대인에게 '의미'를 찾을 수 있는 영역을 제공해 주는 역할을 한다. 종교, 연극극장, 치료극장 및 그 밖에 모든 것을 혼합하고 있는 영역들은 기술주의와 실용주의로 치장한 현대사회 속에서 인간 삶의 의미를 발견하고 재창조, 재정리하는 도구로 계속 남아 있는데, 이러한 영역들 속에서 '놀이'가 크게 작용하고 있다. '의미를 구축하는' 작업에 몸의 중요성을 부여하고 놀이를 통한 혁신적인 방법론을 펼쳤다.

놀이란 단순히 '재미를 보는' 행위가 아니다. 그저 손에 닿는 대로 행해지는 브리콜라주의 미술과도 같이 놀이에는 말로 형언할 수 없는 신비함과 진취성이 담겨져 있다. 놀이는 내부 세계와 외부 세계 전부를 포함한 인생의 전 영역에서 그 자료를 취한다. 또한 그것은 동시대에 속한 모든 것들과 그 문화 안에 축적되어 온 온갖 경험들을 망라한다. 그러므로 '놀이'야말로 인간이 전유하고 있는 최대의 퍼포먼스라 할 수 있다(Turner, 1986: 168-170). Turner는 놀이란 어떤 특정한 하나의 카테고리에 한정 짓기에는 너무나도 포괄적인 개념이라고 설명한다. 놀이야말로 인간으로 하여금 동시대는 물론 문화라는 삶의 범주 안에 저장해 온 모든 내용을 망라하는 행위라는 것이다. 또한 놀이가 상호모순적인 요소들을 함께 포함하고 있음도 강조한다. 놀이야말로 인간 삶의 기준점과 전환점을 동시에 보여주며 인간행동의 고정적인 모습과 유동적인 양태를 동시에 포함한다는 것이다.

놀이는 신체성을 지닌 인간 개별자가 자발성과 흥미를 가지고 긴장에서 벗어나 감정을 공유하며 공동의 삶을 체험하게 한다. 인간의 신체성은 그의 탐구활동을 개별자 자신의 흥미와 목적성에 기반할 것을, 미적·가치적·예술적·감정적·행동적 차원을 통섭적으로 활용할 것을, 지금–여기에서 세상에 붙들린 내 삶의 문제, 소재, 흥미에 충실할 것을 끊임없이 요구한다. 그러나 권력화된 기호문자의 지시성에 의해 자신의 존재성을 제한받게 된다. 그러나 놀이는 인간의 고유한 신체성이 억눌리지 않고 자연스럽게 발현되고 대화적으로 소통하게 함으로써 인간이 건강한 내면을 유지하게 한다(박세원, 2014).

신체성에 기반한 놀이는 인간을 대화적 존재로 성장시킨다. Gadamer(1984)는 대화의 과정은 곧 서로를 이해하는 과정이라고 말한다. 그의 주장처럼 인간 사이의 소통이 이루어지기 위해서는 서로가 선입관을 펼쳐 열고 공유적 이해를 형성하는 것이 무엇보다 중요하다. 인간의 서로 다른 언어 개념을 공유적 개념으로 만들어가는 것이 인간 갈등의 근본적인 해결책이라 할 때 놀이는 지시적 억압이 강한 기호문자를 벗어나서 순수한 신체적 언어로 타인과 만나는 것이다. 신체적 언어성은 존재자로 하여금 그와 세계가 지금 여기에 구체적으로 처해 있음에 몰입하도록 위치 지운다.

이러한 비블리오드라마의 풍부한 치료적 요소들로 인하여 기독교 중년여성들은 성경의 인물이 되어 그 역할을 수행하는 과정에 새로운 신체적·의식적 경험을 하게 된다. 기독교 중년여성들이 비블리오드라마를 통해 성경의 특정 인물의 역할을 맡게 될 때, 극적 행동이나 공간으로 들어갈 때는 여성들은 자신의 몸과 정체성의 관계를 경험하는 방식에 변화가 일어날 수 있다. 참여자나 연구자, 관객이나 배우 할 것 없이 모두 극적 공간에서 몸의 언어를 지금-여기에서 나의 것으로 구체화시킴으로써 개인의 정체성이 변화되고 새로운 경험을 하게 된다. 여기서 기독교 중년여성들은 그들이 가진 과거의 문제나 미해결된 감정들, 억압된 분노, 상처, 한, 기쁨 등이 드러나고 치유된다. 그리하여 비블리오드라마의 몸 치료가 이루어지는 것이다. 그리고 '놀이'적 특성으로 인해 중년여성들은 자발성과 즉흥성 속에서 즐거운 에너지를 발산하며 진정한 자기 자신이 되어본다. 그래서 다시 새로운 이야기를 재결합하며 자기 존재를 되어감의 존재로 경험하게 된다.

3 치료사의 역할

집단미술치료와 비블리오드라마는 집단 역동을 이용한다. Levine(1979)은 "내담자의 욕구 충족을 위하여 적절한 집단을 활용할 수 있고 개인이 치료양식으로 그 집단을 수용한다면 집단 치료는 개인치료보다 더 많은 것을 원조할 수 있다."고 했다. 집단을 단위로 하는 비블리오드라마를 활용한 집단미술치료 과정에서 치료사로서 연구자는 어떤 역할을 수행해야 하는가?

먼저, 치료사는 집단활동을 조절하고 중재(매개)하는 역할을 수행한다. 집단미술치료 프로그램과 비블리오드라마를 수행하는 과정에서 구성원들의 참여를 촉진하고 그들 개개인이 가진 문제와 고민을 작품과 드라마로 표현할 수 있도록 하며 집단 전체가 역동적으로 흘러갈 수 있도록 조절하고 중재한다. 바로 이 과정에서 기독교 중년여성들은 자신들이, '나는 어떻게 이 세상에 존재하는가?'라는 실존적 존재의 특성(박세원 외, 2013: 11-40)을 집단미술활동을 통해 탐구할 수 있도록 중재하고 조절할 수 있다. 치료사는 집단구성원 사이의 신뢰감과 응집성을 높이기 위하여 여러 가지 활동을 수행한다. 집단구성원들이 상호작용을 통하여 자신을 깊이 있게 성찰하기 위해서는 치료사와 집단구성원, 그리고 구성원 끼리 신뢰감이 형성되어야 하며 응집성이 강해야 된다. 신뢰감이 자랄수록 집단은 좀 더 밀착되고 집단구성원들에게 좀 더 의미 있는 것으로 받아들이게 된다(Harriet Wadeson, 장연집 역, 2012: 202). 어느 정도 신뢰감과 응집성이 쌓였을 때 비로소 집단활동이 구성원들을 변화시키고 상호 실존적 자아탐구가 일어날 수 있도록 집단역동이 일어난다.

다음으로, 미술치료사는 작품을 통한 치료적 기법을 잘 알아야 하며 비블리오드라마의 디렉터로서 드라마 치료적 기법을 잘 활용하여야 한다. 미술치료사는 다양한 미술매체와 활동을 통하여 언어로 표출할 수 없는 개인 내면의 깊숙한 감정과 상처를 드러내게 한다. 동시에 집단구성원은 다른 구성원이 제시한 미술작품으로부터 영향을 받게 되며 그리하여 집단 전체가 총체적으로 삶에 영향을 끼치도록 한다. 이것을 위해서는 집단구성원이 만들어 놓은 이미지를 공유할 수 있고 상호 피드백을 제공할 수 있도록 한다. 미술치료사는 미술작품으로 드러난 상징적 의미를 해석할 수 있는 역량을 가져야 한다. 미술치료사는 미술활용 능력이 요구되며, 미술표현을 통해 내담자의 잠재적 능력, 한계, 고통과 문제를 되도록 진실되고 상세하게 표출할 수 있어야 한다고 한다(Bohart & Tallman, 1999). 비블리오드라마 과정에서 치료사는 적극적으로 극중 인물이 행위에 몰입하도록 도움을 제공하는 사람이다. 참여자들이 자신의 몸을 움직여 과거의 미해결된 자신의 삶을 직접 행위화할 수 있도록 도와야 한다. 치료사는 연출자가 되어 보조자아 사용하기, 거울기법, 빈 의자기법, 역할교대 등 사이코드라마치료 기법을 적절한 시기에 잘 활용하여야 한다.

마지막으로, 미술치료사는 집단 속에서 타자와의 관계 속에서 나를 새롭게 바라볼 수 있으며, 과거의 나와 현재의 나를 조명하여 실존적 자아를 찾게 한다. 이는 Yalom이 말한 '치료적 여행에의 동반자'로서, 치료사는 집단활동기간 동안 기독교 중년여성들과 함께 치료적 여행의 동반자로서 과거와 현재, 타자와 자신 사이를 오가며, 때로는 집단구성원 전체의 역동과 치료과정을 살피면서 실존적 탐구를 가능하도록 조절하고 중재하는 역할을 하게 된다. May의 실존주의 심리치료에서도 상담자는 내담자들로 하여금 제한된 실존에서 생활하고 있는 방식에서 스스로 자기 직면할 수 있도록 거울의 역할을 해야 한다고 하였다. 이런 과정을 통하여 내담자는 자신의 실존적 삶을 억압하는 과거의 요인들이나 유형을 점점 인식하게 되고, 마침내 자신의 미래를 변화시킬 수 있는 책임을 수용하기 시작한다. 그리고 궁극적으로 내담자가 스스로 어떻게 행동하고 살아야 하는지를 스스로 결정하게 된다. 자신의 미래를 현재의 상황 속에서 스스로 선택해서 어떻게 살아야 하는가에 대한 희망을 갖고 효과적인 탐색을 시작하게 된다. 이 과정에서 자유와 책임을 통해 선택하게 되는 의식과 능력을 소유하게 된다. May는 이 여정을 '자유에로의 여정'이라고 하였다(May, 1983: 26-33).

실존주의치료에서 다른 한 개인의 내적세계를 이해하기 위한 적당한 방법은 '현상학적'인 것이고, 이 현상에 직접적으로 다가가 '표준화된' 기구나 예측이 없이 다른 사람을 만나는 것이라고 한다. 즉, 한 개인이 '정상'에서 이탈한 것에 초점을 맞추기보다는 개인적 세계를 이해하려고 노력해야 한다고 주장한다. 인간의 실존적인 상황에 대한 직면은 사람으로 하여금 내 삶의 의미 구성을 내 스스로의 언어로 창조된 것임을 깨닫게 하고 삶에 대한 불확실성을 자신의 삶 안에 받아들이게 한다.

CHAPTER

3

존재론적 의미의 '발굴' 방법과 과정

1. 존재론적 탐구
2. 연구 참여자 선정
3. 프로그램 구성의 원리
4. 프로그램 진행의 단계
5. 자료수집의 방법과 절차
6. 자료해석의 방법과 절차
7. 연구 참여자에 대한 윤리적 고려

본 연구의 목적은 기독교 중년여성들이 비블리오드라마를 활용한 집단미술치료를 체험하면서 어떻게 자아개념을 형성하는가를 파악하는 데 있다. 이와 아울러 이 연구는 기독교 중년여성인 나의 삶의 형성 목적이기도 한 동시에 미술치료사인 나의 자아개념 및 역할에 대한 탐구이기도 하다. 따라서 본 연구는 기독교 중년여성들이 어떤 체험의 과정에서 그들의 자아개념을 형성하는지와 미술치료사로서 '나는 누구이고, 무엇을 믿고, 어떻게 살아야 하는가?'에 대한 자아개념을 어떻게 형성하는가를 상호적인 관점에서 이해하는 것이다. 이러한 연구적 관점에서 연구자는 미술치료사로서의 나의 역할과 의미, 가치, 목적에 의문을 던지고, 그 의문을 해명하기 위해 존재론적 탐구방법을 활용하였다.

1 존재론적 탐구

연구자는 기독교 중년여성으로서 주로 많은 삶의 무게들을 가지고 살아가는 기독교 중년여성들이 긍정적인 자아개념을 형성하면서 살아가도록 돕는 일을 하며 살아왔다. 그 와중에 나는 '그들이 건강한 자아개념을 형성할 수 있도록 돕기 위해서 나는 어떤 프로그램을 기획해야 하는가?'에 대한 고민들을 했고, 비블리오드라마를 활용한 집단미술치료장면에서 그들이 자기 존재를 탐구하고 구성할 수 있도록 하였다. 따라서 연구자는 '기독교 중년여성들이 이 연구의 과정에서 어떤 자아 정체성을 형성하는가?'의 질문과 함께 '미술치료사로서의 나는 그들에게 어떤 모습으로 존재해야 하는가?'라는 존재론적 의문을 가지고 이 연구를 시작하게 되었다.

그런데 이러한 존재론적 탐구방법을 시도하게 되기까지는 상당한 기간 동안 여러 가지의 시행착오 과정들이 있었던 게 사실이다. 연구 초기에 나는 질적연구방법의 하나인 현상학적 방법을 사용하였다. 현상학적 연구의 절차에 따라 면접기록들은 Colazzi(1978)에 방법에 따라 주제를 범주화하였다. 연구자는 참여자들의 이야기들을 녹취하여서 200여 개의 의미단위로 요약했고, 그것을 일반적 의미로 묶고, 32개의 주제를 나누고, 최종적으로 10개의 본질적 주제까지 진행하였다. 이 시기의 분석 자료는 〈표 3-1〉과 같다.

〈표 3-1〉 **기독교 중년여성의 자아변화의 현상학적 분석**

본질적 주제	주 제
내 안에 것을 드러내며 살지 못했다.	나를 표현하지 못했다.
	내 안에 어두움이 있다.
	몸이 아픔을 말한다.
외부의 주체가 나를 이끌었다.	나를 보호하지 않았다.
	특정한 생각에 머무르다(왜곡).
	환경에 밀려다니다.
	타인에게 잘 보이고 싶다(타인의식).
가까운 사람들이 나를 힘들게 하였다.	남편은 문제가 있었다.
	남편과의 관계가 힘들다.
	시댁은 나를 힘들게 한다.
	부모들이 나에게 상처를 주었다.
부당한 대우를 받았다.	차별대우 받았다.
	재산분배가 부당하다.
이상적인 가족을 생각해 보다.	자녀마다 다르다.
	이상적인 부모란
	이상적인 부부란
하나님을 의지하고 살다.	신앙이 힘이 되어왔다.
	하나님의 뜻을 알고 싶다.
내 몸과 감정이 깨어나기 시작하다.	의외의 반응을 하였다.
	몸으로 알게 되었다.
	작품을 통해서 나를 만나다.
	감정이 풀렸다.

본질적 주제	주 제
너와 나는 같다. (나는 다른 사람과 같다)	성경의 인물과 타인이 공감이 된다.
	나의 잘못도 있더라.
	나만 힘이 드는 것이 아니었다.
나를 나 되게 하다. (나는 나 답게 되었다)	나의 행동의 이유를 알게 되었다.
	나는 이런 사람이다.
	나에 대하여 자각하였다.
	자신을 용납한다.
새 힘과 희망이 생기다.	생각이 새롭게 바뀌었다.
	스스로의 힘이 생겼다.
	희망이 있다.

하지만 현상학적 분석 방법은 참여자들이 미술활동과 드라마 매체로 드러내는 생생한 실존적 상황들이 담겨지지 않았고, 연구의 전체 과정에서 연구자가 현상 그 자체로 환원하는 체험을 해석할 수 없었다. 더욱이 현상학적 해석은 치료자와 내담자와의 강한 역동의 장면들이 구체적이고 사실적으로 나타나지 않았으며, 논리적이고 인지적 자각 이외의 신체적이고 비언어적인 실존의 현상들이 담겨지지 않고 있었다. 이즈음에 지도교수님의 추천을 통하여 '존재론적 탐구방법론'을 개척한 질적연구 전문가의 강의를 듣게 되었다. 이 과정에서 연구자는 본래적 내가 가지고 있었던 치료자로서의 존재 물음이 무엇이었는지를 명료화시킬 수 있었으며, 연구자와 참여자의 시간적 구성에 기초한 존재론적 탐구방법이 본 연구에 적합함을 깨달을 수 있게 하였다. 즉, 평면적 의식현상에 대한 해석보다는 시간성에 바탕을 둔 실존의 문제로 의미 해석을 하는 것이 더 합당할 것으로 여겨졌다.

존재 의미는 실존자로서 내가 세상과 처해 있음에 관한 존재 물음을 던지고, 탐구하고, 해명하는 것에 의해서만이 그 실체가 드러난다(Heidegger, 1927). 즉, 존재론적 탐구는 실존자인 나의 상황에서 나의 존재 물음을 던지는 것, 즉 나의 존재 상황성을 기반으로 하는 것이다. Heidegger(1927)

는 존재론을 어떤 존재론상의 학파나 경향에 쏠리지 않으면서 가장 넓은 의미에서 생각하는 탐구방식이라고 말한다. 이는 존재론적 탐구는 어떤 특정의 방법론에 함몰되지 않고 실존자인 내 존재 물음의 성격과 상황에 따라 그 방법이 열려 있어야 한다는 것을 의미한다. 박세원(2010)의 말처럼 존재(혹은 존재론)와 방법(혹은 방법론)은 동전의 양면처럼 떼려야 뗄 수 없는 관계 속에서 서로를 통해서만 드러날 수 있는 상호적 개념이지만, 존재가 방법을 위해 존재하는 것이 아니라 방법이 존재를 위해 존재해야 하는 것이다. 따라서 존재의 양태나 의미를 드러내고자 하는 탐구는 근원적으로 탐구자 자신의 삶의 문제를 해결하기 위한 것으로 존재론이 그 중심에 설 수밖에 없는 것이다.

이렇게 연구자는 나의 실존론적 물음의 성격을 찾기 위해 내 삶이 가져온 핵심적이고 본래적인 존재 물음이 무엇인지 다시 찾기 시작했고, 내가 걸어온 삶에 대한 자전적이고 내러티브형식을 가진 존재론적인 탐구를 시작하였다. 나는 2013년 7~11월까지 약 4개월 동안 50여 년의 내가 살았던 삶을 가장 기억에 남는 사건을 중심으로 자전적 글쓰기 시작하였다. 과거의 '나'가 겪은 성장의 진통을 쓰며, 현재까지 그 진통은 어떠한 의미로 변하여 있는지를 참되게 보게 되었고, 자아가 형성될 때 만난 '신'에 대한 끊임없는 만남의 시도는 결국 중년이 된 이 시점에서의 신 앞에서의 나의 정체성을 다시 순전하게 묻게 하였다. 나의 자아는 이야기적 구성에 의해 윤곽이 그려지고 구현되는 것이다(Kerby, 1991). 경험은 유의미한 것이고, 인간의 행동은 이러한 의미로부터 생겨나고 이러한 의미를 통해 형성되면서 특징을 갖는다(Polkinghorne, 2009). 나는 자전적 탐구를 통해 내가 가지고 있는 근원적 존재 물음이 어떤 것인지 명료화할 수 있었고, 그러한 존재론적 물음을 기반으로 세상, 그리고 나와 세상과의 관계적 삶에 대해 순전함, 열린 마음, 관심을 가지고 사태와 만날 수 있게 되었다.

연구방법론의 하나로서 존재론적 탐구는 박세원 교수가 기존의 방법론 중심의 연구 관행에 대한 대안적 시도로 발전시켜 가고 있는 탐구론적 언어이다. 즉, 존재론적 탐구는 방법론에 지나치게 함몰되지 않고 내

〈그림 3-1〉 인간의 존재 구성
자료 : 박세원, 2012.

가 처한 존재성에 기반한 실존론적 존재론에 더 철저하자는 의도와 지향성을 내포한 언어이다. 지금까지는 질적 연구는 제각기 다른 전통의 목적, 의도, 지향성에 기초해 저마다 독특한 방법론적 체계를 구축해왔다. 따라서 질적연구방법론은 이들 각기 다른 전통들을 '우산 개념(umbrella codcept)' 안에 모아놓은 것에 종종 비유되곤 한다(Merriam, 1998: 10; 박세원, 2012: 5 재인용). 해석학적 탐구, 현상학적 탐구, 존재나 체험, 인간의 삶, 문화 등 그 지향하는 바는 다를지라도 양화할 수 없는 인간현상, 특히 의미적 차원의 현상에 대한 이해를 이끌어내는 것을 공동의 목적으로 공유한다(박세원, 2010).

존재론적 탐구는 근원적으로 인간의 실존성에 바탕을 두고 있다. 인간은 미리 정해진 본질이나 본성을 그저 관성적으로 살아가는 존재가 아니라 끊임없이 자신이 형성한 존재 개념 밖으로 나오는 존재, 그래서 그 기존의 '자신임'에 의문을 던지고 재개념화하는, 즉 끊임없는 존재론적 물음과 해명의 과정을 살아가는 존재이다(박세원, 2010). 존재론적 탐구에서는 이러한 인간의 존재 구성을 '굴러가는 수레바퀴'로 단순화하여 표상한다. 이때 굴러가는 수레바퀴의 비유는 실존성을 가진 인간의 존재양상을 단지 한 번의 존재함(being)에 머무르지 않고, 항상 존재되어감(becoming) 속에 머무르는 것이 그 본연의 모습을 드러내기 위해서이다. 따라서 존재론적 탐구의 과정과 결과는 화자로서 자신의 존재되어감의 과정과 실체를 충분히 드러낼 수 있어야 한다.

존재론적 탐구는 인간 실존성의 근원적인 본질이자 힘으로 성찰을 설정하는데, 성찰은 자기 존재 물음을 던지고 그 물음을 해명하는 인간의 근원적 의식이다. 〈그림 3-1〉에서 성찰은 바퀴를 굴러가게 하는(즉, 존재를 구성하도록 하는) 구동축에 비유된다. 존재가 구성되기 위해서는 성찰이라는 구동축이 네 가지 존재 구성양식인 이야기성, 대화성, 탐구성, 실천성의 바퀴살들과 필연적으로 맞물려야 한다(박세원, 2012: 8-9). 인간은 기본적으로 나-세계 그리고 나의 과거-현재-미래라는 존재 지평에서의 이야기적 구성을 통해 존재 의미, 가치, 목적을 구성한다. 둘째, 인간은 나-세계 그리고 나의 과거-현재-미래라는 존재 지평에서의 탐구적 구성을 통해 나는 세계와의 관계 속에서, 또 나의 현재는 나의 과거 그리고 나의 미래와의 관계 속에서 어디에 어떻게 존재해야 하는지에 대한 이해를 얻는다. 셋째, 인간은 나-세계, 그리고 나의 과거-현재-미래라는 존재 지평에서의 나와 타자를 온전한 생의 주체로 만나고 공유적인 삶의 의미, 가치, 목적을 생성함을 통해 대화적 삶을 구현할 수 있다. 넷째, 인간은 나-세계, 그리고 나의 과거-현재-미래라는 존재 지평에서 자신이 구성한 존재 의미를 생활세계에 살아냄을 통해 내가 구성한 존재 의미를 구현할 수 있다.

또한 둥근 바퀴와 화살표는 인간의 존재 구성이 계속성을 가진다는 것을 표상한다. 성찰의 동력을 바탕으로 끊임없이 되어감의 존재로 살아가는 것이 바로 인간존재의 근원적인 양태이다. 따라서 존재론적 탐구에서 텍스트 구성은 단지 해석적 실체를 드러내는 것이 아니라 참여자와 연구자 모두 성찰의 과정에서 이야기적으로, 대화적으로, 탐구적으로, 실천적으로 구성한 상호적 성장과 변화가 담겨 있는 것이 그 특징이다. 존재론적 탐구에서 연구의 자리는 연구자가 자신의 삶을 계속적으로 형성하는데 필연적으로 맞물릴 수밖에 없는 하나의 존재 구성양식으로 존재한다(박세원, 2012: 13).

결국 본 연구에서는 비블리오드라마를 활용한 집단미술치료라는 탐구공간에서 기독교 중년여성들은 자신의 존재의 참된 모습을 탐구하고 자기 존재를 구성하게 된다. 상세화하자면, 기독교 중년여성들은 자신이 살아오면서 경험한 삶의 경험들을 비블리오드라마를 활용한 미술치료를 매개로 하여 나-세계 그리고 자신의 과거-현재-미래라는 존재 지평 가운데 자신의 삶의 의미를 대화적으로 구성하는 것이다. 또한 치료자인 연구자 역시 내담자들의 삶의 구성 과정을 온전하게 탐구하고 이해하는 과정에서 그들과의 관계 속에서 치료사로서 살아가야 할 내 삶의 의미, 가치, 목적을 대화적·이야기적·실천적으로 구성하게 된다.

2 연구 참여자 선정

본 연구는 40~50대 기독교 중년여성들을 참여자로 선정하였다. 선정 기준은 중년 나이에 속하는 여성이며 신앙생활을 오래 지속한 사람들이었다. 연구 참여자 선정은 첫째, 상담가로 활동하시는 목사님의 추천을 통해 자원한 사람들, 둘째, 본 연구를 특정 기독교 여성선교단체에 홍보한 후 자원한 사람들, 셋째, 연구자가 소속된 교회에서 소식을 듣고 자원한 사람들로 이루어졌다. 이 과정에서 주 중에 하루를 온 종일 프로그램에 참여해야 하는 시간적 조건을 충족하기 어려워 모집과정이 많이 연장되었다. 연구자와 같은 여성선교단체에 참석하는 여성과 같은 교회에 다니는 여성 등 3명은 미리 친분이 있던 여성이며, 나머지 3명은 처음 만나게 된 여성으로 모두 6명의 참여자가 최종 선정되었다. 집단미술치료와 비블리오드라마는 집단이라는 분명한 성격을 가지고 있고, 드라마 구현을 위해서는 다수의 역할이 필요했기 때문에 6명의 인원이 적절할 것으로 판단되었다. 연구의 과정은 자료수집과 해석을 필연적으로 포함하기 때문에 연구자는 본 연구의 목적, 필요성, 의미, 기여, 결과의 용도에 대해 참여자에게 자세하게 공지하고 그들이 제기한 의문점들에 대해 충분히 설명하였다. 이 과정에서 참여를 독려하였으나 강요는 하지 않았으며, 참여자의 자발성을 중요시 하였으며, 참여자가 중도에 참여를 포기 할 수 있음도 알려주었다. 드라마라는 상황을 잘 기록하기 위해서 비디오 촬영이 있을 것임을 알려 동의를 구하였으며, 연구 이외의 자료로 사용하지 않을 것과 비밀을 유지할 것임과 그 유지 방법을 설득력 있게 알렸다. 참가자들은 이러한 과정을 거쳐 동의하였으며, 연구동의서를 작성하였다.

1) 연구 참여자 정보

연구 참여자들의 정보는 다음과 같다. 연구 참여자들은 모두 6명이며 참여자들의 평균 나이는 52세이다. 이들은 모두 C도시와 인근 교외에 살고 있으며, 각기 다른 교회를 다니고 있다. 참여자들은 모두 신앙으로 많은 어려움들을 잘 이겨나가고 있는 여성들이지만 중년이 되기까지 경험한 다양한 문제를 지니고 있다.

〈표 3-2〉 **연구 참여자의 일반적 특성**

이 름	나 이	학 력	직 업	가족관계
나인정	44	전문대 졸	선교단체 간사	이혼, 1남 1녀
이열매	57	고졸	시인	2녀
유시온	52	고졸	주부	1남 1녀
주사랑	49	대졸	사회복지사	1남 1녀
오지원	52	고졸	유기농 매장	1남 2녀
강한나	58	고졸	주부	사별, 2남

나인정은 44세이며 기독교 선교단체의 간사 일을 맡고 있다. 1년 전쯤에 이혼을 하고 고등학교 3학년에 재학 중인 아들과 중학교 2학년에 재학 중인 딸과 함께 살고 있다. 전문대 간호학과를 나와서 정신과 간호사 일을 하였다.

이열매는 57세이며 평범한 주부이면서 동호회에서 간간히 시를 쓰고 있다. 자녀로 딸 둘을 두고 있다. 어머니와 남편과의 관계에서 마음고생이 심했고, 그 과정에서 한동안 정신과 치료를 받았다고 하였다.

유시온은 52세이며 갓 결혼을 한 26세 딸을 두고 있으며, 대학을 다니는 24세 아들을 둔 여성으로 자기사업을 하는 남편의 일이 잘 되고 있어서 경제적인 어려움은 없었다. 특이한 점은 공부를 잘 했던 딸에 대해 강한 자부심을 가진 여성이다.

주사랑은 49세이며 아들 한 명과 딸 한 명을 두고 있다. 사회복지사로 상담을 배우고 싶어 하였고 교회에서는 권사의 직임을 가지고 있다. 그녀는 인상이 상냥하고 편해 보였다.

오지원은 52세이며 유기농 매장을 경영하고 있으며 결혼 초부터 갑상선암이 생겨서 믿음을 통해 극복하고자 많은 노력을 하였다고 했다. 또한 그녀는 그 과정에서 남편과 시어머니와의 갈등이 깊어졌다고 말하였다. 상담의 필요성을 잘 알고 있었다.

강한나는 58세이며 왼쪽 팔과 손에 장애를 가지고 있으며, 관절이 약한 여성이었다. 그녀는 몇 년 전 남편과 사별하였으며, 30대 초반의 아들 두 명을 두고 있었다. 오랜 동안 식당을 운영하면서 가정 경제를 거의 도맡고 있었으며, 매우 활달한 성격을 가졌다.

3 프로그램 구성의 원리

본 연구에서 참여자들이 자신의 삶을 탐구하면서 실존적으로 자아를 구성하도록 돕기 위해서 프로그램을 구성하였다. 인간이 자기 존재를 탐구하고 구성하는 지평은 다섯 가지로 개념화될 수 있는데, 그것들은 첫째, 나와 세계를 오가며, 둘째, 과거-현재-미래를 오가며, 셋째 자신의 복수적 자아들을 오가며, 넷째, 일방적 타자의 언어와 실존의 언어를 오감, 다섯째, 나의 실존의 언어와 타자의 실존의 언어를 오가는 것이다. 따라서 본 연구에서 연구자는 참여자들이 이들 다섯 가지 지평들을 오가며 존재 의미를 구성할 수 있도록 하였는데, 그 원리를 상세화하면 다음과 같다(박세원, 2013: 12-40).

첫째, 연구자는 내가 현재까지 가지고 온 삶과 내담자가 가지고 온 삶을 상호적으로 오가며 탐구를 진행하였다. 나는 너(혹은 세상)와의 상호작용을 통해서 서로가 꿰어져야만 의미의 존재로 드러난다. 예로 남편이 있으면 아내란 이름은 그저 주어지지만 아내의 이름만이 아니라 그 의미가 드러나려면 분명 남편과 어떤 상호작용을 주고받아야만 한다는 것이다. 그러나 문제는 물리적인 차원(또는 신체적)에서 나와 너는 항상 떨어져 있다는 것이다. 이러한 물리적 간극(의미의 부재/결핍)에서 비롯된 불균형, 긴장, 불완전성을 상호작용을 통해서만이 끊임없이 조율하면서 살아가게 하며 자기존재를 구성하게 한다. 따라서 나를 이해하기 위해서는 너를 온전히 이해해야만 하며 너를 이해하기 위해서는 나를 온전히 이해해야 하는 것이다. 따라서 치료사로서의 나를 이해하는 과정은 언제나 참여자의 삶을 이해하는 것으로, 참여자의 삶을 이해하는 과정 역시 언제나 나의 삶을 이해하는 것으로 옮겨가면서, 즉, 나와 세계를 상호적으로 이해하면서 나-참여자(혹은 세계)의 존재성을 이해하려고 노력하였다.

둘째, 연구자는 나의 과거-현재-미래를 오가며 그리고 참여자들의 과거-현재-미래를 오가며 탐구를 진행하였다. 존재의 '의미'는 한 순간의 특정 시점만으로는 그 실체가 드러나지 않으며, 특정 시점들이 하나의 주제(theme)로 연결되는 일련의 연속적인 시간들 속에서만 의미는 드러난다. 즉 의미적 차원에서 시간은 항상 과거-현재-미래(혹은 이야기의 시작, 전개, 결말)가 서로 꿰어져야 존재한다. 따라서 현재의 나(혹은 삶), 참여자, 그리고 나-참여자의 관계적 존재 의미를 이해하기 위해서는 언제나 나의 삶과 참여자의 삶을 시간성의 맥락에서 이해하려고 노력하였다.

셋째, 의미적 차원에서 나는 단수가 아니라 복수로 존재한다. 의미적 차원의 나들(나-너 그리고 과거-현재-미래의 관계 속에서 발생하는 수많은 복수적 나들)과 물리적 차원의 나(현재진행형으로만 주어지는 시간을 단일의 생물 개체로 몸으로 살아가는 나) 사이의 간극으로 발생되는 불균형, 긴장, 불완전성으로 인해 인간은 늘 자기 존재에 대해 의문을 던지고, 갈등하고 재개념화한다. 그러므로 연구자가 참여자들의 삶을 이해하는 과정은 그들이 가진 중요한 자아들(아내, 어머니, 여성, 며느리, 기독인, 인간 등)을 균형 있게 이해하는 가운데 기독인과 여성으로서의 자아들을 해석하려고 노력하였다.

넷째, Heidegger(1927/2008)는 언어를 '존재의 집'이라고 말한다. 이 말은 인간을 존재하게 하는 것은 인간 자신이 아니라 언어라는 뜻이다. 인간이 소유한 언어 개념이 그 사람의 생각과 활동을 지배하는 근원이 되는데, 인간에게 언어는 크게 실존적 언어와 일방적 타자의 언어로 나뉜다. 일방적 타자의 언어는 나의 존재성을 일방적으로 지시하는 언어를 가리키며 광범위한 사회적·역사적·문화적·무의식적 구조의 언어들을 포함한다. 반면에 실존적 언어는 실존의 과정에서 생성하는 언어로 자신의 본래성을 찾아가도록 하는 언어이다. 인간은 자신의 존재성을 일방적으로 지시하는 일방적 타자의 언어에서 실존 혹은 탈존(existenz)하면서 그의 삶을 그만의 고유한 색깔, 목소리, 체취가 담기게 할 수 있다. 그는 이러한 실존을 인간 존재의 본질적 특성이라고 강조하는데, 그것은 인간은 실존을 통해 자신의 삶을 도배한 잡동사니 언어들을 걷어내는 과정에서 참된 존재성과 만날 수 있기 때문이다. 따라서 연구자는 참여자들에게 그들의 존재성을 정의하지 않고 그들 스스로가 실존을 통해 자신의 참된 존재성과 만나게 하기 위해 노력하였다. 인간은 스스로의 언어로 자신의 삶을 의미화하는 과정에서 스스로를 존재하게 할 수 있으며, 그것이 건강한 자기 정체성 형성의 근원적인 모습일 것이기 때문이다.

다섯째, 인간과 인간의 만남은 상호 주체적으로 서로 꿰어져야 윤리적으로 바람직하다. 바로 이점으로 인해, 인간의 존재성은 '윤리적 실존'일 것을 요구 받는다. 내가 타자를 생의 주체로 만난다는 의미는 그의 존재를 그의 관점 그대로 대면하는 것을 의미하며, 그런 만남을 가능케 하는 핵심 언어가 바로 순전한 탐구와 온전한 이해이다. 윤리란 타자에 대한 적절한 반응이다. 인간으로서 나는 나의 실존의 언어를 타자의 실존의 언어에 펼쳐 열고 상호적 이해를 바탕으로 공유적 삶을 창조하는 것을 통해서 타자에 대해 적절하게 반응할 수 있다. 그래서 연구자는 참여자들 또한 그들이 관계한 타자들뿐만 아니라 참여자들 상호 간에 그리고 치료사와 참여자들 상호 간에도 순전한 탐구와 온전한 이해를 바탕으로 대화적인 삶의 내러티브들이 형성될 수 있도록 노력하였다.

따라서 연구에 참여한 참여자와 치료사 모두는 앞에서 제시된 인간의 다섯 가지 존재 지평들을 오가며 자료수집과 해석이 일어날 수 있도록 본 연구의 프로그램을 구성하였다. 미술과 드라마라는 매체는 나를 이해하는 과정이 언제나 너를 이해하는 것과 떼려야 뗄 수 없는 과정으로, 과거를 이해하는 것은 언제나 현재와 미래를 이해하는 것과 떼려야 뗄 수 없는 것으로, 어머니로서의 나를 이해하는 과정은 언제나 인간으로서의 나를 이해는 것과 떼려야 뗄 수 없는 것으로, 나를 형성해온 일방적 타자를 이해하는 것은 언제나 나의 실존적 언어를 이해하는 것과 떼려야 뗄 수 없는 것으로, 나를 이해하는 것은 타자를 이해하는 것과 떼려야 뗄 수 없는 것으로 드러나게 한다. 예를 들어 엄마로서의 나의 느낌을 표상한 그림은 아들의 삶을 담고 있으며, 작품에 나타난 과거 사건의 상징은 현재와 미래에 만들어 가야 할 삶을 나타내기도 한다. 또한 즉흥적이고 자발적인 비블리오드라마의 수행 과정에서 내 몸 속에 묻혀 있던 일방적 타자의 언어를 발견하는 순간은 나의 실존의 언어를 찾는 과정이기도 하며, 타자가 뿜어내는 실존의 언어에 대해 적절하게 반응하는 경험은 나와 타자가 상호 주체적으로 만나면서 공유적 삶을 꿰어가는 순간이기도 한 것이다.

4 프로그램 진행의 단계

참여자들의 자아탐구 프로그램 구성은 이미지를 시각화하고 작품을 대상으로 이야기를 하는 집단미술치료와 자발적이고 즉흥적으로 몸을 사용하는 비블리오드라마 모두를 활용하였으며, 다음과 같은 4단계의 과정을 거치도록 구조화하였다.

첫 번째 단계는 웜 업 단계이다. 집단에 응집력과 친밀성을 주기 위해서 미술활동과 비블리오드라마를 하기 전에 실시하였다. 즉, 웜 업 단계는 미술작업의 자발성과 창의성에 영향을 주며 성경의 한 상황을 참여자들이 비블리오드라마로 재현할 때 놀이적 흥미유발이 잘 되도록 촉진시킨다.

두 번째 단계는 중년여성들과 관계되는 주제로 미술활동이 이루어졌다. 미술작품을 통해 참여자들은 앞 절에서 제시한 다섯 가지 존재 지평들을 오가면서 탐구를 진행하였으며, 이 과정에서 그들은 다양한 자기 안의 자아들과 만나고 그 만남이 주는 의미들과 참되게 만나도록 하였다. 또한 참여자들이 서로의 작품에 대한 피드백을 하면서 자신에 대한 의미를 재확인받거나 새롭게 자각하고 확장시켜나가는 과정을 통해 대화적 존재 지평을 열도록 해 주었다. 또한 이 과정은 참여자들의 주제에 대한 선입관을 알아보는 시간이 되며 진단을 하고 공유적 의식과 감정을 가지도록 하였다.

세 번째 단계는 미술작품을 만들며 중년여성들과 나누던 주제와 동일한 의미가 포함된 성경텍스트를 중심으로 비블리오로그를 진행하였다. 성경에 나오는 사건과 그 사건에 등장하는 인물들을 중심으로 말씀 탐색을 하는 것이다. 기존의 성경 강해, 설교, 혹은 성경공부의 형태가 아니라 자신의 순전한 언어로 의식에 주어지는 존재 사태와 만나는 시간이다. 이후 인지적 활동을 벗어나서 실제 성경말씀 속의 상황으로 들어가 본다. 성경 속 상황 중 한 시점과 한 장소를 자유롭게 정하고, 자발성을 바탕으로 성경 속 등장인물을 선택하여 드라마를 수행하였다. 그 역할에 몰입할 수 있도록 하기 위해 연구자는 그들이 천 등의 도구들로 역할 꾸미기를 할 수 있도록 하였다. 이후 참여자들은 성경 속 장면들에서 얻은 이해를 기초로 자기 삶의 장면으로 이동하여 자신의 삶을 스스로의 언어로 재구성한다. 즉, 참여자들은 자신의 내면의 진실된 목소리들이 의식에 걸어오는 이야기들을 즉흥적으로 연극해 나간다. 이 활동이 공동으로 하는 비블리오드라마이다. 이 과정에서 기독교 중년여성들은 신앙적 실존이 드러나는 것을 경험한다. 결코 혼자서는 경험할 수 없는 타인과 상호주체적으로 만나는 경험 가운데 타인의 관점이 이해가 되는 순간을 경험하며, 그 경험이 공유적 관계 맺음의 의미와 가치를 만들어 주는 공간이 된다. 이러한 일련의 실존적 탐구 과정은 일방적 타자의 언어가 아닌 자신의 언어가 구축되는 경험으로 이어지게 돕는다. 참여자들은 비블리오드라마(Bibliodrama)를 함께 재현하는 가운데 드러나는 개인의 격동된 이야기들은 또 자신의 삶 속에서 재현되는 또 하나의 비블리오드라마의 경험으로, 또 그것은 다른 유의미한 비블리오드라마의 경험으로 이어지는 계속성의 존재 구성으로 이어지게 된다. 이 과정에서 참여자들은 서로의 삶을 탐구하고, 대화하고, 공유적인 이야기로 구성하고, 그것을 다시 보살핌의 의미로 실천하는 삶으로 형성한다.

개인 사이코드라마 기법을 사용하는 이 비블리오드라마는 빈 의자기법이라든지 이중자아 기법, 역할 바꾸기 등을 사용하여 과거의 나를 만나고 내안의 다른 자아를 만나며, 타자의 삶을 만나는 가운데 나의 실존적 언어를 되찾게 돕는다. 즉, 과거의 일방적 타자의 언어로 지배를 받던 것에서 진실된 자신의 언어를 찾는 과정을 얻게 된다.

마지막 단계로, 앞의 모든 과정이 종결되고 나면, 참여자들은 소감 나누기 시간을 가지게 되는데, 이 단계에서 연구자는 참여자들이 경험한 것들을 그림으로 나타내도록 한다. 즉, 이 단계는 이야기와 이미지로 얻었던 인식들이 비블리오드라마를 하면서 몸으로 체험하고 경험된 감정들과 깨달음 등을 결론적으로 그림으로 시각화하여 명료화하고 개념화하는 작업이라고 할 수 있다.

앞에서 언급한 전체 프로그램 진행의 개요를 상세하게 설명한 것이 〈표 3-3〉이다. 이 표에서는 웜 업, 집단미술치료, 비블리오드라마, 집단미술치료 소감나누기의 내용을 5일 동안 진행하였는데, 그 자세한 내용을 표로 정리한 것이다.

〈표 3-3〉 비블리오드라마를 활용한 집단미술치료 프로그램

<table>
<tr><th colspan="2">회 기</th><th>내 용</th><th>기대효과</th></tr>
<tr><td rowspan="4">초기
단계
/
친밀감
형성</td><td rowspan="4">1일</td><td>웜 업: 여러 동작으로 인사하기, 기차놀이, 과일놀이</td><td rowspan="2">자기소개, 자기개방, 친밀감, 행위화</td></tr>
<tr><td>비블리오드라마와 미술치료에 대한 소개
서약서, 자아정체감 설문지 작성
'나'를 상징하는 입체적 조형물을 종이 2장으로 표현하기
자신의 현재 감정 그리고 몸으로 공감 받기</td></tr>
<tr><td>Bibliodrama
〈요한복음 4장 1~30절: 우물가의 사마리아 여인〉
- 성경텍스트 탐색
- Bibliodrama 실시
bibliodrama</td><td rowspan="2">감정탐색, 주도성, 자기수용, 자발성, 창조성, 행위화</td></tr>
<tr><td>소감을 작품으로 나타내기</td></tr>
<tr><td rowspan="8">중기
단계</td><td rowspan="4">2일</td><td>웜 업: 엉덩이 대고 일어서기, 연결고리풀기</td><td rowspan="2">자기개방, 자기탐색 이미지화</td></tr>
<tr><td>'결혼'에 대하여 그림으로 나타내기</td></tr>
<tr><td>Bibliodrama
〈창세기 29장 16~31절: 레아와 라헬〉
- 성경텍스트 탐색
- Bibliodrama 실시
bibliodrama!</td><td rowspan="2">말씀탐색, 자발성, 창조성, 체현화, 타인공감, 자기수용, 자기자각</td></tr>
<tr><td>소감을 작품으로 나타내기</td></tr>
<tr><td rowspan="4">3일</td><td>웜 업: 동작 따라하기, 인간기계놀이</td><td rowspan="2">자기개방친밀감, 이미지화, 자기탐색</td></tr>
<tr><td>'자녀'에 대하여 그림으로 나타내기</td></tr>
<tr><td>Bibliodrama
〈창세기 27장 1~29절: 이삭과 리브가와 야곱과 에서〉
- 성경텍스트 탐색
- Bibliodrama 실시
bibliodrama!</td><td rowspan="2">말씀탐색, 자발성, 창조성, 체현화, 타인공감, 자기수용, 자기자각</td></tr>
<tr><td>소감을 작품으로 나타내기</td></tr>
</table>

회 기		내 용	기대효과
중기 단계	4일	웜 업: 마음 맡기기(자석놀이), 두 사람씩 역할극하며 지나가기	자기개방, 친밀감, 이미지화, 자기탐색
		'포기해야 할 것'을 그림으로 나타내기	
		Bibliodrama 〈에스더 3장 1절~5장 5절: 에스더〉 – 성경텍스트 탐색 – Bibliodrama 실시 bibliodrama!	말씀탐색, 자발성, 창조성, 체현화, 타인공감, 자기수용, 자기자각
		소감을 작품으로 나타내기	
종결 단계	5일	웜 업: '가자, ㅇㅇ로!', 청개구리 되어보기	자기개방, 자기수용, 이미지화
		'완성된 자아'를 콜라주로 나타내기	
		Bibliodrama 〈누가복음 10장 38~42절: 마리아와 마르다〉 – 성경텍스트 탐색 bibliodrama	말씀탐색, 자발성, 창조성, 체현화, 타인공감, 자기수용, 자기자각, 감정표출
		그림으로 선물하기, 소감을 작품으로 나타내기	

5 자료수집의 방법과 절차

자료수집과 해석의 과정에서 연구자는 연구자와 참여자가 발화하는 언어의 '참된 의미'를 찾는 데 집중하였다. 박세원(2013)은 연구의 맥락에서 자료수집과 해석은 '참됨성(truthfulness)'을 기반으로 해야 한다고 말하는데, 여기서 참됨성이란 연구자와 참여자가 처해 있는 존재성 양상을 있는 그대로 충분히 드러내는 것을 가리킨다. 즉, 은폐되어 있는 존재양식을 있는 그대로의 모습으로 충분히 드러내는 것(혹은 이해하는 것)이 참됨성의 의미라 할 수 있다.

인간 존재의 이해와 의미를 구하는 존재론적 탐구에서 자료수집 방법은 크게 면접, 관찰, 인공물 해석이 있다. 이들 세 가지 방법들을 적절하게 활용하면서 참여자의 전체적인 삶이 그 사람의 관점에서 온전하게 드러날 수 있도록 탐구를 계획해야 한다. 여기에서 면접은 본 연구의 프로그램 구성 중 집단미술치료 시 참여자들이 자신의 작품으로 이야기를 하는 과정, 비블리오드라마의 모든 과정에서 드러나는 실존적 이야기 과정, 마지막 단계의 소감이야기 공유까지 전 영역에서 면접 자료가 자연스럽게 수집되도록 하였다. 인공물 해석으로는 집단미술치료 시 주제화와 소감미술작업의 작품들을 들 수 있는데, 이들 자료들은 그들의 무의식, 의식은 물론 그들이 살아왔던 삶을 간접적으로 관찰할 수 있는 경로를 제공해 주었다. 또한 모든 프로그램 수행 과정은 그들의 삶을 관찰하는 효과 또한 제공해 주었다.

앞서 제시한 네 단계들은 모두 5일 동안 이루어졌는데, 이 과정에서 자료수집과 해석은 계속적 순환(Ellis, 1998)의 과정에서 보다 온전한 이해에 이르게 되었다.

본 연구를 위한 자료수집은 2012년 12월 1일부터 1월 12일까지 약 1개월 반의 기간으로 진행되었다. 일주일 중 토요일 하루를 온종일(점심시간은 제외하고 대략 6시간) 사용하였으며 모두 다섯 번의 토요일을 만났다. 비블리오드라마를 활용한 집단미술치료의 특성상 드라마 시연과 그리기의 충분한 시간이 필요하였으므로 주로 주말을 사용하여 오전 10시에서 오후 4시까지의 시간으로 편성하였다. 웜 업을 30분, 주제를 가진 미술활동을 1시간 30분 진행한 후 점심시간을 보낸 후 비블리오드라마를 2시간 30분, 소감미술활동을 1시간으로 진행하는 것으로 구성하였다.

존재론적 탐구의 참됨성을 확보하기 위해서는 신뢰성이 있는 자료를 수집해야 한다. 이때의 신뢰할 수 있는 자료는 진실성(veracity), 적합성(rightness), 풍부성(richness)의 성질을 담보할 수 있어야 한다(박세원 외, 2013). 진실성이란 수집된 자료가 존재양상이 말하는 것을 있는 그대로 반영하고 있음을 뜻한다. 그런데 진실을 말해 주는 자료라 할지라도 그것이 전체를 반영하지 못할 경우에는 왜곡된 해석으로 이어지기 쉽다.

따라서 자료수집은 참여자의 삶의 형성과정이 온전히 드러날 수 있도록 적시적소에 수집되어야 하는데, 이를 적합성이라고 일컫는다. 또한 자료는 참된 존재론적 주제가 드러나기에 충분히 수집되어야 하는데, 이를 풍부성이라고 한다.

비블리오드라마를 활용한 집단미술치료의 주제로는 중년여성들의 삶에서 공통적으로 지니고 있는 문제들로 '나', '결혼', '자녀', '버려야 할 것', '찾아진 나'로 주제를 삼았다. 이 과정에서 중년여성들의 지나온 과거의 삶과 자신에 대한 충분한 이야기들이 형성되도록 하였다. 여성에게 있어 '결혼'의 주제는 가장 공통적이고 적합한 존재론적인 주제가 되며, 이 과정에서 원가족의 이야기로부터 남편과 시댁식구들과의 관계와 자녀들의 관계에 대한 이야기들이 전개되며, 반복되는 주제로서 '자녀'의 주제를 통해, 부모로서의 자기와 부모로부터의 경험된 자녀로서의 나의 이야기가 진행된다. 더 나아가 형제 간의 관계이야기로도 확장되기도 한다. 이러한 이야기 속에는 참여자마다 다르게 가지고 있는 '결혼'의 개념과 '부모'와 '자녀'의 개념들이 나타나며 자신들의 가치관들이 잘 나타나게 된다. 그리고 미술활동과 드라마의 시연과 소감의 경험들을 다섯 번 반복해서 경험하면서 다양한 자아의 모습을 탐색할 충분한 기회가 주어지는 것은 자료수집에서 '풍부성'의 성질을 담보하도록 하였다.

비블리오드라마와 집단미술치료는 집단이라는 형태를 통하여 생의 주체인 나와 타자의 생의 주체가 만나는 장을 마련해 준다. 드라마 속의 역할을 입었으나 자신의 즉흥성과 자발성을 통해 꾸밈없는 '나'를 드러나게 해 준다. 즉 이러한 나-너가 상호작용을 통해 관계적 삶 속의 자신이 지금-여기에 나타나게 한다. 이 과정을 통하여 참여자의 존재 양상이 온전하게 나타내는 순간을 가장 적시적소에서 얻어진 자료이기에 참여자들의 실존적 삶이 '진실성(veracity)'을 담보할 수 있었다. 또한 연구자는 참여자들이 생성한 인공물, 내러티브, 행동들을 그들 삶의 전체적 전경 속에서 이해하기 위해서 추가적인 발문을 효과적으로 활용함으로써 자료수집에 있어서 '적확성(rightness)'을 확보할 수 있었다.

신뢰성 있는 자료수집을 상세화하면 다음과 같다. 첫째, 연구자는 본 연구의 전 진행과정을 녹화하였다. 집단의 상호작용과 그 속에서 느껴지는 비언어적인 신체적 현상들은 결코 기록으로는 담을 수 없기 때문이다. 녹화는 드라마를 진행하는 과정에서 연구자가 미처 바라보지 못한 참여자들의 감정변화와 행동들을 다시 관찰할 수 있게 하였다.

둘째, 미술활동을 통하여 제작된 작품들은 참여자들의 실존을 의식적인 방어가 제거된 진실된 자료를 제공해 주었다. 추상적인 의식이 유형의 이미지로 표현되면서 명료한 자각과 타인과의 피드백이 활발하게 진행이 되어져 풍부하게 의미를 찾을 수 있게 된다. 진실된 자료를 수집한다는 것은 말과 행동을 정확하게 기록하는 것만을 의미하지 않으며 자료의 내용이 거짓이거나 왜곡되지 않아야 한다는 의미를 지닌다.

셋째, 연구자는 참여자가 자유롭고 솔직하게 말하고 행동할 수 있기 위해서 라포(rapport)를 형성하도록 노력하였으며, 안정된 분위기를 조성해 주었다. 본 프로그램의 구성 중 '웜 업'의 시간은 이러한 조건을 제시해준다. 기독교 중년여성의 참여자들은 '놀이' 형식의 웜 업을 통하여 정서적으로 흥미와 즐거움을 경험하면서 쉽게 타인에게 다가가며 신체적 접촉과 몸을 이용한 활동으로 서로 친밀감을 형성하게 된다. 집단원들 간의 라포가 형성되도록 할 뿐만 아니라 탐구자와 집단원 간의 친밀감을 위해서 연구자도 함께 참여를 하였다.

넷째, 프로그램 과정에서 연구자는 지시적인 말과 교육하는 말은 일체 사용하지 않으며 중립적인 질문과 개방적 질문을 함으로써 참여자들의 실존이 그대로 반영되도록 하였다. 집단 참여자들이 안전한 상태에서 서로에 대한 호기심으로 피드백을 적절하게 함으로써 참여자의 실체를 잘 추적하도록 노력하였다.

또한 자료의 신뢰성을 높이기 위해서 필요한 것은 탐구자의 훌륭한 의사소통 능력이다. 적시적소에 질문하고 관찰하는 능력, 잘 들어주는 능력이라고 할 수 있다(Merriam, 1998). 집단치료 시 참여자들의 이야기를 공감하고 지지하며 때로는 적절한 질문으로 명료화시키고 확장시켜야 한다. 따라서 본 연구자는 이러한 자질을 얻기 위해서 노력하였다. 예를 들어 연구자는 미술치료사로서 10여 년 동안 임상 경험이 있으며, 드라마치료에 대하여 박사과정에서 사이코드라마 수업을 받고, 비블리오드라마협회에서 주관하는 워크숍에 참가하는 등 100여 시간 넘게 훈련을 받았다. 본 연구의 과정 중 슈퍼바이저 전문가에게 조언을 받아 미술치료와 비블리오드라마의 적절한 프로그램 구성을 하였다. 2012년 3월에 기독교 중년여성을 대상으로 예비프로그램을 실행했었다(박은미, 2012).

6 자료해석의 방법과 절차

해석은 자료가 말하는 것을 연구자가 온전한 존재론적 의미로 진정성 있게 다시 말하는 것으로 반드시 연구자의 세계관과 의도에 의해 걸러지게 된다. 따라서 해석에 나의 주관성이 자연적으로 개입될 수밖에 없다. 해석이 주관적일 수밖에 없는 이유로는 존재물음을 던지고 그 물음을 해명하는 주체가 바로 실존하는 연구자 각자이기 때문이다. 존재론적 탐구에서 탐구자의 해석 행위는 나의 삶, 타자의 삶, 그리고 나와 타자의 관계적 삶에 대한 존재 양상을 자신의 언어로 온전하게 의미화하여 자기 존재가 바람직하게 머물러야 할 곳과 나아가야 할 길을 찾기 위한 활동이다. 따라서 탐구자는 자료가 가질 수 있는 모든 존재론적 의미에 대한 가능성을 열어놓고 탐색해야 하며 이 과정은 탐구자의 창의성(creativity)이 최대한 발휘될 것을 요구받는다. 동시에 탐구자의 해석은 철저히 자료(혹은 현상)가 말하는 것에 근거해야 하며(data-groundedness), 준거 양상의 부분적 성질뿐만 아니라 부분과 부분, 부분과 전체의 관계성에 대한 온전성

(wholeness)을 항상 견지해야 하는데, 이를 해석의 엄밀성(rigorousness)이라고 부른다(박세원, 2013).

해석은 분석, 종합, 해체의 세 가지 요소로 나뉜다(Phillips & Carr, 2008). 분석은 자료가 말하는 것을 면밀히 조사하는 작업으로 1차 해석이라 하고, 종합은 그 자료들을 탐구자의 맥락에서 추상적으로 개념화하는 작업이며 2차 해석이라 부르기도 한다. 해체는 종합으로 생성된 개념을 다시 비판적으로 검토하는 작업이다. 이렇게 탐구자는 신뢰성 있는 자료를 창의성과 엄밀성을 기초로 분석, 종합, 해체하는 과정에서 해석의 진정성과 탐구의 참됨성을 확보해야 한다. 본 연구자는 이러한 탐구과정을 그대로 유지하고자 노력하였다. 본 연구자는 참여자와의 관계 속에서 깊이 엮인 내부자이기 때문에 객관적으로 참여자를 들여다보기 어려울 수 있어서 권위를 가진 외부자로서 미술치료전문가, 질적연구를 지도하시는 교수님의 의견과 평가를 통해 거듭 수정하여 진정성을 높이고자 노력하였다.

질적연구에서는 연구자 자신이 연구를 위한 중요한 도구가 된다. 그래서 연구자는 자신이 어떤 선입관들을 가지고 현장으로 들어가는지, 또 그 선입관들이 어떻게 자료수집과 해석의 과정에서 영향을 미치는지를 항상 살펴야 한다. 연구자의 선입관을 인지하기 위해서는 자전적 탐구를 통해 연구자의 선입관이 어디에서 비롯되었는지 탐색할 수 있어야 하며 자료수집과 해석의 과정에서 순전함, 열린 마음, 민감성을 최대한 발휘할 수 있어야 했다. 따라서 연구자는 2011년 박사과정 중 연구수업을 통해 질적연구방법론을 수강하였으며, 2012년 방학 중에 열린 질적연구론 특강에 참석하여 공부하였다. 또한 2013년 7월과 8월 한 달간 '존재론적 탐구' 특강을 통해 판단 중지, 괄호 묶기를 통해 사태 자체로 환원하는 방법을 경험적 연구를 통해 확보할 수 있었다. 연구 주제가 결정이 난 이후에는 질적연구방법을 사용한 학위논문과 질적연구방법론 서적을 참고함으로써 순전하고 열린 태도로 질적연구를 수행하기 위한 준비를 하였다.

연구자의 개인적 배경이나 경력은 면담으로서의 실제적 프로그램 진행과정에 영향을 주며 참여자와의 상호작용과 자료수집의 결과를 좌우하게 된다. 따라서 나는 나의 경험과 특성과 가치와 기분 등이 연구의 전체 과정에 영향을 미칠 수 있음을 염두에 두고 지속적인 자전적 탐구, 삶에 대한 성찰을 통해 내가 가진 선입관들의 실체가 무엇인지 명료화하는 작업을 하였으며, 이러한 과정을 통해 연구자는 자료의 의미를 왜곡하지 않고 해석할 수 있는 토대를 마련할 수 있었다. 또한 자전적 탐구는 내가 가져온 본질적 존재 물음을 던질 수 있도록 하여 탐구의 여정이 그저 박사과정을 받기 위한 것이 아니라 내가 내담자와의 관계 속에서 어떤 치료사로 존재해야 하는지에 대한 존재론적 탐구로 이어지게 하였다. 즉, 자전적 탐구는 박사연구를 내 존재 속에 위치 지우게 해 주었던 것이다.

또한 기독교 중년여성들이 비블리오드라마와 집단미술치료의 장에서 경험된 이야기들과 사실들은 전 과정을 녹취하였는데, 그 자료들을 전사하고 해석하는 순환의 과정 속에서 보다 온전한 자료수집과 해석을 이어갈 수 있었다. 전사를 하기 위해 촬영을 여러 번 보는 과정에서도 실제 진행할 때 알지 못했던 자료를 발견할 수 있었으며, 전사한 내용을 반복해서 읽으면서도 보다 강력한 존재론적 의미를 형성할 수 있었다. 이러한 성찰 과정에서 '기독교 중년여성의 자아구성은 어떠한가?' '나는 무엇을 알고자 하는가?' '내가 새롭게 알게 된 것은 무엇인가?'라는 질문을 계속적으로 유지할 수 있었고, 이러한 성찰의 과정 속에서 연구자로서 나는 내가 가지고 있는 선입관을 보다 명료화하고 묶어둘 수 있었다.

그리고 진정성 있는 해석을 하고자 다음과 같이 노력하였다. 첫째, 자료수집과 해석이 온전한 존재론적 의미가 뚜렷하거나, 일관되거나, 규칙적으로 확인될 때까지 계속하였다. 즉, 프로그램의 구조가 다섯 번(5주간) 반복해서 진행하는 과정에서 존재론적 의미가 뚜렷해지도록 하였으며 일관되고 규칙적으로 확인이 되도록 수집을 하였고 해석도 반복하였다. 둘째, 수집된 자료를 처음부터 특정 부분에 지나치게 몰입하지 않고 자료 전체의 지평 속에서 부분들에 대한 이해를 얻기 위해 먼저는 여러 번 정독하였다. 셋째, 해석한 것이 왜곡이나 비약은 없는지, 또는 온전한 존재론적 의미, 개념, 주제, 가치를 담고 있는 것인지를 확인하기 위해서 반대편에 서서 의문을 던지고 거기서 나오는 차이, 모순, 불일치를 찾고 그런 점이 있을 경우 자료를 재해석하고자 하였다. 넷째, 해석의 진정성을 높이기 위해서 연구자료를 실존적 탐구 전문가에게 보이며 의견을 재차 묻고 지도를 받았다. 다섯째, 비블리오드라마, 집단미술치료, 실존적 심리치료, 실존적 철학, 여성발달론 등에 관한 서적들을 읽으며 유용한 개념, 의미, 주제, 가치, 이론을 얻고자 노력하였다.

7 연구 참여자에 대한 윤리적 고려

본 연구에서 연구자는 참여자의 윤리적 측면을 보호하기 위해 연구의 처음부터 마지막까지 윤리의식을 갖고 작업에 임하였다. 즉, 본 연구의 자료는 연구 참여자들의 개인적 경험을 중심으로 생성된 자료를 바탕으로 이루어져 있으므로 사생활이 노출될 위험이 있음을 염두에 두고 윤리성을 확보하고자 하였다. 자료의 수집에 앞서 연구의 목적 및 방법, 익명성 보장, 자발적인 연구 참여 동의와 거부, 중도포기 가능성, 발생 가능한 이익과 불이익, 녹음 등을 포함하는 내용을 설명하고, 연구 참여자들로부터 동의를 얻고 동의서에 서명을 받았다. 연구 참여자를 보호하기 위해 다음의 사항들을 설명하고 연구를 진행하였다. 연구 참여자의 진술은 본 연구의 목적 이외에는 사용하지 않을 것을 약속하였다. 연구 모든 과정과 결과물에 대해서도 익명으로 연구에 사용될 것과 수집된 자료들은 다른 사람들이 접근할 수 없는 안전한 곳에 보관하며 연구 후에 모든 자료는 폐기시킬 것을 약속하였다. 아울러 해석하는 과정에서의 글쓰기에서 연구 참여자들의 개인적인 정보 보호가 가능한 범위에서 글쓰기를 하였다. 그리고 본 연구가 완성이 될 즈음에 참여자들에게 본 연구 결과를 보여주었다. 그들의 자기보호성에 입각한 의견을 반영하거나 결과에 대한 동의를 얻을 수 있었다.

CHAPTER

4

살아졌어야만 했던 내 삶의 터들을 목격하며 실존으로 살아내고 싶은 내 삶의 터를 그린다

1. 첫째 날: 몸속에 깊이 묻혀 있던 살아져야만 했던 '나'의 흔적들과 대면하기
2. 둘째 날: 결혼이라는 '터'에 그대로 뿌리 내리웠던 '나'의 상처 흔적 들여다보기
3. 셋째 날: 부모라는 언어 속에 새겨진 '나'의 아픈 조각들 들여다보기
4. 넷째 날: 참된 '나'를 짓눌렀던 거짓된 '나' 걷어내기
5. 다섯째 날: 실존으로 살아내고 싶은 '나'를 함께 발견하고 그리기

이 장은 텍스트 쓰기 단계로 연구자는 총 6명의 참여자들과 함께 비블리오드라마를 활용한 집단미술치료 활동을 경험하면서 수집된 현장 텍스트에 근거하여 글쓰기를 하였다. 참여자의 이름은 가명을 사용하였다. 연구자는 참여자의 자신의 언어로 이야기함과 드라마 과정의 생생한 진행과정을 손상하지 않고 전달하기 위하여, 그리고 치료사의 개입순간의 상황들을 설명하기 위하여 시간의 흐름을 그대로 유지하면서 글쓰기로 재구성하였다.

1 첫째 날: 몸속에 깊이 묻혀 있던 살아져야만 했던 '나'의 흔적들과 대면하기

1) 첫 번째 만남을 위한 몸 풀기-웜 업

내가 6명의 참여자 모든 여성들을 함께 만난 것은 2012년 12월 1일 아침 10시였다. 이들 중 3명은 같은 선교단체에서, 또는 같은 교회에서 서로 안면이 있는 관계이고, 나머지 3명은 초면이었다. 간단한 인사들이 오고 갔으나 새로운 장소와 새로운 사람들의 만남은 다소 생소하고 낯설다. 참여자들과 연구자는 함께 웜 업 작업을 시작하였다. 빙 둘러 서서 각 나라의 다양한 인사행위로 상대를 바꾸어가며 인사를 한다. 배꼽인사로 '안녕하십니까?', 코를 비비며 '오하이오 고자이마쓰', 두 뺨을 비비며 '봉 쥬르~~'. 살과 살을 맞대며 신체를 사용한 인사는 마음 문의 빗장을 쉽게 열리게 한다. 첫날이라 웜 업 시간을 많이 할애한다. 서로에 대한 사사로운 정보들을 드러낸다. 참여자들은 '○○이 있는 사람은?' '○○을 해 본 사람은?' 등의 질문을 돌아가면서 한다. 질문에 해당되는 사람은 원안으로 한 발 앞서 나온다. 서로의 공유된 상황을 웃음으로 나눈다.

원 모양대로 돌면서 '기차 길 옆 오막살이' 노래를 부르며 점점 원을 좁혀가다가 뒷사람의 무릎 위에 앉는다. 나의 무릎에는 앞사람이 앉는다. 모두 동시에 앉는 행동을 완성하면 두 손을 머리 위로 들고 박수를 친다. 서로의 행동을 믿고 같은 행동을 할 때 편하게 앉게 된다. 이 과정에서 서로 넘어지고 힘을 쓰며 저절로 탄성을 지르며 자신의 언어를 쏟아낸다. 몸을 사용해서 집단에서의 자신의 감정을 느끼고 같이 즐기는 시간을 보냈다.

2) 나에 대한 이미지 만들기로 과거의 삶 들여다보기

웜 업을 하고 난 뒤라 좀 더 편안한 마음으로 집단원들은 자리를 잡고 앉았다. 나는 이들이 이 연구에 자발적으로 참여한 동기는 각자가 조금씩 다르겠지만 자신의 삶을 진지하게 바라보며 자기가 누구인지 어떻게 살아 왔는지를 탐색하고자 모인 자들임을 생각하면서 그들의 기대가 이루어지는 좋은 만남이 되었으면 하는 바람이 생겼다. 그리고 그들과 내가 기독교 중년여성들로서 공통된 신앙관을 배경으로 가지고 있는 만큼 서로 공감대가 잘 형성될 것이라는 기대도 하면서….

첫 시간이니만큼 집단구성원 각자도 집단에 대한 기대와 호기심과 함께 서로가 궁금해 하며 어느 정도 자기 자신을 공개해야 할지 상대방의 태도를 주시하는 등 복잡한 심정이리라! 첫 회기에 미술매체에 대한 부담이 적도록 단순하고 쉬운 것을 선택하였다. A4용지 1장씩을 참여자들에게 주고 그것을 반으로 나누어 자르게 하였다. 이러한 작은 종이 2장을 이용해서 '입체적'인 형상으로 '나'를 나타내기로 하였다.

집단원들은 잠시 난감해 하였지만 이내 접거나 찢으며 만들기 시작하였다. 단순하고 쉬운 매체는 오히려 폭넓은 의미를 내포하게 하며 무의식을 드러내기가 쉽도록 한다. 작품으로 자신을 나타내라는 미션은 짧은 시간에 다른 방어를 미처 생각할 틈 없이 빠르게 내면으로 인도하였다. 작업시간 후 각자 봇물 터지듯 이미 작품으로 드러난 자신의 모습에 대하여 시간가는 줄 모르고 자신의 삶을 공개하기 시작하였다. 나는 둥글게 둘러 앉아 있는 집단원 중 나인정을 가리키며 먼저 자신의 작품을 설명해 주기를 바랐다. 나인정은 작품을 이리 저리 움직여 보이며 말을 하기 시작한다.

〈그림 4-1〉 **나인정 '나' 표현하기**

〈그림 4-2〉 **강한나 '나' 표현하기**

나인정: 흔들거리는 추를 표현한 것인데, 원래 추는 왔다 갔다 하잖아요. 내 삶의 추가 극과 극으로 많이 움직이고 있어요. 하나님이 창조하신 원래의 내 모습과 내가 살아야 했기에 일부러 만들어 놓은 모습의 차이가 커요. 원래의 내 모습으로 돌아가기에 갈등이 생기고 힘이 드는 거예요. 다른 사람이 나를 거절할까봐 좋은 모습을 보이려고 하는 거죠. 새로운 사람들을 만나면서 어떻게 반응을 해야 할지 긴장이 돼요. 몸이 긴장이 되어서 지금도 등짝이 아파요. 긴장된 모습으로 뾰족한 모습을 표현했어요.

나인정은 움직이고 있는 추와 뾰족한 삼각을 만들었다. 추의 중심은 자신의 이런 모습과 저런 모습 사이에서 스윙을 하고 있다. 본래 창조되었던 나의 모습과 살면서 환경에 맞추어진 또 다른 나의 모습 사이에서 정체성이 계속 움직이고 변화한다는 것을 나타내었다. 이런 두 마음은 갈등을 초래하기 마련이다. 그래서 뾰족한 삼각형의 각은 이런 갈등으로 인한 긴장을 나타내었다고 한다. 나인정은 작년에 이혼하였으며 고등학생의 아들과 중학생의 딸을 둔 45세 여성이다. 아직도 짧은 컷트 머리에 미스처럼 젊어 보인다. 안정과 생산이 가장 활발할 중년에 이혼은 매우 큰 사건이리라. 첫 회기이지만 자신에 대한 작품을 만드는 일에 아무 방어 없이 직접적인 자신의 내면을 표현하였다. 새로운 사람을 만나는 지금도 긴장으로 인해 등짝이 아프다고 굉장히 솔직한 반응을 보여준다. 모든 집단원들도 각자의 실제 내면을 작품으로 여과 없이 진정성 있게 드러내기 시작하였다. 치료사로서 첫 시간에 집단원들이 아무런 방어 없이 자신들을 드러내는 일에 집중하고 있어서 안심이 되었다.

다음으로 강한나가 말을 잇는다. 강한나는 58세이며 작은 체구에 왼팔과 왼손이 자유롭지 않고 약간의 장애를 지녔다. 그러나 자세히 보지 않으면 모를 정도로 움직임은 민첩해 보였다. 사각의 모양으로 접혀진 종이의 작품은 남에게 보여지는 자신의 모습이라고 설명을 하면서 또 다른 작품인 배의 작품은 스스로 인정하는 또 다른 자신의 모습이라고 하였다. 자신은 유능한 기능성과 자유롭게 움직이는 힘이 있음을 알리고 싶다고 하였다. 하지만 남의 평가에 자유롭지 않다는 말을 한다. '평가'라는 단어와 '할 수 있어'라는 말이 반복되어 표현되면서 이 낱말에는 힘이 들어가 있다.

강한나: 마음은 다 잘하고 싶은 데 상대방이 볼 때는 나를 너무 부족하게 보는 거라. 나는 시키면 잘 할 수 있는데… 배를 타고 넓은 데로 막 다니고 싶어. 이것은(사각모양) 남이 나를 평가하는 부족한 내 모습과 내가 할 수 있는 활동하고 자유롭게 넓게 다니는 모습(배)을 나타낸 것이고… 난 잘 할 수가 있어.

치료사: 지금은 어떤 모습이 더 많은 건가요?

강한나: 남이 평가하면 이것(사각모양)밖에 안 되는 모습이지. 나는 배를 타고 활동하며 할 수가 있어, 책임감도 있지… 남이 평가하는 것에 상처를 받어. 실제적으로 안에 들어가 보면 이렇게 되려고 노력하며 사는 거야!

치료사: 사람들에 의해 영향을 많이 받고 있네요.

나인정과 강한나의 작품에 대한 이야기는 길지 않았다. 그러나 이야기를 듣는 순간 작품이 이해가 되었다. 서로 말없이 다음 차례의 집단원에게 눈길을 준다. 오지원은 자신의 앞에 놓인 작품을 바라보며 말하기 시작하였다.

〈그림 4-3〉 오지원 '나' 표현하기

〈그림 4-4〉 유시온 '나' 표현하기

오지원: 제가 살고 싶은 대로 못 살았던 것 같아요. 결혼을 준비하면서도 계획성 있게 못했고… 질병을 통해서 하나님을 찾고 하면서 한편으로는 내 좁은 시야로 보았던 것 같아요. 하나님 나라 구하고 큰 이상만 구하고… 할 수도 없었지만 육적인 것들을 포기하고… 내 좁은 시야로 보았던 것 같아요. 잘하려고 해도 할 수가 없었지. 병과 20여 년 간 싸우면서 육적인 다른 것을 내려놓고 살다보니 꿈을 이루지 못하고 살았어요. 비행기를 접었는데 마음껏 저항과 제약 받지 않고 날고 싶다는 생각이 떠오르더라구요… 생각은 아름다운 가정, 예쁜 집을 꾸미는 것을 좋아하는데, 상처받은 사람들과 같이 살아야 하는 환경과 그 사람들의 영향력 때문에 내 마음과 전혀 다른 삶을 살아야 했고.(울음)…

치료사: 꿈을 이루지 못한 일반적인 중년여성들의 모습이죠.

오지원: 예쁜 집을 짓고 꾸미고 그런 것을 하고 싶은 소망… 창문이 통하고 바람이 잘 통하고… 답답하다는 생각이 있는지… 환기가 잘되는 환경이 소통

> 이 잘되는 집… 뭔가 예수를 믿는다하면서도 왜 그렇게 행복하게 못사는지… 죽을 때까지 자신의 상처에 반응하며 사는 그 인간들이 불쌍하면서도 그것에 영향을 받는다는 것이 너무 속상해요. 뭔가를 하고 싶은데 할 힘은 없고… 기도밖에는… 어쨌든 전에는 기도와 묵상을 많이 하려 했는데 지금은 안 해도 된다… 그냥 쉴꺼다… 이런 마음이 생겨요. 그래도 일하면서 말씀을 펼쳐보는데 이번 주에 시편 말씀을 보았는데 너무 큰 이상을 쫓고 바라고 했는데 그것이 안 되니까 마음이 어렵잖아요… 가장 작은 것 내 앞에 보이는 것을 하는 것을 보여주셔서 마음이 편해진 것 같아요. 사실은 비행기는 금속성이고 제한적이라 싫고, 다만 나는 것에 의미를 뒀어요. 마음껏 저항 받지 않고 날고 싶어요.

오지원은 자신을 나타내는 작품으로 비행기와 집을 만들었다. 비행기의 작품은 자신의 질병으로 억제된 삶에 대한 저항과 제약 없는 자유를 상징하는 것이라 말한다. 집을 나타내는 작품에는 창문을 표현하는 것으로 뚫려 있음이 인상적이다. 가정을 나타내기 위한 집에 그녀는 강하게 창문을 드러내고 싶었다고 한다. 스스로도 환기가 잘되는 집이기를 원하며 소통이 잘되는 가정이기를 원한다고 하였다. 미술치료에서 가장 많이 활용되고 있는 HTP 진단그림도구 중 집 그림 해석에서 창문은 '환경과의 상호작용'의 의미를 두고 있다(최외선 공저, 2006). 창문의 의미는 인간의 실제적 삶에서 늘 접하는 '집'의 현실적인 공간을 나타내면서도 정서와 무의식적인 많은 의미를 나타낸다. 답답한 가정 내에 신선한 환기가 필요하다고 느끼며 가족 간의 의사소통을 원하는 마음이 이미지로 확연히 드러나고 있다. 자신의 삶은 일상적인 행복들을 누리지 못하도록 하였다고 말하면서 첫 시간임에도 눈물을 흘리고 만다. 오지원은 마치 기다렸다는 듯이 긴 시간을 들여 자신의 속 이야기를 내어 놓는다. 그녀는 가까운 가족들을 '자신의 상처에 반응하는 그 인간들'로 표현하면서 가족 간의 갈등과 신체적 제약과 신앙으로 해답을 찾고자 노력하였고 그러나 큰 이상만을 찾지 않아야 함을 알게 되었음을 이야기하였다. 역시 질병과 고통을 신앙으로 이기고자 애쓰는 기독인의 모습을 보인다.

잠시 오지원의 말이 더 이상 없자 옆에 앉은 유시온이 입을 연다.

유시온: 저는 세모와 네모와 동그라미를 만들었어요. 세모는 각이 많잖아요. 각이 있으니까 찌를 수 있고… 세모가 마음에 들지 않아서 둥글어지려고 했는데, 내 안에 성품 자체가 혈기도 많고 하니까 동그라미로 가는 것이 좋다고 생각했어요. 그러나 얼마 전에 네모형 인간과 세모형 인간에 대한 설교를 들으면서 각이 있다는 것도 나쁜 것도 아니구나 생각하면서, 세모와 네모와 동그라미가 공존하는 모습이 내 모습인 것 같아요. 동그라미의 부족한 것이 네모가 보안할 수도 있고…

유시온은 52세이고 키가 작고 마른 편이며 눈이 매우 크다. 그리고 말을 빠르게 하였다. 그녀는 자신을 세모, 네모, 동그라미의 모양으로 나타내었다. 스스로는 모가 많이 난 사람으로 여기면서 이런 모습을 바꾸어야 한다고 생각하였으나 이제는 어느 정도 자신을 용납하고 있다고 말한다.

〈그림 4-5〉 이열매 '나' 표현하기

〈그림 4-6〉 주사랑 '나' 표현하기

주사랑: 나무를 만들어서 세우려했다가 자신이 없어서 이걸 만들었어요. 하나님에게 꼭 붙어 있고 싶은 마음과 정말 세상이 험악하잖아요. 자기만의 개성이 강하고… 상처로 인해서 하나님에 붙어 있는 내 모습… 하나님의 사랑을 전하고 싶고…

이열매: 내 모습은 원래 뾰족하고 내 욕심을 채우고 내 위주로 살려고 하는데… 함지박처럼 둥글고 너른 모습이 되고 싶어서 했어요. 되고 싶은 모습이죠. 남을 품을 수 있는 모습…

주사랑은 49세이며 교회에서 권사직을 맡고 있으며 상냥한 말씨를 썼다. 고리모양이 서로 연결되어 있는 작품을 만들었다. 하나님께 붙어 있고 싶은 자신의 마음을 나타내고 있다. 이열매는 57세이며 투박한 말투로 작품을 설명하였다. 우묵한 모습의 무엇인가를 담을 수 있는 모습을 한 작품은 남을 품어주는 역할의 '함지박'을 표현한 것이라 한다.

6명의 참여자들은 첫 시간임에도 불구하고 자신들이 나타내고 싶고 바라고 싶은 자신의 자아를 진지하게 드러내었다. 이미지화된 각자의 작품을 바라보면서 참여자들의 이야기를 듣는 것은 그들을 빠르게 이해하도록 하였다. 내면적인 이미지의 세계는 개인적인 것으로. 그러한 이미지를 작품으로 나타내 서로가 공감할 수 있게 해 주었다(Wadeson, 2008: 3). 현실로 드러내지 않고 내면에 머물고만 있던 자기상을 참여자들은 새로운 창조적 양식으로 확인을 하는 순간이었다. 즉, 미술이 '창의적 노력에 힘'을 주고 창의적 과정은 자아의 표현이고 실존적 갈등을 직면시킨다(May, 1976). 그리고 작품을 설명하는 과정에서 자신을 드러내는 많은 이야기들이 만들어졌다.

이제 각자의 작품에 대한 설명을 들었으니 비슷한 작품이나 다른 작품에 대하여 반응을 하기로 한다. 서로의 작품에 대한 피드백은 미처 생각지 못한 영역을 나눌 기회를 주며 실제적인 집단 상담으로 깊이 들어가게 해준다.

치료사: 첫 시간이지만 굉장히 오픈해서 자신의 모습을 잘 드러내셨네요! 이제 서로 질문도 하고 작품에 대해서 비슷한 양상, 전혀 다른 모습에 솔직한 자신의 느낌을 이야기하고 피드백하는 시간을 가집니다.

이열매: 저는 글을 쓰는 사람인데 '모서리'라는 글을 썼었어요. 모서리가 있는 한 언젠가 남을 찌르고 하니 결국 둥글게 돼야 한다고 썼어요… (유시온을 가리키며) 저분도 모서리를 항상 느끼고 있었던 것 같네요. 저도 항상 삼각

은 안 되고 모서리는 나쁘다고 생각했는데 남이 나에게 전혀 아닌 말을 할 때, 아니라고 당당하게 말할 수 있는, 아니라고 내칠 수 있는 마음도 필요한 것 같아요. 그래야 내가 편해지더라구요. 저는 전혀 화를 낼 줄 몰랐어요. 처음 결혼해서 3년간 화를 내지 못했어요. 신랑이 맨 날 술을 먹고 늦게 와도 화를 낼 줄 몰랐어요. 속만 끙끙 앓고… 3년 쌓이다보니 화병이 생기더라구요. 신경성에 견딜 수 없게 되었어요. 한번 화를 내니 그때부터 계속 화를 내게 되었어요. 그러고 나니 화가 풀리더군요. 남이 아닌 말을 할 때는 너무 참지 말고 찌를 때 찔러야 내가 치료가 되고 살게 되더라구요. 나부터 살아야 해요. 저분의 작품이 공감이 되네요.

참여자들의 작품에 대하여 피드백을 하기로 하자 집단원 서로 공감이 되는 부분들을 지적하며 더 깊은 이야기들이 나오기 시작한다. 이열매는 유시온의 '모서리'에 대한 의미에 대해서 공감이 된다. 그녀는 그동안 '나'를 희생하며 참았던 관계에서 너무 힘이 들었고 그래서 신경성적 병인 '화병'이 생겼다고 한다. 그러나 자신이 모가 난 행동인 '화'를 표현하고 나니 병이 나아졌다며 때로는 모서리가 필요하다고 말한다.

유시온: 나도 저 분(이열매)의 함지박이 공감이 되었거든요. 제일 싫어하는 유형이 색깔 없이 둥글 뭉실하게 넘어가는 사람이었는데, 세월이 지나고 보니 납작 엎드려 있거나 회색적인 사람이 대우도 받고 하더라고요. 내가 잘못 살아왔나? 생각도 들었고, '죽으면 죽으리라' 라는 책을 쓴 안인숙씨를 좋아하는데, 그 분이 나중에 '그럴 수도 있지' 라는 책을 썼어요. 그렇다면 너무 흑백논리에 치우쳐 있는 것도 아니지 않는가 생각했죠. 거절불가형 성격에다가 삼각형의 생각으로 많이 힘이 들었어요.

치료사: 두 작품을 통한 공통적인 의미를 찾으셨네요.

이열매와 유시온은 둥글고 누군가를 용납하고 담아내는 원만한 자아상을 바라면서도 자신들의 삶에서 모가 나게 살 수밖에 없었던 일들을 통하여 세모의 자아상도 필요하다고 서로 공감을 한다. 자신만의 해석이 타인에게 인정을 받으니 서로 공감대가 형성이 되어간다. 두 사람 모두 성숙을 향하는 자신의 모습은 어떠해야 할 것인가에 대한 같은 고민을 하고 있음이 발견된다.

강한나: 오지원도 자기가 날고 싶고 희망하고 있는데 환경적으로 하지 못했던 것 같아!

오지원: 내 안에 상처 때문에 돌파하지 못했어요. 저의 부모가 자기 꿈을 찾느라 자녀를 돌보지 않았지만 내가 그것을 넘어서지 못했구나! 나이가 들었지만 그 상처에서 벗어나서 치유할 기회가 이렇게 오네요.

강한나: 나는 어릴 때도 부모님이 계실 때도 내가 혼자 꾸려왔어. 내가 돈을 벌었어. 자신감이 많았지. 처녀 때도 돈을 벌어서 집을 지어주고 결혼했을 때도 무능한 남편을 만났지만 같이 도와서 시댁에 영향을 주면서 170평 옛날 시부모집 초가집을 여러 번 수리하면서 12년 전에 1억6천6백만 원을 보상받았어. 그러나 부모집이라고 지금의 30평만을 주고 시댁형제들이 다 가져갔어. 내 수고를 전혀 인정하지 않고… 내 몸이 이렇다고 핍박을 하면서 내 능력을 자기들이 다 가져가는 거지. 그것을 이기고 지금까지 희생을 하면서 살아왔어….(울음) 이제 자식들이 보상을 해 주더라고.(울음)… 지금도 알바를 하면서 자녀들에게 더 주기 위해 일하고 있어.

날고 싶다며 비행기를 만든 오지원과 넓게 다니고 싶다며 배를 만든 강한나도 역시 자유롭고 싶은 내면과 제약을 주는 외부환경과의 힘든 삶이 서로 공감이 된다. 특히 강한나는 자신이 행하였던 삶의 공로를 인정받지 못하고 시댁식구들의 자신에 대한 부정적 평가와 착취에 대한 아픔을 눈물을 흘리며 이야기를 한다. 즉 자신의 몸에 대한 장애 때문에 있는 그대로의 '나'를 보지 않는 시댁식구들의 평가로 상처가 있으며, 희생하면서 애써 살아온 공로를 인정해 주지 않는 '너'에 대한 원망의 마음들을 눈물처럼 쏟아낸다.

치료사: 형제들은?

강한나: 시댁은 8남매이고 나는 무남독녀지. 나는 장애 3급이잖아. 15년 식당을 했어. 점심시간만 정식을 200그릇을 팔았지. 그러나 상대방들은 내가 일을 억수로(굉장히) 못하는 줄 알아. 지금도 알바를 하고 있지만 그 사람들은 내 능력을 아는 거야. 담대하게 이 집단상담을 하기 위해 알바 하는 곳에 말하고 왔지. 나는 또 다시 자리를 얻을 수 있으니까! … 내가 어릴 때는 외동딸로 살면서 부자로 살았어. 그러나 3학년 때 몽땅 망했어. 예전에 기생들이 사는 곳으로 이사를 가면서 아빠는 부끄러워서 서울로 가 버렸고… ㅇㅇ동 술집여자나 동네사람들 모두가 오만(온갖) 사람들이 우리 집에 드나들었어.

어릴 때부터 세상을 넓게 지냈어. 예수 믿기 전에 술도 먹고 춤도 추러 다녔어. 임신하고도 동동주 먹으러 갔었고. 즐겁게 살고 남도 도와주고 살았지… 나이트도 가고 용돈을 모아 일수놀이도 하고 육적으로 부유하게 살았어. 지금은 죄라 생각하는데 '달라 놀이'를 했어. 그런데 시댁에 오니 신랑이 무능해서 신랑과 살면서 가정을 지키면서 내 마음대로 살지 못해서 돈을 벌수가 없었지. 가정을 지켜야 하고 제약을 많이 받았지. 나는 사람들을 차별하지 않아, 거지들과도 같이 사주며 함께 했지, 대학교수들과도 잘 알고 지냈고. 기생들 속에서도 살아서 남녀관계도 잘 아는 거라. 교회에 오니 주님은 빌립보서에 너는 富할 줄도 알고 貧할 줄도 안다 하시더라… 세상사는 거는 겁이 안나. 이제는 자식들이 신앙 안에 잘 살기만을 원하지…

강한나는 자신에 대한 지나온 이야기를 열심히 내어놓는다. 결혼 전에는 비록 몸은 장애가 있으나 '즐겁게 살고 남을 도와주며' 살았다. 그러나 결혼 후 자신을 부족하게 보는 시댁 형제들의 판단과 남편의 무능력으로 많은 제약을 받았다. 지금은 결국 신앙적 가치관으로 살고 있음을 말한다.

오지원: 몸이 언제부터 아팠나요?

강한나: 장애심사를 받을 때 알게 되었는데 어릴 때 방직공장하면서 일하는 아이들이 업고 다니다가 뇌를 다치게 했었나보아. 뇌병변 지체장애래! 남편이 집 보상 문제로 스트레스로 죽었잖아. 형제들에게 전화를 해서 '내가 장애자라고 얼마나 반대했냐. 시부모를 내가 4년을 모셨다. 그런데다가 보상도 받았는데 너희는 정신적 장애자다. 왜 나를 무시하냐. 내 자녀들은 더 잘 키울 수 있다. 나를 장애자로 얼마나 무시했냐.' 했지. 나를 가시처럼 찔렀기 때문에 자꾸 과거생각이 나기 때문에 안 보는 것이 낫다고 생각하고 지금은 안 보지.

몸이 자유롭지 않다고 말하고 있는 강한나에게 자신도 질병이 있는 오지원이 병의 원인을 궁금해 하였다. 강한나는 어릴 때 타인의 실수로 장애가 생겼고 그런 자신의 몸으로 인해서 억울한 일을 당한 심정을 계속 내보였다. 오지원의 질병은 무엇인지 이번에는 치료사인 내가 질문을 한다.

치료사: 오지원은 어디가 아팠다구요?

오지원: 결혼하고 막내아들 낳고 100일 만에 갑상선에 암이 생겼어. 수술을 하더라도 신경 쓰면 재발한다 해서 수술을 하지 않고 기도하기로 했어요. 예배를 드리면서 알 수 없는 평화를 감지하면서 기도 훈련을 받았어요. 치유와 원가족의 문제도 있고 7년 결혼생활동안 많은 스트레스를 받았어요. 남편과 성격상의 문제로 힘이 들었어요. 남편이 정신적으로 문제가 있다 싶을 만큼 과하게 화를 내는 거야. 나는 어릴 때도 싸움을 안 해 보았기에 남편에게 대들지도 못했고, 그것이 병이 생겼지. 결국을 하나님이 고치신다고 해서… 죽을 것 같이 힘도 들었어. 긴 싸움 20여 년 간을 했지요. 나 혼자 떠나버리면 낫겠다 싶었지만 지금은 수술 안 하고 하나님께 계속 기도했죠.

치료사: 혼자 긴 싸움을 했네요.

오지원: 오랜 시간 생식 먹고 두유 먹으며 수많은 시간을 보내고 결국 유기농매장을 하게 되었고 이제 마음껏 먹고 지금은 정말 건강해졌어요.

치료사: 남편과의 관계는 지금 어떤가요?

오지원: 계속 기도하면서 치료는 간혹 했고. 결국은 지금까지 온 거예요. 나 혼자 고독한 싸움을 했어요. 환경이나 상황은 그대로지… 지금까지 수술을 안 했죠. 고졸이라 상처고 수치심인데… 부모가 여상을 보낸 거예요. 그리고 22살에 외할머니가 남자와 갑자기 집에 와서 선을 본 거예요. 정체성이 있는 것도 아니고 회색빛이 나는 집안의 분위기에서 남자가 기독교 신앙을 믿는다하니까 부모를 탈출한다는 느낌으로 결혼을 했어요. 남편이 성실하다는 이유로 결혼을 시킨 거죠. 그 이후에도 원가족을 못 떠나보내고 동생들도 책임을 진다는 생각을 했어요. 남편이 예수를 믿는다 해도 서로 대화도 별로 없었죠. ㅇㅇ교회에 가면서 방언과 훈련을 받고 다시 원교회로 돌아왔죠. 남편은 성령을 받지 않은 것 같더라구. ㅇㅇ선교단체를 찾아가서 그곳에서 숨통이 트였죠. 지금은 남편과 다른 교회 다니며 찢어져서 다니고 있잖아요. 아들도 교회를 다니지 않다가 요즘 내가 다니는 교회에서 선교사님에게서 피아노를 배우며 교회를 다니기 시작했어요. 남편은 같이 가자고 해도 고집을 피우고 있네요.

오지원은 갑상선암이라는 병으로 말미암아 절대자를 찾을 수밖에 없었다. 환경이나 상황은 안 변한 채 의지할 것으로는 다만 신 앞에 서는 일들이었을 것이다. 가족 특히 남편과도 신앙을 함께하면서 자신의 무거운 짐을 나누지 못하였다. 오지원에게는 결혼이 원가족으로부터의 탈출의 의미가 컸으므로 주도적으로 결혼의 삶을 선택하기보다 상황에 더 밀려 나아왔다. 그리고 원가족 간의 갈등을 그대로 지닌 채 결혼생활이 시작이 되었으며 남편과의 관계가 원만하지 않고 신앙적 갈등까지 있어 왔음을 말한다. 그래서 더욱 그녀의 모든 관심은 자기처럼 신앙 안에서 가족들도 각자의 문제를 해결하기를 바라는 마음이 간절했던 시간들이었음을 나타내고 있다. 집단원들의 각자 어려움들이 드러나는 가운데 신앙의 이야기가 나오자 주사랑도 자신에 대하여 더 이야기하기 시작한다.

주사랑: 결혼하고 아이들 유치원 때 어려움이 있었어요. 그 상태에서 친구가 전도를 하더라구요. 새벽기도 시간에 기도하면 된다고 해서 그때 당시 보증금 문제로 새벽에 교회를 다니기 시작했어요. 아이들도 데리고 다녔어요. 남편은 진주에서 도로운전 교육시키는 일을 하고 나는 대전에서 계속 다녔죠. 욕을 먹었어요. 그러나 안 갚아도 되고 해결이 되었어요. 이제는 엄청난 꿈을,… 찬양하면서 세계열방에 하나님의 이름만 높이기로 결심했어요… 지금은 소극적인 나의 성격도 바뀌고 학교도 다니게 되고…, 예수님을 믿으면서 많이 바뀌었어요. 직장도 다니게 되었고 공부도 하게 되었구요.

주사랑은 오지원이 어려울 때 신앙의 힘에 의지하였던 것처럼 자신도 결혼 후에 일어난 어려움을 통해 신앙을 가졌다고 말한다. 지금의 주사랑은 성격도 바뀌고 환경도 많이 변화되었다고 말하며 밝게 웃는다.

유시온: 제가 2년쯤인가 갑자기 치유를 받고 싶은 마음이 심했거든요. 그때도 자기를 잘 드러내지 못했어요. 거짓은 아니었지만 치유시간에 드러내지 못했어요. 구체적으로 치유를 받고 싶어 대전까지 갔었는데 많이 힘이 들었어요. 혼자 결론이 조금 시간이 지나 나를 돌아보니 성장과정에서 2남 3녀 중 막내거든요. 순서가 뒤다보니 밀렸죠.
수학여행을 가면서 겨울이었는데 엄마와 같이 잠바를 샀는데 바로 위에 오빠를 줄 것을 생각하고 중성적인 색의 큰 돕바를 샀어요… ㅇㅇ여중을 다니면서 고등학교 시험을 치는 때였는데 엄마가 빈소에 가서 저의 시험을 떨어지게 해달라고 빌더라구요. 발표를 했는데 600명 중 10등을 한 거예요. 지금 생각하면 얼마나 자랑스러운 일이었을 텐데, 반장이 될 만큼의 상황이었을 텐데도 그냥 묻혀서 지났어요. 집의 지원이 없고 하니,… 크게 상처가 없는 것도 같은데 고3 때 고3 병이 생긴 거예요. 몸이 아프고 해서 수업도 못하고 집에서 쉬고 했는데…. 지금도 꿈에서 오르지 못하거나 일을 이루지 못하는 꿈을 꾸어요.

유시온은 중년인 지금까지도 남아 있는 상처를 치유 받고 싶어 한다. 그 상처는 어머니의 '성' 차별적 양육방식에서 온 상처를 말하고 있다. 유시온의 어머니는 수학여행 때 사준 외투도 결국 아들에게 줄 의향으로 샀고 공부를 잘하는 딸을 칭찬하며 격려하기보다 학교에 다니지 않기를 바라고 시험에 떨어지기를 비셨다. 남아선호사상이 강하였던 과거 문화 속에서 유시온은 어머니에 의해 억제당한 자아관은 자기정체성 형성과정에서 예민한 시기인 사춘기 시절, 몸과 정신을 병들게 하였다.

> 유시온: 그래도 남들처럼 대학응시를 하지 않고 재수하면서 남편을 만나고… 결혼을 했죠. 시간이 지나서 따지려고 하니까 엄마는 제가 돌보아야 하는 때가 되었고…, 믿는 형제는 포기하고 남편을 만났어요. 남편은 맏이인데 나는 막내이다 보니까 시집가서 대장되고 싶다고 하면서 시집을 갔죠. 어른들이 남편이 뭐라 하면 죽은 듯이 잘해 주고 순종하라고…. 지금까지 어른과 애가 사는 것처럼 살죠. 내 안에 돌아보니까 단체 속에서 입바른 소리하고 혈기를 부리니까 저를 그 단체에서 끌고 나가는 사건도 있었고…, 그 정도의 일도 있었죠. 지금은 가장 큰 고민은 딸에게 많은 기대를 했는데 어느 날 나타난 사위가 데리고 갔다고 생각하는 거예요. 사위 성격도 꽁 해가지고 대범해야 하는데 장모가 자기를 무시한다 생각하는 것이… 문제입니다.

유시온은 결혼을 한 후 남편과의 관계에서도 동등한 관계라기보다 '어른과 애'의 관계라고 표현을 한다. 원가족으로부터 형성된 자아가 결혼을 하고서도 아무런 성장적 변화가 없었음을 보인다. 결국 중년까지 시간이 지나서 어머니를 저항함으로써 자신의 억압된 자아를 표출하고 싶었으나 이미 어머니는 그때의 강한 어머니가 아니고 곧 돌아가실 약한 모습으로 보살핌을 받아야 하는 상대로 변해 있었다고 한다. 그리고 자신의 딸을 자기와 동일시하여 기대하며 키웠던 마음은 어느날 나타난 사위에게 빼앗겼다고 생각하며 사위와의 갈등이 있음을 보인다. 유시온이 말하는 자아형성과정은 상당히 많은 지금의 중년여성들이 걸어온 과정이지 않을까!

치료사: 오전에 많은 오픈을 해 주시고 계시네요. 서로들 궁금하셨죠? 대략적인 자신을 잘 나타내고 계십니다.

나인정: 작품들을 보고 느낀 것은 작품을 보면서 갑자기 화가 나는 거예요. 이거랑(이열매의 함지박 작품) 저거랑(유시온의 세모 네모 작품)… 동그랗고… 담고 있고,… 속으로 뭘 담는단 말이야?… 내가 왜 이러지!… 저것은 뒤에 화가 나는데… 보통은 동그랗게 되려고 노력하는데 너 계속 세모가 괜찮다는 거야? 계속 찌르겠단 말이야! 더 동그랗게 되어야지! 너는 계속 동그랗다는데 정말 동그랗다는 거야!

치료사: 오호!! 괜찮아요. 계속하세요. 솔직한 반응을 보여주세요.

나인정: 제가 왜 이렇게 반응을 하지?

그런 것을 표현하지 못하고 살았는데… 그 전에는 무감각하게 살았는데… 교회에 와서 해피하거나 좋은 모습만 보여야 하는 것으로 알고 살았는데 슬프고 짜증나는 일을 표현하는 것은 안 되는 것으로… '잘 해야 돼'… 집에서도 감정을 표현하지 못하고 살았는데 교회에서도 나쁜 감정이 용납이 되지 않는 것으로 제 스스로 표현하지 않아야 한다고 생각했죠. 선교단체 생활에서도 잘 안 되었어요. 제일 처음으로 느낀 것은… 제가 돈이 없었어요. 자유 시간에 돈이 없어서 혼자 남겨졌는데 그것에 대해서 슬퍼하고 짜증나야 할 텐데 아무 생각 없이 세면대에서 대충 씻었죠. 돈이 없어서 숙소에 계속 머물렀어요. 괌에서 온 자매가… 하나님께서 1,500원을 주라 했는데 적은 돈이라 에이 아니겠지, 생각하고 무시하고 안 주었는데 정말 미안하다고 하며 사과할 때, 그때 '슬프다'하는 감정이 조금 그리고 처음 나타났어요.

나인정은 처음에는 조심스럽게 애교 섞인 말투로 웃으면서도 솔직하게 화나는 자신의 감정을 토해낸다. 집단원 중 몇 명은 서로 아는 사이이기도 하고 집단치료 전 웜 업의 다양한 게임에서 웃고 떠들면서 신체접촉들이 있었기에 이 장소를 안전하다고 느꼈는가 보다. 자신의 불편한 감정의 이유를 찾아가며 한편으로는 변명을 하고 싶은 마음으로 말하기 시작하였다.

집단에서 타인에 대한 감정과 느낌은 결국 자신의 투사된 감정들이다. 그 사람의 어떤 행동과 느낌에 실제적 문제가 있는 경우보다 그 사람을 통하여 내면의 나의 감정을 만나는 것이다. 둥그런 함지박을 종이로 만들고 '나는 이런 사람이 되고 싶다'는 이열매, 세모 네모 동그라미를 작품으로 나타내고 내 안에 삼각형과 같은 모가 있지만 괜찮다고 받아들이고 싶다고 유시온이 말했을 때, 나인정은 그런 표현과 말에 화가 난다. 자신이 이미 옳다고 생각했던 것들, 즉 모가 없는 둥근 감정과 행동을 하고자 노력하였던 그 틀이 나를 힘들게 하였는데 그것이 계속 좋다는 것이냐! 나는 아직 이렇게 힘들어하는데 벌써 자신을 용납하고 있다는 것인가? 에 대한 감정들이 나인정을 화나게 하고 있나보다. 그러나 집단 내의 역동은 치료의 좋은 전조이지 않은가! 그리고 이러한 분노나 강한 감정들이 올라오는 것을 우선 안전하게 받아주기 시작할 때 그 다음단계로 넘어갈 수 있다.

나인정: 그 이후 몸이 아팠는데 아무도 내게 아프니? 하고 물어보는 사람이 없는 거예요. 자기감정을 말하는 시간이었는데 내가 앞에 나가서 '제가 아팠거든요. 아무도 말을 안 해 주어서 서운했어요.'라고 처음 말하는 거예요. 그 이후에도 공동체로서 트러블 안 일으키는 사람으로만 살았고 안 믿는 사람과 결혼을 하고도 늘 싸우지 않으려고 했고… 딱 한번 시어머니와 싸웠어요. 그때 분노를 딱 한번… 아이들에게 학습테스트를 하고 있는데 아이들에게 뭔가 사주려는 줄 알고 화를 내는 시어머니께 문 앞에서 크게 소리소리 질렀고… 그때 처음 화를 냈어요… 나중에 시어머니는 어른이니까 잘못했다고 용서를 구하고 지나갔어요. 그러면서도 늘 내가 부모님은 안 믿는 사람이니까 져주고 보호해 주고 그렇게 살아야 한다고 생각했어요.

최근에 상담을 공부하면서 감정에 대하여 닫혀 있는지… 슬픔, 분노, 여러가지 잡다한 것,… 심지어 내가 무엇을 좋아하는지, 무엇을 먹고 싶은지… 아무 기본이 안 되어 있는 정체성이 없는 거예요… 이제 내가 좋아하는 것을 찾으려고 해요.

어제 9명의 손님이 왔는데 서빙을 하면서 정작 내 먹을 것을 챙기지 않는 거예요. 내가 먹는 것을 안 챙기고 나 자신을 보호할 줄 모르는 거예요.(울음)(시간이 잠시 지나고)…. 어제 아침에도 너무 힘들었거든요. 주중에 스케줄이 빡빡해서 긴장되어 11시까지 누워 있는데 청소년 리더들 후배가 온다는 거예요. 그것을 거절을 하지 못 하는 거예요. 좋은 만남을 해야 한다는 생각에 힘들게 대접을 하고 간 다음에 눈물이 막 나오는 거예요. (울음)

집단원은 지금 이 순간 행동을 통해서 어려움을 드러낸다. '지금 이 순간'에 몰입하는 것이 치료의 시작이다. 세상에서 겪은 과거와 현재의 중요하고 '비밀스러운 사건'을 노출하는 것이 중요하고, 그렇게 함으로써 집단구성원 각자의 행동을 이해하는 데 도움이 된다. 노출행동은 종종 긴장을 낮추고 방어를 감소시키거나 없애 버리게 된다. 나인정은 자신의 감정을 솔직하게 드러내는 것이 힘들었던 지난날들을 떠올리며 참여자들의 작품에 대한 자신의 느낌을 용기 있게 노출하였다. 그리고 이어진 자신에 대한 탐색으로 지난 과거로부터 반응하고 있는 자신의 감정패턴에 대하여 말을 한다. 처음으로 느꼈다는 '슬프다'의 감정은 도리어 감정으로 되살아났기에 반갑기까지 한 순간으로 느껴진다. 현재에 반응하기 힘든 자아로 살았을 그녀의 삶을 한순간에 이해하게 하는 대목이다. 나인정의 무의식적으로 억누르고 직면하지 않았던 세월들은 어떠하였을까? 얼마나 느끼고 싶지 않았던 사실에 대한 부정의 결과였을까? 나인정은 신앙의 힘을 의지하며 또한 신앙의 율법과 규례를 자신의 가치로 받아들이며 노력하였다. 그래서 더욱 부정적인 감정들은 터부시하였을 것이고 그러한 감정은 없는 것처럼 여기고 지냈나보다. 그런데 나인정의 눈물어린 고백 같은 이야기를 듣고 있으니 전혀 낯설지 않은 이야기이다. 어느 정도는 나의 이야기 같다. 아니 중년여성들 중 그리고 기독교인들 간에 많이 있을 법한 이야기로 들린다.

나 역시 감정을 통제하고 살아왔다. 심지어 슬프거나 외로운 가사로 쓰인 노래는 부르지도 않았다. 생동감 있는 감정보다는 평정심을 유지하고자 하였다. 그래서 인간관계에서 즉각적인 반응보다는 일정거리를 유지하는 경우가 많았다. 신앙인으로서, 때로는 교사로서 역할에 충실하고자 하였다. 그래서 한 인간으로서의 진정한 '나'를 무시하거나 방치하게 되는 일이 많았다.

이열매: 나도 내면적으로 상처가 많아! 정신병원도 다녔고 아직 찌꺼기가 남아있어요. 결혼하기 전에는 평범하고 잘 사는 집안이었는데, 결혼하면서 둘째 아들을 찾아서 공무원을 하는 ○○촌으로 시집갔는데… 한 달 살아보니 알

겠더라고… 아들이 7명인데 장남은 농사도 짓지 않고 반 건달이고 촌에 살면서 촌 일을 하지 않는 사람… 촌의 일을 하지 않는 외동딸인 형님… 시어머니는 남자 성격이고… 힘이 세고 악발이 같은 사람이라… 그 아들을 보지 못하니까 성을 내고 성이 나면 욕을 하고… 처음에는 나를 좋다고 하고 큰 아들하고 살지 않고 둘째 아들하고 살 것이라고 해서 겁났고… 군청 공무원 둘째 아들이 스스로 대학까지 나왔으니 대단한 줄 알지, 시동생은 얄궂더라고… 엉망이라… 남편은 직장에서 순종해라 해서 술을 억수로 먹더라고. 맨날 5시부터 12시까지 기다리다가 억수로 성이 나는 거예요. 그래도 막상 나는 화를 못내. 어색해서 스킨십도 못하고.

치료사: 밤일은 잘하시고요?

이열매: 본능적으로 지 하고 싶을 때 퍼뜩하고… 나도 모르게 쌓이는 거라… 둘이 텔레비전 보다가 결혼한 지 20일 되었을 때 무릎에 누웠는데 벌떡 일어나는 거라!… 엄마도 남자 같고 28세에 혼자된 할머니 눈치보고 살아서인지… 이사람 왜 이러나, 아무 말 없이… 어색했지… 진짜 스트레스 받는 거라. 숨이 막혀서 가슴이 막혀서 살 수 없는 거라! 그러다 건설회사에 들어가니 술을 노다지 대접을 받으며 더 늦게 오는 거야… 그때부터 3년이 지나면서 내가 살 수가 없어서 맨 날 싸웠어…, 그래도 남편은 성을 안내. 남편은… 정직하고 착한데… 시아버지도 암으로 돌아가고 시어머니도 술을 좋아하는 거라… 나는 신경쇠약증이 걸렸지. 시어머니의 말투에 상처받고,… 너무 힘이 들어서 스스로 죽을 것 같으니까 내 발로 교회로 갔어요. 마음에 평안이 오고 조금 좋아지고 남편도 술을 끊고 이제 5년 지났는데… 살 거 같아요. 그래도 아직 내 마음에 상처가 있어! 다시는 보고 싶지 않지만 병원에 누워 있는 시어머니는 그냥 들여다보고 있는데 너그러워지고 싶어요.

이열매는 나인정의 진솔한 아픔의 이야기를 듣고 용기 내어 자신의 깊은 상처도 드러낸다. 정신병원에 다녔다는 이야기, 신경쇠약증이 온 그 과정에 자신도 부정적 감정인 '성', 즉 '화'를 내지 못했음을 집단원들과 같이 공유한다. 낯선 시집살이에 남편과도 의사소통되지 않고 더욱 시모의 거친 말투에 상처를 받던 새색시는 결국 정신병원까지 찾게 되었다. 많은 중년여성은 과거의 삶에서 자신의 감정과 의사표현을 확실하게 드러내지 않고 살아왔다. 앞서 말한 오지원이나 나인정, 유시온와 같이 이열매 역시 지나온 시간 속에 '실존적 자기의 삶'을 살지 못했음을 고백하고 있다.

오지원은 결혼을 하는 과정에서 자신의 의지와 상관없이 떠밀려 결혼을 하였으며, 남편의 과도한 '화'에 적절한 자신의 대응 없이 지나면서 '병'을 얻게 되었다. 나인정은 불편함과 괴로움의 감정을 직면하지 않고 신앙을 의지하면서 얻어진 규례와 율법적인 틀에 맞는 행동을 하여왔다. 유시온 역시 남아선호사상이 지배적인 가정에서 자라며 참자기를 실현하며 살지 못하고 무가치한 존재의 의미로 여겨지게 하는 환경에 의한 '나'를 형성하여 왔음이 보인다. 이열매는 시댁 가치관에서 시어머니의 기대에 의한 요구와 남편의 억압된 사랑의 표현과 늦은 귀가로 인한 기다림의 힘듦이 겹쳐져서 참자신의 삶을 살지 못한 것을 드러내었다.

결국 인생의 중반에 이른 여성들이 작품을 통해서 한 이야기들은 늘 외부로부터 억제당하며 아직도 확고하지 않은 자아개념으로 인한 갈등이 있음을 보여주었다.

3) 몸속에 묻혀 있어야만 했던 나의 감정들과 만나기-그림과 동작

다음 작업으로는 집단원들로 하여금 현재나 요즈음의 자신의 감정을 그림으로 표현하도록 하였다. 그리고 그 감정을 설명하면 듣는 자들이 몸동작으로 그 감정을 나타내어, 공감해 주기로 하였다. 본 연구는 미술과 드라마의 신체를 사용한 역할극을 주요소로 사용하기 때문에 첫날인 오늘, 그림과 신체를 연계한 놀이형식의 치료장면을 더 첨가하였다. 또한 우리 시대의 중년여성들은 과거 자신의 감정을 자유스럽게 표현하고 인정하며 존중하기보다는 남성 중심의 문화와 시댁중심의 전통적인 질서와 규율을 강조하는 문화 속에서 살아왔다. 한 남자의 아내로서, 자녀의 어머니로서, 그리고 시어른 밑의 며느리로서 도덕적인 역할에 충실하도록 요구되어 왔다. 가정에서 여성으로서 불평등한 처우를 받았으며 그 과정에서 개인적이고 사적인 감정을 절제시키고 억압하여 왔다. 중년여성들이 내면의 감정을 솔직하고 자유스럽게 표출하고, 또한 타인의 감정에 예민하게 반응해 볼 수 있는 것은 스스로에게도 새로운 경험이리라!

특히 타인의 감정을 신체를 활용하여서 표현해 본다는 것은 비블리오드라마를 시연하기에 앞서 경험해 보는 것도 굉장한 도움이 되며 좋은 도전이 될 것이다.

얼마간의 그림을 그리는 시간들이 지나자 나는 집단원 앞에 의자를 두었다. 나인정이 먼저 와서 앉고 자신의 감정그림을 보인다.

〈그림 4-7〉 나인정 '공동체 불안'

〈그림 4-8〉 유시온 '양보'

나인정: 동그라미는 공동체를 나타내는 거예요. 새로 시작된 관계들이 생겨서 어떤 공동체는 약간 경직되고 어렵기도 하고 같이 가야 하는 공동체이고… 20대 초반에 만난 사람들은 너무 행복한 사람들,… 또 내 가정 안에서의 관계… 얘기를 안 했었는데 저는 지금 이혼하고 아이들과 살고 있거든요. 아이들과의 가정 공동체 등 한꺼번에 너무 많은 새로운 관계가 생겼는데 그 경계선을 어떻게 해야 할지… 불안하고 긴장이 돼요… 그러다가 너무 복잡해지거나 엮이면 내가 잘하는 것이 도망하는 거예요. 잠수 타는 거죠. 한 달 동안 페이스북 끊는다, 카톡 끊는다 등 잠수 탔다가 다시 뜨는 거예요… 이번 달부터는 어렵고 뒤섞이기는 해도 도망가는 거 안 할래… 그래서 전체 안에 불안감이 깔려 있어요.

나인정의 작품은 둥근 원 밖에 불안의 검은색 테두리가 전반적으로 칠해져 있다. 이혼 후 이러한 새로운 공동체가 긴장도 될 것이고 두렵기도 할 터, 가장 공감 받고 싶은 마음은 무엇인가를 물어보니 '불안감'이라고 한다. 집단원들은 나인정이 느끼고 있을 감정을 각자가 느껴보고자 집중하며 몸동작을 해 본다. 6명의 6가지의 동작이 동시에 선보인다. 왔다 갔다 하는 동작, 쪼그리고 웅크리는 동작 등 다양한 동작이 나왔다. 치료사 역시 그들의 동작을 따라해 보이며 "오!~~ 이런 모습이요?" 적극 지지해준다. 나인정은 여러 동작 중에서 경직되게 차렷 자세를 하고서 한 팔을 앞으로 내밀고 손가락으로 찌르는 모습과 팔을 휘두르며 몸부림치는 모습을 선택한다. 공감이 되는 동작인지 확인을 하자 손가락 대신에 손바닥을 세운 모습으로 '원하는 거리만큼 더 이상 오지마!' 를 나타내주는 모습이기를 원했다. 집단원들의 다른 동작은 정지를 하고 두 사람의 동작만을 감정을 다하여 그리고 극대화해서 동작을 취하여 준다. 신체의 언어가 살아나는 순간들이었다. 이 모습을 감상한 후 나인정은 자신의 감정이 공감 받아진 것을 느낀다고 하였다.

유시온: 현재 걱정되고 집중된 감정이에요. 작년 친정어머니가 수술을 하시다가 돌아가셨어요. 아직 인정되지 않고 있고 두렵고 불안하고 힘이 들어요. 막내로서 혜택도 못 받고 살았는데, 결혼 후 막내사위임에도 불구하고 남편이 7, 8년 생활비를 한 번도 거르지 않고 어머니께 드려왔어요. 이것은 물 그림인데, 순리대로 자연스럽게 물이 흘러가는 마음을 나타내었고 계절이 바뀌듯이 순조롭게 흘러갔으면 좋겠고… 영어로 양보를 나타냈어요. 형제간의 싸움 등에 대한 두려움의 감정이에요.

치료사: 재산에 얽힌 양가감정 등 복잡한 감정이라 할 수 있겠네요. 복잡한 가운데, 하지만 양보하자하는 마음도 있고… 기본적인 감정은 무엇이라 할 수 있을까요?

유시온: 두려운 감정이에요.

치료사: 재산싸움에 대한 두려움이죠?

유시온: 네!

또 다시 유시온의 두려움에 대한 감정을 집단원들이 몸으로 공감해 본다. 오지원은 눈을 크게 뜨고 골똘히 생각하는 모습을 나타내었고, 강한나는 의문스러워하며 의심하는 마음으로 과연 그렇게 될까? 하는 표정과 감정이라며 손을 가슴에 얹고 옆으로 비껴 쳐다보는 자세를 취하였다. 이열매는 한 발 물러나서 쳐다보는 모습을 재연하였다. 주사랑은 생각에 사로잡혀 있는 모습으로 가슴에 손을 얹고 눈을 감고 있는 자세를 보였다. 나인정은 뒤돌아 서 있는 모습을 취하였다. 이 중 유시온은 마음에 드는 자세와 감정으로 강한나와 주사랑의 생각하고 있는 모습이 자신의 현재 감정을 잘 나타내주고 있으며, 이열매의 모습은 자신이 바라는 모습으로 마음에 든다고 하였다. 선택된 강한나와 주사랑, 이열매의 동작을 크게 확대하여 한 번 더 시연하였다. 유시온은 이열매의 한발을 물러나서 약간 고개를 숙인 모습에서 좀 더 포기한 감정의 느낌을 얻을 수 있어서 좋았다고 하였다.

〈그림 4-9〉 **오지원 '좋은 일'**

〈그림 4-10〉 **강한나 '감사'**

오지원: 이번에 교회에 외국선교사님이 오셨기에 외국선교사님께 기도를 받았어요. 이제는 턴하는 시기라고 하네요. 아들이 오랫동안 교회에도 안 가고 컴퓨터만 하고… 고등학교 졸업하고 매장에만 나가고 있었는데 교회에서 피아노를 배우게 되었어요. 영어로도 성경을 가르쳐주시겠다고 했고요. 복음을 들을 기회가 생겨서 감사해요. 그리고 이혼한 오빠가 다시 합친다고 하고, 상담을 요즘 받고 있는데 이곳까지 오게 되고… 시어머니를 모시고 살았는데 극단적으로 시어머니가 빨리 죽었으면 생각도 했는데 어제 시누이에게로 갔어요. 남편과 자유롭게 스킨십도 해 보고 싶고 자유롭게 말 할 수 있는 계기도 만들 수 있을 것 같아요. 기분이 좋고 희망차네요.

치료사: 여러분, 뭔가 희망이 보이는 거예요! 아시겠죠?

강한나는 팔을 하늘로 세우면서 힘이 있는 모습을 보이며 뭔가 하고 싶은 마음이라고 표현하였다. 주사랑은 좋아서 '와~와~' 소리를 지른다고 하였다. 나인정은 춤을 추고 싶은데 잘 못 춘다며 고민하다가 십대들이 좋은 때 하는 포즈라면서 손가락으로 브이를 그리고 한발을 뒤로 접고 다른 한 발로 발돋움을 하는 모습을 취하였다. 이열매는 엉덩이를 흔들며 춤을 추었다. 유시온은 손가락으로 '오 예스!'하면서 딱 소리를 내고 팔짝팔짝 뛰었다. 오지원은 사실 춤으로 치료하듯이 나인정과 같이 춤을 배우러 가고 싶어서 하나 메모를 해두었다고 말하자 모두 환호와 함께 웃고 좋아하였다. 나는 "아냐! 우리는 지금 춤 출수 있어요!" 하면서 오지원까지 포함한 7명이 모두 원을 그리며 환호와 함께 춤을 추며 돌았다. 순간 모든 집단원들이 즐겁고 기쁜 감정이 고조되면서 계속 춤을 추었고 손을 맞잡고 원안으로 들어갔다가 원 밖으로 나오고 어린 아이들처럼 뛰다가 어느새 무도장 분위기처럼 둘씩 손을 위로잡고 돌려주고 있었다. 오지원의 요즘 감정을 최대한 집단원들과 몸과 마음으로 공유하는 순간이었다.

강한나: 지금까지는 어두운 터널을 지나왔는데 언제부턴가 '감사합니다'라는 말만 나와. 아래께(그제) 교회에 부흥회하면서 감사헌금을 내며 '인도해 주셔서 감사합니다'라고 썼어. 인제는 자꾸 '감사합니다', '사랑합니다'. '이렇게 해 주십시오'하기보다 '감사합니다' 그것뿐이지.

치료사: 그래도 긴 터널을 지나고 온 감사예요. 그죠?

주사랑은 머리에 하트를 그리며 하늘을 바라보았으며, 오지원은 하늘로 두 팔을 벌렸으며, 이열매는 기도하는 모습을, 나인정은 엎드려 경배하는 모습을 재현하였다. 유시온은 교회에서 새신자가 왔을 때 하는 동작이라며 머리위로 하트를 그리고 종이를 흔들며 소리를 내고 두 팔을 벌려 축복을 비는 모습을 취하였다. 강한나는 유시온의 환영하고 축복하는 모습과 나인정의 엎드려 경배하는 모습을 선택하였고, 역시 그 동작만을 극대화해서 행동을 하여 강한나의 감정을 공감해 주었다. 강한나는 그러한 참여자들의 신체를 활용한 공감의 노력에 감동이 되어서 연신 고개를 끄덕이며 웃음을 지었다.

〈그림 4-11〉 주사랑 '선물 받은 마음'

〈그림 4-12〉 이열매 '남아 있는 불안'

이열매: 전체적으로 남들 보기에는 편안해 보이는 상태입니다. 하지만 내 안에 아직 상처를 치유 받고 싶은 감정입니다.

치료사: 이런 감정은 어떤 감정일까요? 아직 뭔가 남아 있는 감정이란?

이열매: 불안한 감정!

치료사: 아! 그렇군요. 그러나 과하게 드러나지 않는 불안이군요. 겉은 평안한데 속에 뭔가 껄끄러운 불안.

나인정은 큰 머플러를 펼쳐서 자신의 앞을 가렸고, 강한나는 두 손으로 얼굴을 가리고 눈만 내어 놓은 모습을 취하였고, 주사랑은 고개를 숙인 옆 모습으로, 주사랑은 고개를 숙인 모습으로 이열매의 마음을 공유하도록 노력하였다. 유시온은 감 속의 딱딱한 씨앗 같은 불안을 말로 설명하면서 팔로 둥근 감의 모습을 나타내었다. 이열매는 감 속의 씨 같은 불안이 가장 자신의 감정 상태를 잘 나타낸다고 말하며 공유를 받았다.

주사랑: 지금 마음은 참 편안하고 행복합니다. 남편과 표현을 많이 합니다. 매일 출근할 때 안아주고 뽀뽀하고 해요. 이번에 어떤 일이 있었느냐면 제가 직장을 그만두고 청소년상담사 직업에 떨어졌지만 남편이 괜찮다고 했어요. 사랑을 선물로 나누어 주고 싶어요.

강한나는 가슴에 손을 포개고 좋아하는 모습을, 이열매는 둥글게 손을 모아 안아주는 모습을, 나인정은 직접 옆 사람을 포옹하는 모습을, 오지원은 얼굴 옆에 손바닥으로 햇살처럼 펼치며 무엇인가를 주는 손동작을 취하였다. 유시온은 꽃바구니 끼고 꽃을 뿌리며 나누어주는 모습을 취하였다. 주사랑은 그 중 유시온의 꽃바구니 끼고 꽃을 뿌리며 나누는 동작으로 자신의 감정을 공감 받았다. 우리들의 신체가 감정을 이렇게까지 잘 표현할 수 있는데 그동안 신체적 언어가 빈약하였음을 또한 발견하는 순간이기도 하였다.

미술작업의 과정은 혼자서도 이루어질 수 있는 반면, 치료의 경우는 최소 두 사람 사이의 관계란 의미가 내포되어 있으며, 이 중 한사람은 치료사가 되고 다른 한사람은 내담자가 된다. 이러한 협력은 여러 가지 방식으로 기술되어 왔다(Wadeson, 1987/2012, 장연집 역). 집단치료에서 집단원들은 다른 집단원의 치료자가 되기도 한다.

6명 각자가 품고 있는 감정이 몸으로 다 표출되는 과정에서 모호한 감정들이 선명해지기도 하였다. 자신의 감정을 이해하고 느끼기 위해 노력하는 타인의 모습이 서로 고맙기도 하고 자신들의 드러내지 않고 싶은 감정들을 표현하여도 안전하다는 믿음을 서로에게 주게 되는 시간이었다. 나의 감정을 타인의 구체적인 몸을 통하여 공감 받는 것을 경험하는 일은 또한 자신도 타인의 감정에 집중해서 공감해 주고자 하는 마음을 품게 되고 그래서 자신의 감수성을 최대한 열고, 타인을 받아들이는 훈련도 되었다. 아울러 평소에 감정을 인지적이고 내적으로만 경험하던 것을 외적인 몸으로까지 표현하는 일에 너무 소홀하였다는 사실을 깨닫게 하는 시간이 되었다. 도구화, 조작화, 표준화, 매뉴얼화된 실증주의 기호문자에 갇혀만 지내던 정서를 신체적 언어로 환언하는 연습도 되었으리라!

4) '너'의 몸이 됨을 통해 '나'의 몸이 걸어오는 언어와 만나기

(1) 사마리아 여인의 삶을 내 몸의 언어로 마주하기-성경탐색

〈요한복음 4장 1~30절: 우물가의 사마리아 여인〉

1 예수께서 제자를 삼고 세례를 베푸시는 것이 요한보다 많다 하는 말을 바리새
인이 들은 줄을 주께서 아신지라 2 (예수께서 친히 세례를 베푸신 것이 아니요.
제자들이 베푼 것이라) 3 유대를 떠나서 다시 갈릴리로 가실 새 4 사마리아를
통과하여야 하겠는지라 5 사마리아에 있는 수가라 하는 동네에 이르시니 야곱이
그 아들 요셉에게 준 땅이 가깝고 6 거기 또 야곱의 우물이 있더라 예수께서 길
가시다가 피곤하여 우물곁에 그대로 앉으시니 때가 여섯시쯤 되었더라 7 사마리
아 여자 한 사람이 물을 길으러 왔으매 예수께서 물을 좀 달라 하시니 8 이는
제자들이 먹을 것을 사러 그 동네에 들어갔음 이러라 9 사마리아 여자가 이르되
당신은 유대인으로서 어찌하여 사마리아 여자인 나에게 물을 달라 하나이까 하
니 이는 유대인이 사마리아인과 상종하지 아니함이러라 10 예수께서 대답하여
이르시되 네가 만일 하나님의 선물과 또 네게 물 좀 달라하는 이가 누구인 줄
알았더라면 네가 그에게 구하였을 것이요 그가 생수를 네게 주었으리라 11 여자
가 이르되 주여 물길을 그릇도 없고 이 우물은 깊은데 어디서 당신이 그 생수를
얻겠사옵나이까 12 우리 조상 야곱이 우물을 우리에게 주셨고 또 여기서 자기와
자기 아들들과 짐승이 다 마셨는데 당신이 야곱보다 더크니이까 13 예수께서 대
답하여 이르시되 이 물을 마시는 자마다 다시 목마르려니와 14 내가 주는 물을
마시는 자는 영원히 목마르지 아니하리니 내가 주는 물은 그 속에서 영생하도록
솟아나는 샘물이 되리라 15 여자가 이르되 주여 그런 물을 내게 주사 목 마르지
도 않고 또 여기 물 길으러 오지도 않게 하옵소서 16 이르시되 네 남편을 불러
오라 17 여자가 대답하여 이르되 나는 남편이 없나이다 예수께서 이르시되 네가
남편이 없다 하는 말이 옳도다 18 너에게 남편 다섯이 있었고 지금 있는 자도
네 남편이 아니니 네 말이 참되도다 19 여자가 이르되 주여 내가 보니 선지자로
소이다 20 우리 조상들은 이 산에서 예배하였는데 당신들의 말은 예배할 곳이
예루살렘에 있다 하더이다 21 예수께서 이르시되 여자여 내 말을 믿으라 이 산
에서도 말고 예루살렘에서도 말고 너희가 아버지께 예배할 때가 이르리라 22 너
희는 알지 못하는 것을 예배하고 우리는 아는 것을 예배하노니 이는 구원이 유대
인에게서 남이라 23 아버지께 참되게 예배하는 자들은 영과 진리로 예배할 때가
오나니 곧 이 때라 아버지께서 자기에게 이렇게 예배하는 자들을 찾으시느니라
24 하나님은 영이시니 예배하는 자가 영과 진리로 예배 할지니라 25 여자가 이
르되 메시야 곧 그리스도라 하는 이가 오실 줄을 내가 아노니 그가 오시면 모든
것을 우리에게 알려 주시리이다 26 예수께서 이르시되 네게 말하는 내가 그라 하

> 시니라 27 이때에 제자들이 돌아와서 예수께서 여자와 말씀하시는 것을 이상히 여겼으나 무엇을 구하시나이까 어찌하여 그와 말씀 하시니이까 묻는 자가 없더라
> 28 여자가 물동이를 버려두고 동네로 들어가서 사람들에게 이르되 29 내가 행한 모든 일을 내게 말한 사람을 와서 보라 이는 그리스도가 아니냐 하니 30 그들이 동네에서 나와 예수께로 오더라

비블리오드라마를 하기에 앞서 성서 속으로 들어가서 탐색하는 작업을 하기로 한다. 성경 속에서 일어난 사건을 참여자 자신의 일생과 삶의 지평에서 자신의 언어로 재구성하기 위함이다. 텍스트 안의 인물들은 누구인가? 동사와 명사들을 찾아서 표하기, 마음에 와 닿는 부분에 낙서하기를 함으로써 성경의 텍스트에 집중하도록 한다. 그리고 예수님이 유대를 떠나 수가동네까지 얼마나 걸렸을까? 약 4~5일을 걸었을 것이다. 하루에 20킬로를 걸었다고 가정을 하고 일어나서 앉았다 일어서면 한나절로 여기고 행동화하여 몸으로 경험하기로 한다. 두 번 앉았다 일어나면 하루라고 여기고 10번을 앉았다 일어나기를 다 같이 행한다. 긴 여정의 피곤과 제대로 사먹을 곳도 없었을 테고, 굉장히 피곤하신 상태를 몸으로 느껴보려 한다. 사마리아인 여자에게 말을 거는 상황은 요즘 시대와 어떻게 다른가? 그 시대는 길에서 자신의 부인에게도 말을 걸지 않았던 시대로 매우 예외적인 행동이었다. 사마리아 여인의 반응은? 마음속으로 매우 당황하면서도 나에게 장난하나? 농을 하나? 라는 생각도 들었을 것 같다. 상대가 유대인인지 어떻게 알았을까? 옷, 스타일과 말투로 알아차렸을 것이다. 그때의 우물은 어떻게 생겼을까? 각자 자신의 동네에 있던 우물을 말하였으나 사실은 사막같은 척박한 땅에서의 우물은 매우 깊이 내려가서 퍼 올리는 지형적 특색을 지녔을 것이다. 물동이가 어떻게 생겼을까? 물동이란 의지하고 있던 도구로 어떻게 보면 자기정체성이었다. 어떤 것이 여러분의 물동이일까? 삶의 수단으로 여기는 것이 무엇일까? 남편, 스펙, 인격, 돈, 자녀일 수 있음을 집단원들은 말하였다.

(2) 너-타자가 나-타자가 되는 것의 의미 체험하기-Bibliodrama

참여자들은 성경 탐색을 한 후 인물역할을 자원해서 맡는다. 그리고 장면설정을 하고 소품을 이용해서 역할에 맞게 꾸미기를 한다. 자세한 설명이나 소품을 이용한 장면 설정 또한 일종의 웜 업 작업이다. 주인공 자신이 할 말과 행동을 미리 경험할 수 있기 때문이다. 주인공을 연극에 참여시킨다는 목적을 달성하기 위해 우리는 장면 설정에 충분한 시간을 투자해야 한다. 주인공이 자신이 알고 싶어 했던 어떤 사실에 대한 세부적인 내용을 떠올리게 된다면 장면 설정은 아주 즐거운 작업이 된다. 상상 속에 머물러 있던 일들에 현실적 근거를 마련하는 일은 다양한 감정을 환기시키고 디렉터와 집단구성원들이 반드시 인지하고 주의해야 하는 기억을 자극한다(Tian Dayton, 김세준 역, 2011: 26).

치료사: 이제 우리는 현대 이 시점에서 성경말씀을 만납시다. 예수님이 우연과 엉뚱한 자리에 나를 만나는 거예요. 그리고 예수님은 여러분이 변화될 핵심이 되는 단어로 나에게 화두를 던지는 거예요. '어떻게 아는데?' 하고 놀랄 수 있는 의미 있는 그 단어는 무엇일까? 성극이 아니라 여러분의 각자의 각본으로 내 이야기가 되는 거예요. 여러분의 각본으로 합니다. 내 얘기가 나오도록 하는 거지요.

나오는 인물: 사마리아 여인(유시온), 예수님(오지원), 제자 1(강한나), 제자 2(이열매), 물동이(주사랑), 우물(나인정)

장면: 우물(나인정)이 한가운데 웅크리고 누워 있음.
사마리아 여인(유시온)과 예수님(오지원)이 곁에서 만나는 스톱 장면.
사마리아 여인–물동이(주사랑)를 옆에 팔로 끼고 예수님과 초점을 안 맞추고 있음.
예수님–우물 옆에서 나에게 물을 달라고 하는 모습.
제자들–음식을 구하러 갔다가 오는 순간.

치료사: 누구신가요?
사마리아 여인(유시온): 사마리아 여인!
치료사: 왜 왔어요?
여인(유시온): 물 길러 왔어요. 물이 떨어졌네.

치료사: 너무 더운데 왜 지금 왔을까?
여인(유시온): 시킬 사람이 없어요, 빨리 떠야 되요.
치료사: 누구신가요?
예수님(오지원): 예수님.
치료사: 뭐하고 있어요?
예수님(오지원): 사람을 기다리고 있어요.
치료사: 어떤 사람?
예수님(오지원): 영혼들.
치료사: 아 영혼들. 마침 여자가 있네요. 이 여자 어때요?
예수님(오지원): 안 이뻐요.
치료사: 이 여인을 보는 순간 어떤 마음이 드나요?
예수님(오지원): 싫고 상관하고 싶지 않아요!

치료사: 큐!

예수님(오지원): 너 왜 그렇게 사는데?
여인(유시온): 당신이 무슨 상관이에요.
예수님(오지원): 정신 차리라고. 그렇게 사는 것이 맞냐?
여인(유시온): 당신 누구세요? 당신 나 아세요?
예수님(오지원): 니 남자가 아닌 사람을 사랑할 수 있냐! 그렇게 사랑에 굶주리냐?
여인(유시온): 정말 누구세요?
예수님(오지원): 예수라고.
치료사: 예수가 누구지?

물동이(주사랑): [지금 나도 말해도 되나요?]
치료사: 물동이는 무슨 생각이 들었나요?
물동이(주사랑): 물 길러 왔다할 때 그 감정 그 상황이 생각나면서 마음이 확 아픈 거라(울먹이며)··· 사마리아 여인의 마음이 와 닿아서 ···
우물(나인정): [저도 말해도 되요?] 성질났어요. 예수님이 화내는지 이해가 되었어요. 예수님 역할을 하는 이 분이 화가 많이 나 있다는 것이 느껴졌어요. 여자랑 싸우고 엎어버리고 싶은데 많이 참고 있는 것 같아요.
치료사: 아! 오케이. 알겠어요. 계속하세요.

여인(유시온): 당신이 예수면 예수지 왜 간섭이에요? 남이사!

치료사: 왜 간섭이야?

예수님(오지원): 왜 남에게 피해를 주면서 마음대로 사는데… 니 남편도 아닌 남자를 상관하면서 사는 것은 옳지 않다고. 니 삶만 살지… 왜 이사람 저사람 찝쩍대냐고!

여인(유시온): 남자들이 다가왔어요. 남자들을 받아줬을 뿐이야. 거두어 준거야. 그들의 문제예요!

치료사: 그 남자들이 문제네! 이 여자는 어떤 면에서 착하네.

예수님(오지원): 오지랖도 넓네… 니 꼬라지를 알아.

치료사: 오지랖도 넓네! 결국은 남의 눈을 피해 있는 것 아니야?

여인(유시온): 이렇게 나에게 말하는 사람이 없었거든요.

예수님(오지원): 솔직하게 얘기해 주는 친구가 없고 거짓된 친구만 있는 거지.

여인(유시온): 혹! 당신이 그 분이세요?

예수님(오지원): 눈을 뜨고 보아! 영생을 주는 그 분을 바로 보아! 바로 나야. 그 부분을 해결해야 할 것 아니야.

여인(유시온): 어떻게 해야 할까요. 더 이상 목마르지 않고 다시 여기 오지 않도록 도와주세요.

치료사: 자기 삶의 문제와 상황으로 바꾸어서 말을 해도 돼요. 자신을 질책하고 있는 이 상황에서 자기를 방어하거나 할 말을 해 보세요.

여인(유시온): 저는요. 나를 보고 오지랖이 넓고 오버한다고 하는데 좋은 사람으로 그 사람들을 잘 해 주려고 하다보니까 한 쪽이 소외되고… 결국에 한 쪽은 싫다하고… 그래서 두 마리 토끼는 잡을 수 없었구나… 나는 상황에 충실했어.

치료사: 나는 상황에 충실했어!

예수님(오지원): 바른 진리를 알아야 해 바른 것을 선택해야 하는 거야!

여인(유시온): 듣고 보니까 잘 못 살았던 게 깨달아지네요. 어떻게 해야 할지 모르겠어요.

치료사: 어 어떻게 살아야 할지 모르겠네!

예수님(오지원): 내가 친구가 되어줄게.

여인(유시온): 어떻게 친구가 될 수 있나요? 성도 다르고 신분도 다른데 어떻게 친구가 될 수 있죠?

예수님(오지원): … (한참을 생각한다)

치료사: 처음에 질책하더니 쉽게 친구가 될 수 있어요?

우물(나인정): 싫으면서…

물동이(주사랑): 이야기 중에 정말 솔직하게 얘기해 줄 사람이 없다고 할 때 나는 그런 친구가 있어서 감사. 친구가 되어준다고 할 때 다 용서해 준 예수님 생각하니 감사… (감격의 눈물)

치료사: 어 그래요! 품에 안겨 그런 감정이 들었군요. 다른 분들은 어떤 생각이 드나요?

제자(강한나): 사마리아 여인의 입장이라면 그렇게 살 수밖에 없었을 것 같아.

치료사: 그럼 제자께서 여인으로 보조자아를 해 보세요.

예수님(오지원): 내가 이것을 하면서 생각나는 것은 내 주변의 매장에는 남편이 죽었는데 살아 있을 때 다른 남자를 관계한 미용실 여자가 있는데… 너무 보기 싫어!! 내 주변에 계속 왔다 갔다 해… 너무 보기 싫어!… 앞집 복덕방 여자가 그 사실을 말해 주었는데 이 여자도 돈 많다고 자랑하고 가정 있는 남자와 놀러 다니고… 나는 하나님 마음을 구하고 있어. 어떻게 저런 사람들을 사랑할 수 있는지… 그러나 하나님 마음이 안 오는 거야.

우물(나인정): 물동이에게 화가 나요. 다 화가 나 있는데 물동이 혼자 은혜 받는다는게… (다들 하하).

제자(강한나): 여인도 잘살고 싶지 처지가 안 돼서 이러고 있지…, 나도 나를 찌르는 사람에게 내가 살아남기 위해서는 방어해. 좋게만 하면 상대방에게 자꾸 당하니까.

우물(나인정): (여인에게 물어봄) 사마리아 여인에게 물어보고 싶어요. 왜 여기도 저기도 잘 해주고 싶은 거예요? 한사람만 도와주고 칭찬받으면 되는데…

여인(유시온): 나도 그게 싫어! … 사람들에게 싫은 소리를 듣지 않고 싶은 성격상의 문제이지.

우물(나인정): 제가 알기로는 남편과 자녀에게 사랑을 받고 있는데도 왜 다른 사람에게도 그런가요?

여인(유시온): 그것이… 인정을 받고 싶다는 것이라는 생각 못하고 내 성격인 줄 알았지. 서울에서 손님이 내려왔는데 다음날 교회 약속이 있는데도 그들을 멀리까지 함께 차를 태워주면서 교회의 약속을 져 버렸더니, 아무도 이해를 하지 않고 질타만 하는 거야. 너무 충격이었고… 이렇게 사는 것이 인정받고 사는 것이 아니구나! 큰 것에 맞추어야겠다고 생각하게 되었는데… 살면서 굉장히 힘든 순간이었어.

치료사: 남이 볼 때는 성경 속 다른 남자들을 거느린 여인의 예와 같이 부정하게 보는 것과 같다고 볼 수 있네요.

우물(나인정): 가까운 사람이 그럴 때 섭섭하더라구요. 큰일이고 작은 일이 아니라 주변에 있을 때 친밀감이 이 정도인 줄 알았는데 다른 거예요. 관계에 대한 정리… 친밀감의 수준에 맞는 정리가 필요한 것 같아요. 그러나 상황에 맞추시기 때문에 비난을 받는거죠.

나는 예수님 역의 오지원의 반응에 내심 놀랐다. 사마리아 여인을 처음부터 매우 힐난하고 있다. 역에 충실하다가 때로는 자신을 변명하는 시간들도 주어졌는데, 오지원에게 문란하다고 여기는 여인들에 대한 나쁜 감정들이 실제적 삶에서 마음에 걸려 있다고 하였다. 오지원은 건강식 가게를 하고 있으면서 만나게 되는 주위 다른 상점의 여주인들의 외도에 대해 정죄하고 있는 자신의 마음을 연극에 투사하고 있다. 사마리아 여인 역할을 하고 있는 유시온 역시 만나는 주위사람들과의 관계에서 적절하지 못한 관계유지를 힘들어하고 있는 자신의 문제를 드러내고 있다. 사물의 역할을 하고 있는 우물 나인정은 예수님 역할을 한 오지원과 아는 사이로 이러한 상황을 알고 있던 터라 그들의 대화가 이해된다고 표현한다. 그 와중에 여인에게 한 쪽 팔에 안겨 있는 물동이로서의 주사랑은 여인의 성경적 처지에 적극 공감이 되어 눈물을 흘린다. 나인정은 이런 모습에 또 화가 난다고 한다. 타인의 그림을 보고 화가 나는 마음이 연극 장면에서도 그대로 나타난다. 나인정은 자신의 감정을 잘 드러내거나 알아채지 못하고 지내왔다고 하였다. 첫 시간에 긴장이 되어서 등짝이 아프다고 신체화 반응을 나타내었던 그녀는 이혼 후의 다양한 공동체를 만나는 것에 대한 긴장과 불안을 호소하였다. 과거의 그녀와 현재의 그녀는 외부적 판단과 관계에서의 결핍으로 인하여 불안한 실존적 자각을 하고 있었으나 오늘 첫날 그는 강한 감정을 경험했을 뿐만 아니라 가장 솔직하게 표현을 하고 있어 놀라웠다. 타인에 대한 자신의 솔직한 감정을 치료장면에서 드러내는 용감한 일들을 시작한 것 같다. 자신의 감정에 솔직하게 반응하는 시험대로 사용하는 기회를 얻고 있다고 보인다. 집단원 모두에게 성경 본문의 이야기가 나의 이야기로 나의 현재 삶 속에 들어오는 순간들이었다.

죄가 용납이 안 되는 예수님과 상황상 그럴 수 있었다는 사마리아 여인을 옹호하는 공방전이 이후 계속 벌어진다. 두 제자도 예수님 편과 사마리아 여인의 편으로 보조되어 참가한다. 그 과정에서 예수님의 역할을 하는 오지원은 남편에게서 충분한 사랑을 받지 못하고 있다는 사실과 그런 상황에서 부정한 여인들을 남편 주위의 여인들과 동일시하여 받아들이지 못한다는 사실이 드러났다. 성경의 이야기가 내 몸과 대화적으로 만나는 순간들이었다.

예수님과 사마리아 여인의 만남은 집단원의 실제적 삶 속으로 들어오면서 남성과 여성의 문제, 남편의 외도, 인간관계로 다가온다. 실제로는 이 장면에서 영적 생수는 예수님 본인이며 진정과 신령으로 예배할 대상임을 알리며 예수님은 어떠한 대상도 다 용납하신다는 본문 주제와는 달리 우리의 삶에서는 용납하지 않는 나, 남들이 부정하다고 판단하고 있는 나를 드러낸다.

이후 첫날의 비블리오드라마에서 예수님 역을 하면서 강하게 자신의 문제를 드러낸 오지원의 bibliodrama로 넘어갔다.

(3) '너'의 몸이 되어봄 가운데 분출하는 '나'의 목소리 함께 듣기 -오지원 bibliodrama

사마리아 여인을 힐난하던 예수님 역할의 오지원의 가족조각을 하기로 한다. 오지원는 남편 역을 할 사람으로 이열매를 선택하고, 아들 역으로 나인정을 선택하였다. 남편의 모습은 등을 돌리고 앉아 있다. 아들은 실생활에서 아빠를 대신하여 엄마에게 잘하면서 중간역할을 한다고 한다. 자신은 그런 아들에게 '너의 삶을 살라'고 말하면서 남편에게는 '나 좀 보아 달라'는 포즈를 하고 있다고 설명한다. 남편의 뒤에서 한 손을 남편의 어깨에 올리고 자신에게 돌아서기를 바라고 있는 모습을 연출하였다. 자신의 아들은 아빠의 등 뒤에서 그리고 엄마의 옆에서 아빠와 엄마를 번갈아 쳐다보고 있는 동작을 하고 있기를 원하였다. 오지원은 아들이 아빠에게 보란 듯이 엄마에게 속삭이고 스킨십도 하면서 아버지도 이렇게 하시라는 행동들을 하고 있다고 부연 설명하였다.

치료사: 이런 상태에서 아내는 남편에게 무어라고 말을 하나요?

아내(오지원): 돈만 벌 생각하지 말고, 앞으로만 질주하지 말고 나의 정서를 배려해 주세요.

치료사: 이때 남편의 반응은 어떨까요?

오지원: 시끄럽다. 가만히 놔두어라.

치료사: 남편은 그대로 해 주세요.

남편(이열매): 시끄럽다. 가만히 놔두어라.

치료사: 아들은 어떤 말을 하나요?

아들(나인정): … (울먹) … 아빠 괜찮아요. 표현하기 부끄럽고 한 번도 해 보지 않아서 힘든데 자꾸 엄마가 땡기니까 어색하고 그것을 하지 못하는 자기 자신이 힘들고 안 하고 싶은 거예요.

아내(오지원): 표현하는 것은 그럴 수 있어. 본 것이 없으니까… 돈을 벌어야 한다는 목적… 그 목적만 있었는데… 젊었을 때도 그렇게 살았고 옆을 보지 못하고 살았는데 결과적으로 그렇게 되지 못하니 이제는 힘이 빠지고 화가 나면서도… 마누라가 이제 조금 보이는 … 그런 상태….

아들(나인정): 아들 역할을 해 보니 아들이 너무 힘들 것 같아요. 결혼을 하고 싶지 않을 것 같아. 아무것도 하기 싫고 해 보아도 별 소용이 없는 것 같다고 느낄 것 같아요.

오지원의 가족조각 속 가족들의 상황을 재연시키면서 나는 가족의 분위기를 파악하고자 노력해 본다. 남편이 아내에게 하는 상징적 대화는 '시끄럽다. 가만 놔두어라'이다. 이 가정의 아들이 되어본 나인정은 부모의 중간입장에 처해 있는 아들의 힘듦이 느껴진다고 말한다. 오지원으로 하여금 남편이 되어 볼 기회를 주어본다.

아내(본래 남편 역 이열매): TV만 보지 말고 내 좀 쳐다보고 얘기 좀 해 보소. (등을 안으며 부드럽게 손을 만진다) 오늘 무슨 생각하고 살았는지 말 좀 해 보소. (계속적으로 팔을 당기며 말을 건다)

치료사: 느낌이 어떤가요?

남편(아내 오지원): …느낌이 한편으로는 귀찮으면서 한편으로는 좋은 것 같아요.

치료사: 아내가 원하는 남편의 모습을 시연해 봅니다. 남편은 잘 보고 그대로 해 주세요.

남편(본래 아내 오지원): 같이 영화 보러 갈까? 맛있는 것도 먹고? (아내의 손을

꽉 잡는다)

치료사: 남편이 아내에게 그대로 해 주셔요. 다시 자리를 바꿔서 앉으시고…

남편(본래 남편 이열매): 같이 영화 보러 갈까? 맛있는 것도 먹고? (집단원들이 환호성을 지르며 웃고)

아내(오지원): … (얼굴이 환해지며 크게 웃고 너무 좋아한다)

치료사: 이번에는 남편으로서 부인에게 바라는 모습은 또 무엇일까? 해봅니다.

남편(본래 아내 오지원): … (한참을 생각한다 집단원들은 모르네! 하며 농담을 한다) 아침에 일찍 밥 좀 해 줘.

치료사: 몇 시?

남편(본래 아내 오지원): 7시!

치료사: 다시 자리 바꿔서 남편이 이야기할 때 어떤 느낌인지 알아보세요.

남편(본래 남편 이열매): 아침에 일찍 밥 좀 해 주라.

아내(오지원): 니가 좀 해라!!… 일하고 왔는데. (화를 낸다) (집단원들은 모두 박수를 치며 웃는다)

남편이 원하는 결말을 시연할 때 오지원은 잘 모르겠다고 한참을 생각해 보더니 일찍 아침밥 해달라는 것이란다. 그러나 막상 아내가 되어 다시 그 소리를 듣자마자 오지원은 '니가 해먹어! 돈 번다고 힘들고 내가 살아 있는 것만도 감사하게 생각해!'라며 자기 입장에서 본인의 감정에 취해서 화를 내고 소리친다. 그리고 '몸에 좋은 것들 많이 먹이는데' 등 이어지는 자신의 입장에서도 스스로의 변명이 쏟아졌다. 남편이 직장 없이 집에만 있으니 자존심도 상하였을 터, 옛날 우리네 남자들은 아침밥에 목숨을 건다. 남편은 말로만 하지 말고 본인을 대접해 달라는 의미로 보인다. 집단원들도 오지원이 만들어준다는 건강식 등 다른 것을 주기보다 남편이 원하는 시간에 맞추어서 밥을 먹게 하는 것이 중요한 것 같다고 자신의 의견들을 말한다. 시간이 좀 지난 후 오지원은 남편이 원하는 것은 '자신이 원하는 아침 이른 시간'에 밥을 먹고 싶다는 사실을 겨우 인정하였다.

5) 첫 번째 만남의 의미를 다시 느끼기

집단미술치료 장면에서 그림으로 자신을 나타내고 이야기를 하였고 비블리오드라마를 실연하면서 역할 속 관계에서 즉시성에 의해 드러난 자신의 모습발견과 경험된 감정을 그림으로 소감표현을 하면서 인지적으로 정리를 하고 통합화하기 위한 그림 작업을 하고 서로 나누는 시간을 갖는다.

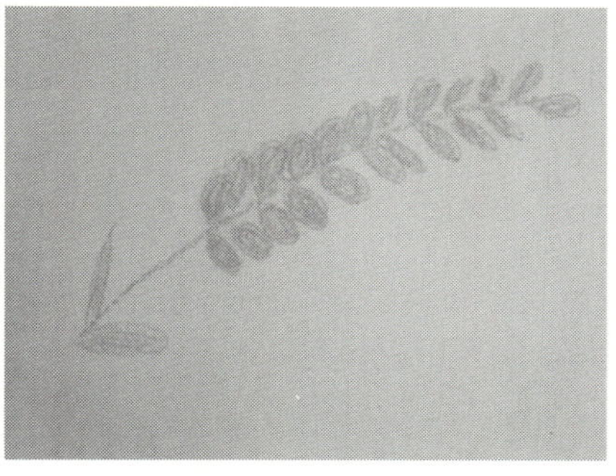

〈그림 4-13〉 주사랑 '열매'

〈그림 4-14〉 나인정 '분노'

주사랑: 비블리오드라마를 하면서 은혜를 받고 깨달았어요… 그리고 계속하면 좋은 열매가 맺어질 것 같아요.

나인정: 제가 이것을 하면서 분노감정이 생기고 주위사람 드라마를 하면서 계속 화가 올라오면서 불안한 거예요. 이런 분노가 다른 사람을 다치게 할 까봐 불안했어요. 이런 분노가 다른 사람을 찌를까봐.

치료사: 분노가 올라오면 드러내셔야 다음단계로 넘어갈 수 있어요. 남들도 드러날 때 계속 드러나도록 해 주어야 겠어요.

나인정: 한번 엎을 것 같아요.

〈그림 4-15〉 이열매 '달팽이'

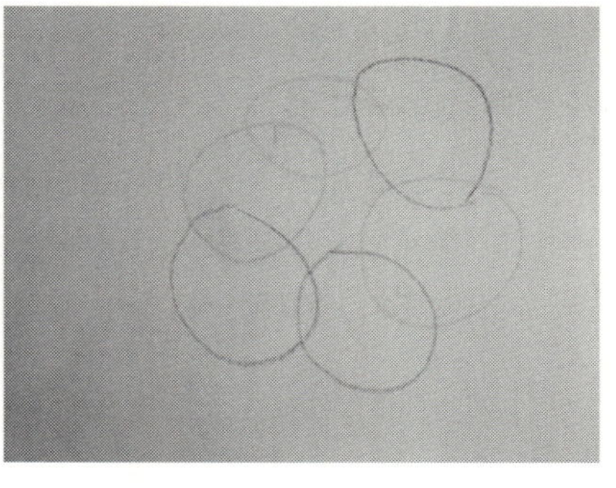

〈그림 4-16〉 강한나 '공감'

이열매: 나 혼자 힘이 든다고 생각했는데 다 한가지씩은 나름대로 스스로 해결되지 못한 일들이 있다는 것을 알았어요. 달팽이처럼 돌고 또 돌고 해결되지 못하다가도 해결되고, 마음속에 아직 해결되지 않은 것들이 있다는 것을 알았어요. 이제는 다 해결되기를 원해요.

강한나: 내 생각 말고 항상 남을 생각하면서 이런 사람도 있고 저런 사람도 있고 색깔이 다 틀린데 다 맞추어가는 공동체가 되어야 겠다는 생각이 되었어요. 저럴 때는 참 답답하고 가슴 아팠겠다. 나도 저런 경우를 당했을 때 얼마나 울었던가 공감이 되었어요. 내가 안 그렇다고 해서 이상하게 생각하는 것이 아니고 그럴 수밖에 없었구나를 느꼈어요.

〈그림 4-17〉 유시온 '풍선'

〈그림 4-18〉 오지원 '내 마음'

오지원: 남편 역할을 할 때 생각하고 있긴 있었는데 남편은 표현을 잘 하지 않는 스타일로 니가 해도 된다 이런 식으로 표현하거든요. 그러니 얼마나 힘이 들까 하는 생각을 안 했는데 남편이 힘이 들겠구나 좀 더 생각을 해 주어야겠구나하고 느꼈어요. 더 내면 속에 있는 내 감정을 더 하고 싶어요.

치료사: 오픈 한 만큼 치료된다는 것에 대한 믿음이 생기면 많이 얻을 수 있을 거예요.

유시온: 그림으로는 풍선인데 아직 불지 않은 풍선의 마음으로 왔어요. 오늘 생각지 않은 부분을 드러내어 놓은 것 같아요. 많이 불었죠. 내가 생각 외로 생각지 않은 부분들을 드러냈어요. 이미 불어놓은 풍선은 본래 제 모습으로 돌아가지 않잖아요. 수습까지도 생각을 해 보았는데 생각할 필요가 없겠더라구요. 앞으로 계속하면서 파편처럼 튀어나올지 어떻게 나타날지 기대가 됩니다.

오늘 하루에 집단원들은 많은 것을 경험하였다. 첫 만남에서 자신을 오픈한다는 것은 매우 어려울 것인데도 미술과 드라마를 접하면서 집단원들은 자발적으로 진지하고 솔직한 만남들을 가졌다. 첫 경험들은 긴장을 유발하였고, 오전부터 오후까지 이어진 긴 시간 속에서 진행되었기에 마지막 소감나누기 시간이 집단원들에게는 에너지가 많이 낮아진 상태이며, 마치기로 한 시간이 촉박하게 다가옴에 따라 그들은 간단하게 그러나 진실된 자신의 소감을 이야기하였다. 그러나 자신의 경험을 그림으로 그리는 과정에서 자신을 돌아보며 정리할 시간을 각자가 충분히 가질 수 있었다.

오전 시간에 집단미술치료 활동으로 하였던 '나'를 나타내는 종이작품은 빠른 시간에 자신의 내면을 이해시킬 수 있는 과거와 현재의 자신의 모습을 이야기 가운데 드러내게 하였다. 나인정은 본래적인 자아와 환경에 맞추어진 자아와의 사이에서 오는 갈등을 '흔들리는 추'의 작품으로 이미지화하였다. 오늘도 그녀는 새로운 사람들과의 만남에 긴장이 된다고 한다. 강한나는 남에게 보여지는 부족한 나로 '접혀진 세모'와 자유롭게 활동할 수 있는, 바라는 나의 모습인 '배'로 자신을 표현한다. 부족하게 바라보는 그들이 있기에 더 '배'를 추구하게 된다. 오지원은 살고 싶은 대로 살지 못해서 '비행기'처럼 제약 없이 날고 싶다고 한다. '창문이 뚫린 집'을 만들고 환기가 필요한 가정을 생각하며 눈물을 짓는다. 유시온은 각진 성품을 나타내는 '세모'와 '동그라미'를 만들고 두 모습 모두 자신의 모습으로 받아들인다고 말한다. 주사랑은 서로 연결된 '고리'가 예수님께 붙어 있고 싶은 마음이라고 하였다. 이열매는 넓은 '함지박'을 만들고서 남을 품는 바라는 자신의 모습이라고 하였다.

집단원들은 서로의 작품과 이야기로 인해 공감하며 더 깊은 자신들의 이야기를 끄집어 내어놓는다. 오지원은 갑상선암이라는 신체적 질병으로 인하여 절대자를 찾게 되었으나 남편을 포함한 가족 간의 갈등을 말한다. 강한나는 시댁형제와의 재산 상속에 관한 억울함을 드러낸다. 유시온은 친정엄마의 성 차별적 대우로 인한 상처가 있어왔고 그 상처의 연장선으로 남편과도 동등한 관계가 아님을 알린다. 피드백 시간이 끝날 무렵 나인정은 타인의 작품을 보며 '분노' 같은 강한 감정이 올라온다고 하였다. 스스로도 그러한 자신의 반응에 당황스러워하던 나인정은 타인에게 투사된 나의 내면의 감정을 만나는 순간을 놓치지 않고 솔직하게 말함으로써 과거에 자신이 얼마나 부정적 감정을 터부시하며 자신과의 단절된 상태로 살아왔음을 이야기한다. 이열매 역시 자신의 감정을 드러내지 못하고 결혼생활을 하면서 신경증으로 인해 정신병원에 다녔다. 대부분의 집단원들은 중년이 되기까지 실존적으로 나 자신으로 살지 못하였고 타인의 언어에 지배되어 살았음을 보여준다. 결국 확고하지 않은 자아개념으로 인한 갈등이 중년여성들에게 있음을 함께 공유하는 시간이 되었다.

이후 닫혀 있었고 묻혀 지내던 '감정'을 신체를 통하여 표출할 수 있는 기회를 갖는다. 자신의 감정을 그림으로 그리고 몸으로 표현하여 감정표출과 함께 집단원들과 공감을 해 보는 작업을 한다. 이 과정은 드라마를 재연할 수 있는 준비가 형성되면서 더욱 몸과 감정이 깨어나게 하였다. 그리고 모호한 감정이 선명해지기도 하고 타인이 공감할 때 오는 안정감과 고마움을 경험하게 되었다.

비블리오드라마의 내용은 성경 속 인물 중 사마리아 여인의 이야기를 선정하였다. 사마리아 여인의 정체성을 너무나 잘 아시는 예수님과의 만남은 사마리아 여인으로 하여금 삶을 송두리 채 바꾸게 하였다. 기독교 중년여성들이 자신의 삶에서 문득 예수님을 만나면 우리는 어떻게 반응하게 될까? 사마리아 여인이 가진 핵심적인 문제를 질문하신 예수님은 어떤 핵심적인 문제로 우리에게 질문을 해 오실까?

비블리오드라마를 실행하면서 집단원들은 나와 너가 꿰어진 자신들의 이야기를 진솔하게 드러내며 자신의 실존을 충분히 드러내는 경험을 가진다. 현재라는 말은 과거와 미래를 이미 내포한 말이다. 의미는 한 순간의 특정 시점만으로는 그 실체가 드러나지 않으며 특정 시점들이 하나의 주제로 연결되는 일련의 연속적인 시간들 속에서만 의미는 드러난다. 따라서 현재의 나를 이해하기 위해서는 과거와 미래의 나를 온전히 이해해야 한다. 성경 속 인물들의 역할을 현재로 재연하면서 집단원들은 자신의 과거까지 드러내었고 자신의 실존적 의미를 재경험하고 자각하는 시간들을 가진다.

예수님인 오지원은 문란한 여인을 정죄하며 실제 삶에서 자신의 주변에 있는 여인들에 대한 비난의 마음을 드러낸다. 사마리아 여인이 된 유시온 역시 삶에서 겪는 인간관계의 어려움을 가진 모습을 재연한다. 주사랑은 사마리아 여인의 처지에 안타까워하며 진정으로 눈물을 흘린다. 이런 모습이 나인정에게는 '화'가 난다. 타자의 신체를 통해서 나의 신체가 걸어온 말을 만나는 순간들이었다. 참여자들은 이렇듯 신체로 자신과 타인을 만나면서 보다 통섭적으로 앎을 창조해나가고 있었다.

사마리아 여인을 비난하던 오지원의 개인 비블리오를 시행한다. 여인들을 비난하는 가장 큰 근원은 남편의 문제였다. 오지원의 가족조각을 하며 집단원들이 아들과 남편의 역할을 하며 돕는다. 역할극을 진행하며 남편이 되어 본 오지원은 나의 생각이 아닌 남편의 생각을 경험한다.

첫날의 소감을 그림으로 그리며 정리한다. 자신의 경험을 집약적이고 통합적으로 이미지화하는 것은 더 인지화시켰다. 타인을 더 공감하게 되었고 나만 문제가 있는 것이 아님을 알게 되었다. 또한 생각지 않았던 자신의 모습들이 발견되어서 앞으로도 더 기대가 된다고 하였다. 미술치료와 비블리오드라마를 처음 경험한 집단원들은 생소하게 시작하였으나 작품과 드라마를 매개로 자연스럽게 자신들을 오픈할 수 있었고 집단이 함께 감정과 생각을 공유할 수 있다는 것을 경험한 날이었다.

2 둘째 날: 결혼이라는 '터'에 그대로 뿌리 내리웠던 '나'의 상처 흔적 들여다보기

1) 두 번째 만남을 위한 몸 풀기-웜 업

지난주의 첫 만남에 비해 모두들 반갑게 인사를 하며 만난다. 중년여성들이 아침시간에 모이려면 바쁘게 일상을 준비하고 나왔을 것이다. 서로 원을 그리고 서서 등과 허리를 두드리며 안마를 해 준다. 이제 안마의 시원함을 아는 나이가 되었기에 진심으로 두드린다. 서로의 몸을 터치하는 일들로 친밀감을 형성하는 순간이다. 안마가 끝난 후 원 안을 바라보고 서서, 자신이 세탁기 안에 무엇인지를 발표한다. 양말, 팬티, 머플러, 손수건, 치마, 바지가 되어 세탁기 안에 넣어진다. 원 안에 집단원들이 들어가 서서히 엉겨서 돌아가기 시작한다. 마구 섞이며 몸을 사용하여 2차 신체접촉을 하며 마음을 서로 연결한다. 이후 동작을 정지한 상태에서 자신의 옆 사람을 기억하고 손을 잡고 엉겨진 원을 원래의 원 상태로 만들기 위한 시도를 한다. 신체를 이용한 놀이는 짧은 시간에 즐거움과 에너지를 유발시킨다. 서로 웃고 함께 공동의 작업에 마음을 쓰면서 소외되는 마음 없이 한마음이 되는 것을 경험한다. 모두의 즐거운 분위기를 더 연장해서 둘씩 짝을 지어 등을 대고 앉아서 손을 사용하지 않고 일어서기를 하였다. 서로를 의지해야만 성공할 수 있는 행위들로 마음을 맞추고 믿음이 필요한 동작이라 할 수 있다. 집단원들은 악을 쓰고 일어서려고 애를 썼으며 성공하면 서로 기뻐하였다. 이 장면에서 손과 팔에 힘을 쓰기 힘든 강한나를 대신해서 본 연구자가 참가하여 6명이 모두 등을 대고 일어서는 것에 성공하며 모두 즐거워하였다.

2) 결혼이라는 '터'에 남겨진 상처 드러내기

나는 집단원들이 지난주에 미술치료나 비블리오드라마를 처음 경험하면서 낯설었을 때와는 다르게 오늘을 맞이할 것으로 기대가 되었다. 이미 첫날에 많은 이야기들이 오픈되었기에 집단원들도 서로를 많이 알게 된 상황이다.

둘째 날의 주제는 '결혼'이다. 모든 여성들은 본가에서 살다 남편을 만나서 새로운 인생을 또 한 번 시작한다. 결국 남편과 사는 시간이 부모와 사는 시간보다 2배, 많게는 3배까지 길다. 태어날 때는 선택할 수 없는 운명으로 부모를 만나지만 여자로서 인생인 결혼의 관문과 삶은 선택과 자율에 의한 만남이면서 여성의 삶 전체에 큰 영향을 끼친다. '결혼'에 대한 주제는 특히 중년여성에게 있어 자신의 삶을 들여다보는 일에 먼저 우선되어야 하리라.

중년여성들이 지낸 20년 내지 30여 년의 결혼생활에는 많은 사건들과 주요 등장인물들이 있었고 다양한 배경들이 시간적 흐름 안에 펼쳐져 있으나 집단원들 각자의 선택에 의해서 이야기되고 의미화되어 한 장의 그림으로 정리가 되는 순간이라 할 수 있겠다. 이러한 과정에서 형성되어가는 이야기를 Chase는 경험에 모양새를 갖추게 하며 또한 경험을 질서정연하게 배열함으로써 의미부여를 하는 것이라고 하였다(Susan E. Chase, 2011: 415). 참여자들이 경험한 긴 결혼의 삶을 한 장의 그림으로 이미지화하고 이야기할 때, 결혼에 대한 그들 나름의 의미 부여됨을 보여준다.

참여자들 개개인의 경험된 '결혼의 삶'은 각기 다른 그림으로 나타나기 시작하였다. 치료사와 가장 가까이에 앉아 있는 주사랑부터 자신의 그림에 대하여 이야기를 시작한다.

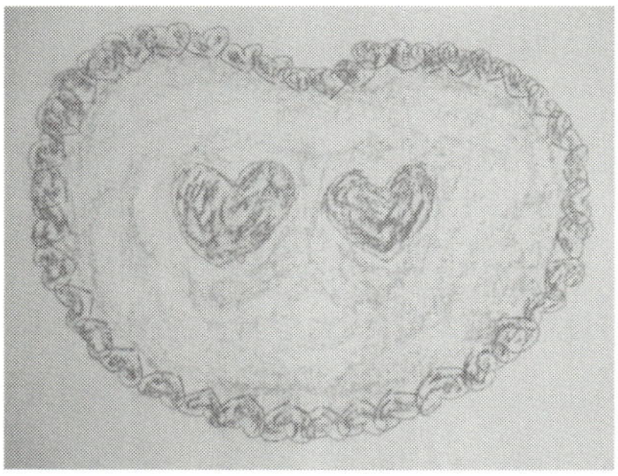

〈그림 4-19〉 주사랑 '결혼'

〈그림 4-20〉 강한나 '결혼'

주사랑: 결혼이란 처음에 각자의 사랑으로 있다가 만나서 하나의 사랑으로 만들어지는 것인데 살아가면서 풍랑도 만나면서 함께 이겨나가는 것이라고 생각해요. 살아가면서 많은 일들이 있지만…. (울음) 색칠하면서 눈물이 났어요, 생각이 나서 그럴 때도 같이 힘을 합해서 잘 이겨 나왔구나! 감사했구요.

치료사: 풍랑을 그리면서 감정이 올라왔군요!

오지원: 다 살은 사람 같네요. 하하.

주사랑: 아니, 지금까지… 사업하면서 너무 안 좋았어요. 이제 거의 이겨나가고 있습니다. 다 됐어요. 그때마다 애들에게 돈이 많이 들어가니까 그런 부분에서도 하나님이 순간순간 간섭하셔서, 그 만큼 채워주셔서 그 힘으로 살았어요.

주사랑은 각자의 사랑이 하나의 사랑으로 만들어지는 것이 결혼이라는 생각이 든다. 어려운 시기를 지날 때 서로 한마음이 되어 이겨나갔던 것을 경험했기 때문이다. 그녀는 풍랑이라는 단어를 말 할 때 그때의 경험이 떠올라서 눈물을 흘렸다. 그 풍랑은 경제적인 어려움이었고 한창 자녀를 키울 시기였기에 더 힘이 들었다. 그리고 이어서 하나님의 도우심에 의해서 이제 그 어려움이 다 지나갔다는 사실이 고맙기만 하다. 주사랑이 말을 마치자 옆자리에 앉은 강한나는 집단원들의 시선이 자신에게로 옮겨지는 것을 느끼고 이야기를 시작한다.

강한나: 부부란 바다에 비바람이 몰아치나 햇빛이 있으나 나아가는 것이라고 생각해. 꿈과 사랑이 있지. 힘이 들어도 한 배를 탔으니까 비가 와도 풍랑이 와도 의지하면서 함께 가는 거지.

치료사: 강한나 씨가 바라는 이상적인 표현인가요? 실제 삶을 나타내는 주관적인 표현인가요?

강한나: 내가 느낀 것은 이런 것은 아니지. 내가 살아온 것은 아니고 내가 바라는 것…
주관적으로 경험한 결혼은 나 혼자 무거운 짐을 지고 신랑은 선비처럼… 예를 들면 내가 십 원만 있으면 십 원 달라하고 다른 사람에게 다 주고 자기는 걸어서 오는 거야. 이런 스타일을 큰 아들이 닮았어. 큰 아들에게 결혼을 강조 안 해. 들어오는 내 식구는 편하게 살아야지. 33세 아들인데, 어제도 아는 동생을 집에 데리고 와서 내게 돈을 달라하고 차비도 주고 돈도 주더라고…. 남편은 월급을 다 나에게 안줬어. 자기가 쓸 만큼 남겨놓고 공식적으로 필요한 돈은 나에게 달라고 했지. 나는 아무리 힘이 들어도 그것은 네 몫이다 하더라고. 작은 아이는 참 잘해. 스탠다드 형이야. 나에게 50% 자기 여자에게도 50%로 잘해.

강한나는 결혼이란 부부가 한 배를 탄 것이라고 생각한다. 풍랑이 와도 서로 의지하며 꿈과 희망을 가지고 나아가는 것이다. 그러나 막상 자신이 살았던 결혼은, 즉 남편과의 관계는 함께 풍랑을 헤쳐 나가는 모습이라기보다 자신 혼자에게 더욱 짐이 지어졌던 삶이었다. 남편은 아내보다 타인에게 더 관대하였고 현실적인 경제적인 문제는 결국 강한나 본인의 문제로 남게 되어 힘이 들었다. 그러하기에 더욱 이상적인 결혼관으로 서로 같이 의지하며 함께 나아가는 것이라고 말하고 싶다. 둥글게 앉은 집단원들은 자연스럽게 앉은 순서대로 이야기를 해 나간다.

〈그림 4-21〉 이열매 '결혼'

〈그림 4-22〉 나인정 '결혼'

이열매: 부부는 마주보는 것이죠. 힘들 때도 마주보고 하는 것이지. 지금은 이렇지만 결혼 초에는 이렇게 해 주지 않았고… 자기 형제만 쳐다보고… 자기 엄마 편만 들어주고 나를 안 쳐다보는 거라. 그래서 맨날 불만이 있었지. 요즘은 술을 끊고 나이가 들고 하니까 많이 변했어요. 남편은 여자를 몰라요. 등판만 보고 살었어. 어찌나 성이 나는지… 왜 결혼했는지 물어 보았더랬어. 친정식구들에게는 참 잘하는데, 잘 어울리고…내가 싫은 것 같기도 하고 억지로 사는 것 같아서 '오빠들이 돈 좀 있어서 결혼 했다가 안 주니까 내가 밉나?' 하고 물어보았지. 내가 안 싫대… 싫은 사람하고는 못 산다 하더라. 남편은 표현을 못하는 거라… 나는 10년 넘게 항상 헷갈렸어. 다른 것은 인정되고 흠이 없어. 다른 사람에게 잘하는데 나는 헷갈렸지. 요즘은 자기가 터득하고 이제는 안 그래.

이열매는 결혼이란 부부가 마주보아야 한다고 생각한다. 결혼생활 장면에서 많은 주변사람들이 있으나 결국은 부부만이 서로 마주보아야 한다. 마주 바라보아 주지 않는 남편이야기를 하면서 이열매는 시어머니의 이야기를 이후 더 길게 첨가하였다. 비록 둘째 아들이지만 이열매의 남편을 의지하고 같이 살고 싶어 하였던 시어머니는 둘째 며느리가 용돈을 적게 주는 것도 밉고 딸만 둘 낳은 것도 미워서 늘 동네할머니들 앞에서 자신을 비난하였다고 말한다. 남편은 시어머니가 신경이 쓰였던지 자신을 잘 대해주지 않았다고 한다. 남편이 자신보다 본인의 부모나 형제를 더 바라보고 있을 때, 아내로서 그런 남편을 못 견뎌하였다. 자신을 마주바라보지 않는 남편은 아내인 자신에 대한 불만이 있는 것처럼 여겨져서 불안하고 그러한지 아닌지 확인을 계속해야 하는 아내는 너무 힘이 든다. 마주하지 못하는 부부의 사이에 시어머니가 넘어야 할 벽 같은 존재로 있어왔다. 첫째 아들도 아닌 둘째 아들인 자신의 남편을 의지하는 시어머니의 기대치와 권리가 아내가 가진 권리와 대결되는 구조는 결혼생활의 큰 갈등적 요소로 작용한다. 중년이 된 이열매의 부부관계가 서로의 불편함이 없어진 변화된 모습으로 되기까지 10여 년의 결혼생활은 그렇게 불만과 서운함으로 보내졌다. 그래서 이열매는 결혼과정 속에 부부란 마주바라보아야 한다고 이야기한다.

나인정은 자신의 그림을 바닥에 놓은 채 작은 소리로 말을 시작한다.

주위에 있던 집단원들은 작게 그려진 사람의 그림을 보기 위해 몸을 기울이고 들여다본다.

나인정: 숲을 그리고 싶었고 호수, 남녀가 등을 기대고 있는 그림. 아!! 미래… 그렇게 하고 싶은! … 결혼생활 17년을 끝내고 나서 지금 앞으로 기대하는…, 결혼… 쉬고 싶은, 내가 알아가고 있는 내 성향이 원래 성격은 그렇지 않은데 사춘기를 지나면서 내성적으로 바뀌었고… 큰 언니가 실질적으로 나를 키워주었는데 병으로 돌아가셨지만… 나를 입히고 키워주었어요. 공부도 잘하고 했는데 항상 들었던 소리는 똑바로 해! … 잘하고 철저한 완벽주의고 일을 하려면 똑바로 해야 해요. 요즘 많이 없어졌는데… 지금까지의 결혼생활은 나를 위해서 살지 않고 남편과 자녀 걱정, 남편의 장래를 걱정하고 그리스도 안에서 어떻게 성장해야 하는지… 믿지 않는 가정에 들어가서 내가 짊어지는 짐. 다시 혹시 배우자를 만나더라도 아! 대신할 수 없는 각자의 경주를 하는 것이지 내가 책임지고 하는 것이 아니라… 나를 책임져 달라 하지 않고 각자의 삶을 사는 것이 부부가 아닌가. 원래 성향은…하나님이 주신 성향은 창조적이고 브라질의 사람처럼 재미있게 살고 열정적이고 영감을 불어넣는 성격인데…거쳐 오면서 내가 갖고 있는 성향은 혼자 있어야 에너지를 받을 수 있고… 앞으로의 삶은 다이나믹하겠지만… 가정으로 돌아오면 조용히 말하지 않고 등 기대고 사는 삶이면 좋겠어요.

치료사: 충분히 이해가 되네요.

이혼을 한 지 1년이 되어가는 나인정은 결혼이라는 주제 속에 많은 이야기와 감정들을 담고 있겠으나 조각난 파편처럼 이야기된다. 이제 다시 미래의 결혼을 조심스럽게 생각해 본다면 결혼과정에서의 부부란 서로 등을 대고 앉아 있는 것이라고 희망한다. 마주 바라보는 것이 아니라 등을 대고 의지하는 것은 각자의 삶이 독립적으로 있으면서 최소한으로만 서로에게 의지하는 삶을 말한다. 그리고 앉아 있다는 것은 가정이 '쉼'이 되어야 함을 나타낸다. 나인정은 남편과 시댁식구들의 영과 육의 구원을 위해 노력을 하는 과정에서 스스로 자신을 돌보지 않고 희생하며 살았다. 그러나 타인 중심의 삶은 생동감 있는 삶이 될 수 없었고 결국 지치게 하였다. 이혼을 하기까지 17년의 노력은 '의무와 책임'이 그 원동력이었기에 결혼에서 사랑과 쉼을 누리며 살지 못하였다. 남편과 시댁의 짐을 대신 지고 책임감으로 살았던 삶을 놓아버린 나인정은 가장 바람직하고 이상적 결혼을 이와 같이 정의해 본다. 그녀의 그림에서 호수와 숲의 이미지는 이혼을 하기까지 힘이 들었던 삶에 휴식과 쉼이 필요함을 여실히 드러내 보인다. 호수로 나타난 물은 미술치료장면에서 종종 나오는 주제로 많은 의미를 지닌다. 물은 주로 우울감을 나타낸다(김동연·공마리아 편역, 2000).

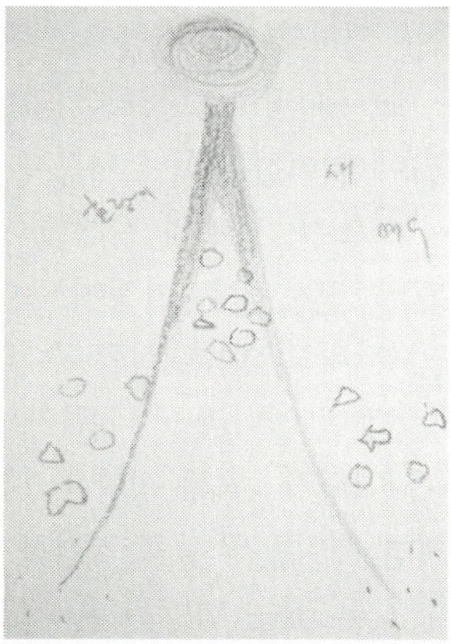

〈그림 4-23〉 오지원 '결혼'

〈그림 4-24〉 유시온 '결혼'

오지원: 나인정 씨는 각자의 삶을 사는 것에 대해서 이야기했지만 나는 이해가 안 되고 받아들이기 힘든 시기야. 각자의 집에서 살던 숨겨진 것들이, 각자의 가문에서 있던 것들이 서서히 드러나는 것이 소용돌이치면서 휘말려 들어가서 같이 모아져 가는 거죠. 가는 과정에서 호랑이 같은 사람도 만나고 새 같이 지절거리는 소리도 듣고 여우같은 사람도 만나면서 다듬어지면서 하나 되기 위해 나아가는 거지. 결국은 남편과 아내가 한 목적을 바라보면서 나가는 것으로, 준비된 결혼을 하지 못한 내가 찾아가고 있는 것이기도 해요. 서로 하나가 되게 기도하는 것이죠. 그것을 향해서 직업도 비슷한 분야에서 해야 하지 않을까… 까지 생각을 하게 되는데, 너무 남편과 아내가 다른 삶을 살면 안 좋을 것 같아요. 아내는 집에만 있고 남편은 사회생활을 하니까 갭이 커지는 거야. 각자가 다른 생각과 관심사로 인해 대화가 안 될 수도 있고… 내가 바라는 것은 같은 그림을 찾고, 정말 같은 영성으로 가는 것이 있어야 말씀대로 살면서 이상적인 가정을 이루며 살 수 있겠다는 생각을 해요.

치료사: 각자가 옳다고 생각하는 결혼관을 이야기하면서 가장 자신에게 맞는 것을 찾으시네요.

오지원은 나인정이 말하는 각자의 독립된 부부의 삶이 필요하다는 말이 이해되지 않는다. 부부가 같은 목적을 바라보지 않고 따로 분리되어 있는 자신의 현재의 삶은 너무 힘이 든다. 남편과 의사소통이 원만히 이루어지지 않고 서로 다른 교회에서 신앙생활을 하는 분리된 관계는 오지원이 현재 가장 힘들어하는 부분이다. 이러한 힘듦은 각자의 원가족에서 가져온 가치관의 영향과 미성숙이 서로 충돌을 일으키며 하나의 공유된 가치관으로 변해가는 과정에서 발생하는 것이라고 여겨진다. 결국 부부는 한 목적을 향하여 같은 시각을 가지고 나아가야 하며 점점 모든 면에서 같아져야 한다고 오지원은 생각한다.

유시온: 제가 밑에 있고 이것은 산이예요. 결혼이라는 것이 탈출, 신분상승, 이런 것이지 않았나… 정상 꼭대기로 나가는 것을 표현했어요. 남편을 만나기 위해 여러 조건을 보는데, 내 조건도 있으니까 모든 조건을 다 맞출 수는 없으니 그 중 한 가지를 내려놓고 만났죠. 지금 지나고 보니 하나님의 섭리가 아니었나… 지금 가정은 평탄한 들녘으로 표현했어요. 중간에 감사하게 생각하지만 저는 A형에 가까운 AB형이라 예민하고 철저한 성격인데, 남편은 더 심해요. 그 때문에 힘들었어요. 내가 자라온 과정에서 꼴찌 취급을 받았는데, 남편이 잘해 주는 것 같지만 남편과 대등하기보다는 격이 있어 불만이었어요. 그래서 대등하게 치고 박고 말도 크게 하고 싸우는 것이 소원이었거든요. 그래도 남편이 워낙 잘하고 완벽하니까 내가 방어책으로 느슨해지더라구요. 양말도 왼쪽 오른쪽 갈라서 준비해놓고 남편이 퇴근하면 집에 놀러온 사람들이 나가면 5분 만에 시간에 맞추어 청소를 완벽하게 하는 등 그런 삶을 살았어요. 그러나 언제부터인가 평온해지면서 포기는 아니지만… 양보하고 이해하면 부부관계가 무사히 넘어가는구나… 지금은 평야같이 이해와 양보가 있었고 지금도 불뚝하는 것이 있지만 남편의 삶을 서로 빗겨가며 살다보니 신뢰가 생겨서… 창피한 이야기는 아닌데 큰 아이가 대학 가면서 서울을 오르락내리락 하면서 부부관계를 거의 안 해요. 감정적인 문제는 없는데 50세 넘었잖아요?… 우리가 이상한가? 현장에서 일하는 남편이 피곤하다하고… 풀리지 않는 숙제까지는 아닌데… 아가씨 때 불만족의 소크라테스가 되겠다고 생각했었고 정신적 사랑을 추구했는데… 지금 25년 정도 지나니 서로 이해해요. 100% 이해나 양보는 아닌 것 같아요. 불만도 좀 있겠고 약자로 생각하고 있는 것도 있으니까…

치료사: 개성이 있던 자들로 만나 이제 서로 양보하고 산다는 말씀이군요.

미혼여성이 풍경그림을 그릴 때 강을 건널 수 있는 다리가 길과 함께 연결되어 그려졌을 때, 그러한 그림에 대한 진단평가로 '새로운 일'의 시작이나 곧 '결혼'을 할 가능성이 보이는 것으로 진단한다. 이렇듯 여성에게 있어 '결혼'은 이 길에서 강을 건너 저 길로 나아가는 것으로 새로운 세상으로 나아감을 의미한다(한국미술치료학회 편, 2000: 661). 유시온도 원가족에서 꼴찌취급을 받았기에 결혼이라는 새로운 창구를 통해 신분 상승과 같은 다른 정체성을 얻고자 하였다. 어느 정도는 자신의 의도가 이루어져서 중소기업 사장인 남편을 통해 윤택한 삶을 살고 있다. 다만 믿음이 없는 남편을 만나서 지금은 같이 신앙생활을 한다. 서로에 대한 양보로 들녘과 같은 평탄함이 있다. 그러나 그러기까지 남편과는 동등한 위치가 아니었으며 예민하게 남편에게 맞추며 사는 힘든 시기가 있었다. 아이들이 커가고 나이가 중년이 되면서 양보와 이해가 부부문제를 드러내지 않고 무사히 넘어가도록 한다. 하지만 부부의 성문제를 살짝 언급하면서도 문제들을 덮고 지나가고 있으며 아내로서 아직 불만이 남아 있고 스스로를 약자로 생각하고 있음을 내보인다.

3) 내 삶에 심겨졌던 사랑의 모습 그대로 너에게 반응하기

(1) 야곱의 여인들의 삶을 내 몸의 언어로 마주하기-성경탐색

〈창세기 29장 16~30절: 레아와 라헬〉

16 라반에게 두 딸이 있으니 언니의 이름은 레아요 아우의 이름은 라헬이라 17
레아는 시력이 약하고 라헬은 곱고 아리따우니 18 야곱이 라헬을 더 사랑하므로
대답하되 내가 외삼촌의 작은 딸 라헬을 위하여 외삼촌에게 칠년을 섬기리이다
19 라만이 이르되 그를 네게 주는 것이 타인에게 주는 것보다 나으니 나와 함께
있으라 20 야곱이 라헬을 위하여 칠 년 동안 라반을 섬겼으나 그를 사랑하는 까
닭에 칠 년을 며칠 같이 여겼더라 21 야곱이 라반에게 이르되 내 기한이 찼으니
내 아내를 내게 주소서 내가 그에게 들어가겠나이다 22 라반이 그 곳 사람을 다
모아 잔치하고 23 저녁에 그의 딸 레아를 야곱에게로 데려가매 야곱이 그에게로
들어 가니라 24 라반이 또 그의 여종 실바를 그의 딸 레아에게 시녀로 주었더라
25 야곱이 아침에 보니 레아라 라반에게 이르되 외삼촌이 어찌하여 내게 이같이
행하셨나이까 내가 라헬을 위하여 외삼촌을 섬기지 아니 하였나이까 외삼촌이

나를 속이심은 어찌됨이니까 26 라반이 이르되 언니보다 아우를 먼저 주는 것은 우리 지방에서 하지 아니하는 바이라 27 이를 위하여 칠 일은 채우라 우리가 그도 네게 주리니 네가 또 나를 칠 년 동안 섬길 지니라 28 야곱이 그대로 하여 그 칠 일을 채우매 라반이 딸 라헬도 그에게 아내로 주고 29 라반이 또 그의 여종 빌하를 그의 딸 라헬에게 주어 시녀가 되게 하매 30 야곱이 또한 라헬에게로 들어갔고 다시 칠 년 동안 라반을 섬겼더라

성경의 텍스트를 두 명씩 짝을 짓고 한 명이 읽어주면 다른 한 명은 듣고 다시 바꾸어서 반복하여 읽기로 한다. 그 후 비블리오드라마는 말씀과 말씀 사이의 비어 있는 간격을 읽어 나간다의 의미가 있음을 다시 정리하며 집단원들과 다 같이 말씀을 다시 읽으면서 어떤 것들이 의문이 나는지 서로 나누어보기로 한다.

말씀 속의 배경과 풍습을 살펴볼 때 이 시기는 유대인들 간의 혈통을 유지하기 위해 친척 간의 결혼을 하였던 시대이다. 야곱의 4명의 여자로부터 12지파가 형성이 된다. 레아와 라헬은 자신의 여종들을 남편에게 주어서 각자 자신들의 무릎에서 여종들이 아이를 낳게 하여 아들들을 얻는다. 레아는 '암소'라는 뜻이고 성경의 표현에서의 '시력이 약하다'의 의미는 '눈매가 부드럽다' '안력이 부족하다'의 뜻으로 풀이되고 있고 라헬은 '암양'의 뜻으로 '몸매가 좋고 아리따우더라'라고 표현되어 있음을 말한다. 그리고 집단원들에게 여러분 생각에 레아는 어떠한 여성이었을 것 같은지를 물어본다.

오지원: 레아는 순하고 전형적인 여자였을 것이야.

강한나: 라헬은 매력적인 여자, 섹시한 여자로 눈에 확 드러나는 여자였을 것 같아요.

치료사: '시력이 약하다'라는 뜻은 킹 제임스 버전에서는 눈매가 부드럽다고 표현하고도 있어요. 그리고 왜 7년 일하는 것을 택하라 했을까요?

강한나: 지참금을 벌기 위해서겠지.

치료사: 이때의 7년의 연애시절은 어떠했을까? 현대의 연애와 어떻게 달랐을까요? 라반에 대해서 어떤 사람으로 느껴지나요?

유시온: 욕심이 많은 사람.

나인정: 주도 면밀한 사람, 먼저 풍습을 얘기했어야죠!

치료사: 의외로 어떤 이는 라반을 칭찬하기도 해요. 큰 딸을 먼저 보내는 규율을 잘 지키는 아비로 생각하더라구요. 레아는 야곱을 좋아했을까요?

오지원: 좋아했겠지.

치료사: 라반이 레아의 짝사랑을 눈치 채지 않았을까? 아빠로서 두 딸을 동시에 보지 않았을까? 야곱은 왜 라헬이 아닌지 밤에 몰랐을까요?

이열매: 대화를 안했을까?

강한나: 레아가 들킬까봐 이야기를 안 했을 수도!

유시온: 자매라 체형이 닮았을 수도.

치료사: 아침에 야곱의 놀람은 어떠했을까? 왜 7일을 채우라했나요? 이 지방은 결혼을 7일 동안 한 거죠. 결혼을 무산시키지 말라는 것이겠죠? 7일 지난 후 라헬과도 같이 사는 것이죠.

오지원: 7년 동안은 레아하고만 살라는 것인가요?

치료사: 7일 결혼 이후에 7년을 레아와 라헬 모두와 같이 사는 거죠.

치료사: 가장 자신에게 와 닿는 장면은?

오지원: 하나님이 다른 영혼이 둘로 나뉘는 것과 같은 일들을 허락하신다는 것이 나는 예민하고 어지럽고 혼란스러워! 다윗과 솔로몬 등 한 남자가 여러 여자를 거느리는 내용이 성경에 있으니 은근히 남자들은 이렇게 해도 되는 것으로 생각하지 않을까?

나인정: 처음부터 한 남자와 한 여자로 결정했는데 사람들이 그것을 깨뜨린 것이겠죠?

치료사: 그때 시대 법이 좋았다고 남자들이 이야기하더라구요.(하하)

나인정: 왜 이딴 식으로 만드셨는지… 그런데 그런 문화를 하나님이 뭐라 하지는 않으셔요.

오지원: 침묵하고 있었겠지, 해도 된다고 하지는 않았지? 내버려두었을 뿐이지. 남편이 있는 아내였기에 죄라했지… 그런 일을 당한 여자를 긍휼히 여긴 거겠지.

주사랑: 사랑하지도 않는데 왜 가능할까? 준다고 들어가냐고(큰 소리로)…

유시온: 남자들 열 여자 마다 안 한다. 똑같은 놈들이야!(다들 죽일놈!! 하하)

나인정: 그렇게 라헬을 위해서 기다렸으면서 7일 동안 레아와 함께 했다는 것이 상상이 안가요.

주사랑: 남자들은 왜 그럴까?

치료사: 라헬은 어떠했을까?

강한나: 라반이 다시 들어가게 한다고 했겠지. 무슨 언질이 있었을 거야

오지원: 라헬은 자신이 결혼하는 줄 알고 마음의 준비를 하고 있었을 것이야. 청첩장은 아니라도 누가 결혼하는지는 알렸을 테니 자신은 결혼할 줄 알고 있었을 거야.

여성들은 구약성경의 이야기를 탐색하면서 성서 속의 가부장적이고 남성 위주의 문화에 대하여 혼란스러워한다. 성서 속 여인들은 남성, 즉 아버지나 남편에게 예속되어 있으며 이차적인 존재로 규정되어 있다. 그래서 여인들은 차별과 억압을 받는 열등한 위치에 서 있다. 이러한 남성 위주와 가부장적 의식은 교회 안에서 그대로 유지되고 있다. 교회조직 안에서도 여성들은 지위가 제한되거나 역할도 차별화되어 있다. 기독교 중년여성들의 자아관은 그들의 신앙관과 신앙생활 속에서 계속 영향을 받고 있다.

집단원들은 교회 안에서의 성경공부와는 다르게 솔직한 자신의 생각과 감정을 표출한다. 이러한 자발성은 오직 한 가지 조건 아래서만 발전한다. 리더가 자기가 원하는 것을 말하도록 구성원들을 조종하지 않고 오히려 리더 자신이 받아들이기 힘든 것들까지도 말할 수 있도록 허락할 수 있을 때 가능한 것이다. 자발성은 그 진행과정의 안정성 여부에 따라 생기기도 하고 무너지기도 한다. 성경의 본문을 탐구하려고 할 때 집단원은 안전함을 느껴야 한다. 집단원들로 하여금 본문에 대하여 객관적인 인식과 주관적인 경험 사이에서 스스로 걸어가도록 허락해야 참다운 성경과의 만남의 기회를 줄 수 있다. 그들은 이 순간 성경의 이야기에 화도 내고 혼란스러워하며 피상적인 이야기가 아닌 나와 상관이 있는 이야기 속에 깊이 빠져 들어가 있다.

(2) 결혼의 터에 숨겨진 사랑의 상처 흔적 발견하기-Bibliodrama

나오는 인물: 시녀 1(유시온), 시녀 2(강한나), 라반(이열매), 야곱(나인정), 라헬(오지원), 레아(주사랑)

장면: 결혼 후 첫날 아침이며 야곱과 레아는 부둥켜안고 누웠고, 라헬은 다른 구석에 앉아 있다. 몸종은 그 옆에 있다.

치료사: 큐!! 아침이 밝아집니다.

야곱(나인정): 어!! (일어나 앉아 레아를 발견하고 놀란다) …어…(절망스러워하며)…
레아(주사랑): 너무 죄송해요…
야곱(나인정): (할말을 잃었다)

…

(침묵)

…

레아(주사랑): 너무 죄송해요 그런데 당신을 너무 사랑했어요. 제가 너무 사랑해서 놓치기 싫어서 아빠에게 부탁을 했어요.(실제 울음) 제가 졸랐어요. 정말 미안해요. 그런데 정말 사랑해요. 저를 받아주세요.(울음)
야곱(나인정): … 당신이 앞으로 어떤 삶을 살아갈 것인지 생각을 안 해 보았소?
레아(주사랑): (간절히 애원한다) 당신을 사랑했기 때문에 라헬도… 아빠가 생각하고 있겠지만 저도 당신의 아내가 되어서 앞으로 어떤 일이 생길지 모르지만 당신과 함께 감사하게 살게요. 살아가면서 조금씩 저를 보아주세요.
야곱: …(침묵)

나인정은 성경 속의 야곱이 되어 사랑하는 라헬이 아닌 레아와 한밤을 보낸 일에 놀라워서 침묵으로 말을 잇지 못한다. 나인정은 성경말씀이 문서화된 지식이 아닌 자신의 이야기가 되어 강하게 이 사실을 온 몸으로 체험하고 있다.

성경 문헌 연구에 있어 전형적인 인식과정은 성경에 담겨져 있는 아주 많은 분량의 활동들, 경험들 그리고 의사소통의 요소들을 제외시켜왔다. 침묵을 통한 의미 전달은 선형론적 인식으로 파악되지 않는 대체적 산물이다. 나인정은 드라마 속 장면에서 잠시 동안 말을 하지 않는다. 바로 이 침묵의 순간, 나인정은 어떤 기억이나 상처 그리고 가치관의 충돌 혹은 생각의 해체나 혹한의 지경까지도 체험할 수 있다. 아주 중요한 전해석의 순간이 인지적인 과정이 일어나기 전에 존재하는 것이다. 침묵은 단순히 언어가 부재하는 순간적이고 일회적인 쓸모없는 행위가 아니다. 오히려 침묵은 표면적으로는 수동적으로 보이지만 본질적으로는 아주 적극적인 반응이다.

드라마 재현은 추상적인 방식에서 사건에 대해 생각해 보게 하는 대신 치료를 통해 사건을 처음 경험했을 때의 모든 감각을 되살려 떠올리게 한다. 장면이 진행됨에 따라 권력불균형, 친근함과 소원함, 만남과 만남의 부족이 유기적으로 드러나고 감정이 어떻게 몸속에 저장 되었는지가 확실하게 밝혀진다. 드라마의 주인공들은 고통스러운 일을 직면하려 할 때 맥박이 빨라지고 호흡이 가빠지고 이를 맞부딪치거나 근육이 긴장됨을 느낀다. 반대로 잊어버렸던 감정을 몸을 통해 느끼고 기억할 때, 그리고 몸속에 저장되어있던 긴장을 털어낼 때 그들은 깊은 편안함과 쾌감을 느끼고 솔직해진다.

당황하고 놀라워하는 나인정과 야곱이 자신을 사랑하지 않는다는 사실을 알고 있으면서도 하루 밤을 보내고 아침에 얼굴을 들키고 있는 레아 역의 주사랑 또한 민망스럽고 어쩔 줄 모르겠다. 그러나 주사랑은 곧 절실하게 자신도 야곱을 사랑해 왔다는 감정을 느끼며 야곱에게 자신도 오fot동안 사랑을 하였노라고 고백을 하며 도리어 아버지인 라반에게 자신이 부탁을 하였다고 적극적인 자세를 취한다. 그리고 자신을 받아달라고 애원한다. 야곱인 나인정은 정말 심각하게 이 상황을 자신의 실존적 상황으로 가져와서 고민을 한다.

치료사: 아침입니다. (다른 장면)
라헬(오지원): 왜 밤에 신랑이 어디를 갔어요?
라반(이열매): 좀 기다려보아. 아빠가 다 계획을 세워났으니까 생각이 있어.
라헬(오지원): 얘기해 보아요.
라반(이열매): 시간이 되면 알 수 있어.
라헬(오지원): 가 봐야겠어.
(야곱에게 가본다) 야곱 어떻게 된 거예요?
라헬(오지원): 이게 어떻게 된 일이에요!
야곱(나인정): …내가 선택한 삶은…. 이런 삶이… 아니 내 잘못이 아니야.
라헬(오지원): 밤새 어찌된 일이에요!
야곱(나인정): 나는 이 여자가 라헬인줄 알았고… 내가 사랑하는 여자인 줄 알았고…
라헬(오지원): 어떻게 그렇게 모를 수 있어요?

야곱(나인정): …그게 이 여자를 안고 있었다는 것이 저도 화가 나요. 당신이 아닌 것을 몰랐다는 것이… 내 자신에게 화가 나요…

야곱(나인정): 삼촌을 만나야겠어요.

라헬(오지원): 나도 만나겠어요.

야곱(나인정): 라헬은 좀 나가 있고 삼촌에게 할 말을 해야겠어요. (삼촌에게로 간다)

장면이 바뀌어서 라헬이 야곱을 찾아오고 야곱은 라반에게 가서 따져 묻는다. 마치 자신의 인생의 어그러진 사건의 이유를 주관자인 절대자에게 묻는 것처럼… 너무나 흥미로운 것은 성경 속 야곱의 결혼 이야기 전개와는 전혀 다른 이야기가 전개되고 있다.

야곱(나인정): 삼촌! 저에게 왜 그랬어요?

라반(이열매): 할 말이 없다만, 우리 관습상 큰 딸이 먼저 결혼해야 하니까…

야곱(나인정): 제가 여쭙는 것은… 법을 말하는 것이 아니라 사랑하는 사람을 두고 그럴 수 있냐구요? 제가 원하는 사람을 원해요. 왜 그랬냐구요!!!

라반(이열매): 동생을 주려니 언니가 시집 가야 하니… 동생도 줄 테니 걱정하지 말고 있어. 7년 일하면 라헬도 줄 것이야. 일주일 동안 신혼 생활하고 나면 줄께.

야곱(나인정): (정색하고 작은 소리로) 삼촌이 미리 말을 해 주었어야 해요. 저는 이해했을 거예요. 레아의 말을 들어보니까 내가 레아의 마음을 몰랐고… 이해는 되지만 이제는 내가 속았구나… 이해할 수 없고… 화가 나고… 이러한 삶을 두 여자를 7년을 더 데리고 살라하시는데 (점점 소리가 커지며) 정말 잘못 하신 거예요! 충분히 설명을 했어야 했어요.

라반(이열매): 미리 말하면 레아를 내 칠 것을 걱정했네. 내 방법은 이랬어.

야곱(나인정): (목소리가 커지며) 말리든지 설득을 시켰어야 했어요. 왜 항상 자기 맘대로 해요. 분명하게 선명하게 이건 이렇고 저렇고 왜 이런 선택을 해야 하는지 설명을 했어야 했어요.

라반(이열매): 더 좋지 왜 그런데? 너 몰랐구나? 풍습이 그런 거야!

야곱(나인정): 아…. 라헬에게 너무 빠져서 그걸 몰랐어요. 그 주변의 환경이나 레아의 마음, 그 문화까지도 전혀 무시했구나!!

라헬(오지원): 야곱 우리 집을 떠나요?

레아(주사랑): 안 돼요! 저도 같이 가요. 저는 이미 결혼한 몸이에요.(세 사람이 격렬하게 움직인다. 레아가 야곱을 완전히 껴안는다. 라헬도 서로 야곱을

빼앗는다)

야곱(나인정): … (침묵)

(야곱이 한참을 시달리며 고민을 하다가)

야곱(나인정): … (침묵)

야곱(나인정): …라헬에게 미안하지만 내가 내 여자를 못 알아보았고 레아를 책임질 수밖에 없어…

야곱 나인정은 얼떨결에 하룻밤 같이 잔 레아만을 책임감으로 아내로 받아들이겠다고 한다. 나인정은 차라리 자신을 좋다고 강하게 매달리는 레아는 자신을 버리지 않을 것 같은 감정을 느낀다. 또한 사랑의 감정보다 책임감의 감정이 현실적으로 느껴지는 자신의 감정임을 드러낸다.

나인정의 이러한 반응은 문헌에 매이지 않고 자신의 삶이 되는 순간이다. 자신의 삶과 성서의 이야기가 서로 교차된다. 비블리오드라마는 성서의 이야기를 이해하는 데 있어서 연결되는 경험에 중점을 두고 사람들 스스로의 렌즈로 바라보는 것이며, 역으로 사람들이 자신들의 삶을 성서 이야기들 속에 숨겨진 지혜를 가지고 이해하는 것이기도 하다. 비블리오드라마는 참여자들이 이야기 안으로 뛰어 들어가는 즉흥성과 즉시성에 있다. 성서의 이야기가 오늘날 우리의 삶에 연계되는 것은 이성이나 믿음만으로 되는 것은 아니다. 오히려 그 이야기들을 창의적으로 놀이식으로 재사유화하는 데서 가능해진다.

라반(이열매): 라헬도 책임져!

야곱(나인정): 저는 그렇게 못해요 두 사람을 사랑할 수 없어요.

라반(이열매): 7년 동안 라헬을 사랑해왔으면서 레아를 선택하겠다고? 책임감도 인정하지만 사랑도 져 버릴 수 있어? 라헬에게 인정시켜봐!

야곱(나인정): 라헬 당신을 정말 사랑했고 7년을 수일같이 여기면서 (실제 울음)…

라헬(오지원): 마음은 내게 있잖아요!

야곱(나인정): 다른 사람에 의해서든 우리 잘못이든 내가 레아를 책임져야 해…

라헬(오지원): (자신의 역할에 몰입을 하지 못한다) 사랑한 일이 없는 것 같아… 내 안에 그런 감정이 안 일어나네!!

야곱(나인정): (울음) 사랑하는 마음은 아니고… 책임을 져야 한다는 생각이 더 커.

라헬(오지원): 책임 안 져도 돼요. 우리의 사랑을 생각해서 우리의 삶을 살아요.

레아(주사랑): (간절하게) 저는 놓칠 수 없어요. (서로 야곱을 빼앗는다)

집단원들은 사랑하던 라헬은 버리고 레아를 선택하는 나인정이 이해되지 않는다. 라헬 또한 '자신과의 사랑은 무엇이란 말인가?'를 생각하며 어찌 보면 가장 큰 피해자가 될 판이다. 라헬과 레아는 서로 야곱을 차지하고자 야곱을 잡아당기기 시작한다.

드라마의 디렉터로서 나는 나인정의 갈등적인 드라마 속 위기를 극대화시키기로 하였다. 그리고 이러한 상황은 라헬과 레아에게도 각자 자신의 감정으로 반응할 기회 또한 주게 될 것이기 때문이다. 야곱의 역할을 하는 나인정에게 양쪽으로 천을 잡게 하고 각각 한편에 라헬과 레아가 자신의 사랑을 주장하면서 강하게 당기도록 하였다. 갈등적 감정을 신체화하며 극적인 장면들로 이어졌다. 야곱은 양쪽으로 흔들리며 갈등상황에 충분히 자신을 맡겨보고 경험을 한다. 이때 레아는 적극적이고 간절하게 자신의 사랑을 요구하지만 라헬 역의 오지원은 도중에 스스로가 간절하게 사랑을 구해지지 않는 자신을 발견한다. 그래서 라헬은 다른 보조자아의 도움을 받는다. 야곱 나인정은 자신이 좋아하는 사람과 결혼을 하지 못하고 자신이 생각하지 않았던 사람과 결혼을 한 사실에서 매우 혼란스러웠다. 원하지 않던 일들이 벌어진 이 순간 그녀의 감정과 생각은 자신이 살아왔던 과거의 자신의 경험들에 관한 복잡한 심정이 된다. 과거에 경험했던 '위기'의 감정들이 떠오른다.

〈갈등무드〉

야곱을 가운데 두고 한 쪽의 천을 레아가 잡아당기고, 또 다른 쪽의 천을 라헬이 잡아당긴다.

라헬(오지원): 우리의 아름다운 삶을 위해 떠나요.(잡아당긴다)
레아(주사랑): 결혼이 뭐예요. 우리를 묶어주는 거예요.(잡아당긴다)
(라헬의 애틋한 사랑이 안 느껴진다… (다른 이들의 도움을 받는다)
(양쪽에서 잡아당긴다)
(라헬의 사랑이 약하다)

보조 라헬(강한나): 7년 동안 얼마나 사랑했는지 생각해봐!(잡아당긴다)
(한참을 양쪽에서 잡아당기며 야곱은 시달린다).

야곱(나인정): 아!! 알겠어요. 사랑을 믿을 수가 없어요. 사랑은 움직이는 것이고 지금 이렇게 (라헬이) 매달려도 한순간에 떠날 것이니까, 사랑의 감정은 언제든지 변하니까… 내가 버려질까보아… 이 사람(레아)은 내가 버리기 전에 떠나지 않을 것이니까…

야곱은 이 갈등적 상황에서 자신의 내면의 목소리를 찾아냈다. 그것은 '사랑을 못 믿는다'와 '나는 버려질지도 모른다'는 두려움의 목소리다! 간절하게 자신을 요구하고 있는 레아의 사랑은 곧 변할지 모르는 나의 사랑보다 안전하리라고 느껴진다는 것이다. 나인정의 신체와 무의식에 녹아 있던 불안의 실체가 드러나는 순간이다. 잠시의 시간들이 지난 후 자신의 모습이 있기까지 '아! 예전에…'를 나인정은 떠올리며 울기 시작한다. 그녀의 울음에 모든 집단원들도 침묵을 하고 기다려준다.

갈등적 상황에서 명료하게 드러난 자신의 두려움과 반응들은 과거의 나인정을 더 들여다볼 필요성을 보여준다. 나는 이제 그녀만의 상처받은 이야기 속으로 들어가 볼 것을 제안하였다.

(3) 사랑에 상처를 남긴 돌덩이 함께 들어내기-나인정 bibliodrama

나인정은 드라마 상황에서 드러나는 자신의 반응에 대한 탐색을 시작한다. 그것은 과거의 한 시점과 떠오르는 사건이 있음을 알린다.

나인정: (한참동안 울음) … 선교단체 훈련기간 동안… DTS 마치고 모빌팀에서 교제할 때… (울음) … 그때 찬양리더 형제가 저한테 먼저 프로포즈를 했어요. 교제를 시작하기 전에 모임성격상 일반적으로 공표를 하고 시작을 하게 되어 있는데… 외국에 있는 부모님께도 결혼을 하겠다고 전화를 하고, 교제한 지 얼마 안 되었고 스킨십도 없고 손도 잡아본 기억도 없는데, 유럽으로 단기선교를 가면서 팀이 나뉘게 되었는데 일부러 리더들이 우리를 떼어놨어요. 그 형제는 눈에 안보이면 집중하지 못하는 약함이 있는데 나는 하나님이 분명히 유럽에 가라하시는 음성을 들었는데도 나는 유럽에 못 가게 되었어요… 유럽에 단기선교를 하게 되면서 그 형제가 다른 자매와 사귀게 되고

들어왔을 때… 너무 부끄럽더라구요. 그 형제를 보는데 다른 자매의 머리를 쓰다듬는 거예요. 뭔가 있구나! 마음이 무너졌는데… 팀 전체가 내 눈치를 보는 거예요. 뭔가 있었구나… 마음이 무너지는 거죠. 전체 간사총회에서 그가 용서를 구하는 거예요. 결국 그는 잘렸어요. 자숙기간을 가져야 하는데… 그만 두고 ○나라로 돌아갔어요. 그 자매와는 잠시 그랬던 거예요. 최근에 페이스를 하면서 소식을 듣고 잠수를 탔는데 그때 당시 1년을 그 형제는 인터넷을 통해 나를 계속 찾았는데… 잘못을 알고… 내가 결혼 했다는 것을 알고 그 쪽도 아무나와 결혼을 한 거예요. 그 형제가 10년 넘게 술 마시고 방탕한 생활을… 나는 6, 7년 동안 죽으라고 고생하고… 최근에 모빌팀과 연결이 돼서 이야기를 해 보니까 둘이 진짜 바보 같았던 거예요. (울음)

나인정이 자신의 사랑하는 라헬을 버리고 레아를 선택하는 예기치 못한 결정이 이해되는 시간들이다. 사랑에 관한 아픈 사연들이 울음과 함께 쏟아져 나온다. 결혼을 약속한 형제가 잠시 해외단기선교에 나가서 다른 자매와 사귀고 온 사실은 '사랑을 못 믿게 된 상처'로 마음에 새겨지게 되었다. 그러나 그들이 만나서 서로의 약함을 고백하고 다시 만날 기회를 얻었었다면 어떠했을까? 안타깝게도 그러기에는 서로 미성숙했기에 둘 다 회피하고 만다. 그 회피는 서로 엉뚱한 상대자들을 만나게 되고 잠시의 만남에서 책임감이라는 감정에 의해 결혼을 선택하고 말았던 것이다. 비블리오드라마에서 자신의 삶을 그대로 드러내고 있었음을 다시 한 번 확인하는 순간이기도 하다.

나인정: 나는 이해를 못하고 버려졌구나!!… 집안 형편도 그렇고 부모도 나를 돌보지 않고 몸 하나 밖에 아무것도 없는… 부모님들도 1년 반 동안 1번 전화 왔고 지금도 이혼을 했지만 전화 연락 한번 없어요… 원래가 그런 삶을 살았어요. 그 분들이 관심이 없어요. 부모들이 착취형이죠… 그 형제가 말을 하려고 다가오는데 나 자신이 부끄러운 거예요. 사랑받을 자격도 없고 뒤돌아 도망을 갔어요… 만나기로 했지만 기다려도 안 왔어요… 바로 고향으로 내려와서 잠수를 탔죠. 그 형제가 부유하게 살았고 부모들이 잘 살고 해서 한마디도 못하고 따지지도 못했어요. 그러다가 지금의 남편을 만났어요. 믿는 놈이나 안 믿는 놈 다 똑 같다는 생각이 들더라구요. 그 시기에 나를 말리던 목사님이 ○○를 데리고 갔는데 음란한 말을 하는 거예요…

지금의 남편과 만난 지 한 달 만에 결혼을 했죠. 결혼 전에는 키스만 하려 해도 교제가 끝나버리더니 지금의 남편과 키스를 한 후 훅 넘어간 거예요. 선택의 여지없이 책임져야 한다고 생각하는 거예요. 결혼을 해야 하는 것으로… 무를 수가 없는 거예요.

자기의 사랑을 쟁취하지 못한 나인정의 행동의 근저에는 가족, 특히 부모로부터의 버려진 감정이 도사리고 있었음을 또한 본다. 마땅히 그 형제에게 따져야 하는데도, 한 번도 자신을 위해 부모에게 주장하고 요구하지 않았던 나인정으로서는 요구하는 행동을 하지 못하고 곧장 버려진 감정과 함께 숨어버리는 길을 택하고 말았다.

나인정의 개인 비블리오드라마를 하기로 나는 제안하였다. 이는 상대에게 했어야 했던 말들이 마음속에 굳어져서 그동안 잊혀져 있었을 상처의 돌덩이를 드러내는 작업이 되리라!

연구자는 나인정의 앞에 빈 의자를 마주 놓으며 못다한 말이 남겨진 상대방이 자리하고 있다고 생각하자고 한다. 나인정은 그 자리에 자신에게 상처를 주었던 그때의 남자를 앉혀본다. 그리고 한참을 그 상황에 몰입하고자 침묵하며 마음을 추스린다. 긴 침묵이 지나고 그녀는 본 연구자가 그 자리에 앉기를 요청하였다.

나인정: … 별로 원하는 것이 없었어요… 그냥 다 했어요. 이혼 후 얼마 전 페이스북으로 왜 그렇게 됐는지 그 상황을 다 얘기했어요. 중간에 누가 끼어들었는지, 2명의 언니들이 삐지고… 나를 왕따시키고 말 안하고… 그 상황에서도 나를 위로해 주는 자매도 없었어요. 그 형제는 나를 찾았지만 못 찾았으니… 저는 일을 하고 마무리를 할 때는 잠수를 타는 거예요. 그 이후에도 ○○나라를 갔다 와서도 잘못한 사람은 정작 그 팀의 리더인데 그 리더의 잘못을 변명도 하지 않고 잘못을 뒤집어쓰고 잠수를 탔어요. 4년 만에 하나님이 부르셔서 다시 ○○ 리더가 되었다가 또 잠수타고…

치료사: 누군가 나를 이해 못하는 사람은 늘 있게 마련인데, 그때마다 싸우는 것은 아니고 변명이나 상황 설명을 하든지 다른 방법을 써야 하는데 회피하는군요.

나인정: 그 사람들이 힘들까봐…

치료사: 자기 케어는 하지 않네요…

여전히 나인정은 자신에 대한 사실을 설명하였다. 자신의 감정을 상대방에게 직접적인 방법으로 말하기가 아직도 힘이 드는 모양이다. 디렉터로서 나는 좀 더 구체적인 상황을 설정해서 제시하기로 한다. 형제가 이야기를 하러 올 때 도망하던 그때로 돌아갈 것을 제안한다. 그리고 나는 그 형제가 되어서 가상의 이야기로 나인정의 감정에 말을 걸어본다.

"내가 고백한 바와 같아. 너에게는 정말 미안하다. 단지 너에게 마음이 걸려. 아무래도 그 자매를 좋아하는 것 같애."라고 다소 화를 낼만한 멘트로 나인정에게 말을 걸었다. 그러나 여전히 나인정은 잠잠히 생각에 잠겨 있기만 한다. 그리고 계속된 침묵…

나는 이 장면을 바라보고 있던 다른 집단원들에게 나인정을 돕기 위해 보조자아로 활용될 것을 요청하였다. 그리고 나인정의 어깨에 손을 얹고 동일시하며 대신 대화하도록 하였다.

나인정 보조자아(강한나): 그렇게 한 입으로 두 말 할 수 있어? 너는 그런 인간이야?

형제(치료사): 나만 가게 된 것도 하나님이 뜻이 아닐까?

나인정 보조자아(강한나): 다른 사람들이 방해해서 교묘하게 그렇게 된 거야.

형제(치료사): 근데 막상 같이 있어보니까 그 자매의 매력을 느낀 거지.

나인정 보조자아(강한나): 그 짧은 시간에 변할 수 있어? 결혼해도 못 믿을 사람이네!

형제(치료사): 결혼 전까지 충분히 찾는 과정에서 기회는 열려 있다고 보지… 가서 보니 그 자매가 눈에 들어와…

…

…

나인정: (집단원들에게) 제 성격상 "잘했어요"라고 말했을 거예요. 구걸하지도 붙들지도 않았겠죠. 그 전 교회청년들이 나 아니면 죽는다고 집 앞에서 병깨고 했는데 사랑을 못 느끼겠어요. 신뢰를 못 하겠더라구요.

물론 그 형제는 다르게 말을 했을 수도 있었으나 결혼약속을 어기고 다른 자매를 사귀고 돌아온 잘못을 저지른 형제에게 잘했다고 말을 할 것 같은 자신을 집단원들에게 또 설명을 한다. 사랑을 믿지 못하고 그래서 요구도 하지 않는 자신을 다시 만나고 있다. 그러나 나는 윤리적이고 이성적인 생각으로 반응하는 나인정을 좀 더 즉각적이고 실존적인 자기 감정을 만날 기회를 주고자 하였다.

치료사: 살면서 힘이 들어서 악을 쓴 적이 없어요? … 사실 이 곳은 잉여현실로 꿈속에서 똥 싸듯이 해 보는 곳이에요. 너무 잘 나지도 않고, 고상하지도 않고, 부모처럼 착취형 사람이 되지 말아야지 라고 생각하지 말고, 아닌 모습으로 소리 질러봅시다. 괜찮은 사람이 되려고도 하지 말고, 너무 잘 나려고도 하지 말고, 완전한 사람이 되려고 하지도 말고, 괜찮은 사람이 되려고도 하지 말고 내 것을 주장해 보는 거죠.

나인정: 방법을 모르겠어요.

나인정은 방법을 모르겠다고 하였다. 가장 원초적 자신의 기본 감정을 드러내는 일조차 나인정에게는 어렵다. 이에 집단원들이 자발적으로 앉아 있는 나인정의 뒤로 서서 배신당한 나인정의 감정을 큰 소리로 대변하기 시작한다. "자기가 먼저 좋아했잖아!", "결혼까지 약속했잖아." 보조자아들의 대변을 듣다가 나인정은 이윽고 "아버지에게 결혼한다고 전화까지 했었잖아요!" 라며 상대방에게 말을 하기 시작하였다. 주위의 집단원들은 너도 나도 모두 힘을 실어준다. "나쁜 사람이네!", "백 배 화를 내도 된다.", "당신을 믿을 수가 없어요." 심지어 "차 버려야 한다."고 하였다. "왜 결혼 약속을 했어?", "이해가 도저히 안 된다! 너는 나쁜 놈이야!"

나인정: 사귄 시간이 짧았고 스킨십도 한 번도 없었어요. 그 형제는 그 전에 안 좋은 삶을 살았는데 그 전 여자친구와 자기도 했는데 나를 봤는데 손도 못 대겠더래요. 이 자매에게는 정말 실수 안 하고 싶고 거룩하게 살아야 한다고 머리로는 알겠는데 한 번도 그렇게 해 보지 않은 거예요. 유럽에 가서는 자기방법으로 하고 돌아와서 잘못된 것을 알고 다시 나를 찾은 거예요.

…

…

나인정: (형제를 바라보며) 당신이 그때 … 아니 그러니까 너 때문에 내 삶이 진짜 꼬였어. 너 같은 놈이 안 끼어들었으면 엉뚱하게 안 믿는 사람과 결혼 안했잖아!!

금방 나를 찾았다는 것도 이해가 안 돼! 믿을 수가 없어.
(집단원들의 지지): 오!!~~

드디어 어렵게 나인정은 자신에게 상처를 준 상대에게 대면하여 말을 할 용기를 갖는다. 집단원들과 디렉터의 지지는 가장 자신의 내면의 원초적 언어를 끄집어내어도 안전하다는 마음이 들게 하였다. 이성적으로 '너를 이해할 수 있다'는 생각이 조금 전까지의 반응이었으나 내가 무시하고 부정해 놓았던 감정도 마주하고 느껴보고 싶으며, 내가 나를 돌보아도 괜찮다는 마음을 받아들이기로 한다. '너 때문에'라며 비난을 해 본다. '믿을 수 없어'라고 직설적인 부정도 해 본다. 집단원들 모두 나인정의 반응에 진심으로 기뻐해 주며 "오~!" 추임새를 넣어준다. 신체작동체계는 우리가 세상을 경험하게 해 주며 그러한 신체적 기억을 바꾸기 위해서는 새로운 일련의 기억이 있어야 한다.

치료사: 이제는 누군가를 사랑하게 되면 정확하게 타진하고 나의 사랑을 검증하고 붙잡아야 될 것 같네요. 당당하게! 성경 속의 라헬과 레아가 얼마나 갈등과 경쟁 속에서도 싸우며 잘 살았나요. 자기의 위치를 지키고 분복이라 생각하고 그것을 지키기 위해 애쓸 때 하나님도 뭐라 안 하신 것 아닐까요? 자기 것을 당당하게 요구합시다! 다시 비블리오드라마 장면으로 돌아가겠습니다.

〈비블리오드라마 장면으로 돌아감〉

라반(이열매): 라헬도 줄게!
야곱(나인정): (웃으며) 진짜로 삼촌? 대박이다!! (모든 집단원 박수와 웃음)
소문 들어보니까 시녀들도 준다구요? (모든 집단원들 환호와 웃음)

나인정은 마흔 중반 나이의 여성이다. 그러나 연애하던 청춘의 날들이 아직도 생생하다. 그리고 그 생생함은 계속적이고 반복적인 자기양식이 되어 나타난다. 비슷한 상황마다 그녀는 상황들을 직면하고 자신의 권리를 찾아서 요구하지 않고 회피하고 숨어버린다. 나인정은 개인 비블리오드라마를 하면서도 처음에는 자기를 위한 주장을 하지 못한다. 자신을 돌보는 일이 이기적인 것이라고 생각을 하고 솔직한 감정들을 만나는 것조차도 스스로에게 허락하지 않고 살아온 것 같다. 이 모든 이야기의 결과는 개인 비블리오드라마 장면을 통하여서 그렇게 될 수밖에 없었던 과거를 설명하며 그 영향력에 의한 삶을 살아왔음을 보여주었다. 결혼할 때의 나인정의 자아 상태를 잘 드러내었던 것이다. 기독교선교단체에서 오랜 시간 훈련을 받고 다른 민족에게 단기 선교도 하며 신앙을 지도하는 간사였지만 그의 내면의 정체성은 매우 약하고 혼란스러우며 수치스러워 했다. 자신의 권리를 찾아 당당한 모습으로 결혼을 약속한 남성에게 따지지 못한 그 약함은 그 이후 결혼의 선택 시간에도 단순한 책임감에 밀려서 하게 된다. 신앙의 성숙과 삶의 자기 정체성과의 괴리가 보였다.

비블리오드라마를 하는 과정에서 라헬 역을 하였던 오지원도 야곱에 대한 사랑이 경험되지 않는다. 그녀는 자신을 사랑하는 남자가 다른 여자와 결혼을 하고 자신을 떠나겠다고 하는 상황에도 별다른 감정이 없음을 보며 스스로에게 사랑에 대한 경험이 없었지 않았나를 의문해 본다. 그런 자신을 개인 비블리오드라마로 더 탐색하고 싶어졌다.

오지원은 극 중에서 아버지인 라반이 괜히 싫었다. 자신의 아버지에 대한 투사된 감정이리라! 오지원의 친정어머니는 자신의 아버지를 2살 때 잃어서 애타게 절약하며 자식을 키운 분이셨고 그와 반대로 친정아버지는 자신의 아버지가 보내주지 않아 중학교에도 못 가신 분이다. 그래서 아버지는 그 못다 이룬 꿈을 이루고 싶어서 자기 재능을 정신병이 날 정도로 표출하고 사셨다고 한다. 자기 것을 찾기 위해서 가정보다 밖으로 돌았으며 노름도 하고 여자관계도 있어 나머지 가족들은 힘이 들어서 죽을 지경이었다. 결국 지금까지도 어머니는 돈을 모았다가 계속 아버지 밑으로 쓰고 있다. 아버지는 심지어 어머니에 대한 정서를 큰 딸인 오지원에게 풀었다. 외모적으로 엄마를 닮은 오지원은 외모열등감이 있었고 실제로 그들은 예쁜 옷보다 고동색의 옷들만을 입혀주었다고 한다. 연애할 시간도 없이 '별 남자 있겠는가'를 생각했고 연애하는 동안 남자의 안 좋은 성품이 드러났어도 아니라고 말 못하고 안개 속처럼 있다가 결혼을 했다. 오지원 역시 결혼하면서 발견된 갑상선암을 신앙으로 이기기 위해 많은 시간을 기도로 보내고 신앙생활에 몰두하고 있지만 여전히 지금의 결혼생활도 남편에게 화가 나서 터트리는 식으로 관계를 하기 때문에 대화가 잘 안되며 불화를 겪고 있다고 한다. 이후 오지원은 당당하고 조리 있게 자기 주장하는 장면을 연출하기로 한다.

오지원은 아침에 이곳까지 오는 과정도 힘들다. 현실에서 유기농 매장을 경영하면서 이번 집단미술치료에 참가하였기에 토요일 하루 종일 매장에 갈 수 없는 상황이다. 더욱이 오늘은 물건들이 들어오는 날이다. 물건이 매장에 들어와야 할 때 누군가가 도와주어야만 한다. 오지원은 남편에게 당당하게 주장하고 부탁하고 싶다. 그러나 일상에서 도움을 받고자 가족에게 요구하는 것도 쉽지 않다. 그래서 나는 오지원에게 당당하게 남편에게 요구하고 주장하는 연습을 하기로 권한다.

〈오지원의 주장해 보기〉

오지원: 내가 미술치료 하러가는데 매장에 배추배달을 자기가 도와줘야 되는데…

남편(나인정): 몇 시까지 가야 하는데? 뭐 하러 가는데?

오지원: 갔으면 좋겠는데, 그게 아니고 배달시간만 도와줘.
당신하고 산다고 힘들었잖아! 더 행복하게 잘 살아보려고 가는 거야.

나인정: 오지원이 말할 때 항상 보면 느낌이 어떠하냐면… 자녀에게도 미안한데 저 것 좀 가져올래? 하는 거라. 말 속에 미안함이 깔려 있어요. 제가 대신 해 볼게요.

오지원 보조자아(나인정): 여보 나 오늘 좀 늦는데.

남편보조자아(치료사): 뭐라 카노!

오지원 보조자아(나인정): 미술치료 진짜 비싼 건데 밥도 공짜로 준다는데.

치료사: 공짜야? 그런 데가 있어?

오지원 보조자아(나인정): 왔다 갔다 하는 것도 너무 힘든데 당신이 다 해!

남편보조자아(치료사): 그것만 하면 돼?

오지원 보조자아(나인정): 어! 갔다 올게!

나인정: 이렇게 당당하게 하세요. (오지원을 바라보며)

집단원: 자꾸 하면 변할 수 있어!

오지원의 보조자아로 나선 나인정은 평소 오지원이 자녀나 남편에게 떳떳하게 말을 하지 못하는 것을 알고 당당한 오지원으로서 보조자아

역할을 해 보인다. 보조자아는 상황을 구체적 형태로 만들기 위해 필요한 역할을 연기한다. 주인공은 마음이나 이성을 통해 보조자아들을 실제 존재, 또는 '충분히 실제에 가까운' 존재로 받아들임으로써 경험을 다시 작업하고 힘을 되찾을 수 있다(Tian Dayton, 2005, 김세준 역, 2011: 62). 드라마로 재현하는 것은 신체가 자연스럽고 유기적인 방식으로 치유되게 하기 때문이다. 같은 참여자로서 다른 이의 삶에 깊이 개입해 보는 마음은 그만큼 서로 강함 역동이 일어나고 있음을 보여주고 있다.

4) 두 번째 만남의 의미를 다시 느끼기

둘째 날의 집단미술치료 시간과 비블리오드라마 시간이 다 지난 후 하루 동안 함께 했던 경험들을 그림으로 소감을 나타내는 시간을 갖는다. 하루 동안 꽤 많은 일들이 있었다. 집단원들은 때로는 주인공으로 보조자아로 드라마를 시연하며 각각의 위치에서 얻어진 자각과 느낌들이 있으리라.

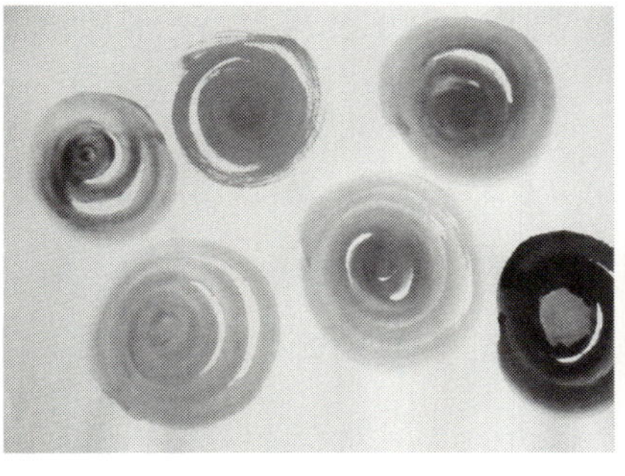

〈그림 4-25〉 나인정 '불안이 없어진 공동체'

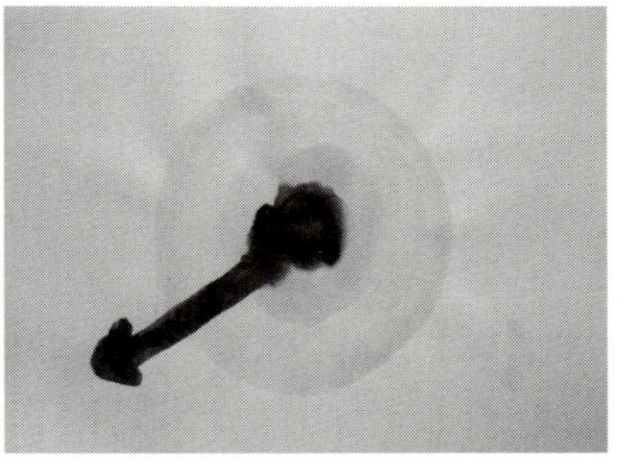

〈그림 4-26〉 이열매 '남아 있는 불안'

나인정: 다양한 공동체를 만나고 있는데 지난번 그림에 있던 불안을 나타내는 검정색이 사라졌어요. 드라마를 하면서 나를 있는 그대로 받다준다는 사실에 편해졌어요. 아! 내가 긴장을 안 할 수 있구나!… 좋았어요.

이열매: 아직 내 안에 답답함이 남아 있어요. 남자 이야기에 대하여 드러나는 것을 보다 보니 나도 생각이 나는 것이 내가 좋아하던 남자가 서울로 공부하러 간다하면서 취직이 돼서 가버렸어. 싫어서 간다고 하면 이해가 됐을 텐데, 공부하러 가면서 '연락할게' 했기 때문에 기다렸거든. 그 이후 내가 답

답증이 생겼어요. 생각을 하다가도 답답증이 올라오면 공황발작이 올라와요. TV를 보다가 탤런트 이름이 생각이 안 나도 속에서 확 올라오면서 혼자 1, 2분 미쳐 버리는 거라. 왜 그런가 했더니 속에 신경증에서 오는 것도 있지만 갑갑증이 있는 거지. 시어머니에게 달려들지 못한 것의 답답증, 늦게 오는 남편에 대한 답답증 등이 섞였던 것이지.

나인정: 아!! 이열매가 말하니 나도 깨달아지네요. 나도… 뭔가 기다리고 있을 때 인터넷에서 로딩을 할 때도 가슴 속에 저리며 아프거든요. 갑갑한 것이… 그 남자가 유럽에서 돌아와서 만나러 온다고 기다릴 때 세 번이나 네 번 캔슬했을 때 답답했어요. 아! 왜 그런지 알겠네요…

이열매: 나는 6개월을 기다렸어요. 아무 말도 안 하고 떠나니까. 남자를 찾아가니 웃으면서 헤어지자고 할 때 욕을 퍼 주어야 하는데, 욕도 할 줄 모르고 말도 못하고, 어떻게 처리할 줄을 몰랐던 거야. 그래서 지금까지 가슴에 못이 박혀 있지. 그 뒤에 미워서 편지를 계속 써서 보냈어요. 오만 말들을 써서 받든지 안 받든지 써서 보냈어. 이제는 1년에 한두 번씩 그 감정들이 올라와.

치료사: 감정을 충분히 경험해야 없어지니 확실하게 직면을 해야 해요. 농익은 감처럼 충분히 익히면 사라지듯이 경험을 충분히 해야 남지 않죠.

이열매: 처음에는 한의원에서 최면술을 하면서 90% 좋아졌고 그 전에는 굉장히 심했었어. 항상 불안하고 힘들었어.

치료사: 다른 사람들이 드라마를 할 때 내 안의 감정이 올라오면 이야기를 꼭 해 주시고 표현해 주셔요.

치료장면에서 내담자들은 단순히 대화만을 하는 것이 아니다. 그들은 상대방이 보내는 무언가를 환기시키는 신호에 동조하고 그에 따라 서로의 신경체계 구조를 바꾸기도 한다. 심리치료의 변화를 불러일으키는 힘은 바로 이러한 체계에 몰입하고 조정하는데서 나온다. 이열매는 나인정의 비블리오드라마를 함께 겪으면서 자신의 무의식에 의한 신체화를 같이 경험하였다. 이열매 역시 남자친구를 오랫동안 기다리며 답답증이 생겼으며 속 시원하게 대처하지 못하고 남겨진 감정처리와 결과가 신체와 정서에 영향을 계속 미치고 있었음이 드러났다. 치료는 대뇌 변연계 작용의 생생한 구현으로 소화나 호흡만큼이나 신체적인 과정이다. 연극을 재연함으로써 우리는 우리가 알고 있는 것과 또한 잊어버려 온 것을 우리 자신과 연결하는 기회를 갖게 된다. 나인정의 자신의 감정을 표출하지 못하고 억압한 채 기다려야만 했던 긴 시간들이 자신의 몸으로 재경험을 하며 지금-여기에 일어났다.

집단역동 속에서 어느 순간 눌러놓았던 감정이 올라오기도 하고 감정 이입이 된다. 얼마 전까지 정신과 약을 먹었다는 이열매는 나인정과 서로의 경험을 공유하면서 감정과 신체적 반응의 의미의 실체가 무엇인지를 발견한다.

〈그림 4-27〉 오지원 '남편과 자녀'

〈그림 4-28〉 강한나 '잘 살고 있는가?'

오지원: 남편과 나와 아들이 서로 사랑하고 화목하고 싶어요. 사실 남편과 가족들이 전혀 대화가 되지 않고 있어요. 지난번에는 아들이 누워 있는데 남편이 발로 툭툭 차며 심하게 말해서 아들이 완전히 화가 났나 봐요. 아버지에게 대들고 싸움이 굉장히 크게 났어요. 정말 말하기도 뭐한데… 그때 나는 가만히 있었어요. 내가 말리면 아들이 더 크게 분을 낼 것 같더라고요. 나중에 남편은 그때 싸움을 말리지 않았다며 두고두고 말을 하네요. 시어머니도 아들편이라 나에게 뭐라 하구요. 정말 가족이 행복했으면 좋겠다는 생각이에요.

강한나: 나는 속과 겉을 잘 표현하는 것 같아. 겉과 속이 비밀 없이 지내는 것. 이게 내가 정말 잘 하고 있는가? 의문점이 있고 그런 반면… 나도 상처를 받았으니까 예를 들면 난 외동딸인데 친정엄마가 친구를 못 오게 했어. 상처를 받았었지, 그래서 나는 자녀 친구에게 잘하거든… 사랑을 주고 싶은 거야. 이게 너무 주제넘은 것이 아닌가? 이런 느낌도 있고, 이런 생각들은 뒤돌아보는 거야. 오늘 이런 대화를 하고 집에서 저녁에 오늘 내가 이러저러한 행동을 했는데 그 사람이 상처를 안 받았을까? 생각을 자꾸 하게 되!

치료사: 이 말이 어떠신지 다른 분들이 피드백 해 주셔요.

강한나는 지금까지의 비블리오드라마를 하면서 집단원들이 자신의 의견을 잘 표현하며 살지 않았고 감정을 억압하며 살았다는 것을 알게 되었다. 그러나 본인은 전혀 그런 문제가 없다는 생각이 든다. 강한나는 겉과 속을 잘 표현한다. 하지만 표현을 다 한 후 나를 어떻게 타인이 생각할지 다시 되씹어보게 된다. 치료사인 나는 강한나의 이야기에 집단원들이 피드백을 해 줄 기회를 제공했다. 오지원은 그런 생각이 들면 말을 좀 줄이고 표현하지만 말 선택을 잘하면 될 것 같다고 피드백을 해 준다. 이열매는 남에게 상처를 주지 않는 범위에서 자신을 그대로 표현하는 것은 좋은 것 같다고 말을 해 준다. 이에 강한나는 둘째 날 자신을 만나면서 어떤 느낌인지를 좀 더 솔직하게 집단원들에게 묻는다. 나는 신체적인 약점이 있음에도 불구하고 자기 정체성이 뚜렷한 것으로 보았음을 말해 주었다.

강한나: 어렸을 때부터 장애가 있었기 때문에 난 불편함이 전혀 없어. 어려움은 없어. 그런데 교회 부엌에서 200명 식사준비를 할 때 어떤 권사님이 저 몸을 가지고 저렇게 일을 하는가? 하니 왜 그런 소리를 하는가? 생각해. 앞으로 조심스럽게 아무 일도 하지 말아야 하나?

치료사: 차라리 그런 말에 자유로워지는 쪽으로 가셔야죠.

이열매: 자기를 칭찬하는 말이구만!

주사랑: 잘 살아온 것 같아요.

강한나: 솔직히 나는 당당하게 말해! 예를 들어 성격이 아들에게도 월급을 내게 50% 내라고 당당하게 말해. 그리고 해 줄 것은 해 주거든.

오지원: 첫 대면과 다르게 매력적이고 저와 다른 삶을 살았다는 것이 호기심도 생겨요.

강한나: 내가 이야기를 들어보니 내가 가장 힘들게 살았던 것 같아! 나는 감정들을 쉽게 잘 털어버린 것 같아. 다른 사람이 고민을 말하면 교회 나오기 전에는 십팔번이 "아직 너는 멀었다. 산전수전 공중전 우주전 천국까지 갔다 왔다." 그런 소리까지 했어. 이제는 그런 소리도 자만이다 하면서 안 하지. 그리고 내가 상처받은 것은 자녀에게 안 보여 주었어. 엄마가 나를 무관심하게 키웠기 때문에.

치료사: 남의 아픔보다 내 손톱 밑의 가시가 더 아프듯이 나보다는 못하다는 말은 소용이 없는 말이겠죠. 강한나의 말을 들어보면 '능력'이 핵심단어인 것 같아

요. 어떤 일을 해도 잘하고 도리어 긴 세월동안 키워진 은사이기도 하구요.

강한나: 나는 여기서도 파악이 빨리 오지만 이제 좀 참는다.

치료사: 적절하게 말할 타임이 있을 때 이야기를 해 주셔도 됩니다.

나인정: 제일 처음에 본인은 잘 파악하고 있는데, 그런데 다른 사람이 나를 어떻게 생각하는가? 를 늘 생각 하시더군요. 이미 다 평가하고 말을 하니 다른 사람들의 평가를 할 필요가 없게 하셔요. 뭐라고 토를 달 수가 없어. 스스로 내가 잘했다하니… 말을 많이 했고 드러냈지만 불안한 것… 그것은 좋은 불안감과 나쁜 불안감이 있는데 너무 많이 드러내서 온 불안이라면 줄여야 해요. 다 말할 필요가 없고 천천히 드러나서 언젠가 그 사람으로부터의 평가가 와야 하는데, 간직하고 비밀스럽게 천천히 흘려보내야 하는데 여성으로서 비밀스럽고… 천천히 만난 그 결과물을 보니 뭔가 있을 것으로 보아야 하는데 한방에 말해 버리는 거죠. 이 분 안에 격려나 위로를 받아야 하니 그게 필요가 많으니까 빨리 말하는데 이미 할 말이 없게 하는 거죠.

강한나: 그 말이 맞다. 하하!

치료사: 정말 좋은 피드백을 받았네요.

나인정: 정말 멋진 분이세요. 새로 만나는 분들에게는 그렇게 해 보세요. 하하.

강한나: 내가 내숭을 떨어야겠네. 하하.

치료사: 내 안이 자유로우면 말 안하고 있어도 편하겠죠. 말 안하고 있어도 편해지는 성숙한 단계로 나아가야 될 것 같네요.

집단상담의 유익은 다른 집단원들의 역동을 보며 자신을 돌아보게 된다는 것이다. 나와 너의 동질감을 느끼거나 차이점을 발견함으로써 자신을 더욱 알아가게 된다. 강한나는 비록 비블리오드라마에서 주인공 역의 역할을 하지 않았지만 그들의 심리적 역동에 보조자아로 함께 하면서 자신의 모습과 그들의 모습의 차이가 있음을 보았다. 그래서 소감을 나타내는 시간에 자신에 대한 피드백을 요구하고 자신의 모습을 확인받고 싶어졌다. 나인정의 '너무 많이 드러낸 것에 대한 불안'이 있다면 서서히 타인이 알아가도록 기회를 주라는 피드백을 유쾌하게 받아들인다.

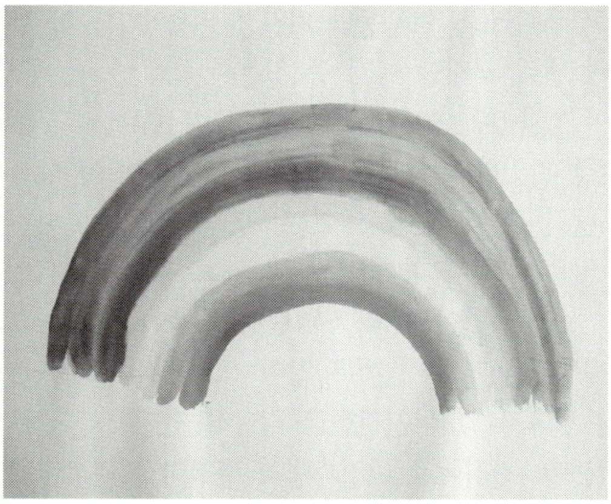

〈그림 4-29〉 주사랑 '무지개'

〈그림 4-30〉 유시온 '눈물'

주사랑: 제가 꿈도 꾸었거든요. 무지개가 약속이듯이… 지금까지 해온 날들 중 내가 약하다고 생각했는데 성취하고자 하는 것이 강하다는 것을 알게 되었고, 예수님을 믿고 나서 제 인생에 커다란 변화를 갖게 되었어요, 공부도 할 수 있었고 결혼하고 제가 하고 싶은 것을 많이 했어요, 결혼생활을 하고 공부도 하게 되었고… 결혼생활은 무지개처럼 홍수를 지나서 약속을 목표로 삼고 갈 수 있으니까 좋아요. 예수님을 만난 것이 행복이지요.

치료사: 오늘 화 안나? (나인정에게)

나인정: 무지개를 그렸을 때부터 화나요. 하하.

아침에 결혼의 주제에 대해서 그릴 때, 각자가 개인으로 만나면 모난 것으로 그리는데 각 개인을 핑크빛 하트를 두 개 그렸단 말이에요! 어떻게 그럴 수 있나? 일이나 사건에 대한 풍랑은 있었으나 인격적인 풍랑은 없는 것이에요. 어떻게 그럴 수 있을까? 어떻게 그렇게 볼 수 있지? 하는 의문이 생겼어요.

치료사: 사람은 성장과정 중이잖아요? 결혼하기 전에는 아무래도 성숙하지 않은 때이잖아요? 남이 보았을 때 부족함이 없어보여도 자신의 부족함을 인식할 때인데 그것이 안 보인다고 말을 하는 것 같네요.

나인정: 결혼 전에는 대부분 미성숙한데 늘 자신의 미성숙 부족한 것을 들여다보며 표현하게 되는데 어떻게 생각하면 하나가 잘못되어 있으면 10개 다 부정적으로 보는데, 모든 것을 긍정적으로 보는 분이구나!

주사랑: 내 딸도 긍정적으로 보니 어떻게 그렇게 볼 수 있냐고 친구들이 묻는데요. 어려운 부분이 있는데 그런 부분들을 신랑이 채워줘요. 무조건 가정에 올인해요. 잘 때도 만져주고 "하나님이 예쁜 아내를 만나게 해줘서 고마워." 라고 해요

나인정: 사실 레아 역을 할 때 안아보니 폭 안기는 거예요. 느낌이 진짜 너무 좋았어요!

치료사: 거기에 자기가 훅 갔구나! 하하.

주사랑: '다녀 오셨어요'하고 포옹하고 뽀뽀를 해 줘요. 잘 때도 귀찮을 정도로…해요. 하하. 매일 귀찮을 정도로 사랑해 주어요. 남편은 유학처럼 친척 집에 있으면서 집에 오고 싶었기에, 친구소개로 결혼을 했는데 가정의 소중함을 아는 거지.

강한나: 사랑을 안 받아본 사람들은 표현하기 힘들어하는데…

주사랑: 결혼 초에 많이 가르쳤어요. 내가 말하면 많이 고쳐요.

나인정: 애교가 장난이 아니더라구요. 하하 (모두 웃음)

치료사: 그러면 결혼 전에 자기 자신에 대한 불편함이 없었어요?

주사랑: 있었죠! 그런데 지금은 전혀 생각이 안나요. 결혼하기 전에 죽고 싶을 정도로 힘든 삶을 살았는데 예수 믿고 치유를 다 받았어요. 용서를 하면서 다 바뀌었어요. 확 뚫리더라구요.

나인정: 저… 처음에 제일 얄미웠는데 딱 한번 안아보니까 다 풀렸어요. 하하.

치료사: 돌아가면서 한 번씩 안아보아야겠네요.

강한나: 우리 신랑은 죽었는데… 큰 아들이 돌아가신 아빠를 생각 안 한다고 나를 뭐라 하더라구요. 사실 남편 생각이 안나! 난 이제 더 편해. 고마 아무 말도 안 했어. 거짓말하기 싫어서 말도 안 했어. 그런데 주사랑은 사랑을 이렇게 받는다니 지금 나는 시기가 나서 돌아 앉아 있잖아. 하하.

주사랑: 임신한 아내를 큰 트럭이 치는 영화장면에 대해서 이야기를 남편에게 하니 자기는 그럴 경우 세상을 폭파시킨다하더라고. 하하하하.

나인정: 지금 불을 지르시는 군요. 집에 가야겠다. 하하.

유시온: 또 다르게 생각을 해 본다면… 저는 이것을 하다 보니 생각지 않았던 부분이 나오더라구요. 여기 온 이유가 우연은 아니다 라고 생각하구요, 저도 매끈하게 그리고… 그렇게 하고 싶었어요. 작은 것이라도 반응할 수 있는 귀한 시간이니 부정적인 것이라도 드러내는 것이 어떨까? 하는 생각이 드는데…

주사랑: 저도 그러고 싶은데 안 되네요.
(다들 하하)

주사랑은 레아 역을 하면서 야곱의 사랑을 애절하게 갈구하고 얻어냈다. 실제적인 성경 이야기에서 레아는 결혼 후에도 여전히 야곱으로부터 라헬보다 덜 사랑을 받는 인물이다. 그러나 주사랑은 야곱을 사랑하는 레아의 마음으로서 자신을 적극적으로 표현하였고 심지어 아버지 라반에게 부탁한 것도 자기였다고 말함으로써 라반에 의한 모사가 아닌 자신의 의도로 이루어진 주동자의 모습을 드러낸다. 그리고 야곱에게 자신도 사랑해 주기를 요구한다. 이런 자신의 모습에 대하여 스스로도 새삼 놀란다. 자신을 연하고 약하다고 생각해왔으나 구체적인 장면에서 즉시적으로 나타내는 자신의 행동은 매우 적극적이며 성취하고자 하는 힘이 강하게 드러남을 발견한다. 결혼 후에도 자신이 하고 싶은 일들로 공부를 계속하고 있다. 이 모든 것이 하나님의 은혜임을 느낀다. 치료장면이기에 불안과 고통, 미성숙의 부정적인 주제가 초점화될 수 있는 상황에서 시종 긍정적이며 은혜로운 모습을 보이는 주사랑은 다른 집단원들에게 불편함이나 화가 나는 역동을 불러일으킬 수 있다. 그래서 집단원 중에서 주사랑은 독특한 존재로 집단역동의 중심에 서 있다.

나인정은 오전에 '결혼'에 대한 그림 중에서 주사랑의 그림에 대해 의문이 있다. 각자의 '온전해 보이는 사랑'이 두 개가 모여서 하나의 사랑을 이룬다는 이야기에서 결혼 전의 모습을 '온전한 사랑'으로 표현한 것에 대하여도 자신의 경험으로 볼 때 신기하다. 보통 자기정체성이 완전하지 않는 청년시대 저마다의 미성숙에서 오는 갈등과 고민이 있을 시기이기 때문이다. 나인정의 이런 의문을 나는 다시 부연설명을 해서 주사랑에게 '결혼 전 자신에 대한 불편함이 없었는가?'에 대하여 물어본다. 이에 주사랑은 가정의 소중함을 아는 남편의 끊임없는 애정과 스킨십을 충분히 받고 있다고 한다.

나인정은 사실 드라마를 한 후 주사랑에 대한 감정이 바뀌었다. 드라마 안에서 첫날밤을 치르기 위해 레아 역의 주사랑을 부둥켜안고 누워 있을 때 나인정은 그 느낌이 너무 포근하였다. 안고 있는 팔 안쪽 품 안으로 레아의 몸이 속 들어온 느낌이었다. 주사랑의 하트 그림이나 물동이 역을 하며 타인의 처지가 안타깝다며 눈물짓던 주사랑에게 화가 나던 나인정이었다. 그러나 오늘 또 다른 감정을 만난다. 드라마 장면에서의 한 번의 포옹으로 얄미웠던 감정이 사그라졌던 것이다.

주사랑의 사랑이 담긴 익숙하고 스스럼없는 포옹은 나인정에게도 충분히 전달되었다. 신체적 접촉은 말이나 논리가 아닌 직감과 체험이라는 경로를 통해 또 다른 변화를 준다. 몸과 마음이 통합되지 않은 포옹이었다면 그렇게까지 나인정을 변화시키지 않았을 것이다. 집단원들은 사랑을 받아본 사람이 사랑을 할 수 있다는 생각들을 한다. 드라마 과정에서 레아와 라헬의 사랑싸움에서 드러나는 역할자들의 모습에서도 그런 모습들을 발견한다.

> 유시온: 아까 오지원은 그 상황에서 너무 마음이 아픈 거예요. 남편이야기를 들으니 눈물이 나는 거예요. 남편에게 이름을 ○○○야 한 번씩 불러요. 전에는 그러지 못했지만… 전에 큰소리를 쳐보고 대등하게 싸워보는 것도 했는데 오지원도 관계를 잘 만들어서 그렇게 해 보면 좋을 것 같아요.
>
> 이열매: 비블리오드라마를 하면서 그 상황마다 감동이 오더라구요.
>
> 치료사: 정서를 읽어주는 것만으로도 해결이 많이 되지요. 감정을 드러내고 결론까지 가는 과정에서 모든 것을 드러내는, 오픈하는 과정이 필요합니다. 남아 있는 3주 과정에서 더 많이 오픈한다고 생각해 주셔요. 집단원이 6명이니 5일간의 치료장면에서 한 명씩 돌아가면서 주인공이 될 수 있으면 좋겠다는 생각이 듭니다.

둘째 날, 중년여성들에게 있어서 가장 중요한 주제라 할 수 있는 '결혼'에 대한 탐색은 집단원들로 하여금 많은 이야기를 내어놓게 하였고 큰 역동들을 일으켰다. 그들이 살아온 삶이 다양하듯 '결혼'에 대한 이미지 작품 또한 다양하였다. 그리고 그들은 자신의 결혼생활에서 이루지 못한 이상화된 결혼에 대하여 표현하고 있었다. 중년의 나이에 이르기까지의 그들의 결혼생활이 각자의 이야기로 재구성되어 표출되면서 그들이 살아온 삶이 잘 드러나는 시간이었다. 그들은 남편과 시댁식구들의 너와 나의 만남에서 갈등의 상처들을 많이 가지고 있었다. 또한 그들의 다양한 상처로 인하여 부부 관계에서 오는 자세에 대한 시각도 다양하였다. 부부는 마주보는 것, 한 곳을 같이 바라보는 것, 뒤돌아 등을 대고 각자가 독립되어 바라보는 것 등 사람마다 다르게 지향하고 있다. 그리고 집단원 대부분은 결혼이라는 새로운 '지경'과

'터'에 과거로부터 가져온 상처가 그대로 뿌리내려서 영향을 주고 있으며 또 다른 상처들이 생겨났음을 이야기로 드러낸다. 많은 여성이 원가족으로부터 받은 사랑이나 상처에 대하여 성숙하게 받아들이고 정리하기도 전에 결혼이라는 새로운 길로 들어서고 있다. 부부라는 관계 속에 들어가는 결혼은 문제를 빠르게 해결할 기회도 주지만 문제들이 더 중첩될 위험도 크다.

비블리오드라마를 통하여서 결혼하는 날 언니에게 남편을 주게 되는 라헬의 심정을 헤아려보기도 하였지만, 또한 레아가 주인공처럼 깊게 조명될 수 있었으며 그의 존재를 강하게 확인하는 시간을 가졌다. 성경의 이야기와 다르게 야곱은 언니 레아를 선택한다. 이 과정에서 야곱을 포함해서 라헬 역할자와 레아 역할자 각자는 이념적인 '사랑'이 아닌 몸으로 체득되어 있던 '사랑'을 재경험을 한다. 야곱인 나인정은 자신이 사랑하는 사람을 포기하고 '책임'이라는 감정으로 결혼한 경험을 되살렸다. 레아인 주사랑은 자신이 사랑하는 사람인 야곱을 설득해서 사랑을 얻어낸다. 현재 남편과의 좋은 사랑의 관계가 현실적인 사랑의 감정을 충분하게 되살려준다. 라헬인 오지원은 자신의 사랑을 빼앗기지 않고자 야곱의 사랑을 확인시켜야 할 때 자신의 안에 아무런 사랑의 감정이 일어나지 않음을 발견한다. 실로 구체적인 사랑에 대한 경험들이 여실하게 드러나는 순간들을 만나게 된 것이다.

과거의 '나'가 나타난 현재, 이 순간에 재경험을 시도한다. 개인 비블리오드라마를 통해서 나인정은 결혼을 약속하였지만 그 약속을 저버린 남자에 맞대응하여 자신의 감정을 표현하고 권리를 주장해 본다. 오지원은 아버지로부터 자신의 여성성에 대하여 부정적인 피드백을 받아왔음을 고백하고 지금의 남편에게 당당한 모습으로 서보는 경험을 해 본다.

소감을 나누는 시간으로 오늘의 느낌을 그림으로 통합하여 정리를 해보았다. 이 과정에서 첫날과는 다르게 서로의 공감과 지지의 피드백이 풍성하게 이루어졌다. 나인정의 개인 비블리오드라마를 하면서 나머지 집단원들이 보조자아로 함께 그 현장 속에 머물며서 보조자아나 나머지 집단구성원들도 동일한 역동을 경험한다. 이열매는 나인정의 드라마를 보면서 기다리는 순간에 느끼는 자신의 '답답증'의 근원을 알아낸다. '기다림'에 대한 감정을 동반한 신체는 비슷한 순간마다 신경증으로 불쑥 나타나서 이열매를 힘들게 하였다. 이러한 자각이 나인정에게도 도움을 준다. 무의식적 신경증 현상의 근원을 아는 것은 빠르게 치유될 수 있으며 다음 단계로 나아가게 한다. 강한나는 타인을 바라보며 자신과 다른 점을 발견한다. 자기주장을 잘하고 표현을 즉각적으로 잘하는 본인에 대한 타인의 평가를 알고 싶어 한다. 집중된 드라마의 진행 중간마다 자신이 말을 하고 싶을 때 잡담처럼 옆 사람에게 자신의 이야기를 속삭였고 자신에 대한 강한 신념을 드러내었던 터라 한편으로 이 집단에서 자신은 어떤 모습으로 보여졌을지 궁금하기도 하였다. 그러나 집단원들의 긍정적인 지지와 나인정의 조언으로 그러한 불안감이 없어진다. '서서히 자신을 드러내어 타인의 입에서 긍정적인 평가가 나오기까지 여유를 가져보는 것'을 흔쾌하게 받아들인다. 나인정은 주사랑을 레아로서 안아보고 그녀를 있는 그대로 받아들인다. 그런 자신의 변화를 나누게 되어 집단원 모두 즐겁다. 유시온 역시 오지원의 드라마를 함께 하며 눈물을 지으며 삶에 대한 공감을 나누면서 남편과 동등하게 되는 것에 대하여 생각을 하게 된다.

치료집단 장면에서 지지와 서로 간의 역동은 고통스러운 일들을 탐색하고 직면하게 하여 치유로 이끄는 안전한 분위기를 유지하는 데 매우 중요한 역할을 한다. 이를 통해 그들은 자신의 갈등이나 관심을 드러내고 나아가 그러한 일을 처리할 수 있는 적절한 방법을 배우고 실행하게 되는 것에 도움을 받는다.

3 셋째 날: 부모라는 언어 속에 새겨진 '나'의 아픈 조각들 들여다보기

1) 세 번째 만남을 위한 몸 풀기-웜 업

이제 집단원들과의 만남이 반갑다. 둘째 날 레아로서 주사랑의 품이 느낌이 좋았다는 나인정의 이야기를 떠올리며 나와 집단원들은 주사랑과 함께 자연스럽게 서로 포옹으로 인사를 시작한다. 역시 주사랑의 포옹은 착 감기는 맛이 있다며 편하고 느낌이 좋다고 떠들면서 서로에게도 포옹을 하면서 체감을 즐긴다.

웜 업의 동작으로 인간기계놀이를 한다. 한사람이 반복적인 기계적인 행동을 취한다. 한명씩 그 대열에 합류하여서 새로운 자신의 동작을 첨가하고 반복하여 움직인다. 그렇게 다른 집단원도 점점 합류한다. 6명의 각기 다른 동작들이 한 덩어리로 움직인다. 각자만의 기계소음을 입으로 소리 낸다. "끽~, 끽~", "치푸, 치푸" 등 6명의 소리가 합쳐져서 새롭고 역동적인 기계로 탄생되어 살아서 움직이는 듯하다. 집단에 의해 한 작품이 탄생되었고 어떤 기계인지를 상상하게 한다. 처음 작품은 '기차'이고, 두 번째 만든 작품은 '배'라고 한다. 집단원 전체가 하나의 기계로 또는 유기체로 연합되는 경험을 하였다.

2) 내 삶에 새겨진 부모의 존재 의미 들여다보기

셋째 날의 주제는 '부모와 자녀'이다. 모든 사람들이 부모로 인해 이 세상에 태어났으며 부모의 슬하에서 자라고 성장하여 성인이 되었다. 그리고 성인은 또 다시 부모가 되어 자녀를 기르게 된다. 중년여성들의 자아탐색에 있어서 부모와 자녀의 관계에 대한 것은 매우 중요하다. 지난 시간 '결혼'에 대한 참여자 각자의 개념을 그림으로 그려서 이야기하였듯 이들의 부모 자녀에 대한 정의도 어떻게 그림으로 나타낼지 기대된다.

'부모와 자녀'에 대한 주제는 때로는 자신의 부모를 탐색하기도 하고 자신의 자녀를 주제화하기도 하며 자율성을 두고 표현하였다.

〈그림 4-31〉 오지원 '각자 행복하기'

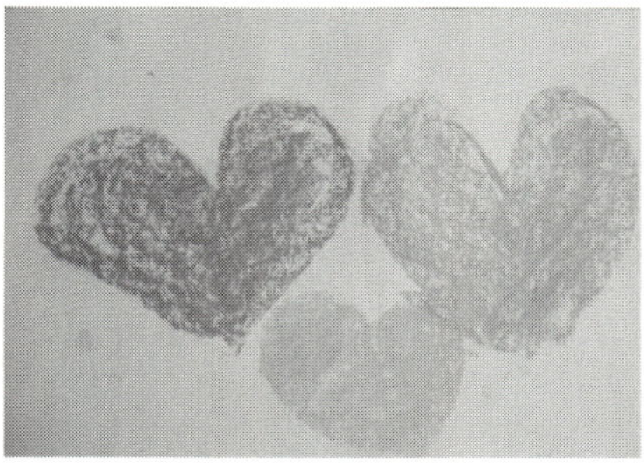

〈그림 4-32〉 강한나 '색다른 자녀'

강한나: 자식을 키워보니까 자식들도 색깔이 있더라고요. 이렇게 빨간색처럼 헌신적으로 부모를 공경하는 자식들도 있고, 다른 색깔이면서도 질투하는 자식도 있더라고요. 또 아버지의 성품을 닮아가는 '내림'도 있더라고요. 형제간에 질투를 느끼더라고, 그런데 부모 입장에서 보면 다 같은 자식인데. 도리어 아픈 손가락에 더 마음이 가는데, 정작 자기는 못 느끼는 게 있더라고요.

오지원: 부모와 자식. 그냥 이야기하고, 놀이도 하고, 같이 맛있는 것도 먹고, 같이 재밌게 살고 싶은 소망이에요. 다 같이 어울리는 것. 살다보니까 그게 잘 안 되더라고요. 여러 가지 상황 때문에 마음대로 안 되더라고요.

치료사: 희망하시는 부분이군요.

주사랑: 지금은 어떤 상태인가요?

오지원: 안 좋은 상태죠.

주사랑: 부모와 자식 사이에 어떤 구체적인 관계가 있어야 그런 관계가 될까요?

오지원: 우선 지금 현재로는 각자 자기가 잘 사는 것이 아닌가 해요. 관계를 하려고 해도 어렵고, 하려고 하면 오히려 더 문제가 많기 때문에, 지금은 각자 자기의 자리에서 열심히 사는 것. 희망사항은 큰 이상이 아니라 소소하게 행복한 것을 바래요.

유시온: 빨간색과 노란색이 예쁜데 서로 양극적이고 서로 튀는 색인 것 같아요.

오지원: 맞아요. 우리 부모도 양극, 부부도 양극, 형제들 안에도 양극 기질이 있어서 서로를 어려워하는 게 있어요. 나는 이렇게 살고 싶은데 상대방이 맞춰주는 게 어려운 게 있어요. 한 사람은 너무 단순하고, 한 사람은 이상적으로 살고 싶어서 서로 맞추기 힘든 부분이 있죠.

강한나는 색이 다른 하트 세 개를 그렸다. 본인과 두 아들을 그린 것으로 각각 색이 다르다는 것에 의미를 두었다. 효자인 아들과 그것을 질투하는 또 다른 아들이 있으나 부모의 마음은 부족해서 질투하는 아들에게 마음이 간다고 하였다. 오지원은 아기자기하고 밝아 보이는 그림을 그리고 그와 같이 부모와 자식이 일상의 삶에서 재미있게 살고 싶다고 한다. 소박한 일상이 소원이 될 만큼 그녀의 가족은 관계가 어려운 상태라고 한다. 오지원의 이야기에 집단원들은 적극적으로 질문을 한다. 며칠간의 경험이 있어서인지 이제는 자연스럽게 피드백이 이루어진다.

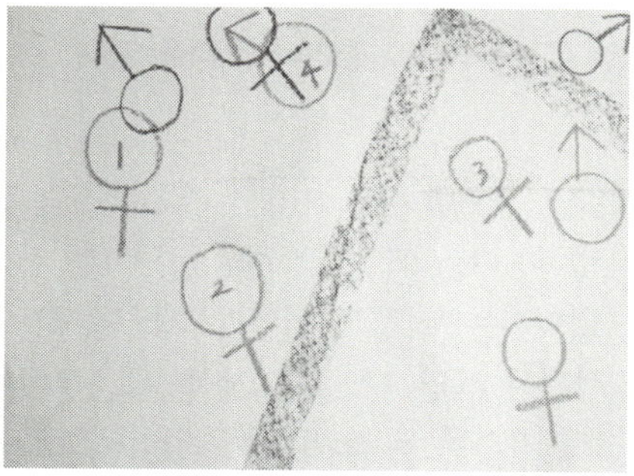

〈그림 4-33〉 나인정 '가족도'

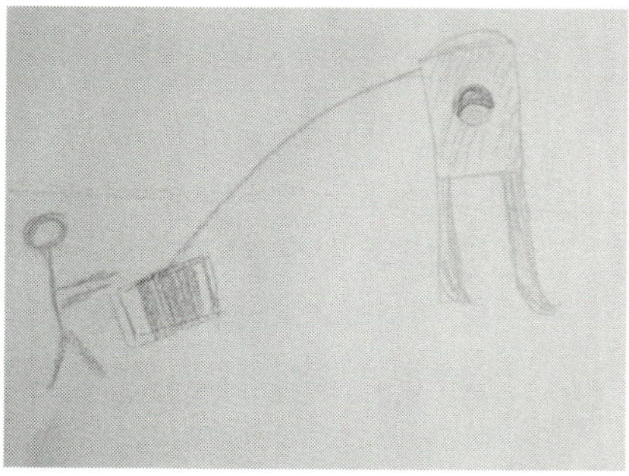

〈그림 4-34〉 이열매 '연'

나인정: 저는 3세대의 현재 가족 관계를 그렸어요. 까만색은 친정아버지, 친정엄마, 큰 언니(돌아가신 분), 둘째 언니, 본인, 남동생, 아들, 딸을 그린 것이에요. 큰 언니가 돌아가셨을 때 기억나는 건 아버지를 원망하면서 돌아가셨던 것. 나도 아버지를 아버지라 안 부른지가 중학교 2학년 때부터였어요. 한 번도 부르지 않았어요. 지금도 그렇고. 두 분 다 살아계셔요. 남동생은 엄마로부터 편애를 받았어요. 결혼하고 지금도 떨레야 뗄 수 없는 결속된 관계. 둘째 언니는 어느 누구에게도 사랑 받지 못했어요. 큰 언니도 싫어했고 둘째 언니의 외모도 다른 자녀들과 많이 다르고 주워다 키운 것처럼 선머슴처럼 생겼어요. 머리 스타일도 달랐어요. 나는 중2 때부터 아빠, 엄마한테서 완전히 독립되어 살았어요. 지금은 가족 아무하고도 연락하지 않아요. 언니가 어려움을 겪을 때 한번 전화하는 관계예요. 지금 내가 처지가 이러하니(이혼) 더 전화를 하지 못하고 있죠. 남동생은 똑똑한데 엄마의 편애 안에서 살아오면서 자기 삶을 제대로 못 살았어요. 얼마 전까지도. 엄마가 포

기하는 순간이 있었는데 그때 내가 남동생을 취직시켜주었어요. 늘 극적으로 필요할 때만 찾는 편이고. 이거는 저구요(3번의 여자). 또 이거는(오른쪽 맨 위의 남자) 전 남편입니다. 얘(본인 옆에 그려진 아들)가 중학생 때 나도 이렇게 결속된 모습이었어요. 얘가 딸보다 나와 기질이 비슷하기 때문에 딸보다 가깝게 지내요. 딸도 가까웠는데 지금 나는 어떻게는 딸을 떨어뜨려놓고 있어요. 예전보다 많이 좋아졌어요. 많이 유해졌고. 완전히 많이 밀어내다가 요즘은 따뜻할 때 따뜻하고, 냉정할 땐 냉정하는 힘이 조금 생긴 듯. 남편과는 완전히 단절. 애들도 원하지 않고 있어요. 들어오면 상처 주니까. 남편은 무대포로 자기 감정대로 들어오는 사람이라서 완전히 잘라 놓았어요. 애들이 원할 때까지 함부로 오지 못하도록 지금은 선이 그어진 상태.

나인정은 자신의 가족도를 그렸다. 검고 굵은 경계선이 자신과 두 자녀를 둘러싸고 다른 가족들과 구분을 하였다. 오른쪽 구석에 작게 그려진 이혼한 전 남편도, 그리고 자신의 원가족과도 확연하게 분리되어 있다. 현재의 상황을 잘 나타내고 있는 그림으로 보인다. 단절되어 있는 그녀의 삶이 단적으로 잘 보여지고 있다. 친정식구들의 상호 간의 역동적 거리도 한 눈에 잘 드러난다. 아빠 옆에 죽은 큰 언니가 있으며 작은 언니는 홀로 떨어져 있다. 엄마와 아들은 서로 결속되어 있는 모습이다. 나인정의 아들과 딸의 위치도 정서적 거리를 나타내고 있다. 사춘기 시절부터 가족과 정서적 단절이 된 채 살아온 그의 삶을 보니 지난 시간 자신에 대한 기본 감정과 아무 정체성이 없더라는 그의 말이 이해가 되는 시간이었다.

우리가 가장 처음 맺게 되는 관계는 원가족과의 관계이다. 그래서 많은 경우 가족구성원들 각자의 역할이 지닌 감정적, 심리적 패턴이 집단에(그리고 자신의 삶에) 전이와 투사의 형태로 나타나곤 한다. 집단구성원들은 과거의 관계가 지닌 특성을 집단 속의 현재관계에 전이한다. 이러한 전이는 우리의 고통이 어디에 있는지를 알려주는 조용한 종소리와도 같다. 나인정이 가족과의 정서적 단절의 경험으로 말미암아 사건이 생기면 직면을 하기보다 '잠수'를 타며 세상과의 연결을 끊게 되는 일과 연관이 있음을 알게 되었다. 그리고 사랑의 감정이 믿어지지 않으며 홀로 버려질 것에 대한 두려움이 있다는 것이 이해가 되었다.

이열매: 저는 부모와 자식 사이의 관계는 연줄과 같은 것이라고 생각해요. 부모는 실을 풀어줄 수 있는 얼레, 자식은 하늘 높이 날기를 바라는 마음. 그래도 항상 자식을 불안해하는 부모의 마음이 담겨 있어요. 자녀는 부모에 의해서 키워진다는 생각이죠. 교육의 전반적인 것은 부모로부터 비롯되죠. 아버지의 형님과 동생이 선생이었는데 아버지는 혹시나 남들 눈에 잘못 띄어 안 좋은 소리를 듣게 할 까봐 항상 조심하며 사셨던 분. 자녀들이나 동네 아이들한테 함부로 술 취한 모습을 보이지 않으려고 하셨어요. 좋은 부모님이었어요. 자녀들이 다 잘 되었는데 아들보다 딸들이 예전부터 지금까지도 부모님을 챙겨드려요. 친정 부모에게 하는 건 애틋하고 안타까운 마음으로 하는데 시어머니에게는 좀 의무적으로 대하는 것 같아. 우리 올케들을 봐도 그렇게 하는 게 보여. 시어머니께 진정으로 대하기는 어렵더라구요. 부모의 사랑은 모두 갚을 수가 없더라는 이야기를 듣고 공감했어요. 차라리 그 받은 사랑을 자녀에게 내려주는 게 옳다는 생각을 했어요.

이열매는 자식은 부모에 의해서 키워진다는 의미로 '연' 그림을 그렸다. 비록 아버지는 교육자가 아니셨지만 형과 동생이 선생의 일을 하고 있으니 자신의 언행심사에 신경을 쓰신 올곧은 분이셨다. 부모로부터 이런 바른 생각에 영향을 받고 자란 이열매로서는 시어머니의 과격하고 비난하는 말투에 많은 상처를 받고 놀랐을 것이 이해가 되었다. 그녀 역시 시부모님 대하는 것이 친부모 대하는 것과 확연히 다르며 사실 진정으로 대하기는 어렵다고 말한다.

〈그림 4-35〉 유시온 '부모의 내리사랑'

〈그림 4-36〉 주사랑 '신호등'

유시온: 선거하는 시기라 이런 그림을 그려서 인터넷에 올리고 싶었는데 마침 오늘 그리게 되었네요. 한 부모는 10자녀를 키울 수 있지만 10자녀는 한 부모를 모시기 힘들다고 하더라고요. 나도 시부모를 모시기 힘이 들었는데 남편이 부모사랑은 갚을 수 없고 자녀에게 흘려보내는 것이라 말하더라고요. 베이비부머시대로 부모세대와 자녀세대를 그린 거예요. 자식을 위해서는 간이라도 빼 줄 수 있다고들 하는데 내 안에도 그렇더라고요.

주사랑: 서로 교통하는 넓은 마음을 표현한 것입니다. 신랑은 첫째 딸을 참 좋아하는데 둘째 아들은 별로 좋아하지 않아요. 왜 그러냐고 물어봤는데 자기는 첫째에게 사랑이 더 가는 것 같다고 그러더라고요. 그러면서 키워왔는데 아들은 아빠를 좀 무서워하고 딸은 아빠를 편하게 생각하네요. 아들이 아빠 대하는 게 어색했었어요. 그래서 내가 남편에게 아들에 대한 사랑표현을 적극적으로 하라고 이야기했었어요. 그 이야기를 듣고 남편은 이번 여름 방학 이후 사이가 정말 좋아졌어요. 그런 걸 보니까 사랑은 그런 식으로 표현하지 않으면 안 되는 것이더라고요. 자녀의 입장을 이해하는 것이 중요한 것이 아닌가 하는 생각을 했어요. 부모와 자식 사이의 관계는 신호등처럼 단호할 땐 단호하게, 신호등의 표현은 멈춰줄 때 멈춰주고 준비할 땐 준비하는 게 올바른 관계 아닌가 하는 생각을 했어요.

치료사: 구체적으로 부모 간의 영역들을 잘 말씀해 주었네요.

오지원: 그런데 왜 남자는 큰 딸에게 더 많은 사랑을 베풀려고 할까요.

치료사: 프로이트의 연구에 따르면 오디푸스 콤플렉스와 연관되어 있겠죠. 이성끼리의 관계가 그렇지 않은 관계보다 플러스되는 요인이 있는 것 아닌가 생각합니다.

유시온: 우리집도 그래요. 남편은 시집 간 딸이 서울에서 내려왔을 때에도 백화점에서 옷을 사줬는데 아들이 내려왔을 때는 옷 한 벌 사주지 않으려고 했었어요.

강한나: 아들이 두 명이 있는 경우에는 아들 한 명이 꼭 딸처럼 잘 해 주는 것 같아. 작은 애가 딸 같아. 어제 투표하러갈 때도 새벽부터 일어나서 날 태워주고, 콩국을 먹고, 커피까지 사주고 일하는 데까지 태워줬어요. 운동화를 신고 있으면 이 옷엔 안 어울린다며 새로운 신발을 사주기도 해요. 이런 식이야. 근데 큰 애는 받는 것 만 좋아해. 작은 애가 잘하면 질투를 해. 어제 전화가 와서 돈 5만원만 부치라는 이야기를 하고서 새벽에 술을 마시고 들어왔어. 그러면서 엄만 나한테 관심 없나! 하고 묻더라구. 이런 식으로 괜히 질투를 해. 나는 그럴 때마다 입을 다물고 있지. 아들 둘을 키워보니까 내가 잘못하면 둘 사이가 나빠질 수도 있다는 걸 느껴.

유시온은 부모의 사랑은 내리사랑이라고 말하며 자신 역시 자녀를 위해서는 간이라도 빼 줄 수 있다고 느껴진다. 주사랑은 부모와 자식 간의 관계는 신호등처럼 적절한 통제를 주는 신호체계와 같다고 여긴다.

참여자들의 가족그림은 자신의 부모에 대하여, 때로는 자녀에 대하여 그려졌다. 그들의 이야기 속에는 자녀 중에 더 특별히 사랑하는 자녀가 있다는 이야기도 나온다. 같은 기질이기에 더 가까운 자녀, 가족 간의 다른 거리감, 다른 성을 가진 큰 딸을 더 예뻐한다는 남편에 관한 이야기, 부모를 잘 섬기는 자녀와 경쟁이나 질투를 하는 또 다른 자녀에 대한 이야기가 드러난다.

성경에도 인류의 축복의 근원이 되는 이삭 가정 내에서도 부모의 편애와 형제간의 갈등이야기가 나온다. 다윗왕의 가족계보에서도, 야곱의 원가족에서, 그리고 자신의 자녀들인 요셉과 그 형제간의 갈등, 더 멀리 보면 인류의 부모인 아담과 하와의 자녀, 카인과 아벨의 이야기도 있다. 우리의 삶에서 겪는 불완전한 가정 내의 갈등은 보편적인 인류의 갈등인가?

3) 상처로 새겨진 '편애', 그리고 '불수용'과 대면하기

(1) 리브가의 삶을 내 몸의 언어로 마주하기

〈창세기 27장 1~29절: 이삭과 리브가와 야곱과 에서〉

1 이삭이 나이가 많아 눈이 어두워 잘 보지 못하더니 맏아들 에서를 불러 이르
되 내 아들아 하매 그가 이르되 내가 여기 있나이다 하니 2 이삭이 이르되 내가
이제 늙어 어느 날 죽을는지 알지 못하니 3 그런즉 네 기구 곧 화살통과 활을
가지고 들에 가서 나를 위하여 사냥하여 4 내가 즐기는 별미를 만들어 내게로
가져와서 먹게 하여 내가 죽기 전에 내 마음껏 네게 축복하게 하라 5 이삭이 그
의 아들 에서에게 말할 때에 리브가가 들었더니 에서가 사냥하여 오려고 들로
나가매 6 리브가가 그의 아들 야곱에게 말하여 이르되 네 아버지가 네 형 에서
에게 말씀하시는 것을 내가 들으니 이르시기를 7 나를 위하여 사냥하여 가져다
가 별미를 만들어 내가 먹게 하여 죽기 전에 여호와 앞에서 네게 축복하게 하라
하셨으니 8 그런즉 내 아들아 내 말을 따라 내가 네게 명하는 대로 9 염소 떼에
가서 거기서 좋은 염소 새끼 두 마리를 내게로 가져오면 내가 그것으로 네 아버
지를 위하여 그가 즐기시는 별미를 만들리니 10 네가 그것을 네 아버지께 가져

다 드려서 그가 죽기 전에 네게 축복하기 위하여 잡수시게 하라 11 야곱이 그
어머니 리브가에게 이르되 내 형 에서는 털이 많은 사람이요 나는 매끈매끈한
사람인즉 12 아버지께서 나를 만지실진대 내가 아버지의 눈에 속이는 자로 보일
지라 복은 고사하고 저주를 받을까 하나이다 13 어머니가 그에게 이르되 내 아
들아 너의 저주는 내게로 돌리리니 내 말만 따르고 가서 가져오라 14 그가 가서
끌어다가 어머니에게로 가져왔더니 그의 어머니가 그의 아버지가 즐기는 별미를
만들었더라 15 리브가가 집 안 자기에게 있는 그의 맏아들에서의 좋은 의복을
가져다가 그의 작은 아들 야곱에게 입히고 16 또 염소 새끼의 가죽을 그의 손과
목의 매끈매끈한 것에 입히고 17 자기가 만든 별미와 떡을 자기 아들 야곱의 손
에 주니 18 야곱이 아버지에게 나아가서 내 아버지여하고 부르니 이르되 내가
여기 있노라 내 아들아 네가 누구냐 19 야곱이 아버지에게 대답하되 나는 아버
지의 맏아들 에서로서이다 아버지께서 내게 명하 신 대로 내가 하였사오니 원하
건대 일어나 앉아서 내가 사냥한 고기를 잡수시고 아버지 마음껏 내게 축복하소
서 20 이삭이 그의 아들에게 이르되 니 아들아 네가 어떻게 이같이 속히 잡았느
냐 그가 이르되 아버지의 하나님 여호와께서 나로 순조롭게 만나게 하셨음이니
이다 21 이삭이 야곱에게 이르되 내 아들아 가까이 오라 네가 과연 내 아들 에
서인지 아닌지 내가 너를 만져보려 하노라 22 야곱이 그 아버지 이삭에게 가까
이 가니 아식이 만지며 이르되 음성은 야곱의 음성이나 손은 에서의 손이로다
하며 23 그의 손이 형 에서의 손과 같이 털이 있으므로 분별하지 못하고 축복하
였더라 24 이삭이 이르되 네가 참 내 아들 에서냐 그가 대답하되 그러하니이다
25 이삭이 이르되 내게로 가져오라 내 아들이 사냥한 고기를 먹고 내 마음껏 네
게 축복하리라 야곱이 그에게로 가져가매 그가 먹고 또 포도주를 가져가매 그가
마시고 26 그의 아버지 이삭이 그에게 이르되 내 아들아 가까이 와서 내게 입맞
추라 27 그가 가까이 가서 그에게 입맞추니 아버지가 그의 옷의 향취를 맡고 그
에게 축복하여 이르되 내 아들의 향취는 여호와께서 복 주신 밭의 향취로다 28
하나님은 하늘의 이슬과 땅의 기름짐이며 풍성한 곡식과 포도주를 네게 주시기
를 원하노라 29 만민이 너를 섬기고 열국이 네게 굴복하리니 네가 형제들의 주
가 되고 제 어머니의 아들들이 네게 굴복하며 너를 저주하는 자는 저주를 받고
저를 축복하는 자는 복을 받기를 원하노라

오늘도 성경탐색을 하기 위해서 두 명씩 짝을 짓고 각자가 원하는 장소에 나아가 서로 읽어주기를 한다. 성경의 구약시대 이야기는 사건과 인간의 갈등구조가 잘 드러나 있어서 참여자들이 쉽게 집중해서 감정이입을 할 수가 있다. 이삭과 리브가, 에서와 야곱의 이야기는 익히 기독

교 여성들이 아는 내용들이다. 전체가 다시 모인 후 텍스트를 같이 읽어 나가며 생각지 않았던 의문을 찾아보기로 한다.

야곱과 에서는 이란성 쌍둥이로 성격이 전혀 다르고 함께 하지 않았다. 이들의 관계는 언제부터 좋지 않았는지 의문이 든다. 바로 리브가의 뱃속에 있을 때부터 서로 경쟁적인 관계였음을 떠올린다. 사냥을 좋아하는 남성스러운 에서와 집에서 음식 만들기를 좋아하는 야곱은 각각의 기질이 달라서 같은 기질을 가진 부모로부터 애정을 받는다. 세상 눈으로 보면 에서는 남성스럽고 야곱은 팥죽 한 그릇으로도 장자 직분을 달라하니 쪼잔해 보인다. 중요치 않은 사적인 이야기도 거론된다. 에서는 이미 이방여인과 결혼한 상태이니 사냥요리를 부인에게 시켰을 것이다. 리브가가 고단수로 아들을 조종하는 것 같다. 털 많은 남성이 좋은가 털 없는 남성이 좋은가까지.

치료사: 어찌 이렇게 빨리 잡아왔느냐? 이삭이 물었을 때 하나님이 순조롭게 잡게 했다며 하나님을 들먹여!

나인정: 간도 커!

치료사: 그만큼 가정의 영적 아비의 축복을 받고 싶어 했다는 것을 알겠네요.

오지원: 야곱이 혼자 거짓말을 했다면 겁이 났을 텐데, 엄마의 지지로 용기가 났네!

유시온: 한번쯤은 엄마에게 잘못된 일이 아닌가 묻지 않았을까? 하나님을 속이는 일이라고…

나인정: 자기도 원하는 마음이 컸던 거지! 보통은 문화적으로 받아들일 텐데, 날 때부터 원하는 마음이 강했잖아요.

치료사: 옳지 않은 일까지도 서슴지 않는 엄마의 사랑은 어디까지 옳은 걸까요?

강한나: 부모 입장이면 자녀가 도둑질을 하면 숨겨주는 것을 도와줄 것 같다.

치료사: 여러분은 이런 사랑을 받아 보았나요?

나인정: 난 어릴 때 식구 편을 안 들어주고 잘 잘못을 따지고 상황을 보며 객관적으로 판단하였어요… 엄마가 너는 동생의 편 안 들고… 못됐다! 했던 일이 생각나네요.

이열매: 나는 1살 차이 동생이 싸우면 상황도 모르고 무조건 상대방을 때려주었는데….

나인정: 그것이 옳은 것 같아요…

치료사: 저도 객관적인 판단이 강한 사람이었어요. 비블리오드라마를 배울 때의 경험 이후 생각이 많이 달라졌어요. 중년의 신사가 자신의 유치원 졸업식 때 자기가 때렸던 아이의 아빠인 어른 군인에게 보복으로 맞고 있으면서 엄마가 자신을 보호하고 맞서서 싸워주지 않은 그 상처를 드라마로 풀면서 내가 엄마 역을 하게 되었거든요. '이 새끼야!' 욕을 하며 군인과 맞섰던 이야기로 상처를 푸는 것을 보면서 옳고 그름에 상관없이 사랑은 편들어주는 것이다라는 생각이 들었어요. 교육자였을 때는 쌍방 간의 잘못들을 머리로 이해를 시키는 스타일이었거든요. 아 그건 아니구나! 나를 사랑하는 것은 옳고 그름을 떠나서 사랑을 해 주는 것, 인간의 연약함을 보면서 옳고 그름을 따지기 전에 사랑의 표현이 중요하고, 엄마는 무조건 내 편이 되어야 하는 것으로 깨달아졌어요. 실제로 사람은 사랑의 용납이 상처가 생기지 않게 하죠.

이열매: 전에 아이가 가게에 가서 무엇인가를 사올 때, 더 가져 오는 거라. 고민하다 무서워 우는 아이를 억지로 데리고 가서 가게 할머니에게 죄송하다고 말을 하게 했는데 교육상 잘했는지, 아이의 마음을 이해했어야 했는지…

강한나: 잘했네요.

치료사: 저의 미술치료 사례 중, 손목을 칼로 긋는 연습을 한다는 자살을 생각하는 청소년이 있는데, 자신이 싸웠을 때 그 원인을 돌아보지 않고 무조건 엄마가 대신 가서 사과하고 자신을 혼만 내니 자신의 성향대로 살지 못하고 그 의지가 꺾이고, 꺾이고 하면서 살 의욕을 찾지 못하는 것을 보면 교육이라는 이름으로 자녀를 힘들게 하더라고요.

이열매: 교육자와 목사님 자녀들이 더 비뚤어지는 경우가 많더라고요.

유시온: 부모의 입맛대로 자녀를 교육시킨다며 힘들게 하는 경우가 있어요.

강한나: 자녀들도 성격에 맞추어서 키워야지, 나도 어릴 때, 큰 아들을 교육적으로 시켰더니 커서 나를 그렇게 키워놓고 바뀌라고 하느냐 하더라고. 성향적으로도 자녀들이 배우는 것이 다르더라.

유시온: 시댁의 남편형제 중 막내시동생은 형이 싸울 때 부지깽이를 들고 나가고, 큰 동생은 중립적인 태도를 취하더라고 시어머니가 말씀했는데 지금도 우리 집 아이들도 막내삼촌과 더 정을 느끼고 연락을 먼저 하게 되더라구요.

치료사: 가정 식구들이 너무 옳은 것만을 따지는 것도 옳지 않을 수 있네요. 머리로만 생각하면 에서와 똑같이 사랑을 주어야 하는데… 지·정·의의 하나님도 정이라는 것이 있기에 이런 인간들을 용납하고 있지 않은가? 이성적으로만 오늘날 사람들이 공부를 너무 하는 거야. 정으로 사는 영역을 축소시킨 것이 있지 않을까?

성경을 탐색하면서 참여자들은 이런 저런 의구심을 품어보다가 리브가에게 초점을 맞추게 된다. 옳지 않은 일까지 서슴지 않는 엄마의 사랑은 어디까지 옳은 것인가? 우리들의 사랑하는 가까운 사람들에게 객관적인 옳고 그름을 따지는 것보다 '정'으로 반응하는 것이 옳지 않은가? 실수투성이고 쉽게 상처받고 사랑이 필요한 인간들에게 먼저 보편적 '정의'와 '도덕적 삶'의 기준만을 적용하는 것이 과연 옳은 것인가?

사랑이라는 감정이 배제된 판단과 행동은 상처를 남긴다. '보살핌'의 윤리를 즐겨 행하는 여성들은 이 중요한 원리를 실행할 영양소가 되는 존재들이지 않을까?

오지원: 나도 정으로 잘 안 해요. 말하기 많이 부끄러운데… 남편하고 아들하고 싸웠어. 딸 둘 아들 하나인데… 남편이 함부로 분노를 표출하니 어느 날 쌓인 것이 분출이 되어서 아들이 아버지를 목을 졸랐어. 죽을 위기까지 된 것이에요. 시어머니와 나는 놀랐지만 나는 남편 편을 안 들어주었어. 나는 억지로 말리면 더 분노가 일어날까보아 무슨 일을 더 할지 몰라 말로만 했는데, 나중에 뒷이야기가 남편은 어떻게 해서라도 떼어 내야 하는데 그렇게 하지 않았다며 나에게 원망을 해. 시어머니는 이렇게 되기까지의 과정은 없고 무조건 아들편이라. 시집식구들은 정으로만 뭉쳤는데 나는 그렇지 않아. 사업이 안 돼서 저러고 있지만 딸에게서도 말을 듣고 장로인 남편이 더 회개하고 변해야 하는데…

치료사: 상처가 컸겠어요.

오지원: 그 후 차 타고 가다가 잘못된 일들이 생겼을 때 남편 편을 들어주니 좋다고 하더라고.

이열매: 자녀가 아비를 죽이는 일도 실제 일어나잖아. 그래도 밑에 사람이 위의 사람을 친다는 것은 잘못된 거죠. 선을 그어주어야죠!

유시온: 하루아침의 일이 아니었겠지!

치료사: 객관적인 옳고 그름은 치유가 일어나기 힘들죠. 엄마와 아내로서 두 사람의 마음을 공유했다면 상처가 둘 다 생기지 않을 거예요. 공식은 누군가가 나를 인정하고 알아준다는 것이 상처치유의 첫걸음이니 아들 한쪽만 마음을 공유했다면… 남편이 끊임없이 마음에 안 들게 행동한다는 것은 일단은 본인을 알아주지 못하는 것에 대한 상처가 있다는 것이겠지요? 나를 알아주는 한 사람으로 치유가 시작되는 것이거든요. 하나님도 공적인 하나님이면서 사적인 하나님으로도 마음을 쓰시는 거죠. 이스마엘을 신경 써주시듯…. 남편과 아내와의 공감의 능력들이 현재 막힌 부분들이 있어 보이네요.

오지원은 용기를 내어 자신의 가정에서 일어난 가슴 아픈 그리고 수치스러울 수 있는 일들을 이야기한다. 아들과 남편과의 갈등은 상당히 그 골이 깊다. 탈 맥락적이고 보편적 정의와 규칙을 말하는 Kohlberg의 도덕론으로 보면 아들이 자신을 낳아준 아버지를 공격하는 것은 명백하게 큰 죄며 잘못이다. 하지만 맥락적이며 특수적 상황을 고려하는 Gilligan의 도덕론으로 볼 때는 이해가 되는 상황이다. 오지원은 그 순간 자녀를 질책하지 않았다. 그녀의 심증은 그 동안 아버지에 대한 불만과 오랜 부당한 처우로 인해 쌓여진 아들의 분노가 더 인정이 되는 듯하다. 그 현장에서 성경 속 리브가처럼 우리는 삶에서 여전히 객관적 중립을 취하지 못한다. 남편을 속이고 아들 편을 든 리브가처럼 사건에 옳고 그름을 따지기보다 그 순간 그렇게 행동할 수밖에 없던 남편이나 아들을 마음으로 공유해 주는 것이 사랑하는 가족에게 할 수 있는 최선이지 않을까? 남편도 아들도 그 마음을 '보살핌'의 관계가 진정으로 있었다면 상처가 생기지 않을 것이라고 감히 치료사로서 권해 본다.

오지원: 리브가와 야곱이 거짓으로 했는데도 용서해 주고 축복을 해 주시는 하나님에게 화가 나.

이열매: 나도 의문스러워요.

치료사: 어떤 생각들이신가요.

이열매: 왜 눈 감아주고 야곱에게 축복을 주는 걸까요.

나인정: 결국 끝은 주님의 계획하심이 있다는 것을 알아요. 하지만 출발점에 잘 못 엮이기 시작할 때 아무 말을 안 하시는데요?

치료사: 그렇게 따지면 아담과 하와가 선악과를 따먹을 때도 개입을 안 하셨죠.

유시온: 첫날에 주관적으로 감정적으로 들어내었다고 생각이 들었다가 난 안 한다고 했지만 이 프로그램에 충실하지 않는 마음인 것을 알겠더라구요. 성경에 너무 익숙해 있었던 거야. 객관적 이성적 생각에 젖어 있었던 거지. 고민해 보는 것도, 우리의 모습에 적용해 본다는 것도 너무 좋아요.

나인정: 성질나는 것이 무엇이냐면요. 결혼할 그 당시에 너가 친동생이었으면 말렸을 것이다… 지금 와서 어쩌라고… 아무도 안 했다는거죠… 엄마도 아빠도 다 아닌데… 그런 말하는 것을 들은 적 있어요. 어떤 사람이 딸이 말도 안 되는 결혼을 하려할 때 감금을 시켜서라도 그 남자를 떼어놓았다고

하는 말을 들었을 때 인격적으로 안 하고 그렇다하겠지만. 정말 잘했다! 망할 길로 가느니 잘했다. 속으로 하는 거예요. 성질나는 거예요. 결혼할 때도 그렇고 이혼할 때도 그렇고… 중간에 17년 동안 이혼이라는 말을 한 적이 없었는데 아는 언니가 하는 말이 내가 이혼하고 싶다고 했었다는데 내가 친언니였으면 이혼하라고 하고 싶었다는데… 하라고 하지!

유시온: 가정 개입하기가… 남의 가정 일에 이혼하라는 말은 힘들지! 17년의 결혼생활을 했잖아요. 하나님이 주신 그 생애의미가 따로…

나인정: 그런 식으로 풀면 결론적으로 안 풀어지는 것이 없어요. 그렇게 얘기하면 답이 없죠. 영적인 해석…

유시온: 결과가 나왔으니 말을 하고 있을 수 있다는 거죠.

치료사: 인생이 수수께끼고 신앙 좋을 때는 단답형으로 나올 것으로 알고 있다가 중년여성이 되어서야 이런 치유집단상담을 할 수 있다고 생각이 드네요. 청소년들에게 이렇게 다양하게 풀어보면 위험하겠죠. 우리는 하나님이 이런 것도 용납하는구나! 통이 넓어질 수 있지만!

참여자들은 결국 야곱의 가정에서 거짓이 일어나는 사건을 그대로 용납하고 있는 하나님에 대하여 의문을 제기한다. 왜냐하면 우리들의 삶에서도 사실상 동일한 일들이 일어나고 있기 때문에 화가 난다. 선교단체의 간사로서 삶의 의미를 주께만 두고 산다고 생각하는 나인정의 삶은 원치 않던 길로 가게 되어 가시밭길 같은 고난과 고통의 연속이었다. 우리들이 살면서 잘못된 결정을 내리며 다른 길로 들어서는 순간이나 죄를 짓는 순간에 하나님은 왜 개입을 하지 않으시는가? 나인정은 17년이라는 먼 세월을 돌아온 이 시점에서 어느 누구도 자신에게 잘못된 길이니 가지 말라고 적극적으로 말리지 않아 준 것이 서운하다. 하나님까지도.

야곱의 이야기는 많은 의구심을 품게도 하고 또한 많은 답을 생각하게도 한다. 이관직(2012)에 의하면 야곱의 인간관계의 주요한 특징은 '경쟁(rivalry)'이라고 한다. 야곱은 어머니의 뱃속에서부터 에서와 경쟁을 하였으며 자라면서 지속적으로 형에게서 장자의 권리를 빼앗고자 노력을 했다. 경쟁의식은 형제 간, 특히 쌍둥이 형제 간 성장과정에서 흔히 일어나지만 이삭과 리브가의 편 가름 사랑이 이를 더 조장했을 것이다. 이 '경쟁'은 야곱 가문에 가장 고루 퍼져 있는 인간관계방식이기도 했다. 가령 둘째 날 비블리오드라마를 했던 내용의 야곱의 두 부인 레아와 라헬은 야곱을 사이에 두고 치열하게 경쟁하였다. 이후 그녀들은 자신의 여종들을 포함시켜서 계속해서 야곱의 사랑과 인정을 받고자 경쟁을 하였다. 또 이 어머니들 간 경쟁을 바탕으로 야곱의 아들들도 경쟁하며 심지어 경쟁대상을 완전히 제거해버리고자 하는 충동에 사로잡히기도 하였다.

그러나 혈육 간의 유한한 한계에 사는 인간이 다세대로 가진 약점을 지녔음에도 불구하고 하나님은 야곱에게 꿈속에서, 혹은 사자를 보내어서 야곱과 끝까지 함께 하시고 보호해 주실 것을 약속했다.

치료사: 자! 좀 더 진행해 봅시다. 아버지가 정말 몰랐을까? 너무 에서가 영적이지 않은 것을 아버지도 알고 있었으니… 제임즈 킹 버전 성경책에는 '아버지의 영으로 축복하소서'로 나오네요. 야곱이 가지고 있는 자체의 축복이 영으로 알려져서 축복한 것인지, 일반적인 장자의 축복을 준 것인지 모르겠네요. 하나님의 개입하심이 인간 삶에 믹스되어 있는 것이 아닌가…

나인정: 에서야! 하고 부르지 않고 '내 아들아' 했던 부분도… 하하

치료사: 오케이~ 성경읽기를 이쯤해서…

오지원: 마지막 마무리! 기도하는 사람이 내가 우리 가정의 영적 가장이라고 하더라구요.

치료사: 오~ 그래요.

강한나: 그런 것이 있어.

오지원: 1분만 더!

치료사: 네 하세요.

오지원: 남편하고 그런 일들이 있을 때… 집단에서 얘기할 때도 끼어들어서 말하지 못해서 지금 해 보는데요… 그렇게 하면 안 된다고 당연히 끼어들어서 말리는 말을 했지… 그러나 늘 자기가 분노하는 것이 잘못이라고 생각을 안 하고 너희가 그러니 내가 화를 낸다는 식이야. 딸도 아빠가 자신의 분노에 대해서 치료를 받는 것이 좋겠다고 권해도 전혀 받아들이지 않는 거야. 조금만 수긍을 하면 '아버지 학교'도 갈 수 있었는데… 작은 딸도 아버지와 단절되어 있고, 나는 늘 영적인 길을 가려고 하는데 남편은 가정 불란의 상황을 만드는 거라. 그런 후 나는 "미안하다 섭섭하다."라는 말을 서로 하기를 원하는데 남편은 아무 일 없었듯이 딱 덮어 놓는 거야. 관계회복을 하고 싶은데 대화로 안 푸는 거야.

치료사: 비블리오드라마를 하면서 더 이런 감정들을 더 풀어보기로 해요.

오지원은 남편과 아들의 다툼에 대한 이야기를 하고 나서 마음이 불편하다. 아들이 아버지를 상해한 것은 명백히 잘못된 일로 집단원들이 생각할 것 같고, 남편의 마음을 공유해 주지 못한 부분을 지적받은 일도 신경이 쓰인다. 성경탐색의 시간이 길어졌기에 다음 프로그램으로 넘어가려는 분위기에서 좀 더 자신의 생각과 마음을 표현하겠다고 해 본다. 남편의 문제는 화를 낸 후 가족들과 풀 기회를 갖지 않는다는 것을 확실하게 알리고 싶어 하였다.

(2) 부모의 편애와 형제간의 갈등 발견하기-Bibliodrama

비블리오드라마를 시작하면서 어떤 역할을 맡을지 짧은 시간 동안 집단원들은 갈등을 겪는다. 서로 역할을 권하기도 하고 잠시 망설이기도 하다가 결국 각자가 마음에 드는 역할을 선택한다. 이 과정에서 지난 이틀간의 주인공 역의 역할을 했던 사람은 스스로 주변 역할을 선택해서 다른 이들에게 양보한다. 그동안 주요 인물 역할을 하지 않았던 이열매가 에서의 역할을 맡고, 야곱도 유시온이 하기로 한다. 세 번째 하는 비블리오드라마는 집단원들도 제법 익숙하게 그 장면과 상황 속으로 몰입하여 들어간다. 치료사가 인터뷰를 하지 않아도 자발적으로 대화를 하기 시작하였다.

나오는 인물: 리브가(오지원), 야곱(유시온), 이삭(주사랑), 에서(이열매), 염소 1(나인정), 염소 2(강한나)

장면: 이삭이 에서에게 사냥해 올 것을 말하는 장면.
이삭이 가운데 앉아 있고 에서와 마주하고 있다.
염소 1, 2는 주변에 앉아 있다.

이삭(주사랑): 에서야 내가 너를 축복하리니 가서 사냥해 오너라.
에서(이열매): 사냥해 오겠습니다. (멀리 나간다)
(이 장면을 리브가가 보고 있다)
리브가(오지원): 야곱아! 아버지가 에서보고 사냥해 오면 축복해 준단다. 어떻게 할래? 니가 축복 받아야 할 텐데… 이 일을!
야곱(유시온): 좋은 머리 두고 뭐하세요.
리브가(오지원): 가서 염소 두 마리 잡아 오면 내가 어서 요리를 할게!

염소 1(나인정): 야! 도망가자.(염소 2와 멀리 도망간다. 돌아다니다 리브가와 야곱에게 잡혀온다)
염소들: 싫어!!
리브가(오지원): 양념을 쳐!
(리브가가 염소들을 가운데 눌러둔다)
야곱(유시온): 에서는 키가 크고 털도 많은데 저는 키가 작고 어떡하죠?
리브가(오지원): 에서 옷을 입어라. 들키면 내가 책임져 줄게!
(염소들이 들썩인다)
야곱(유시온): 죽어죽어. 할 수 없어. 하하(염소들을 누른다)
(야곱이 털을 붙인다. 다양한 천을 이용해서 몸에 두른다)
(야곱이 염소들을 가지고 이삭 앞에 간다)
이삭(주사랑): 누구냐?
야곱(유시온): 아버지 저 맏아들 에서에요.
이삭(주사랑): 들어와라 벌써 잡았느냐? 빠르네.
야곱(유시온): 아! 일이 착착 잘 진행이 되었어요.
이삭(주사랑): 맛있는 냄새가 나네! 누가 만들었느냐?
야곱(유시온): 당연히 제가 만들었죠!
이삭(주사랑): 목소리는 야곱 같고…
야곱(유시온): 털을 잡아당겨보세요.
(털이 잡아당기니 떨어진다. 모두들 웃는다)
야곱(유시온): 한쪽으로 쏠린 거예요. (하하) 목소리는 감기 걸렸어요.
이삭(주사랑): 좀 먹어볼까? 깨끗이 씻었느냐?
야곱(유시온): 저를 마음껏 축복해 주세요.
이삭(주사랑): 이리 오너라. 오늘 맛있게 먹었다. 오늘 장자의 축복을 주겠다. 너를 … (순간 감동이 되어 실제 눈물을 흘린다)… (울먹이며) 하나님이 함께 하는 자가 되게 하시고… 모든 민족의…
(이때 염소 1(나인정) 손가락 하나를 축복하고 있는 이삭의 손에 살짝 집어넣는다. 염소 2(강한나)도 손가락을 하나 더 집어넣는다)
리브가(오지원): 나도 기도해 주세요. (이삭을 안는다) (모두 웃음)
이삭(주사랑): (치료사를 바라보며) 나는 장자나 차자를 따지지 않고 다 축복하고 싶어요!

치료사: 하고 싶은 데로 하셔요. 에서를 불러서 함께 하든지…
이삭(주사랑): 에서도 나타나는 것으로 하겠어요.

드라마가 진행되면서 염소 1이 된 나인정은 돌발적인 행동을 한다. 원래는 이야기 장면에는 등장하지 않는 염소이다. 리브가가 에서가 잡은 들짐승처럼 맛있게 요리할 때 쓰일 재료다. 항상 자신의 행동에 제약을 두고 자신의 감정을 돌보지 않았던 나인정은 순간 돌발적인 장난스러운 감정이 올라온다. 잡혀서 요리가 될 처지이니 옆에 함께하고 있는 염소 2 강한나를 충동하여 도망쳐 나간다. 삽시간에 드라마 현장은 새로운 역동으로 술렁이며 염소들을 잡으러 다니느라 소란스러워졌다.

집단원들은 웃으며 한바탕의 놀이처럼 재미있어 하였다. 놀이야말로 삶의 진지함과 성스러움을 우회적으로 표현한 실체이다. 지금까지 우리의 삶 속에서 성스럽고 권위 있는 목소리를 간직해온 성경과 '놀이'를 혼합하여 접근해 보는 것은 진리를 삶 가까이로 통합할 기회를 얻게 한다. 나인정의 예기치 않은 희극적 행동은 3일간의 프로그램을 통하여서 자기감정이 개방되었고 신뢰할 만한 장으로 느끼기에 긴장이 풀어지면서 눌리지 않은 순수한 자신의 감정을 만나게 된 것이리라.

본래적 자기와 환경에 길들여진 자기와의 사이에서 갈등을 겪고 있는 나인정은 자신의 본래적 모습을 만나는 순간이었다. 장난기가 발동이 된 역동적인 행동들은 그녀의 제약받지 않을 때의 순수한 모습이리라!

이 후 물동이 역을 하며 여인을 측은히 여기다가 감동의 눈물을 흘렸고, 레아역을 할 때도 울면서 야곱의 사랑을 쟁취하였던 주사랑은 이번 드라마에서도 죽기 전에 자녀에게 축복을 하는 이삭이 되어서 진심의 눈물을 흘린다. 기도를 하는 그 순간, 염소들도 아내 리브가도 축복하는 손에 자신들의 손을 포갠다. 성경에 나오지 않는 예상치 못한 장면이다. 그러나 감동되는 장면에 반응하며 모두들 축복받고 싶은 마음들을 드러낸다.

부모로부터의 축복은 어느 누구나 간절하게 받고 싶은 감격스러운 선물이다. 우리는 자신이 장자이든 아니든, 염소이든 자격이 축복 받을 만한지를 떠나서 누구나 원초적으로 '축복'을 갈망한다. 나아가 영적 부모된 하나님이 주시는 축복을 필요로 하는 존재들임을 일깨워주는 장면이 연출되었다.

이때 에서가 들어오면서 이 상황을 본다.
에서(이열매): 아버지 제가 돌아왔습니다. 이게 뭐하는 상황입니까?
이삭(주사랑): 아니 누구냐? 얘가 에서가 아니냐?
에서(이열매): 제가 에서입니다.
이삭(주사랑): 이리 가까이온… 마음이 너무 아파요. (울음) 에서야 남은 축복을 해 줄게!
야곱(유시온): 안 돼요! 안 돼요!
이삭(주사랑): 같이 받아라.
야곱(유시온): 에서를 아버지가 얼마나 좋아했어요? 나를 부엌데기로 여기고…
리브가(오지원): 나도 축복해 주세요.
염소 1(나인정): 아버지 사랑을 그동안 못 받았을 것 같아요.
이삭(주사랑): 나머지 축복을 모두 주고 싶어요.
치료사: 에서, 어떤 마음이에요?
리브가(오지원): 나도 남편의 축복을 받고 싶어요.
염소 1(나인정): 에서야! 엎어버려!!
에서(이열매): 없던 걸로 해요~~왜 알지 못하고 축복을 하셨어요?
리브가(오지원): 안 돼! 예정된 축복이야. (야곱을 끼고) 너는 조용히 해!
치료사: 에서! 엄마가 저렇게 말하는 것에 어떤 마음인가요?
에서(이열매): 엄마, 늙은 다음에 보자!
야곱(유시온): 1초 상간으로 태어났는데 그것 때문에 아빠의 사랑을 못 받았잖아요.
형, 생각해 보세요. 얼마 전에도 배가 고프다면서 팥죽 한 그릇에 장자권을 팔았잖아요.
에서(이열매): 그래도 형은 형이다.
야곱(유시온): 팥죽을 장자명목으로 팔았잖아요.
나는 한 대 맞아도 돼요. 때려 보세요. 몸으로 때울게요.(하하)
치료사: 야곱! 엄마가 편들어주니 어떤가요?
야곱(유시온): 좋죠!
치료사: 아빠의 편애 마음이 어떤가요?
야곱(유시온): 아빠도 편애한 결과 대물림? 그런 마음으로 생각해요.
치료사: 집에서도 이런 감정을 느껴 보았나요?

야곱(유시온): 부모님들이 무조건적인 아들 사랑을 했죠. 장자로서 다른 자녀에게 복이 갔죠.

치료사: 실제 엄마가 편애를 했었는데 오늘 사랑해 주는 엄마의 경험, 자기편을 들어주니 기분이 어떤가요?

야곱(유시온): 이런 엄마가 쉽지 않죠. 현명한 것 같아요.

에서(이열매): 아들 입장이 되어보니 동생에게 뺏기니까 억울하고… 딸로만 살았는데 장자 아들로서 느낌이 오네요.

이삭인 주사랑은 장자와 차자 모두를 축복해 주고 싶다. 그래서 성경과 다른 장면이 연출된다. 야곱을 축복하고 있는 장면에서 에서도 들이닥친다. 이삭은 이런 상황이 너무 마음이 아프다며 진심으로 울먹인다. 이때 야곱과 에서는 서로 밀치며 싸운다. 이후 가족들은 각자의 위치에서 변론하기 시작한다. 엄마는 예정된 축복이라며 야곱을 끼고 돈다. 1초 상간으로 늦게 태어나서 에서에게 장자의 자리를 빼앗기고 아빠의 사랑을 받지 못했다며 야곱은 억울함을 말한다. 야곱인 유시온은 첫날부터 남아선호사상이 짙은 어머니에게서 지지와 사랑이 없었다고 이야기를 해왔다. 이 장면은 유시온에게 많은 의미로 다가올 것으로 보였다. 디렉터로서 나는 좀 더 유시온의 내면탐색을 염두에 두고 질문을 한다. 리브가가 자신을 편애하고 지지해 주는 느낌이 어떠하냐고 질문을 던진다. 야곱인 유시온은 그러한 어머니를 칭찬한다. 친정어머니가 돌아가신 지 얼마 안 되는 유시온은 내심 유산에 대한 갈등도 크다고 말하여왔다. 에서와 야곱의 장자권 싸움처럼 우리 현실에서도 형제간에 재산분배로 인한 갈등은 자주 일어나고 있으며 현재 진행이다. 집단원들의 내면에 부모나 가족으로부터 부당한 취급을 받았던 경험들이 있음이 드러났음을 서로 나누고 그러한 주제로 개인 비블리오드라마를 하기로 한다.

(3) 편애와 갈등으로 인해 아픈 '나'를 함께 끌어안기-bibliodrama

〈유시온 개인 비블리오드라마〉

부모로부터 편애를 경험하였던 유시온의 개인 비블리오드라마를 하기로 한다. 유시온의 어머니는 얼마 전 돌아가셨다. 아직 이별의 아픔 과정에 있기 때문에 어머니와 관계되는 장면보다 편애를 받았던 오빠에 대한 불편한 감정을 다루고 싶어 하였다. 드라마 속 에서가 장자의 축복을 받지 못하게 되었을 때 '꼬시다(고소하다)'라는 감정이 더 다가왔다고 한다.

유시온: 오빠가 대학에 가고 나는 작은 언니집에 살았는데 오빠는 용돈을 30만원 받고 나는 오빠를 찾아가서 악간 비굴하게 5만원을 달라했던 사건이 생각나요. 그런 이야기를 하기가 쉽지 않잖아요.
(오빠로서 에서는 외면하고 있다)

유시온: 쳐다보세요. 살아보니까 별거 없죠?

오빠(에서역의 이열매): 미운 감정이 쉽게 없어지겠나?

유시온: 잘 말했어요. 옛날 생각해 보세요. 아버지가 얼마나 편애했어요.

이열매: 나는 장자니까 당연히 사랑을 받는 것은 당연한 것이 아닌가?

유시온: 왜 장자니까 당연히 받아야 돼요? 차자는 자식 아닌가요?

이열매: 아빠도 너 몰라라 하지 않았잖아. 아빠에게 이야기를 해서 저 한테도 신경 써주세요. 할 것이지 엄마하고 짜고 그런 것은 잘 못한 것 아니야?… 이왕 축복했으니 너는 너대로 살아라.

치료사: 개인적으로 오빠에게 자랑하고 싶은 것 자랑해 보세요.

유시온: 하나님의 섭리가 있어서 저 인생에서 인도해 주신 것이 굉장히 많거든요. 아내와 자식들 재물들 형도 만나고 화해할 생각도 하게 되고… 얼마 전에 재산 중에 그것은 똑같이 가르면 안 되고 형에게 많이 주어야 한다고 했었어요.

오빠(이열매): 욕심 없는 사람이 있겠나. 용서해 주겠다.

유시온: 형님을 깍듯이 잘 모시겠습니다. 고맙습니다.

오빠(이열매): 나에게 앞으로 더 잘해라. 그렇다고 더한 것은 바라지 말아라.

유시온: 사실 오빠와의 관계가 덤덤해요. 집에 대한 상속 때문에 서로 눈치를 보고 있어요. 어머니가 사시던 집에 죽은 오빠의 올케가 살고 있어요. 재개발 보상이 나올 것으로 잠정적으로 예상되는데 1/3로 오빠, 언니, 나에게 상속이 되는 것으로 나와요. 내 생각은 오빠 언니 지금 집은 얼마 안되니 올케가 살아야 되잖아! 그래서 집은 놔두고 엄마가 남겨놓은 돈은 법대로 처리해서 1/3로 똑 같이 갈라 쓰기로 해요. 나도 1/3을 가져가고 싶어요. 형제간의 경제적 싸움이 있죠. 남자들끼리 붙드라구요, 얼마 안 되는 것을 가지고 여자들에게는 안 주고… 재산문제는 더 가져간다고 부자 되는 것도 아닌데… 오빠! 아들이니까 강조한다면 나는 그 돈을 받아도 안 받아도 상

관이 없어. 그동안 효도한 것도 1억 가까이 들었는데 뭐. 상관없는데… 언니가 이번에는 당하지 않겠다고 했어. 논, 밭하고 엄마하고 다 받아갔잖아. 큰 언니도 5천 받았어. 아는 형제간에 잘 지내기 위해서 기일도 보아야 하니까 나는 N분의 1씩 해야 한다고 생각해. 오빠랑 장조카 간의 불화가 얼마 전에 있기 시작했어요. 이 조카며느리가 제사도 안 한다하고 장자로서. 문중에 몇 억이 있는 거예요. 오빠가 그것을 바라보고 있는 것이 아닌가 싶어요… 오빠가 제사를 가져가겠다는 거야. 그것을 바라고… 결국 내 남편의 조리 있는 말이 영향을 주고 있는데 오빠도 견제를 하고 있어요.

〈빈 의자 종이 몽둥이로 두드리기〉

유시온과 그 외 집단원들은 중년이 될 때까지 살아오면서 친정부모와 시부모로부터, 그리고 형제들에게서 받은 상처들이 있다. 그녀는 그동안 덮어놓았고 닫아두었던 '감정'들을 이 시간 풀어 놓기로 한다. 마음의 독소와 같았던 분노와 억울함의 감정을 토설하고, 변명과 하고 싶었던 말들을 풀어놓을 기회를 얻도록 한다.

치료사: 부당한 취급을 당한 것, 불공평했던 재산상속 등, 자기 삶 속에서 못했던 말을 해 보기로 해요. 각자 다 있을 것 같아요. 자 야곱 먼저 해보세요.
유시온: (고민을 하다) 부모에게는 못하겠어요. 오빠에게 할까… 못하겠어요.
치료사: 조금 기다려보죠.
오지원: 내가 먼저 할게요….
(오지원은 몽둥이를 들고 빈 의자 앞에 가서 선다)
오지원: 아버지, 아버지는 도대체 우리가 힘이 드는 것을 알아요, 몰라요? 엄마를 그렇게 힘이 들게 하고… (종이 몽둥이를 내려친다. 땅땅) 아직도 철이 안 들고. 정신 차려요. (땅땅) (치료사 추임새: 철 좀 들어요)(추임새: 어른으로써 행동해 보아요) 진짜 할 말 많아요. 똑바로 해 봐요!!
어머니! 당신의 힘든 세월은 알겠는데 아들을 뒤에서 조종을 해서 나를 그렇게 힘들게 하냐고요. (하냐고요?) 당신아들에게 내가 두들겨 맞을 정도로 우리 관계 속에 비집고 들어와서는 (추임새: 왜 관여를 하냐구요! 왜 간섭이야!) 그렇게 질투가 나냐고! 그렇게 못 살게 구냐고! 좋냐! 니 딸에게 가니 시원하냐! 니 말하는 대로 내 인생에 끼어들어서 (왜 간섭이야) (땅땅) 왜 끼어드는데 (땅땅). 남편! 당신은 왜 이렇게 멍청한데… 가난의 눈꺼풀 씌운 것 좀 벗기고 돈만 따라다니지 말고 귀머거리가 복된 길로 가는 것을

소원하는데… 방구석에 쳐 박혀만 있고 (땅땅)… 나는 내 갈 길 갈 거다!! (땅땅)

오지원은 몽둥이를 던지듯 내려놓고 숨소리를 씩씩대며 자리로 들어가 앉는다. 곧이어 이열매가 일어나서 몽둥이를 집어 든다.

이열매: 논 두 마지기 준다고 해서 우리는 안 할 겁니다. 형 주세요. 라고 몇 번 얘기를 했는데 그 논이 보상을 받게 되었다는데 아! 그 논입니까? 물었더니 밤새도록 나를 욕을 퍼 붓고 남편도 뭐라하고… (땅땅) 억울해. (땅땅) (추임새: 억울해, 억울해)(땅땅땅). 시동생이 엄마한테 하는 말이 죄가 없어서 오래 산다고? 내가 말을 안 해서 그렇지… (땅땅) 미워죽겠어.

처음 목소리는 작고 빈 의자를 두드리는 종이 몽둥이의 내리침이 약했으나 점점 감정이 실리면서 제법 동작들이 커진다. 여기–지금의 감정으로 그들은 흥분을 하고 자신의 감정을 그대로 토해놓는다. 이러한 눌려 있던 감정을 끄집어내는 장면을 바라보며 다른 집단원들도 자신의 감정이 올라오면서 연이어 몽둥이를 잡는다. 집단원들이 보는 앞에서 자신의 치부를 드러내는 일은 쉬운 일이 아니다. 디렉터로서 나는 그들의 외침과 절규에 같이 한다. 가장 내면의 원초적인 말을 그들이 했을 때 더 내뱉어지도록 추임새를 넣어준다. '왜 간섭이야!' '억울해'…

강한나가 몽둥이를 잡고 허공에다 흔들며 이야기하기 시작한다.

강한나: 남편이 손도 까딱하나 안 하고… 내가 1억 6천만을 벌어놓았더니 (땅땅!!) N분의 1! N분의 1! 하고… 시댁식구들이 다 가져가고… 예수쟁이라 꾹 참고 아무 소리 안 했는데도 나보고 욕심 많다고 (추임새: 어우 그런 소리도 다 듣고!) 예수쟁이라 꾹 참고 살았는데… 밥장사하면서 사는 동안에 애써서 15년을 벌었는데… (땅땅) (울음)…

치료사: (안아주며) 정말 수고했는데 애썼는데.

강한나: 내가 고생한 것은 괜찮은데 아들을 노가다를 얼마나 시켰는지 (울음)… 아들들이 내가 어떻게 살았는지 아니까 나한테 잘 해! 지금이라도 시누이에게 하소연을 하였는데도 다 알면서 교통정리를 안 해 주고… 보증 서달라고 해서 안 해 준다하니… 나를 욕심 많다고 하고… 보증서 써주었지… 내가

상속포기각서를 쓰고 내 앞으로 재산을 돌려놓으면 부채를 안 갚아도 돼. 그래도 남편이 활동하도록 남겨놓았더니… 저렇게 죽을지도 모르고… 내 앞에 빚을 한껏 남겨놓고… 시댁식구들이 나를 속물 취급하는 거야 (땅땅 땅)… 괘씸한 거야!! (대성통곡, 한참이 지난 후)

치료사: 억울한 것들이 많아! 친척들이 어떻게 해 주면 좋겠어요?
강한나: 니 수고했다 하는 소리 듣고 싶다.
(모든 집단원들이 친척들로 대리역을 하기로 한다)

유시온: 형님! (안아주며 엉엉) …엉엉 미안해요.
강한나: 엉엉
오지원: 찬물에 손 넣고… 심적으로도 고생했는데… 우리가 몰랐다.
이열매: 여보 미안해! 맨날 술 먹고…
나인정: 진짜 미안해!

집단원: 미안해요, 형수! 미안해요, (안아주고 서로 대성통곡) … 우리가 몰랐다… 여보 미안하다… 너무 고생했다.

강한나: 하나님께서 그걸 알고 감사하게도… 생각지도 않은 보상 6천만 원을 받았다. 또 저것 보상받으면 몇 억이 나와. (박수와 환호)
집단원: 형수가 최고야!!
이열매: 하나님이 복을 주셨네!
강한나: 고마워!!
(모두 박수를 친다)

강한나는 뇌병변 장애를 가지고서 학교 앞에서 식당을 운영하며 시모를 모시고 살아 왔었다. 그러나 시어머니가 돌아가시고 시어머니의 명의로 된 식당이 도로 확장하는 공사과정에서 보상을 받게 되었고, 이 과정에서 시형제간의 갈등과 심리적 과로로 남편까지 돌아가셨다. 아직도 끝나지 않은 시형제간의 재산 갈등은 강한나로 하여금 억울함과 원통함을 품게 한다. 첫 날 프로그램부터 자신의 이러한 처지를 드러내며 자신의 주된 문제감정임을 알려왔다. 드디어 그러한 감정을 집단원 앞에서 풀 기회를 얻었다. 강한나는 열심히 살아서 자신이 일구어 낸 성과를 시형제들은 전혀 인정하지 않고 도리어 욕심쟁이로 만들었던 그 억울한 감정을 몽둥이를 두드리며 몸과 힘을 통해 카타르시스 경험을 가졌다. 결국 그들에게서 듣고 싶었던 말은 '너 수고했다'였다. 이를 보고 있던 집단원들은 진심으로 그녀의 시형제가 되어 그를 수고했다고 하며 미안하다고 안아준다. 감정에 복받쳐서 우는 강한나와 같이 안고 우는 집단원들은 같은 마음이 되어 그 상황을 공유한다. 비록 짧은 시간들이지만 이러한 진정한 공유된 마음은 강한나의 마음속 응어리를 풀어준다. 눈물이 그치자 강한나는 그런 사건 이후 있을 희망을 말하며 환하게 웃고 모든 집단원도 박수와 환호로 축복하였다. 처음에 하려다 포기했던 유시온이 의자 앞으로 나간다.

> 유시온: (땅) 오빠는 재산을 가져갔으면… (땅땅) 큰 오빠 돌아가셨을 때 오빠는 엄마를 생각하고 돌아보았어? (땅땅) (치료사: 맞어 맞어!) 신서방에게 보증서 써 달라고 해서 여름수련회에 갈 때마다 재촉장이 날라 와서 좋은 마음으로 가 본적이 없다고… (땅땅) (치료사: 그러게 오빠 제대로 해!) 시어머니 모시고 있으면서 얼마나 마음 졸였는데… (땅땅) 엄마는 홍수가 났을 때 아들은 놔두고 신서방보고 위험한 곳에 가보라고? (땅땅)… 도대체 그렇게 사랑을 받았으면 엄마 살아생전에 잘할 것이지 인간이 할 짓이야? (치료사: 그래 인간이 할 짓이야?)

집단치료는 내담자가 자신의 변연계를 수정하고 패턴을 바꿀 수 있게 한다. 다른 사람들 앞에서 강렬한 감정을 행동으로 표출하거나 자극받는 일 없이 끝까지 경험해 보는 일은 과거의 위기를 다시 불러온다. 그리고 우리는 시간이 지남에 따라 서서히 자신의 감정적 반응을 조절하게 된다. 우리는 자신의 마음속 목소리에 귀를 기울이면서도 타인의 말을 들을 수 있는 법, 자기 자신과의 만남을 유지하면서 타인과 만날 수 있는 법을 배우게 된다.

야곱과 에서처럼 우리의 실제 삶에서도 형제간의 갈등과 부모의 편애와 재산의 불평등적 분배에 대한 다툼은 대단한 듯하다. 결혼 후 시댁 형제까지 확장되었으니 더욱 할 말이 많아져 보인다. 그동안 이들은 답답했던 마음을 어떻게 풀고 살았을까?

4) 세 번째 만남의 의미를 다시 느끼기

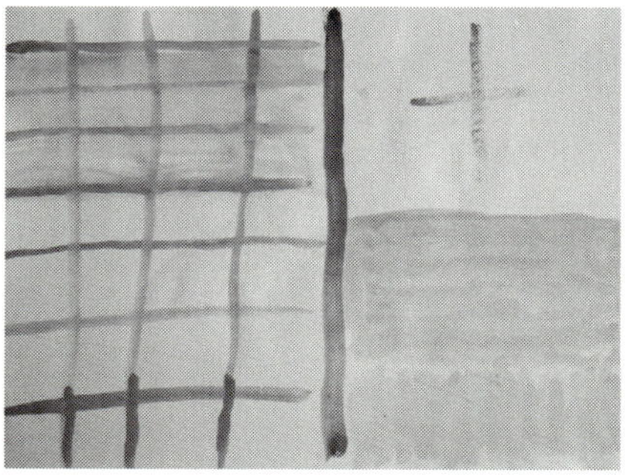

〈그림 4-37〉 강한나 '희망'

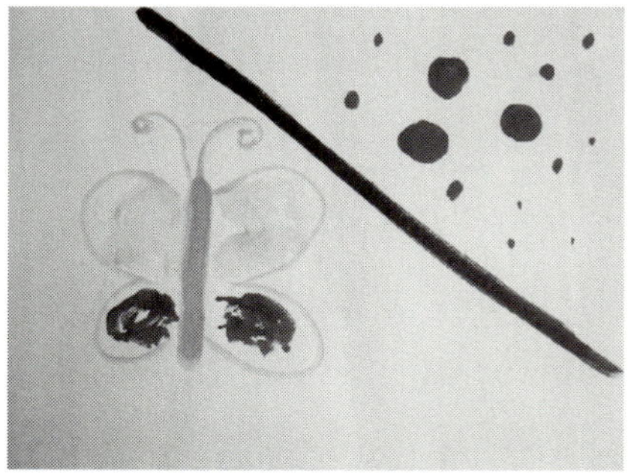

〈그림 4-38〉 오지원 '나로 살기'

강한나: 제가 예수님을 믿기 전에는 정확하게 사는 걸 좋아했어요. 그러나 겉으로는 엉망진창이었어요. 내 맘대로 안 되니까… 그런데 예수님을 영접하고 나서 다 내려놓게 되더라고요. 그래도 남편 바람난 곳에 가서 난리를 안 피운 건 내가 그나마 내려놓아서 그래요. 그리고 앞으로 희망이 있고 미래가 있다고 생각했어요. 기대가 있습니다. 나는 뒤가 없는 사람이에요. 형제들 집집마다 전화해서 하고 싶은 말 다해서 상대방이 전화를 내려놓고 있더라고. 그러나 그 사람들이 무조건 나보고 용서하라고 요구하고 있어요. 그게 걸리지. 예전에 신랑이 죽을 무렵에 안 좋은 소문이 났었어요. 그래도 희망이 있기 때문에 평강을 얻어서, 체험을 느꼈기 때문에… 희망이 있어.

강한나의 그림은 둘로 나누어져 있다. 왼쪽 그림은 규격화되어 있는 격자모양으로 정확하게 살려는 자신의 예전 모습이고 오른쪽의 십자가 그림은 자신의 생각을 내려놓은 모습이라고 한다. 기독교 중년여성은 결국 고통과 어려움이 있어도 예수님을 통하여 희망과 평강을 체험하면서 희망적일 수 있음을 보인다.

오지원: 나는 어릴 때부터 '우리'가 다 좋아야 된다고 생각했어요. 지금도 가정이 다 좋아야 되는데 그렇지 못해서 안타까워서 행복하지 않아요. 어쨌든 한 사람하고 문제가 있으면 안 되는 성격. 그런데 다른 사람은 별 문제 없이 살아가더라고요. 친정집 이사 가야 되는 일이 있는데 아버지에 대한 쓴 마음이 올라오는 것을 느껴요. 어제 통화하는데 또 아무렇지도 않게 전화 받길래 내 목소리에 화가 올라왔어요. 다른 형제들은 아버지를 신경 쓰지

않고 있지만, 저는 해 주고 싶은 마음도 있어요. 전에는 항상 내가 형제들 중에서 총대를 맺어요. 그러나 요즘은 형제들에게 전화해서 내 요구를 정확하게 요구하게 되었어요. 분명한 의사표시를 한 것 같아. 내가 그동안 주변 사람들의 구출자처럼 살았었는데 이제 선을 좀 긋고, 남편에게 사랑받고 싶은 마음도 내려놓고, 나를 찾아보자. 라는 생각이 들었어요. (나비 그림을 보이면서). 그러니까. 아무리 상황이 어려워도 내 할 거 찾아보고, 내 못했던 거도 해 보고, 내가 할 수 있는 영역들을 찾아보고 싶은 마음이 들어요. 그렇게 해야 자녀도, 남편도 나를 바라볼 것 같아요. 동생들을 보니 자기들도 나름대로 잘 살더라구. 나도 그렇게 할 수 있겠다 생각이 들었어요.

치료사: 지난번과 많이 달라진 모습이네요. '결혼'을 주제로 이야기를 할 때 독립에 관한 이야기를 한 나인정의 말이 동의가 되지 않는다고 했는데 이제는 내가 해 보고자하는 독립에 대한 마음이 많이 생겼네요.

오지원: 오늘 경험에서 깨달아진 것은 엄마 칭찬해 주는 거에서 생각난 것은 나도 자녀들에게 표현해 주지 못한 영역에 대해서 그렇게 하지 못했구나 하는 걸 알게 되었어요. 남편에게서 저주스러운 말만 듣다가 연극하면서 남편에게서 축복받고 칭찬받고 싶은 마음이 느껴졌어요. 남편에게 내가 늘 마음을 두드리는데 나를 잘 알아봐주지 않는 걸 느꼈어요. 경제적인 면에서는 현재 남편이 돈을 벌어오지 않고 있어요. 그러나 저는 말을 하지 못하고 있어요. 무조건 잘 해줘야 되나? 아니면 나를 찾기 위한 노력이 필요한 것인가? 궁금해요.

치료사: 자기 스스로가 힘을 얻은 다음, 여유로워지면 다음번으로 할 수 있을 것 같아요. 자신의 역할에 충실하면서 자신만이라도 평화로워지고 나면 어떻게 해야 할지 생각이 날 것입니다.

오지원의 나비 그림은 좀 더 자유롭고 싶은 마음이 투영된 것이다. 또한 새롭게 변화하고자 하는 마음도 보인다. 맏딸이라 정서적으로 원가족에 융합되고 연루되어져 있었다. 오지원은 조금은 자신의 의견을 말하기 시작한 것은 그들에게서 독립적인 한 개체로서의 의식이 생겨나고 있다고 보인다. 오지원은 드라마를 하면서 여러 상황 속에서 예상치 못한 감정을 만나는데, 남편에게서 축복과 칭찬을 받고 싶은 마음을 느꼈으며 엄마로서 자녀에게 못 해 준 영역도 발견한다. 그러나 남편에게 어떻게 반응하여야 할지 아직도 혼란스러워한다.

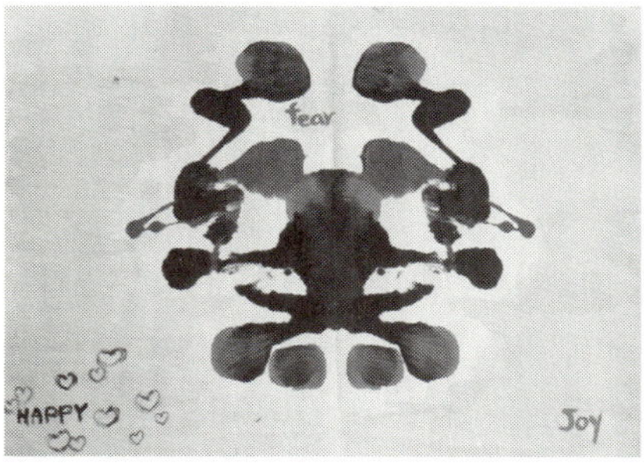

〈그림 4-39〉 나인정 '움트는 감정'

〈그림 4-40〉 이열매 새싹 같은 '새로운 마음'

> 나인정: 세 가지를 느꼈어요. 첫째는. 하트, 핑크에 대한 거부감이 많았어요. 그런데 모임을 하면서 주사랑씨가 생각났어요. 주사랑은 따뜻한 감정을 열어주는 사람으로 하나님이 나에게 보내셨구나 하는 생각이 들었어요. 화목한 정상적인 교육이 잘된 가정을 가진 사람들의 이야기를 들으면서 가정이 행복할 수 있구나!… 내가 가진 거짓 메시지로 '나는 행복하면 안 돼'라는 나의 메시지가 긍정적으로 바뀌어가는 것을 느꼈어요. 검은색, 회색이 생각나면서 공포감, 불안감이 있었어요… 염소하면서 내가 뛰어나간 건 내가 잘 이해할 수 없는 부분이었어요. 원래 바른 행동만 하는 사람인데 긴장해서 바른 자세로 앉아 있는 사람인데 그런 게 올라왔었어요. 요즘 페이스북에 남기는 글에서도 뭔가 장난을 걸고 싶은 마음들이 있는 것 같아요. 원래 초등학생 때는 지붕에 뛰어내리고 그런 걸 좋아했거든요. 중학교 때는 입에 곰팡이 날 정도로 조용해졌었구요.

나인정의 소감 그림에서 검은색과 회색의 눈물이 그려지고 그 아래주변에 해피(happy)라는 단어로 표현되는 작은 하트가 수줍게 그려졌으며 녹색과 노랑의 바탕에 조이(joy)가 등장한다. 드라마에서도 비중 없는 양역을 하면서도 그 상황을 깨고 도망을 다니며 개구쟁이처럼 웃고, 자신도 모르게 한껏 즐거워하는 모습이 너무 자연스럽게 벌어졌던 경험에 대한 소감이다. 자신의 개방은 긴장을 풀고 눌러놓았던 예상치 못한 즐거운 감정을 만나게 하며 드라마 상황에서 역동이 강한 상호작용 중 경험하게 되는 감정들을 만난다. 긍정에 대한 부정적인 감정은 '나는 행복하면 안 돼'의 거짓 메시지에 왜곡된 결과였음을 깨닫는다. 머리로만 알고 있던 사실과 감정을 드라마로 즉시적·자발적·역동적으로 몸으로 드러내고 그림은 인지적으로 구조화하며 다시 정리하는 데 도움을 준다.

> 이열매: 시어머니께 물어보고 싶어요. 시어머니가 말로 상처를 많이 줬어요. 그래도 한 번도 안 달려들었어요. 화가 날 때는 입을 다물고 있어요. 그런데 아까 두드리고 나니까 그림에서 새잎이 올라오는 것처럼 그런 느낌이 올라왔어요. 사실 몇 번씩이나 전에는 공황장애가 일어났어요. 그 일이 일어나면 너무 불안하고 정신이 이상해져요. 그래서 약을 먹기도 했어요. 10년 전부터는 거의 다 나았어요. 그러나 가끔 공황장애가 일어났었는데 그때마다 절망감이 있었어요. 다른 사람은 다 평안하게 사는데 말이에요. 오늘 느꼈던 것은 친정 식구들 사이의 재산 문제에 대해서 오빠 입장에 대해서 생각이 들었어요. 또한 아까 두드리면서 시어머니에 대한 감정이 조금 풀어진 것 같았어요. 또 내가 와서 느낀 것은요, 내 혼자 힘든 게 아니구나. 가정도 집안도 개인적인 아픔이 다 있는 것 같아서 다른 사람도 다 그렇네, 하는 생각을 하게 되었어요.

이열매는 시어머니에 대한 감정을 카타르시스화하고 나서 마음속에 새잎이 올라오는 것을 느꼈다. 때때로 공황장애를 경험하던 그녀에게는 아직도 억압되어 있던 감정들을 풀어보았던 좋은 기회가 되었다. 드라마를 통해서 그리고 집단원들의 역동을 바라보며 나만의 시야를 벗어나는 경험도 얻는다. 오빠의 장자 입장에 서 본 경험은 타인의 입장에서 바라보게 하였고, 나만이 어려움이 있는 것이 아니라고 자신의 삶을 좀 더 일반화시킬 수 있게 되었다.

〈그림 4-41〉 유시온 '사랑 채우기'

〈그림 4-42〉 주사랑 '은혜'

유시온: 내가 막내라는 것 때문에 이렇게 됐다고 생각했었는데, 그래도 생각해 보면 부모님께 오히려 내가 해 드린 것이 없고요, '당신은 사랑받기 위한 사람'이라는 노래를 들으면서 내가 사랑을 받기만 했던 게 아닌가 하는 생각도 했고요⋯ 이번에 그린 그림은 저에요. 내가 사랑을 펼칠 수 있는 역량이 충분히 있는데 잘 그려지지 못한 거예요. 간증 테이프를 들은 적이 있는데 큰 딸이 나서서 하나님의 이름으로 유산을 포기했을 때 모든 가정의 일이 잘 풀렸다는 이야기를 들었어요. 그때 저도 느낀 게 있어서 큰 시동생과의 일이 있었을 때, 포기하자 그런 식으로 했거든요. 그러니까 의타심이 많았는데 좀 더 사랑을 베풀 수 있는 사람이 될 것으로 생각하고 있어요. 오늘 야곱을 하면서는 억지로 끌어안으려는 게 있었는데 실제로 해 보니까 좀 편안해진 게 있어요.

유시온은 막내이기에 형제 순에 밀려서 부모 사랑의 혜택이 없었다고 불만을 계속적으로 이야기하여 왔다. 그러나 이제 부모님께 도리어 해드린 것이 없다는 마음이 든다. 아마도 충분한 자신의 부정적인 감정을 이야기와 드라마로 다루고 나니 얻어질 수 있는 다음단계의 감정이리라. 그리고 억지로라도 재산에 관한 이득에 대하여도 양보하여야 한다는 이성적 생각에서 마음으로 편안하게 받아들여진다고 말한다.

주사랑: 다른 분들이 두드리는 걸 보면서 나는 어떤 감정도 올라오는 게 전혀 없었어요. 그래서 치유가 거의 다 된 것 같다는 생각이 들었어요. 이삭 역을 맡으면서 너무 감사한 것은 축복을 주는 걸 해 볼까 했는데 마침 추천해 줬네요. 그동안 하나님을 위해서 해드릴 수 있는 게 없었어요. 그런데 오늘 해 보니까 너무 감사했어요. 그러니까 하나님의 마음으로 봤을 때 에서도 축복하고 싶은데 그러지 못한 게 너무 아쉬운 마음이 드는 걸 알게 되었어요. 오늘 같이 한 사람들의 이야기를 들어보니까 내가 그렇게 힘들었던 것이 다른 사람에 비해서 그렇게 힘든 게 아니였던 것 같다는 생각도 들었어요. 그리고 더 열심히 살아야겠다 하는 생각이 들었어요.

매번의 드라마에서 긍정적인 영향을 주던 주사랑은 집단원들이 내면의 분노를 표출하는 과정을 바라보면서 자신 안에 분노의 감정이 없음을 확인한다. 이삭 역을 하던 주사랑은 진정으로 야곱과 에서를 축복하고 싶어 하였고 그러한 순수한 마음이 집단원들에게도 전해져서 리브가도 염소들도 축복을 받고 싶어 하는 장면이 연출되었다. 주사랑의 존재는 집단에서 매우 긍정적인 영향을 주고 있음에 참 놀랍다. 그녀 자신은 다른 이들의 아픔을 보며 자신이 그렇게 힘들지 않고 살았음을 깨달았다고 한다.

셋째 날의 주제는 '부모와 자녀'였다. 집단원들의 원가족이나 핵가족의 상황이 그림으로 이미지화되면서 그들의 가까운 가족 간의 역동을 과거와 현재로 들여다보는 시간이 되었다.

'부모와 자녀'라는 포괄적인 주제는 집단원들로 하여금 친부모에 대하여 이야기를 하게도 하고 시부모에 대한 관계의 어려움을 말하게도 하였다. 자녀에게 간이라도 빼어줄 수 있다고 '내리사랑'을 말하기도 하고 자녀를 교육함에 적절한 '용납'과 '통제'가 필요하다는 생각을 말한다. 나인정의 경우는 원가족과 이혼한 남편과 두 자녀의 정서적 거리와 단절을 그림을 통해서 한눈에 보게 하였고 그래서 지금의 그녀가 있기까지를 이해하도록 하였다. 그리고 집단원들의 이야기 속에서 자녀나 가족 간에 기질도 다르고 서로의 갈등이 있으며 부모의 편애가 있음이 나타났다.

12지파의 이스라엘 민족의 뿌리가 되는 이삭의 가정에서 일어나는 쌍둥이 자녀인 야곱과 에서의 성경이야기를 탐색하였다. 이삭이 연로해져서 에서에게 장자의 축복을 주고자 했으나 이를 안 리브가에 의해서 야곱과 함께 에서로 속임을 받고 장자의 축복을 준다는 줄거리이다. 텍스트를 함께 읽어 나가면서 중년여성으로서 집단원들은 어머니 리브가의 행위에 초점이 가고 의구심이 생긴다. 남편을 속이는 일은 옳지 않은 일임에 틀림이 없다. 거짓된 일까지 서슴지 않는 엄마의 사랑은 어디까지 옳은 것인가? 그렇다면 '정의'를 추구하고 '도덕적 삶'을 추구하는 삶은 우리에게 어떠한 의미가 있는가?

리브가의 야곱에게 향한 '정'과 '보살핌'은 중년여성들인 나와 참여자들에게 있어서 비판하기보다 받아들이고 싶다. 물론 리브가는 두 자녀가 자신의 뱃속에서 싸울 때 주님께 자녀들에 대하여 물어보았다(창세기 25장 22절). 주님은 큰 자가 어린 자를 섬긴다고 말씀하신다. 리브가는 이 말씀을 믿었기에 거짓을 행해서라도 이 사실을 이루는 것을 더 우위에 두었을 것이다. 그리고 한편으로는 야곱은 자신과 친한 아들이기에 주관적 '정'의 의미가 분명히 작용되었다고 본다. '거짓'과 '정'이라는 인간의 한계성 속에서 하나님의 의도는 또한 이루어지고 있다. 교육이라는 이름으로 자녀에게 보편적 윤리와 도덕을 강조하기에 앞서 충분한 주관적 '정'과 '보살핌'이 먼저이며 신앙 역시 윤리성을 늘 포함하지는 않는다고 엄마로서 여자로서 의견을 한가지로 모아본다.

집단원들은 리브가에 대한 의구심에서 더 나아가 이삭의 가정에서 일어나는 거짓과 경쟁을 용납하시는 하나님의 대한 의구심까지 나아간다. 나인정은 자신의 삶의 여정에서 잘못된 길을 갈 때 하나님은 왜 막지 않을까? 인간이 잘못하고 있을 때 그 시각에 바로 안 알려주시는 것인가?를 물었으며 오지원은 주변의 사람들이 부도덕한 행위를 지속적으로 하고 있을 때 하나님도 그것을 봐주시고 계시는 것이 화가 난다. 이러한 의구심은 나인정과 오지원만 가지는 질문이 아니다. 나를 포함한 많은 기독교인들 역시 신앙 교리적 삶과는 다른 사건의 연속인 삶을 사는 신앙인의 삶을 바라보며 가지게 되는 동일한 질문이다.

비블리오드라마를 하는 과정에서 리브가가 요리할 염소의 역할을 하던 나인정은 색다른 감정을 경험한다. 장난기가 발동을 하며 성경텍스트와 상관없이 뛰쳐나가 도망을 다닌다. 이러한 행동은 나인정의 순수한 자신에게로의 회귀를 보여주는 듯하였다. 본래 자신은 억제되어 있을 경우가 많은데 어찌된 영문이지 모르겠다고 한다. 항상 본질적인 나와 상황에 의해 만들어진 나와의 갈등이 존재해온 그녀는 드라마 속 놀이를 통해 자신의 본래적 특성이 자연스럽게 분출되는 순간을 맛본다.

이삭이 자녀에게 축복하는 장면은 또 다른 예상치 못한 감동적인 퍼포먼스를 남겼다. 주사랑은 영적 제사장인 가장 이삭이 되어 자녀에게 축복을 하고자 할 때 진심의 눈물을 흘린다. 울먹이며 시작되는 축복기도에, 염소들도, 아내 리브가도 그 축복을 받고자 자신들의 손을 이삭의 손에 포갠다. 부모로부터의 축복, 나아가 하나님으로부터 오는 축복을 우리는 '갈망'하는 존재들임을 다시 깨닫는 순간이다.

야곱과 에서의 '경쟁'과 '갈등'은 곧 우리들의 삶에서도 일어나고 있다. 집단원들마다 부모로부터의 비교되는 사랑과 형제간의 차이 때문에 얻어진 멍이 많았다. 응어리진 것을 풀어내는 작업으로 '지금-여기'에 머물면서 감정을 정화하는 '빈 의자 기법'을 사용하였다.

이열매는 시어머니에 대한 억제된 에너지를, 오지원은 시어머니와 남편에게, 유시온은 재산상속 문제로 오빠에게, 강한나는 시형제들에게서 받는 부당한 대우와 재산상속에 관한 억울함을 드러내서 부정적 감정을 분출하였다. 빈 의자에 종이 몽둥이를 내리치는 힘과 신체적 반응이 점점 커질 때 디렉터로서 나는 그들의 말을 반복하거나 확대해 준다. 이에 강한나는 자신의 억울함에 통곡하였고 집단원들은 기꺼이 나쁜 시 형제들이 되어 그녀가 듣고 싶은 위로의 말을 하며 그녀를 진심으로 품어주고 안아준다.

오전부터 시작된 프로그램 과정에서 많은 일들이 벌어졌고 이야기되어졌으며 경험을 하였다. 집단원들은 그림으로 정리를 하는 시간을 갖는다. 강한나는 과거의 나와 확연히 다른 현재의 내 모습을 나타내었다. 결국 신앙 안에서 자신을 내려놓았으며 아무리 어려움이 있어도 예수님을 통하여 희망이 있다고 하였다. 오지원은 나비 그림으로 자유롭고 변화되고 싶은 마음을 드러내었다. 원가족과 남편에게서 독립하고 싶은 마음이 투영되었으나 아직은 혼란함이 엿보였다. 나인정의 소감 그림에서 부정적인 감정의 주변으로 '하트'나 '해피'라는 단어가 등장한다. 드라마 상황에서 역동이 강한 상호작용 중 경험하게 되는 감정들을 만난다. 긍정에 대한 부정적인 감정은 '나는 행복하면 안 돼'의 거짓 메시지에 왜곡된 결과였음을 깨닫는다. 이열매는 시어머니에 대한 감정을 카타르시스화하고 나서 마음속에 새잎이 올라오는 것을 느꼈다. 오빠의 장자 입장에 서 본 경험은 타인의 입장에서 바라보게 하였고 '나만이 어려움이 있는 것이 아니다'라고 자신의 삶을 좀 더 일반화시킬 수 있게 되었다. 유시온은 부모에 대한 원망의 마음들이 이제 부모님께 도리어 해드린 것이 없다는 마음으로 바뀐다. 그리고 재산상속에 대한 양보의 마음도 편안하게 받아들여진다. 주사랑은 집단원들이 내면의 분노를 표출하는 과정을 바라보면서 자신 안에 분노의 감정이 없음을 확인한다. 그리고 그녀 자신은 다른 이들의 아픔을 보며 자신이 그렇게 힘들지 않게 살았다고 깨닫는다.

4 넷째 날: 참된 '나'를 짓눌렀던 거짓된 '나' 걷어내기

1) 네 번째 만남을 위한 몸 풀기-웜 업

집단원들의 인사는 어느새 서로 껴안고 흔들어주는 것으로 고정이 되었다. 서로 만나면 먼저 안아주고 두드려준다. 오늘의 웜 업은 둘씩 짝을 짓고 커플로 진행된다. 먼저는 각자의 발을 일자로 포개고 서서 가위 바위 보로 이긴 사람이 한 발을 뒤로 옮겨놓고 옮겨진 빈자리에 진 사람의 발이 앞으로 밀려 나온다. 반복해서 진행되며 점점 간격이 벌어지게 되어 다리 벌리기가 힘들어지며 넘어지는 사람들이 지는 게임이다. 이 게임을 하며 서로 웃고 비명을 지르며 재미있어 한다. 이후 같은 커플과 '거울' 놀이를 한다. 상대방의 거울이 되어 마음과 몸을 따라 해 본다. 조용한 음악을 들으며 몸과 마음을 맞대어보는 경험을 한다. 더 나아가 '최면'놀이를 한다. 두 명씩 마주보고 상대방의 코 가까이 손바닥을 펴고 그 거리를 유지하며 손바닥의 움직임에 따라 몸을 움직인다. 부드러운 음악과 함께 손바닥으로 조정하는 사람과 그것을 따라하는 자와의 조용한 몸의 협연이 이루어진다. 앉기도 하고 눕기도 하고 앞으로 뒤로 움직이며 손바닥의 움직임에 몸을 맡긴다. 다시 모든 집단원들이 합창대열로 서서 한 사람이 지휘자처럼 양손을 들고 각각 3명은 왼손을 따라 움직이고, 나머지 3명은 오른손의 움직임을 따라 한다. 노래가 아닌 몸의 합주가 만들어진다. 이 과정에서 모두 한 마음이 되기도 하고 몸의 움직임이 많아서 에너지도 오르며 웜 업이 되는 시간이었다.

2) 살아갈 삶의 터에 남겨둘 것들과 버릴 것들 정리하기

넷째 날이 되기까지 그동안 집단원들은 자신을 탐색할 시간들을 가졌으며, 그 과정에서 드라마나 작품을 통해서 예기치 않게 본래적인 '나'를 만나기도 하고 자신에 대하여 확신하는 시간들을 가져왔다. 다섯 번의 모임 중 네 번째 모임인 오늘 프로그램은 이제 종결점을 향해가는 시점이기에 자신을 통합해 보도록 하는 주제를 염두에 두게 된다. 그동안 자신을 발견하고 들여다보는 시간들이 중요했다면 오늘의 주제는 점점 자신의 본래적 모습으로 찾아가던 것을 하나의 이미지로 그려보도록 한다. 이 과정에서 실존적 자신의 모습을 찾기 위해서 버려져야 하고 심지어 포기해야 할 성격이나 생각 등을 찾아서 나타내 보도록 한다.

도화지를 반으로 접고 한편에는 자신의 실존적 이미지를 그리고 다른 한편에는 그러한 자신이 되기 위해서 버려야 할 것을 그리도록 한다. 채색의 재료는 크레파스, 색연필, 파스텔을 이용한다.

집단원들은 치료장면에서 때로는 반복하여 이야기해오던 자신의 실존적 이미지를 크게 고민하지 않고 그리기 시작하였다. 가장 먼저 그리고 다른 집단원들이 작품을 완성하기까지 기다리던 주사랑부터 이야기를 시작하도록 한다.

〈그림 4-43〉 나인정 '나' 표현하기

〈그림 4-44〉 강한나 '나' 표현하기

주사랑: 나는 보석이에요. 하나님께서 나를 보석으로 만드셨기에 나를 나타내고 살아야 하는데… 제가 되고 싶은 것은 상처받은 사람들이 많으니까 그런 사람들을 상담하면서 치유하고 싶은데 그러자니 공부도 해야 하고 대학에 가려고 해요. 기도하고 있는 것은, 전도하면서 그것을 사용할 수 있도록… 그들은 하나님께 인도할 수 있기를 바래요. 삶이 보석처럼 빛나야 해요. 그렇게 되기 위해서는 이렇게 되어야 해요. 열쇠고리와 자물쇠를 표현했는데 내 생각들이 많아요. 어떤 길을 가야 하나? 이 열쇠로 열면 열릴까? 등 많은 생각을 해요. 생각을 내려놓고 하나님의 생각을 알고 싶어요. 직장도 그만 두고 나왔는데 장애인 복지시설에 알바를 하고 있는데 알바가 끝나고 연이어 또 알바를 하게 하시는데 나는 똑바른 직장을 가고 싶은 데 자리를 얻기가 힘들어요. 내 생각이 많죠. 똑바른 직장을 가고 싶은데 자꾸 알바만 하게 되네요. 내 생각을 포기하고 하나님의 길을 가야 하는데 학교도 가야 하고 직장도 나가야 하는 욕심이 있죠. 과연 하나님의 길은 어떤 것일까요?

오지원: 왜 직장을 가려하나요? 직장과 학교를 다 갈 수 있나요? 두 가지를 다 하려면 힘들지 않을 까요?

주사랑: 지금 공부만 하는 시기일까? 등 하나님의 뜻을 알고 싶어요.

나인정: 생각이 많으면 별로 좋지 않더라구요. 생각을 자를 수 있는 가위를 그려 넣어 주고 싶어요.

유시온: 자물통이 인상적이에요.

이열매: 자물통을 열면 보석이 있을 것 같아요. 그 안에 보석이 있어 꺼낼 수 있어요.

주사랑은 도화지 오른쪽에 밝게 빛나는 보석을 하나 크게 그렸다. 스스로를 보석이라 할 만큼 긍정적인 자아상을 가졌다. 보석처럼 빛나는 자신의 실존을 위해서 어떤 길을 가야 할지 계속적인 답을 구하고 있다고 한다. 자물쇠를 여는 열쇠처럼 가장 하나님의 뜻에 맞는 답을 구하고 있다. 자신의 삶에 대한 진지한 물음이기도 하다. 집단원들도 첫날의 느꼈던 거부감 없이 긍정적인 피드백을 해 준다. 나인정은 많은 생각을 자를 수 있는 '가위'를 주고 싶다고 적극적인 호감을 보낸다. 이열매도 자물통을 열면 보석이 있을 것 같다고 축복의 메시지를 말한다. 넷째 날에 이르러 집단원들의 피드백은 서로의 선입관이나 경계함이 없이 진정으로 서로를 받아들이고 있다. 서로 아무 역동 없이 감정을 공유함은 집단원 모두에게 평안함을 주었다. 주사랑은 집단원들의 이러한 긍정적인 피드백에 기뻐하였다. 이어서 옆에 앉은 강한나가 자신의 그림을 들어 올리고 이야기하기 시작한다. 도화지의 왼편 그림과 오른편의 그림의 차이를 설명하기 시작한다.

강한나: 예수님을 만나기 전에는 꽃처럼 화려하게 빛나게 살았고 남에게 잘해 주고 베풀기도 잘했고 해서 하트모양이지. 그리고 머리를 잘 굴리고 살았어. 빛나는 그림과 하트의 그림. 예수님을 안 만났으면 마산을 팔아먹을 년이다 하더라. (하하) 하나님을 만나고부터 바보가 되었어. 내가 없는 것 같아요. 자식에게도 주변 사람에게도 다 내려놓은 것 같아.

치료사: 본인은 포기할 것도 이제 없나요?

강한나: 억수로 마음이 편해. 잘하는 자식만 있으면 내가 콧대가 높을 것인데 못하는 자식도 있으니 찍소리 못하고 살아. 잘난 자식도 있고 못난 자식도 있으니… 잘하는 자식 때문에 교만할 수도 있지만 못하는 자식 때문에 겸손해지더라. 어려움을 당한 사람에게는 권면을 할 수 있어 좋고 부하면 부 한대로 이해가 되고 가난하면 가난한대로 이해가 되. 땅은 다 품어주는 것 같아 다 흡수하고 생명력도 있지. 내게 사명을 주신 것을 알고 있거든요. 사람들을 위해서 기도하고 권면하며 인도하는 힘을 주신 것 같다. 알게 모르게 믿는 사람들도 나를 찾고 안 믿는 사람들도 어려운 일이 있을 때 나를 찾아준다. 내 정체성을 막 밖으로 드러내지는 않아.

치료사: 땅이나 보석이 다 원소가 같죠! 정체성으로 보석이나 땅으로 표현되는 것이 좋네요.

강한나는 과거에 화려함과 빛남을 버려야 하는 것으로 그렸다. 하나님을 만나고 지금은 바보란다. 땅처럼 무엇이든지 포용하고 드러나지 않고 그저 그 자리에 있는 흙이다. 자식의 일로 겸손할 수밖에 없다고 하며 타인을 위해 기도해 주는 하나님 안에서의 정체성을 말한다. 강한나는 자신의 삶에서 일어나는 긍정적·부정적인 일들을 의미 있게 조율하면서 통합시키고 있다. 주사랑과 강한나의 이야기는 결국 하나님 안에서의 정체성을 분명하게 가지고 있으며 또한 가지려고 노력하는 모습을 하고 있다. 안 닮은 듯 서로 닮아 있다. 이후 앉아 있는 순서대로 이열매가 자신의 그림을 설명하기 시작한다.

〈그림 4-45〉 이열매 '열매'

〈그림 4-46〉 나인정 '사랑과 호수'

이열매: 내 정체성은 좋은 결과를 낸 열매예요. 내려놓고 싶은 것은 벌레 같은 내 마음으로, 남을 시기하고 질투하는 마음. 태풍 같은 마음으로 가끔 남을 헐뜯고 싶고 질투하는 마음. 상처들이 있기 때문에 옛날 생각이 나면 갑자기 성도 나고 하죠. 현재 내 삶도 어느 정도 익었어요. 예전에는 남편과 일부러 많이 싸웠어요. 싸워서 버릇을 고쳐야 하기 때문에 많이 끝까지 싸웠어. 고쳐서 살든지… 달력에 술 먹고 오는 날은 빨간색으로 칠을 했어요. 나중에는 미친 것처럼 황칠을 해놓았더니 그것을 보고 딱 끊더라구. 완전히 고쳤어요. 고치기 위해서 싸워서라도 고쳤어요. 잘 싸웠다라고 생각해요. 인생은 자기가 만들어 가는 것이잖아요. 태풍을 만났어도 결국 열매를 맺은 것이죠.

나인정: 참 잘 싸우신 것 같아요.

오지원: 상대방이 잘 깨달아준 것도 고마워해야 돼요.

유시온: 표현 방법이 좋았던 것 같아요.

강한나: 남편이 성품이 참 좋은 사람인 것 같네.

이열매: 정도를 걸어야 한다는 교육을 받았기에 계속 바로 와! 때려서라도 바로 오도록 해야 했어요.

이열매는 자신을 '열매'라고 말한다. 신경성으로 비록 정신병원에는 다녔지만 결국 자신이 원하는 바를 끝까지 구했고 그래서 남편을 변화시킨 결과를 얻었다. 그러나 자신이 버려야 할 것으로 아직 남겨진 상처로부터 생기는 분노나 나쁜 감정들이다. 그것은 노력하다 생긴 상처이기도 하다. 정도를 걸어야 한다고 교육받아온 가치관은 더 이열매를 힘들게 하였고 타협하거나 포기하고 남편에게 맞추어서 사는 방식의 융통성 있는 사고를 하지 못하게 하였다. 결국은 남편이 변하는 열매를 얻어낼 수 있었다. 비록 몸은 아팠지만 타인에 의한 타율적인 삶이 아닌 자신의 삶을 주도적으로 살아온 모습이기도 하다.

이어서 나인정이 입을 연다.

나인정: 내가 원하는 정체성은 호수에요. 호수는 아무것도 없고 물만 있어요. 다른 사람들이 돌을 던지면 퐁당하고 원을 그릴 뿐 큰 파도가 일지 않는 것이 호수잖아요. 하나님이 주신 원래 내 정체성은 무엇일까 하면 삐삐예요. 온 동네를 뛰어다니고 지붕 뒤로 뛰어다니고 옥상에서 뛰어내리고 쌍권총 꼽고 다니고 했어요. 한번은 동네 애들이 몽땅 없어져 버린 거예요. 길을 떠나 헤매다가 돌아왔는데 동네어른들이 다 나와 있었던 거예요. 원래 내 모습은 삐삐… 열방에 가도 예언을 하면 나이는 45살인데 내면은 어디로 튈지 모르는 탐험가 등으로 나오는데 나는 내 외상 때문에 내가 요동을 치면 사고를 치니 호수처럼 조용해야 하는 거예요. 어깨가 항상 아픈 거예요. 어떤 나약함이 있는지 동기들은 아니까 긴장을 안 하고 하니 편해요. 어떤 것이 진정한 정체성일까요?

치료사: 두 가지 정체가 나오긴 했어요. 피드백해 주세요.

나인정은 '호수'를 그렸다. 자신이 큰 물결이 일지 않는 조용한 호수이기를 바라는 마음이 크다. 누군가가 돌을 던져도 조용한 파문만 일어날 뿐 크게 동요가 일지 않는 호수이다. 사실 나인정은 누군가의 돌 던짐에 많이 예민해져 있는 시기이다. 아마도 그 돌 던짐으로 마음에 큰 물결이 일어날까봐 긴장하고 있다. 이혼한 지 1년 정도 되어가는 그녀는 마음이 평온하기를 바란다. 호수의 그림은 그저 단순하게 물만 있다. 주변에 나무가 있어서 사람들이 오고가는 쉼을 주는 호수가 아니다. 다만 조용하고 잔잔하게 마음의 에너지가 고여 있는 모습이다. 이러한 조용한 호수를 지키기 위해서 버려야 할 것은 '사랑'이라고 나인정은 말한다. 나인정이 원하는 사랑을 포기해야 이러한 호수 같은 마음을 얻을 수 있다고 말한다.

치료사로서 집단원에게 피드백을 부탁한다. 피드백은 서로에게 집중하고 솔직한 반응을 해 주는 것으로 타자의 언어와 몸짓을 빨아들이려는 몸짓이 되어 삶을 공유하게 한다.

오지원: 찾아가고 있다고 보여요. 들어섰어요.

나인정: 찾은 내 모습은 너무 좋은 데 다시 예전 모습으로 돌아가네요… 전화 안 받고 카톡 안 하고… 다시 숨고 싶더라구요. 혼자서 쉬어야 해요. 다시 긴장상태로 돌아가는 거예요. 하트는 포기할 것이에요. 내가 호수 같은 삶을 살기 위해서 사랑을 포기해야 하는 것으로 사랑이에요. 내가 원하는 사랑을 포기해야 호수 같은 삶을 살 수 있다고 보는 거예요.

주사랑: 아니지! 사랑을 얻고 삐삐가 되어야 하죠!

나인정: 사람들의 사랑 안에 있으면 구출자의 역할을 하는데 혹시 누군가 사랑을 받으면 그 속에 딱 들어가 버릴 것 같아요.

이열매: 충분하게 사랑을 맴돌며 잘 보고 확실해야 들어가야 되요.

나인정: 그걸 못해요. 의심을 못해요.

강한나: 삐삐 성향이 있기에 그렇지!

주사랑: 어릴 적 부모의 정상적인 사랑을 못 받아서 사랑을 받으면 푹 빠지는 것 같아요.

나인정: 나한테 잘해 주면 경계심을 푸네요. 그래서 호수를 생각했어요.

이열매: 그렇게 되면 자기 장점은 죽어지고 그 속에 갇혀져요.

치료사: 건강한 삐삐가 되면 나도 사랑하고 사랑도 잘 찾겠죠. 완성된 삐삐로 가야겠지요?

나인정은 과거의 부정적 존재방식을 이제 잘 파악하고 있으나 다시 그 방식대로 돌아가는 것에 안타까워하고 있다. 그녀는 긴장하고, 숨고, 혼자 쉬어야하기에 사랑은 너무 버거운 것으로 여겨진다. 그러나 그녀는 또한 알고 있다. 자신의 진정한 모습은 '삐삐'와 같은 에너지도 많고 모험심도 많아 '요동치는 자'라는 것을. 사실 누군가의 사랑을 받으면 곧 그 속에 들어가 버릴 것이 두렵다. 사랑을 받으면 곧 그 자와 융합의 관계로 묶이고 스스로 구출자의 역할을 자청해서 결속되어 버린다고 한다. 그러한 자신에 대하여 얼마나 많은 고민을 하면서 찾아진 자각이었을까?

나인정의 가야 할 행로를 집단원들과 함께 찾아가는 것은 자발적인 놀이이면서 진정한 대화이기에 좋은 공동체가 되었음을 보인다. 나인정은 이야기를 마치고 곧 호수 그림의 왼편 위쪽에 삐삐의 얼굴을 그려 넣는다. 아직도 자신의 본래적 모습을 찾아가는 과정 중이며 갈등이 진행되고 있음을 보이고 있다. 집단원들은 이제 진정한 자신의 모습을 찾아야한다고 적극적으로 피드백을 해 준다. 다음 차례인 오지원에게로 집단원들이 시선을 준다. 오지원은 작품을 들어 보였다.

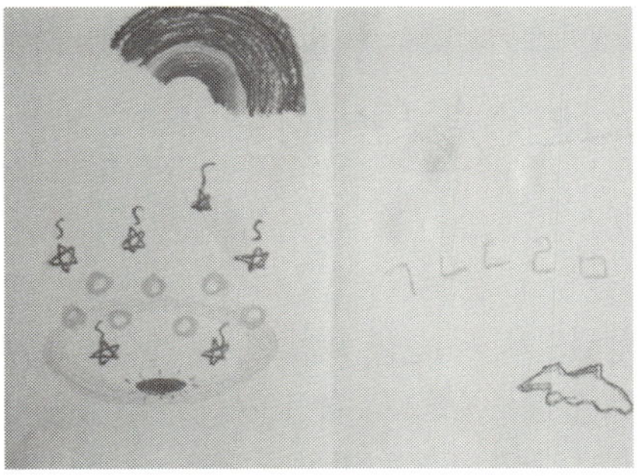

〈그림 4-47〉 오지원 '사랑'

〈그림 4-48〉 유시온 '민들레'

오지원: 분홍색은 부드러운 마음이고 노란색은 귀엽고 밝음. 빨간색은 열정. 별은 빛나는 것. 지금까지 받은 상처로 인해서 그 가운데 머무르고 외부의 영향력 때문에 그것에 머무르려고 하고 내 혼자서는 잘 안 되더라고. 포기해야 할 것은 '잠'이에요. 빨리 못 일어나요. 기도가 교회에 가야 잘 돼요. 집 자체가 추우니까 떨쳐서 교회로 나갈 힘이 없는 거예요. 마음껏 기도를 못하죠. 거기 온 사람들과 함께 기도하면 잘되고 쉽고 좋아요. 상처를 치유하고 정말 있는 힘들이 살아나야 하는데… 기도와 상담을 통해서 힘이 조금 생겨서 매장을 한 지 3년이 되었고, 비전을 가지고 시작했지만 너무 힘들었어요. 죄 안 짓고 하나님의 임재 안에만 있기를 바라는 거예요. 그래도 자신감이 이제는 좀 붙는 거예요. 집안에서 구출자인데 경제적으로 확 몰리면서 내가 해야 하는 상황이 오면서 동생이 도와주어서 해결이 되었어요. 아버지가 문제를 일으켜서 아버지에게 드린 돈이 있었는데 내가 힘이 드니 자

꾸 생각이 나는 거야. 그러다 얼마 전 아버지에게 말할 기회가 생겼고, 아버지가 그 돈을 주신 거예요. 그때 실컷 울었어. 한편으로는 보호받은 느낌이고 좋았어.

오지원은 그림에서 자신을 아기자기하고 밝고 열정이 있는 모습으로 나타내었다. 현재는 그렇지 않지만 스스로 자신의 삶을 긍정적으로 보려는 노력이 엿보였다. 그녀는 버려야 할 것은 '잠'이라며 '뜨고 있는 눈'을 그리고, 기도가 기본이라는 뜻으로 한글의 기초 자음을 써 놓았다. 오지원은 자신의 힘든 삶의 돌파구는 오직 신앙 안에서 찾아진다고 생각한다. 그래서 기도하는 일이 오지원에게는 매우 중요한 일로 여겨진다. 경제적인 어려움이 오면서 오지원이 집안의 구출자 역할을 하며 힘들어하는 순간에 아버지가 돈을 돌려주자 그녀는 그 순간이라도 보호받는 느낌이라며 감동을 받는다. 이러한 보호받는 느낌은 치료장면에서도 사람들이 바라는 마음이리라! 그리고 신을 찾는 우리네의 근원적 마음이리라!

오지원: 환경을 이겨나가는 힘이 조금 생겼어요. 최선을 다해서 이 매장을 잘해보아야겠다는 생각이 들어요. 남편이 밥상을 뒤집고 나서 자신은 잘못을 안 했다고 생각하고 각 방을 쓰면서 전혀 안 도와주고 앉아만 있는 거야. 욕할 때마다 이열매의 말을 들었던 것처럼 달력에 표시했다가 마음껏 싸움을 싸워보고도 싶어. 하지만 싸우는 방법으로 하면 더 때리니까 사람마다 다르다는 생각. 마지막 카드로 별거할 준비를 하고 있어요. 원가족이 화목하지 않았기에 화목하기 위해 노력했던 거예요. 그것을 좇아갔던 거예요. 다시 애교를 떨고 아무 문제가 없던 것처럼 또 살고 또 살고… 그렇게 그렇게 살았던 것이죠. 남편이 화가 나는 이유가 뭘까 하면서 나도 모르는 나로 대화할 때 잘 못하나? 분노를 참다가 확 올라오는 말을 하니 싸움을 부르는가? 미리 이야기를 하든지… 내가 나도 모르게 불쾌하게 말을 하는지 찾아보고자 해요. 우리가족이 다 우울증이 있죠. 가족상담을 받든지 별거하든지를 제시하는 노란 카드를 보일 거예요. 지금은 필요한 관계만 하고 있어요.

오지원은 유기농 매장을 열게 되면서 그것을 유지하기 위해 혼자서 애를 써왔다. 하지만 남편과의 좁혀지지 않는 거리와 갈등은 오fot동안 지속되고 있다. 남편과의 불화로 남편은 자신을 전혀 도와주지 않고 화만 내고 아무 일도 안 한다고 한다. 그동안 집단치료장면에서 계속적으로 말해오던 부부관계의 갈등적 사실들이다. 오지원은 자신의 문제를 치유 받고자 하는 열정이 남달라서 매 회기마다 비블리오드라마의 주인공이거나 가족역할극 등을 하면서 매우 적극적으로 노력해왔다. 그러나 집단치료가 시작된 지 넷째 날인 오늘, 나는 오지원이 아직도 문제의 소용돌이 안에 그대로 서있는 것은 아닌가? 하는 생각이 들기 시작하였다.

치료사: 변화되고자 굉장히 노력하시는 거 아시죠?

오지원: 남편은 믿음 안에서의 삶이 아니고 경계가 무너져 있어요. 돈을 주면 더 위험관계가 생길 것이기에 돈이 없어야 돼요. 여자한테서 밤도 안 가리고 전화가 걸려오고, 사업상 만나서 개인적인 이야기를 한다는데… 결국은 좋은 결과가 안 생기고… 늘 새로운 여자를 발견하는 거야. 또 다른 여자들을 만나며 돈이 생길 것을 바래요. 돈이 문제가 아니라 성실하게 일하는 것이 우선이라 생각해요. 자녀의 관계도 다 찢어져 있어요.

치료사: 사실은 남편과 자녀가 같이 변화되어야 하겠지만 모빌처럼 한 명이라도 흔들리지 않으면 다 영향을 받는 거와 같이, 먼저 본인이 어떻게 변해야 할지 알아지면 좋겠다는 간절한 마음이 있어요. 다른 분들은 들으면서 어떤 생각이 드시나요.

강한나: 내 남편은 밖의 사람들을 내 눈 앞에서 이루어지라고 안으로 불러들였어. 여자일은 모르는 것이 났더라.

이열매: 남편에 대한 마음을 내려놓아야 할지…

주사랑: 오지원에게서 찾지 못한 부분을 여자들에게 찾는 것은 아닐까요?

오지원: TV도 안 보는데 남편 때문에 같이 앉아서 보거든요. 내 스타일은 더 영적으로 가고 싶은데 남편은 많이 세상적이야. 어떻게 내려놓아야 하나? 남편은 "원하는 것이 없다."해요. 말을 하라면 "시끄럽다."해요. 어제도 밤 1시까지 기도하고… 하나님을 위해서 살려고 했는데 안 되었잖아요? 중보기도 등 지금은 개척교회에 떨어져 출석하며, 나는 무엇을 하고 있나? … 어쨌든 중보기도 마음을 주셔서 힘을 얻고… 1시까지 오늘 여기 오기 위해 반찬준비를 했어요. 황폐하고 신음하고 감사 안 하고 있다는 것을 생각하고 영적 싸움을 하며 왔어요.

오지원이 반복되어 드러내고 있는 가정의 문제를 들으며 나는 오지원의 가족 중 본인이라도 변화를 하면 그 영향은 있을 것이라며 타인이 변화되기를 바라기보다 자신이 변화되어보라고 권면하기에 이른다. 그리고 집단원들 역시 조언을 하기 시작한다.

첫날에 오지원은 개인 비블리오드라마를 하면서 남편의 입장에 서 보았다. 그때 그녀는 어렵게 남편의 감정과 욕구를 알게 되었던 시간이 있었다. 그후 그러한 자각이 계속적으로 확장되거나 다음 단계로 나아가지 않고 있는 것이 아닌가하는 판단의 마음이 생긴 것이다. 오지원은 자신과 하나님의 영역에서 노력은 하고 있으나 부부의 관계에서의 새로운 돌파구와 구체적인 변화에 대한 시도가 더 필요한 것은 아닐까?

치료사: 노력한다 했지만 정작 남편이 원하는 것을 해 주는 것이 답인 것으로 첫날 작업을 했는데… 영적인 스타일로 해결되기보다 남편의 안 고쳐지는 영역을 덮고 갔을 때는 고마워했을 것 같아요.

오지원: 상대방이 용서도 구하지 않는데 내가 해 주라고 성경에서 말하고 있나요?

치료사: 남편의 문제를 초월해버리는 것까지가…

유시온: 사람마다 상황과 경우가 다르다고 생각해요. 상처를 받았다고 한 사람일수록 그 것이 가시가 되어 상처를 주는 사람이 되더라구요. 내 모습을 돌아보게 되었어요. 별거의 옐로우 카드를 던져 보세요. 남편을 사랑하고 있고 관심이 있으니 더 싸우는 것이라 생각하고…

오지원: 압류 등 경제적인 것이 다 정리되고 할 수 있는 기회를 노리고 있어요. 남편은 점점 고립되고 있죠. 하나님이 어떻게 하실지 모르지만… 같이 살기 위해 내가 더 이상 이제 죽을 수 없어서 '나'라도 살아야 할 것 같아요.

나는 오지원에게 남편을 용납하는 행동이 영적인 해결보다 먼저라고 조언을 하고 유시온은 상처받은 사람이 사실 더 상처를 주는 입장에 서 있더라는 자신의 입장을 말한다. 그러자 오지원은 자신의 삶에서 갖게 되는 실존적 질문을 던진다. 상대방이 용서를 구하지 않는데 내가 용서를 해야 하나? 그리고 그녀는 결국 '나'라도 살아야겠다고 말한다.

오지원의 긴 이야기에 이어서 유시온은 기다렸다는 듯이 자신의 그림을 설명하기 시작하였다.

유시온: 민들레입니다. 교회에서도 얘기를 들은 것이고… 많은 역할을 하죠. 잎도 먹고 꽃도 잡초 근성도 있죠. 화려하지 않지만 은근하게 영향력을 주고 뿌리는 뿌리대로 사용되어요. 버려야 하는 것은, 오지랖이 넓은 것을 포기해야 해요. 선한 일이라 생각했는데 나의 방어기제였던 것 같아요. 계단을 그렸는데 신분상승으로 표현했어요. 학력, 결혼, 남편의 조건, 자녀들의 성공… 나의 신분을 만들어가는 조건으로 생각했어요. 이제는 그런 것을 포기하고 싶고… 나에 대한 인정욕구가 강해서 이런 것들을 수단으로 생각했어요. 거울그림은 사람들에게 보여지는 것에 예민해져 있었던 것… 하나님과의 은밀한 관계에서도 사람들의 눈을 의식했어요. 오지랖도 포함해서 버려야 해요.

치료사: 자신의 내면의 깊은 것들을 많이 보여주시는 것이 좋네요. 더 선명해지도록 하나님의 숙제가 계속 있겠죠!!

나인정: 이상화되지 않은 현실적인 자아성을 찾아보셔야 될 것 같아요.

유시온은 자신의 효능감에 점수를 좋게 주고 있다. 민들레의 다양한 쓰임새와 질긴 잡초 근성으로 자신을 설명한다. 하지만 과하게 오지랖이 넓은 것을 버려야 한다고 말한다. 그동안 집단치료장면에서 드러난 것처럼 유시온은 부모로부터 인정받지 못했던 경험이 계속적으로 타인에게서 인정을 받고자 노력을 하도록 한 방어기제였다는 것을 자각하였다. 그래서 그녀는 자신의 가치와 신분을 높이고자 애를 써왔다. 타인의 기준과 언어로 살았던 그녀의 삶은 진정한 자신의 삶이 되지 않았기에 그렇게 애 쓴 만큼 타인에게서 인정을 받기보다는 자신의 가치가 늘 흔들리며 살아왔다. 그러나 나는 자신의 깊은 치부를 서슴없이 보일 만큼 진정한 자기를 찾고 싶어 하는 유시온을 많이 지지해 주고 싶었다.

이제 본 프로그램이 중반기를 넘어가면서 그동안 그림으로, 드라마로 자신을 드러내고 집단원들 간의 역동 속에서 반응하는 자신을 발견하며 본래적 '나'에 대하여 자각된 것을 정리해 볼 기회를 가졌다. 자신의 삶에 남겨질 나의 본질을 자각하고 그렇게 되는 것을 방해하는 버려져야 할 것들을 찾는 과정들이 그림으로 확인하는 시간들이 되었다. 이제 나아가 성경의 인물 중 여성인 에스더에 대해서 비블리오드라마를 해 볼 것임을 말한다. 여성으로서 자신의 살아갈 의미와 자신은 누구인가를 묻고 진정한 자기가 되기 위해 자신의 권위와 지위를 포기해야 했던 에스더를 통해 동일하게 우리의 모습을 보기로 한다.

3) 버릴 것을 아는 나와 버리지 않는 나 사이에서 긴장하기

(1) 에스더의 삶을 내 몸의 언어로 마주하기

〈에스더 4장 1절~5장 8절: 에스더 이야기〉

4장 1 모르드개가 이 모든 일을 알고 자기의 옷을 찢고 굵은 베옷을 입고 재를
뒤집어쓰고 성 중에 나가서 대성 통곡하며 2 대궐 문 앞까지 이르렀으니 굵은
베옷을 입은 자는 대궐 문에 들어가지 못함이라 3 왕의 명령과 조서가 각 지방
에 이르매 유다인이 크게 애통하여 금식하며 울며 부르짖고 굵은 베옷을 입고
재에 누운 자가 무수하더라 4 에스더의 시녀와 내시가 나아와 전하니 왕후가 매
우 근심하여 입을 의복을 모르드개에게 보내어 그 굵은 베옷을 벗기고자 하나
모르드개가 받지 아니하는지라 5 에스더가 왕의 어명으로 자기에게 가까이 있는
내시 하닥을 불러 명령하여 모르드개에게 가서 이것이 무슨 일이며 무엇 때문인
가 알아보라 하매 6 하닥이 대궐 문 앞 성 중 광장에 있는 모르드개에게 이르니
7 모르드개가 자기가 당한 모든 일과 하만이 유다인을 멸하려고 왕의 금고에 바
치기로 한 은의 정확한 액수를 하닥에게 말하고 8 또 유다인을 진멸하라고 수산
궁에서 내린 조서 초본을 하닥에게 주어 에스더에게 보여 알게 하고 또 그에게
부탁하여 왕에게 나아가서 그 앞에서 자기 민족을 위하여 간절히 구하라 하니 9
하닥이 돌아와 모르드개의 말을 에스더에게 알리매 10 에스더가 하닥에게 이르
되 너는 모르드개에게 전하기를 11 왕의 신하들과 왕의 각 지방 백성이 다 알거
니와 남녀를 막론하고 부름을 받지 아니하고 안뜰에 들어가서 왕에게 나라면 오
직 죽이는 법이요 왕이 그 자에게 금 규를 내밀어야 살 것이라 이제 내가 부름
을 입어 왕에게 나가지 못한 지가 이미 삼십 일이라 하라 하니라 12 그가 에스
더의 말을 모르드개에게 전하매 13 모르드개가 그를 시켜 에스더에게 회답하되
너는 왕궁에 있으니 모든 유다인 중에 홀로 목숨을 건지리라 생각하지 말라 14
이때에 내가 만일 잠잠하여 말이 없으면 유다인은 다른 데로 말이암아 놓임과
구원을 얻으려니와 너와 네 아버지 집은 멸망하리라 네가 왕후의 자리를 얻은
것이 이때를 위함이 아닌지 누가 알겠느냐 하니 15 에스더가 모르드개에게 회답
하여 이르되 16 당신은 가서 수산에 있는 유다인을 다 모으고 나를 위하여 금식
하되 밤낮 삼일을 먹지도 말고 마시지도 마소서 나도 나의 시녀와 더불어 이렇
게 금식한 후에 규례를 어기고 왕에게 나아가리니 죽으면 죽으리이다 하니라 17
모르드개가 가서 에스더가 명령한 대로 다 행하니라 5장 1 제삼일에 에스더가

> 왕후의 예복을 입고 왕궁 안 뜰 곧 어전 맞은편에 서니 왕이 어전에서 전 문을
> 대하여 왕좌에 앉았다가 2 왕후 에스더가 뜰에 선 것을 본즉 매우 사랑스러우므
> 로 손에 잡았던 금 규를 그에게 내미니 에스더가 가까이 가서 금 규 끝을 만진
> 지라 3 왕이 이르되 왕후 에스더여 그대의 소원이 무엇이며 요구가 무엇이든 나
> 라의 절반이라도 그대에게 주겠노라 하니 4 에스더가 이르되 오늘 내가 왕을 위
> 하여 잔치를 베풀었사오니 왕이 좋게 여기시거든 하만과 함께 오소서 하니 5 왕
> 이 이르되 에스더가 말한 대로 하도록 하만을 급히 부르라 하고 이에 왕이 하만
> 과 함께 에스더가 베푼 잔치에 가니라 6 잔치의 술을 마실 때에 왕이 에스더에
> 게 이르되 그대의 소청이 무엇이뇨 곧 허락하겠노라 그대의 요구가 무엇이뇨 나
> 라의 절반이라 할지라도 시행하겠노라 하니 7 에스더가 대답하여 이르되 나의
> 소청, 나의 요구가 이러하니이다 8 내가 만일 왕의 목전에서 은혜를 입었고 왕
> 이 내 소청을 허락하시며 내 요구를 시행하시기를 좋게 여기시면 내가 왕과 하
> 만을 위하여 베푸는 잔치에 또 오소서 내일은 왕의 말씀대로 하리이다 하니라

집단원 둘씩 짝을 지어서 각 팀마다 흩어져서 성경본문을 읽는다. 서로 교대로 읽어주기를 마친 후 집단원들은 한 자리로 모인다.

에스더에 관한 성경 이야기는 기원전 400여 년 전 바사왕국 아하수에로왕 때, 이스라엘 민족의 포로교환 1차와 2차 사이의 시대적 배경을 가진다. 에스더 여왕이 죽기를 각오하고 왕 앞에 나서는 이야기인 만큼 시대적인 긴박한 상황 설명이 길어진다. 그리고 사건의 흐름을 구체적으로 살펴보아야 할 것이 많다.

바사왕은 어떤 사람으로 보이는가? 질문을 던져본다. 반응으로는 바로 즉흥적인 사람 같다, 함부로 왕의 반지를 자주 빼 준다, 하만에게 휘둘리다가 사실 에스더에게 휘둘린다는 반응이다. 사실 연회장에 와스디 왕비가 나타나지 않자 신하들이 가정의 남편들에게 본이 안 된다고 폐위를 시키라고 선동하였고, 같은 맥락에서 에스더도 간택하게 된다. 에스더와 모르드개의 관계는 삼촌과 조카의 관계이다. 하지만 모르드개가 어릴 때부터 이런 때를 위해서 전략적으로 계획을 가지고 에스더를 키운 것 같다고 의문을 가져본다. 온 이스라엘 민족의 몰살을 앞두고 삼촌 모르드개는 에스더에게 매우 단호하게 말을 하고 있음을 본다. 개인적으로 딸과 같이 키운 에스더에게 사적 감정이 없으며 만일 너가 잠잠하면 너

와 너의 아버지 집에 대한 저주가 있을 것으로 말하기까지 한다. 하만이 정한 아달월까지의 기간은 곧 거사가 일어나기까지는 약 10달 정도 남았던 때이다. 은 일만 달란트는 얼마만한 가치인가? 은 34만kg으로 굉장히 큰 돈이며 유대인을 죽이고 얻을 전리품으로 예상된다. 집단원들은 하만이 그 돈의 이유만으로도 유대인을 죽이고 싶었겠다는 생각이 든다. 이후 전세가 역전되어 유대인을 죽이려고 도모하던 자들이 수산성 안에서 500명이 죽고 성 바깥에서 7만 명이 죽는다. 성경 탐색의 시간이 끝나갈 무렵 집단원들은 결론적인 자신의 의견을 말한다.

주사랑: 하나님의 뜻이 있으면 결국 반전이 되더라도 이루어지는 것 같아요.
나인정: 나는 내 삶에서 결국 사람의 선택에서 결정이 되는 것 같아요. 개인의 선택. 왕비로서 자신만을 지키지 않고 죽을 각오로 결심을 했기에 하나님의 뜻이 이루어진 것처럼 개인의 선택이 중요한 것 같아요. 어떤 방향으로 선택해야 하는지 중요한 것 같네요.

비블리오드라마 속 주제에 등장하는 여인은 바사왕국의 왕비인 에스더이다. 에스더야말로 이스라엘 민족이면서 지배왕국의 피지배자로 살았던 한 나라의 왕비이다. 자신이 이스라엘 민족임을 삼촌과 함께 숨겼다. 그리고 자기 주관이 강해서 폐위된 왕비 와스디를 대체할 제국의 조건을 갖춘 여성으로 선택되었다. 본질적인 자기는 누구인지 자신의 정체성에 늘 의문을 던지며 살았을 것이다. 그러는 동안 에스더는 그녀의 목소리와 정체성을 상실한 존재였다. 그러나 민족적 환란을 앞두고 모르드개의 권면에 자신의 정체성에 바로 직면한다. 에스더는 죽기를 각오하고 왕 앞에 나서는 일을 감행한다. 사실 페미니스트들은 폐위된 왕비 와스디를 옹호한다(이미경, 2009). 와스디는 남성적 질서 속에서도 자신의 권위를 드러내었고, 남성적 우월의식으로 비롯된 왕의 술자리를 빛내기 위한 부르심에 거부하였다는 것이다. 반면 에스더는 왕과 하만을 잔치에 초대한다. 제국의 제도를 바꾸기보다 제도 안에서 관계적으로 푸는 긴 모험의 길을 선택한다. 직접적이고 지적하는 성급한 심판자적인 발언 대신 잔치를 마련함으로써 하만에게 돌이킬 수 있는 기회까지 배려했을 실용적이고 현명한 방법을 택한다. 그리하여 제국 안에 하나님의 정체성과 하나님의 가치관을 부활시켰다.

같은 성경의 이야기를 보면서도 우리는 서로 다른 초점으로 성경을 바라본다. 나인정은 자신의 삶에서 스스로 잘못된 선택을 함으로써 오늘날의 결과들이 있음을 경험하였다. 그래서 나인정의 말은 하나님과 인간은 함께 일을 이루어가되 인간의 영역에서도 선택하는 문제가 반드시 있다는 뜻으로 들린다. 우리들은 에스더이야기의 결말을 알고 있기 때문에 에스더의 결심이 쉽게 이루어진 것으로 생각할 수 있다. 하지만 실제로 에스더는 많은 고민이 되었을 것이다. 정말 죽음을 각오하고 어려운 결단을 내렸을 것이다. 우리의 삶에도 영적 에스더로서 풍성한 삶을 누리지 못하도록 가로막는 하만의 계략과도 같은 일들을 만나게 된다. 각 가정에서 우리는 모두 영적 에스더인데 끊임없는 곤경이 생기며, 그래서 결단해야 하거나 선택해야 하는 일들이 많이 일어난다. 지금 당장 우리도 해결해야만 한다. 우리는 무엇을 선택하고 포기해야 할 것인가? 참 '나'가 되기 위해서 그리고 '나'를 유지하기 위해서 포기해야 할 것을 드러내보도록 한다.

(2) 그럼에도 너에게 사랑받고 싶은 여자로서의 '나' 발견하기 –Bibliodrama

나오는 인물: 에스더(오지원), 하닥(주사랑), 왕(나인정), 모르드개(강한나), 시녀(유시온)

장면: 에스더가 왕의 뜰 안에 서 있다.

장면설정: 에스더가 각성하는 장면.
모르드개는 재를 뒤집어쓰고 엎드려 있다.
하닥은 에스더 옆에 대기하고 있다.

치료사: 누구십니까?

모르드개(강한나): 모르드개.

치료사: 무엇을 하고 있습니까?

모르드개(강한나): 회개하고 울부짖고 기도하고 있어요.
이 나라가 걱정되고 있고 궁전일과 백성일도 걱정되고…
치료사: 본인은 월급 받고 잘 있잖아!
모르드개(강한나): 나라가 있음으로써 우리가 있고, 나라가 잘 돼야 우리도 다 잘되니까!
치료사: 혼자만 한다고 되는 것이 아니잖아요?
모르드개(강한나): 그래도 시작이 반이니까… 기도가 번져서 길이 생길 수 있으니까….
치료사: 멀리 가서 하지 대궐 문 앞에서 하는데?
모르드개(강한나): 그래야 전달할 수 있으니까 왕도 깨달을 수 있도록, 에스더에게도 해 줄 수 있는 영역이 있다고 알리려고….
치료사: 얼마나 금식했나요?
모르드개(강한나): 3일.

치료사: 누구입니까?
에스더(오지원): 에스더.
치료사: 좋겠다. 이뻐서… 누구 닮은 것이야?
에스더(오지원): …
치료사: 부모님은 생각나나요?
에스더(오지원): 생각 안나요.
치료사: 왕후자리에 있는데, 무슨 걱정이 있나요?
에스더(오지원): 잘 생겼으면 뭐해요.
치료사: 자기 혼자 잘 살면 되잖아요? 삼촌과의 관계는 어떤가요?
에스더(오지원): 좋은 관계에요.
치료사: 삼촌의 도움 없이도 잘 살고 있는 것 같네요.
에스더(오지원): 그래도 허전해요.

치료사: 누구십니까?
하닥(주사랑): 하닥입니다. 왕비를 보살피고 있어요.
치료사: 왕후는 어떤가요?
하닥(주사랑): 성품은 좋은데 고민이 있어 보여요.

큐!

하닥(주사랑): 모르드개가 대궐 앞에서 엎드려 있어 갔다 왔습니다.

에스더(오지원): 모드드개에게 나도 가보련다! (하닥과 함께 모르드개에게로 간다)
에스더(오지원): 왜 이러고 있어요. 베옷을 입고 있느냐구요. 벗으세요.
모르드개(강한나): 나라를 위해 용서받고 다시 구원받기 위해 이러고 있다.
에스더(오지원): 내가 무엇을 해야 하나요?
모르드개(강한나): 너가 왕에게 생각이 바뀔 수 있도록 너도 기도하고 금식하며 하나님께 응답을 받도록 했으면 좋겠어.
에스더(오지원): 같이 기도해요. 삼촌이 기도해 주면 할 수 있을 것 같아요.

큐!

왕의 궁전 뜰 앞

에스더가 궁전 뜰 앞을 왔다 갔다 하고 있다.
왕은 한 손에 무엇인가를 돌리며 거만하고 장난스럽게 앉아 있다.
왕(나인정): 저 지나가는 걔, 누구니? 아! 에스더구나 한 달 동안 왜 안 보였느냐?
신하(유시온): 다이어트 했나보아요.
왕(나인정): 이뻐졌다. 좀 섹시하게 걸어보라고 해라. 오우! 살사는 출줄 아느냐?
(에스더 오지원은 살짝 춤을 춘다. 그리고는 많이 쑥스러워한다)
신하(유시온): 전하께서 좀 오라해요.
왕(나인정): 걔 잘 때 테크닉이 좀 부족하더라. 좀 불러봐라. 나한테 할 말이 있는 것 같다.
신하(유시온): 홀을 흔들면 돼요.
(홀을 흔드니 에스더가 앞에 온다)

에스더(오지원): 폐하! 자기, 우리 놀러가자!
왕(나인정): 가고 싶은 데가 어디야?
에스더(오지원): 영화 보러 가요.
왕(나인정): 에스더 내가 이러고 있는데 괜찮아? (시녀를 안고 있다)
에스더(오지원): 그러든지… 나는 이미 포기했어.
왕(나인정): (시녀를 밀치며) 에스더 이리 와봐!
에스더(오지원): (시녀를 밀고 그 자리에 앉는다) 나는 당신을 믿는데 어느 정도의 선을 지켜달라는 거잖아요. 잘 안아주던지…
왕(나인정): 니가 해야 하는 것만 하면 되는 거야! 입 좀 다물어.
내가 뭔 짓을 하든 니 책임이 아니야. 너는 너의 삶을 사는 거야. 내가 다른 짓을 하든지 상관을 하지 마.

에스더(오지원): 사랑해요?
왕(나인정): 사랑하지!
에스더(오지원): 사랑하는 자라면 함께 좋은 시간을 보내야지.
왕(나인정): 기다려야 돼.
에스더(오지원): 이제 지쳐서 내 마음이 어떤지….
왕(나인정): 니가 설명하면 자꾸 짜증나거든 그건 너의 시간이고 내 시간이 아니야. 소원이 있다며?
에스더(오지원): 영화도 보러가고 예쁜 집도 구하고 내 집도 구하고 같이.
왕(나인정): 그런데 능력이 안 돼.
에스더(오지원): 큰 것 원하지 않고 원룸이든… 같은 교회도 나가고.. 당신의 속마음을 표현했으면 좋겠어요. 힘들면 힘들다, 나에게 무엇을 바라는지 말해 주었으면 좋겠어요.
왕(나인정): 니가 원하는 것을 채울 수 없다는 것을 알거든. 어떻게 내 속을 다 들려주나? 각자의 부르심이 있는데. 나는 내 능력이 이것 밖에 안 되는 데 자꾸 얘기하면 실망 밖에 안 되지. 말 안 해도 다 아는데 못 줄 것 뻔한데 니 표정만 보아도 다 안다.
에스더(오지원): 당신은 화가 쉽게 잘 나잖아요. 왜 화가 나는지 잘 생각했으면 좋겠어요.
왕(나인정): 나한테 화가 나는 거지.
에스더(오지원): 우리는 행복했으면 좋겠어요. 스스로 조절이 안 되면 조절할 수 있도록 상담이나 훈련을 받아서 새로 출발하는 관계로 나가면 좋겠어요.

비블리오드라마의 첫 장면은 모르드개가 재를 둘러쓰고 성문 앞에 앉아 있다. 하닥과 함께 모르드개를 만나는 에스더는 순순히 모르드개의 청을 받아들인다. 장면이 바뀌고 에스더가 선택한 일인 왕 앞에 나서는 일을 감행한다. 그래서 에스더 왕비는 죽음을 무릅쓰고 왕이 부르지도 않은 궁전 뜰에 선다. 그것은 에스더가 이스라엘 민족 중 한사람으로서의 정체성을 가지고 민족을 살리기 위한 결단이었다. 그러나 왕의 역할을 맡은 나인정과 오지원은 에스더와 왕의 부부문제의 주제로 변화시키고 있다. 나인정은 오지원을 평소에 잘 알고 지내는 사이이며 그녀의 부부문제를 알고 있다. 남편이 다른 여성들과 친하다는 것을 싫어하는 오지원의 앞에서 여자 신하를 껴안고 있다. 나인정의 의도성이 보였으나 오지원은 이미 포기했다고 한다. 그들은 계속적으로 논쟁을 시작한다. 사실 중년여성들이 가장 일상에서 겪는 주제는 한 나라의 운명이 걸린 일들과는 거리가 먼 일일 것이다.

나는 에스더의 '죽으면 죽으리라'의 자기포기 문제가 집단원에게는 어떤 방식으로 드러날지 내심 기대를 하고 있었다. 그러나 오지원의 부부 문제로 대치되면서 반복해서 다루었던 주제가 진행됨에 따라 결국 오지원의 개인 비블리오드라마로 바로 넘어갈 수밖에 없었다.

(3) 그래도 '여자'로서의 나를 묶고 함께 '남자' 되어보기-bibliodrama

〈오지원 비블리오드라마〉

오지원의 가족상황을 우선 가족조각으로 나타내어 탐색하기로 한다. 그리고 에스더의 이야기와 좀 더 연결해서 남편이 한 가정의 왕으로서 정체성이 어떠한지 탐색해 보자고 나는 제안한다. 오지원에게 지금의 남편모습을 실제적인 모습이거나 상징적 모습으로 조각하도록 한다. 오지원은 남편이 직장이 없어서 일을 찾고 있기도 하지만 도피하고 있어서 텔레비전을 늘 보고 있다고 한다. 그녀는 집에 있는 남편의 역할을 하는 나인정에게 웅크리고 누워서 벽을 보고 있는 자세를 취하도록 한다. 그런 모습을 보니 집단원들에게 보여지는 남편의 모습은 자아존중감이 매우 낮아져 있다고 느껴졌다. 나머지 가족들의 위치도 정해졌다. 오지원 자신은 남편 앞에서 일어나기를 간절히 바라면서도 하늘을 가리키며 판단하고 있다. 아들은 엄마와 아버지 사이에 앉는다. 아들이 아버지 가까이에 앉도록 오지원은 의도적으로 밀고 있다고 한다. 출가한 큰 딸은 멀리서 한 번씩 전화로 아빠를 위로한다. 아빠가 그래도 가장 가깝게 여기는 딸이란다. 오지원은 시어머니가 딸집으로 가시면서 도리어 남편과는 각방을 쓰고 있다고 말한다. 딸 역은 주사랑이 하기로 하고, 아들 역으로 강한나가 나선다.

아들(강한나): 아빠 맛있는 것 드세요. 일어나보세요. 엄마가 아빠를 얼마나 생각하는데요.

치료사: 기분이 어떤가요? (아빠에게)

아빠(나인정): 맛있는 것 해 준다니 좋은 감정이 생겨요.

아내(오지원): (아내가 살살 다루어본다) 우리 밖에 나가 보아요.

아빠(나인정): …!

아빠(나인정): 뭔가의 이벤트하기를 원하는 것은 아내의 생각이고 그것에 대한 재정적인 감당이 안 되니 마음이 안 움직여요. 집 안에서 해결이 되는 것으로 맛있는 것을 먹는 것이 좋네요.

아빠(나인정): 그나마 제일 딸이 인정해 주는 것 같이 느껴져요.

딸(주사랑): 너무 힘들지 그냥 안아줘! (안긴다)

아빠(나인정): '안아 줘 봐요'라고도 말을 하지 말고 뭔가를 기대하는 말을 하지 말고… 그냥 안기는 것이 좋겠어요… 가족이 언어로 상처가 서로 있고 말의 기술이 많이 부족하기 때문에 말을 하지 않고 그냥 옆에 눕는 거죠. 스킨십도 상대가 원하는 만큼 천천히 하면 좋겠어요.

오지원: 묵묵히 주께 하라 하는 마음이 왔는데 전에 보다 더 안 도와주는 거예요. 자존심이 상해서 안 하게 되어요.

아빠(나인정): '지금까지 나는 해왔어' 라는 생각을 버리고 지금부터 해 보면 어떨까요?

아내(오지원): 스스로 할 수 있을 때까지 내가 다 해야 돼?

치료사: 자기가 에너지가 조금이라도 생기면 그가 원하는 것을 하기 시작할 수 있지 않을까요?

치료사: 뭔가 요구하는 것을 포기하기죠.

아내(오지원): 너무 요구하지 않고 살다가 포기하고 있다가 이제 요구하기 시작했는데 다시 포기해야 하나?

치료사: 요구하면서 에너지가 생겼죠. 그럼 다시 그쪽으로 갈 수 있죠. 지금은 힘이 생겨서 용납하기 위해 넉넉하게 스스로가 선택해서 포기하는 것으로 가는 것은 전과는 다르다고 생각해요. 모습은 과거모습이지만 에너지가 있잖아요.

아내(오지원): 그 사람을 일으키기 위해서 일절 놔두어야 하는데 그 다음 방법을 모르겠어.

치료사: 바라보는 눈빛만 편하게 변해도 남편은 알게 될 거예요. 가만히 바라보다가 남편이 바랄 때 딱 그것을 하면 되지 않을까요? 공감, 인정, 이 가정에서 따뜻하다 라는 것을 느끼도록 해 주는 것이 중요할 듯…

이열매: 지난번 가족조각에서 남편이 일찍 먹기를 원하였는데… 해 주나요?

오지원: 주고 있어요. 좀 늦게 주지… 기도도 해야 하고…

치료사: 기도 안 해도 돼요. 기도하느라 행동을 못 하는 것보다 행동하는 것이 기도의 결과가 될 수 있어요.

가족조각을 하며 구체적인 상황설정을 할 때 집단원들은 '남편'의 입장에 서서 대변을 하게 되었다. 가정의 가장으로서 등을 돌리고 누워 있는 남편은 에너지도 없어 보이고 힘들어 보이며 안쓰럽기까지 하였다. 도리어 남편에 비해 오지원이 에너지가 많은 것은 아닌가? 여전히 혼란스러워하는 오지원에게 나 역시 자주 개입과 권면의 말을 하고 있었다. 첫날에 "남편이 이해되더라."고 자각했던 오지원은 다시 자신을 더 변호하고 주장하는 자리에 서 있다. 오지원은 이제야 나를 주장하기 시작했는데 다시 포기하기가 싫다고 말한다. 그러나 종결점을 향해 가고 있는 프로그램의 구성상 오지원에게 '포기'를 제시하고 있는 상황이 자꾸 연출되었다.

오지원의 가족조각을 시작하면서 치료사로서 나는 '왕'으로서의 권한을 가진 남편과 죽음을 각오한 왕비처럼 무엇인가를 포기하고 남편에게로 다가가는 아내를 기대하며 시작하였다. 이 또한 프로그램의 주제에 맞추어 오지원이 변화되기를 바라는 나의 지나친 의욕과 오지원에게 주도권을 주지 않고 나의 주도권이 강해져버린 역할극이 되어버린 사실을 이때는 몰랐다. 그리고 내가 오지원에 대한 나의 편견으로 말미암아 그녀에게 지시와 강요를 무의식적으로 강행하고 있다는 사실이 이제는 보인다. 가족의 역할극을 하면서 아빠 역의 나인정과 자녀 역의 강한나와 주사랑도 오지원을 배제한 채 계속 조언하고 있었다. 오지원은 이 역할극에서 자신의 주도적인 역할을 하지 못하고 있었기에 마음이 편치 않았을 것이다.

이후 오지원이 원하는 가족의 상을 마지막으로 연출해 보기로 한다. 오지원이 원하는 남편의 모습은 자녀들을 비난 안 하고 화도 안 내고 예배를 드리며 대화하는 모습이라고 말한다.

〈가정예배시간 설정〉

남편(나인정): 맛있는 것 가져와라.
아내(오지원): 네~~ (먹을 것을 가져오는 흉내를 낸다)
자녀(강한나): 네 아빠 먼저 드세요.
남편(나인정): 어 그래! (좋아하며 먹는다)… 먹고 영화 보는 거지 뭐! 길게 할 것 없고… 막내가 기도하고 마치자.

자녀(강한나): 하나님 아버지 감사합니다. 우리 가정 언제나 행복하게 살게 해 주세요! 예수님 이름으로 기도 했습니다. 아멘!
남편(나인정): 오늘은 엄마가 보고 싶은 것 보자!
가족: 와~~그래요!

오지원이 바라는 장면인 남편이 자녀들에게 화 안 내고 대화를 하며 같이 예배를 드리는 모습을 집단원들과 같이 시연하였다. 이러한 상황이 멀게만 느껴지는 오지원에게 집단원들이 주는 선물과도 같은 시간이다. 꿈같은 바람이 오지원에게 현실처럼 피부에 와 닿는다면 힘이 되지 않을까? 그러나 실제 부부관계에서는 한 사람의 일방적인 노력보다 두 사람의 의지가 필요할 텐데… 에스더의 왕처럼 홀을 내주고 안 주고는 남편의 의지에 달려 있다. 다만 할 수 있는 것은 남편에게 다가가는 일일 것으로 생각했다. 하지만 오지원의 표정은 밝지 않았다.

4) 네 번째 만남의 의미를 다시 느끼기

네 번째 날의 집단미술치료와 비블리오드라마의 진행이 끝났다. 모든 집단원이 함께 만들어낸 역동들이지만 각자의 경험과 자각은 다 다르다. 집단원들의 소감을 작품으로 남기고자 찰흙을 사용하였다.

〈그림 4-49〉 나인정 '하트'

〈그림 4-50〉 유시온 '큰 사람 작은 사람'

나인정: 전에는 결혼생활 때 안 아팠는데 요즘은 아프기도 하고 아프면 드러눕기도하고 밥도 시켜먹고 해요. 수도원이나 수녀처럼 사랑을 버려야 한다고 생각했으나 새로운 관계가 필요하네요. 카톡으로 18년 전에 알게 된 찬양간사가 만나러 내려온다는데 카톡을 안 열어보다가 이제 마음이 편해져서 놀러오든지 마음대로 하라 식의 문자를 보내니 도리어 답이 없더라구요.

놀랍고 기쁘게도 나인정은 '사랑'의 하트 작품 하나를 크고 예쁘게 만들었다. 나인정은 자신이 평안한 '호수'가 되기 위해서는 '사랑'을 포기해야 한다고 말하고 있었다. 그러나 이성적이고 도덕적인 사고를 내려놓고 원초적 자신이 원하고 있는 것을 인정하기 시작한다. 그녀는 사랑이 두렵기까지 필요한 상태였던 것이다. 진정한 사랑에 언제나 목말라 있던 것이 아닐까? '이혼'이라는 단어가 아직도 아프게 하는데 벌써 사랑을 찾는다는 것은 이성적으로 정죄할 일로 여겼으리라. 일상생활에서도 있는 그대로의 자신을 용납하기 시작하고 있다.

유시온: 동일하게 아픔이 다 있다는 사실을 알았어요. 두 사람을 만들었는데 큰 사람이 남편이 될 수도 있고 내가 될 수도 있고… 남편에게서 받기만 하는 사람으로 알고 있었는데 내가 큰 사람의 역할을 할 수도 있다는 것을 알게 되었어요. 결국 어머니 기일을 보냈는데 그동안 내가 너무 민감했었나 봐요. 아무 일도 없었어요. 상속세 1/3 내고 별말이 없어요. 서로 나누어 가지는 것으로 인정한다는 거잖아요. 올케가 예전처럼 안 온 것은 순리에 따라가는 느낌이에요.

유시온은 서로 크기가 다른 두 사람을 만들었다. 큰 사람이 남편이라고 생각하였으나 사실 자신이 큰 사람의 역할을 할 수도 있다는 것을 자각한다. 언제나 남편에 비해 자신은 작은 자라고 생각해 왔다. 그러나 어느 면에서는 자신이 큰 자의 역할을 했던 사실도 새롭게 보인다. 생각의 확장과 전환이리라! 그동안 재산상속 문제에 유시온은 예민하여 있었지만 순리대로 잘 풀리고 있다고, 자신의 문제가 풀리고 있음을 알린다. 유시온은 부부관계에서 때로는 주도하는 사람으로 자신을 바라봄은 놀라운 변화가 아닐 수 없다!

〈그림 4-51〉 **강한나 '자동차'**

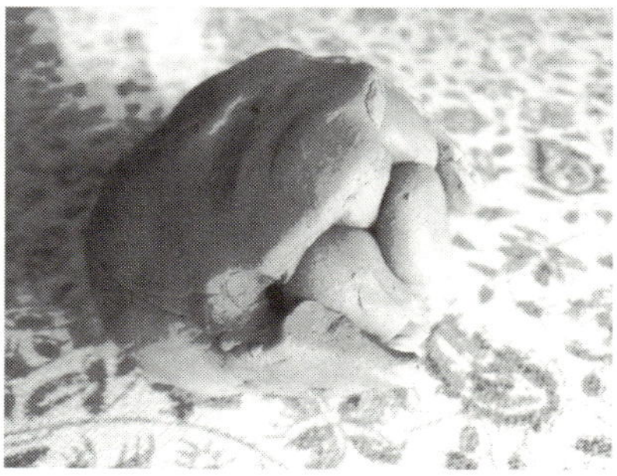

〈그림 4-52〉 **이열매 '열매와 씨'**

강한나: 몸은 비록 불편하지만 나는 굉장히 강하게 살아왔구나를 느꼈어. 나는 한다면 다 해내고, 하고 싶은 것은 다 했던 것 같아. 자동차처럼 힘도 있고 더 자유롭고 싶다는 생각이 들어요.

오랜만에 만지는 찰흙으로 강한나는 재미있어 하였다. 뭘 만들까? 고심을 하다가 작은 자동차를 만들었다. 기동력이 있고 누군가를 태워줄 수도 있는 자동차는 자신의 일처리와 힘을 나타내기도 한다. 강한나는 장애 3등급을 소지하고 있지만 자신의 효능감을 매우 긍정적으로 보고 있다.

이열매: 내 안에 있는 남아 있는 불안을 이제 확실히 드러내서 자꾸 확인하면 별 것이 아닐 것 같다는 생각이 들어요. 부정적인 생각들은 빨리 버려야겠어요. 석류 밖으로 씨가 조금 나온 모습이에요.

삶이 힘들었으나 열매를 얻었다고 말하는 이열매는 아직 감 속의 씨처럼 불안이 남았다고 말하여 왔다. 이제 그 불안을 더 들여다볼 힘이 생기고 있어 보인다. 부정적인 생각을 자신이 버려야 하고 포기할 것으로 여긴다. 석류 모양의 열매 속에 작은 둥근 씨들이 막 나오려고 하고 있다.

〈그림 4-53〉 주사랑 '나무'

〈그림 4-54〉 오지원 '두 마음'

주사랑: 씨앗을 심었으면 기다려야 한다는 것을 느꼈어요. 에스더가 나라를 구했잖아요. 하나님의 때가 되니 예비하심에 이루어지는 것을 보니 너무 조급해하거나 마음대로 하거나 미리 행동하기보다 기다리면, 열매도 열리고 새도 올 것을 알게 되었어요. 나는 에스더처럼 승리할 거예요.

주사랑은 나무 한그루를 만들고 잘 세워놓았다. 씨앗을 심었으면 나무가 되기까지는 기다림이 필요하다. 에스더의 삶을 보아도 한 민족을 구원하기 위한 하나님의 의도하심 속에서 한 여인이 성숙하여 왕비 자리에 오르게 되며 그 역할에서 할 수 있는 일을 깨닫고 행동으로 하기까지의 시간들이 준비되어 있었다. 자신의 행동이 시작이 되어 점차 하나님은 큰일들을 진행하셨고 드디어 반전과 함께 승리를 이루는 이야기처럼 기다려야 한다. 자신이 보석이지만 많은 생각들로 인해서 마음이 조급하였던 주사랑은 스스로 기다림의 필요성을 느낀다. 그리고 에스더처럼 승리하리라는 긍정적인 결과를 기대해 본다.

오지원: 지금까지도 잘 해보려고 애써왔는데… 싫다! '이제 내 마음대로 하고 싶다' 하는 마음이 아직 있다. 사람들이 내게 너무 요구만 한다. 친정에서도 요

> 구하고 시집에서도 외동으로 얼마나 요구를 하는지… 왜 잘못하느냐는 등. 아직 나도 인정해 달라는 마음이 아직 있다. 내버려두어라. 하는 마음이 있다. 그러면서도 나 사랑하는 것 좋아하니 주겠다고 하는 마음. 두 마음을 나타내었다.

오지원은 찰흙 두 덩이를 만들었다. 그것은 대립이 되는 두 마음의 갈등을 나타낸 것이다. 한 마음은 외부적 상황으로 자신에게 강요하고 요구하는 것에 대한 싫은 마음이고 또 한마음은 그 요구대로 행동을 해 주고자 하는 마음이다. 사실 오지원은 치료사와 집단원들이 돕는다는 명목하에 자신에게 계속적으로 변할 것을 요구하고 있어서 힘들었던 것이다. 넷째 날의 드라마에서 오지원은 불편한 마음이었다. 불편한 이유는 그만큼 지금까지 남편에게 자신을 맞추려고 노력을 해왔고 이제는 그러고 싶지 않기 때문이었다. 오지원의 이 작품은 넷째 날의 비블리오드라마의 주인공인 에스더 역할을 경험하고 집단원들의 개입과 참여 속에 진행된 개인 비블리오드라마의 결과이기도 하다. 나는 그녀의 불편한 마음을 알게 된 후 곧 "아직 자신을 주장하고 싶은 마음이 있다면 좀 더 그런 감정에 머무르세요."라고 말해 주었다.

우리는 그녀에게 윤리적 실존을 강요하고 있었던 것이 아닌가? 종결점을 향해가는 오늘은 주제 면에서도 오지원에게 진정한 자아로 서기 위해 무엇인가를 포기할 것을 찾도록 의도되었고, 그러한 상황에서 집단원과 치료사인 나는 반복되어지는 문제에 대한 해답을 주려고 노력하였다. 그러나 그녀는 여전히 두 마음의 갈등을 겪고 있다.

이제 계획된 다섯 번의 토요일 중 네 번째 날이 지났다. 본 프로그램이 중반기를 넘어서면서 집단원들은 그동안 그림과 드라마를 통해 드러난 자신에 대하여 통합적 이미지를 작품으로 나타내고 발표하는 시간을 가졌다. 거의 모든 종교와 철학은 자기실현을 이끄는 원동력이 인간의 정신, 영혼, 신체에 내재해 있다고 말한다. 도토리가 자라서 떡갈나무가 되듯, 인간도 자기실현을 위해 나아갈 힘을 갖고 있다. 다만 외부로부터 온 상처와 억압과 타인의 언어에 내사된 것을 드러내야 하리라.

집단원들은 자신의 자아를 '빛나는 보석', '대지', '민들레', '사랑', '호수'라는 주제로 이미지화하였다. 대부분 신앙의 가치관으로부터 비롯된 자아의 이미지들이라고 할 수 있겠다. 그리고 그녀들은 이러한 자기상을 유지하기 위해서 '많은 생각'과 '시기, 질투와 같은 벌레 같은 마음', '화려함', '잠', '사랑'을 버려야 한다고 말하였다. 이 과정에서 나인정은 조용하고 평화로운 '호수'의 자아상을 바라고 있었으나 어릴 적 자신은 '삐삐'처럼 모험심을 즐기고 역동적인 에너지가 많은 아이였음을 자각하였다. 그리고 유시온은 여러모로 쓸모가 많은 '민들레'로 효능감이 높은 자신을 나타내었으며, 한편으로는 지나친 남의 인정에 신경을 써 왔노라고 깨닫는다. 오지원의 남편과의 갈등의 문제는 여전히 자주 문제로 드러나면서, 집단원들과 나는 점차 오지원에게 조언의 말을 건네기 시작하였다.

에스더의 이야기를 비블리오드라마로 만나면서 나는 기독교 중년여성들의 어떤 모습이 드러날지 기대를 하며 드라마를 재연하기 시작하였다. 왕과 에스더의 만남은 성경 속 이야기와 많이 달랐다. 앞 장면에서 모르드개와의 만남이 평이하게 끝나면서, 왕의 역할을 하는 나인정은 한껏 왕의 권세를 누려본다. 이미 나인정에게는 아하수에로가 진중한 왕이 아니라고 의식하였고, 남편의 불량스러운 여성과의 친분에 대한 불만이 있는 오지원을 상대하면서 옆의 시녀를 안고 거들먹거려 본다. 왕인 남편에게 소원을 말하기 위해서 자신을 비우고 나선 상황이니 오지원은 그 장면을 그냥 넘어간다. 오지원은 결국 왕비라기보다 한 남자의 여자로서, 아내로서의 소원을 말한다. 남편과의 행복을 원한다. 우리들도 저 자리에 선다면 무엇을 소원하게 될까? 그러나 또 다시 부부의 갈등에 관한 논쟁은 길어만 진다. 나는 나인정과 오지원 두 사람의 드라마가 정체되고 논쟁으로 진행되면서 현실에서 멀어져만 가는 것 같이 여겨졌다. 결국 나는 오지원의 개인 비블리오드라마에서 부부 갈등이 다루어지도록 진행을 바꾸게 되었다. 그러면서 내심 에스더가 목숨을 포기하였듯 오지원이 포기해야 할 것을 찾기 바랐다.

개인 비블리오드라마에서 에스더의 이야기가 좀 더 연장되기를 바라면서 오지원의 남편은 한 가정의 왕으로서의 정체감이 있는지 탐색하자고 제안하였다. 오지원의 가족조각에서 보여지는 남편은 직장을 잃고 자존심도 잃고 낙심한 모습이었다. 어느덧 집단원과 나는 오지원의 입장보다 남편의 입장에서 이 가정의 문제를 풀고 싶어졌다. 집단원과 나는 그녀의 포기해야 할 것에 대하여 권면해 본다. '지금까지 나는 노력해왔어'라는 생각을 버리고 '요구하기'를 포기할 것을 말해 보지만 오지원은 이제 겨우 자신을 돌아보며 '요구하기' 시작했는데 다시 포기하기 싫다고 하였다. 이후 나는 오지원이 도리어 이 가정에서 에너지가 더 있어 보인다며 재차 권면을 더 해 본다. 마무리장면으로 오지원이 원하는 가정의 모습으로 남편의 주도로 가정예배를 드리는 모습을 재연하였다.

모든 드라마 재연이 끝난 후 넷째 날의 소감을 입체화하여 표현하기를 하였다. 나인정의 '하트' 소감 작품은 나를 기쁘게 하였다. 그동안 자신이 포기해야 하는 것은 '사랑'이라고 여겼다. 즉, 이혼한 그녀로서는 문화적·도덕적 규율로써 '사랑'를 금기시하였고 자신의 결핍에서 오는 불안함 때문에 '사랑'은 통제해야 할 주제로 여겨온 것 같다. 그러나 두려움의 바닥에는 그것의 욕구가 있음을 직면할 때 자유로워진다. 자유로워지면 두려움의 대상이 아니기 때문에 진정한 사랑을 할 수 있는 힘이 생기고 절제와 옳은 판단도 생기지 않을까? 일상생활에서도 자신을 좀 더 너그럽게 용납하기 시작한 모습이 보인다. 조금씩 자유로워지는 나인정의 변화가 삶에서도 나타나고 있다니 그러한 변화가 나는 반가웠다. 그리고 주사랑은 에스더처럼 승리하고 싶은 마음을 느낀다. 유시온은 부부의 관계를 '어른과 아이'라 하며 자신을 '아이'로 설명하였던 초기와는 다르게 '큰 자와 작은 자'로 다르게 표현한다. 그리고 자신이 '큰 자'일 수도 있다고 한다. 강한나는 본인이 굉장히 강하게 살아왔구나를 느꼈다며 자동차를 만들었다. 이열매는 자신에게 남겨진 씨앗 같은 불안이 사라지려면 부정적인 생각을 포기해야

겠다고 생각하게 된다.

본 프로그램에서 가장 많은 시간을 들여서 개인적 문제들을 다루어왔던 오지원은 소감작품으로 갈등적인 상황을 나타내는 '두 마음'을 표현하였다. 한 마음은 '내 마음대로 살고 싶은 마음'으로 타인의 요구에 이제 반응하지 않고 싶은 마음과 '의무와 사랑을 주겠다'는 두 마음을 나타내었다. 오지원은 부부관계의 좁혀지지 않는 거리와 가족 간의 불화에 대하여 많은 이야기를 드러내며 치유 받고자 열심이었다. 가장 열정적으로 임하였던 그녀이지만 넷째 날까지 갈등과 혼란함을 유지하고 있어 보였다. 나와 집단원들은 급기야 이런 저런 조언들을 제시하게 되었다. 특히 에스더의 포기처럼 그녀도 무엇인가를 포기하라고 제시하였다. 그러나 오지원은 남편을 위해 포기하라는 외부의 영향력에 속 마음은 결국 '싫다! 이제 내 마음대로 하고 싶다, 내버려두어라'임을 작품으로 표출하고 있었다.

5 다섯째 날: 실존으로 살아내고 싶은 '나'를 함께 발견하고 그리기

1) 다섯 번째 만남을 위한 몸 풀기–웜 업

다섯째 날이 시작되었다. 집단원들은 오늘도 서로 껴안고 흔들어주며 인사들을 건넨다. 빙 둘러서서 웜 업을 시작한다. 내가 간단하게 웜 업의 진행을 설명한다. 이에 첫 순서로 유시온이 "가자!"를 외치면 집단원 모두가 "어디로!"를 외친다. "동해바다로!"를 지명하자 모든 집단원들이 바다에서 노는 동작을 하며 즐긴다. 바닷물가로 갔다가 파도가 들어온다며 뒷걸음질 치며 소리친다. 나인정은 "나 잡아봐라!"하며 뛰어다니고 그

뒤로 주사랑이 쫓아 다닌다. 나인정이 "가자!" 소리치자 "어디로!"를 외친다. "남해로!"를 외치면서 남해에는 좋은 카페가 많다고 한다. 모두들 팔짱을 끼고 산책도 하고 구경을 다닌다. 남해에 유명한 '굴집'에서 굴을 까먹자며 굴을 까서 서로 먹이고 좋아라 한다. 이후 스키장에 가서 스키도 타고 제주도에 가서 모두들 웃고 떠들며 놀다가 한편에서는 사진 찍는다고 포즈를 잡고 "치즈"를 외쳐댄다.

또 다른 웜 업으로 '청개구리'가 되어본다. 3명씩 두 팀으로 갈라서서 무엇인가를 하라고 명령을 한다. 상대편은 '싫어! 안 해!'를 외치는 것이다. "공부해!"를 외치자 "싫어! 안 해!"를 외쳤고 재미있다고 환호성을 지른다. "빨래해!" "싫어! 안 해!" "엄마 너나 해!"라며 웃고 신나한다. "조용히 해!" 라는 소리에 더 큰 소리로 악을 쓰며 소리소리 지른다. "빨리 일어나!" 하자 상대팀은 드러누워서 발버둥을 치며 "싫어! 안 일어나!"를 소리친다.

평소 거부하거나 반항하는 일이 없을 우리 중년여성들은 실컷 소리쳐 보았다. 자기주장을 해 보는 시간이기도 하였고 스트레스가 풀리고 마음이 생동감으로 살아나는 시간이 되었다.

2) 나로 살아가는 참된 의미를 함께 발견하고 기뻐하기

'나'를 나타내는 콜라주 작업을 하기로 한다. 본 프로그램이 진행된지 다섯째 날이 되었고 여전히 우리의 주제는 '나'에 집중한다. 나의 특징, 나의 기질, 내가 원하는 것, 자기 장점, 자기 달란트… 등 자신과 관계되는 모든 이미지를 잡지에서 찾아서 도화지에 배열하여 붙이는 작업이다.

여러 잡지책을 돌려가며 보면서 집단원들은 작업에 열중한다. 이열매는 제일 먼저 끝을 내고 손을 내려놓는다. 다른 집단원들이 하는 과정을 지켜보다 한참 후에 하나의 이미지를 더 첨가한다. 가장 먼저 끝낸 이열매부터 작품에 대한 이야기가 시작되었다.

〈그림 4-55〉 이열매 '나' 콜라주

〈그림 4-56〉 강한나 '나' 콜라주

이열매(열매): 마음을 견고하게 하고 단단하게 하고 싶은 욕망이 있었어. 그러면서도 둥글어서 여유가 있고 융통성이 있는 것이 좋고, 열매를 맺고 싶고, 부부모습에 있어서 좋은 결과를 계속 맺고 싶고… 마음속에 작은 절구통, 꽃 등을 갖다놓고 편안한 삶을 살고 싶어요.

치료사: 집은 '자아'를 의미하기에 집의 벽이 단단하면 자아가 단단하다는 의미가 되죠. 자아가 단단하면서 융통성이 있기를 지향하시나 보아요.

이열매: 심지가 굳고 정직하고 할 말만 하고 융통성이 부족해요. 남을 아우르는 것은 부족하죠. 실은 여유롭고 싶은 것은 나의 희망이에요… 예술성도 추구해요.

치료사: 마당 안에 꽃과 절구통은 본인의 시적인 영역을 나타낸 것으로 보이네요. 여백으로 남겨진 부분이 많은데 어떤 의미이며 어떤 영역으로 볼 수 있을까요?

나인정: 다른 좋은 것들이 많을 것 같은데 가장 중요하게 생각하는 것은 단단한 자아에 집중되어 있는 것 같아요.

치료사: 본인이 생각하는 것에 집중하고, 주관적인 것이 강하다고 할 수 있겠어요. 작품을 제일 빨리 마치고 시간이 남아도 그냥 계시다가 마지막으로 붙인 것은 절구 그림이죠. 본인이 생각하면 그것만 집중하고 다른 것은 전혀 생각지도 않는 스타일로 보이네요.

이열매: 맞아요! 그래요.

이열매는 큼직한 화보 몇 장을 듬성하게 붙여서 도화지의 흰 여유가 많이 드러나게 작업을 하였다. 여백에 더 붙일 시간들이 많았음에도 불구하고 공백으로 남겨진 것은 그녀만의 특성을 잘 나타낸 것이다. 스스로도 말하였지만 '할 말만 하고', '본인 생각에만 집중'하고 '주관적'이며 '나머지는 생각을 안 한다'의 특성의 의미를 나타낸다. 작품 화면의 왼쪽 위에 붙여진, 단단해 보이는 벽돌로 지은 건물 3층짜리 이미지는 자신의 '자아'가 단단하고 견고하고 싶은 것을 나타낸다. 실제로 미술치료진단에서 단단한 벽의 이미지는 강한 자아성을 상징한다(김동연·공마리아 편역, 2000: 97). 그 옆에 그리고 화면의 중앙에 큰 화보로, 둥글고 부드러운 유선의 모양으로 지어진 철근건축물 사진이 붙어 있다. 이열매는 여유와 융통성을 상징하는 의미로 이 사진을 사용하였으며 자신의 자아가 단단하고 동시에 융통성이 많기를 바란다고 말한다. 나무에 열매가 주렁주렁 달린 사진과 작은 부부조각사진이 그 옆에 붙어 있다. 그리고 맨 나중에 첨가된 화면 오른쪽 아래사진은 앞마당에 절구가 놓인 화단 이미지이다.

한 장의 콜라주 작품은 그 작가를 그대로 말해 주고 있다. 심지어 무의식이 드러나서 집단원들의 피드백에 의해 더 선명하게 드러나기도 한다. 이 과정에서 집단원들도 이제는 서로의 치료사의 역할까지도 이행하게 된다.

강한나(대지): 나는 이렇게 내 마음이 풍요롭고 누구든지 쉴 수 있고 정리정돈이 되어 있어야 기분이 좋아! 남을 먹여주면 기분이 좋아. 맛있다고 먹어주면 억수로 좋아해. 나는 화려하게 사는 스타일이야. 뭔가 한 발짝을 나가도 어린 아이들의 순수한 마음이 좋아… 아기를 품어주고 싶어.

치료사: 일반적으로 가운데 붙여진 것이 의미가 크고 중요해요.

유시온: 돈이 없었다고 하지만 옷이 내려왔는데 (화면 밖으로)…

이열매: 정리정돈을 좋아한다는데… 사진도 딱딱 정리하듯이 붙였네요.

강한나: 옷에 대한 화려한 사진은 두 번째 발견했으나 나중에 붙였어요. 남을 배려하는 일이 의미가 있으니 먼저 붙였으나 버릴 수 없는 화려함을 뒤늦게 붙이면서 삐져나올 수밖에 없었어. 좋아하면서 내 욕심을 못 버리는 거야.

유시온: 저는 밖으로 안 나오는데…

오지원: 옷만 있잖아요. 그래서 내 맘이 아파요.

나인정: 계속 말씀하시기로 충분히 누렸다고 하지만 아직 정말 좋은 것을 더 누려도 뭐라 하지 않을 것이고… 다른 것은 각이 져서 반듯하게 잘려 있는데 사실은 저 모습이 가장 잘 어울리고 저 분의 모습인 것 같아요.

강한나: 맞아! 내적이고 외적이고 내가 하고 싶은 것을 하고 싶어.

강한나의 작품은 사각의 화보가 반듯하게 틈도 없이 붙여져 있다. 다만 화려한 색의 옷가지와 액세서리들이 도화지 화면 밖으로 길게 늘어져서 붙어 있다. 풍요로움을 나타내는 자연과 많은 음식들을 나타내는 사진들과 아기를 품은 엄마 같은 마음을 담은 내용의 작품이다. 스스로 정리정돈의 의미로 사진을 질서 있게 붙였다고 하나 집단원들은 유독 화면 밖으로 삐져나온 옷가지에 흥미로워 했다. 콜라주 기법에서는 사진을 붙이는 순서도 유의미하며 붙여진 위치와 모양도 많은 의미를 드러낸다. 강한나는 화려한 옷가지를 두 번째로 발견하였으나 맨 나중으로 미루었고 막상 붙일 공간이 작아졌을 때 화보를 자르기보다 그대로 화면 밖에 넘쳐나가게라도 이미지를 유지하였다. 이 작업의 심리는 집단원들이 피드백에 의해 더 선명하게 드러났다. 상황이 여의치 않아도 자신의 감정과 뜻을 개의치 않고 관철시키고 있는 배짱이 보인다. 규격대로 사는 모습보다 이러한 모습이 가장 강한나의 모습일 것이라는 나인정의 피드백에 강한나는 그렇다고 웃으며 수긍한다.

강한나의 옆에 앉은 주사랑이 자기 차례임을 알고 작품을 설명하기 시작한다.

〈그림 4-57〉 **주사랑 '나' 콜라주**

〈그림 4-58〉 **나인정 '나' 콜라주**

주사랑(보석): 멋진 여성으로 살면서 많은 사람들에게 복음을 전하고자 하는 꿈이 있으니까 사람들에게 필요한 영양소를 골고루 주고 싶고 보석처럼… 영향력을 주고 싶고 승리하는 삶을 살고 싶어요. 이것은 스펀지 빵인데 남편을 용서하고 용납할 때 주님이 다 치료해 주셨기에 용서하고 싶어요.

이열매: 부럽기도 하고 높이 보입니다.

치료사: 일반적으로 음식 그림은 지지를 나타내기도 해요. 남을 지지하기도 하고 나를 지지하는 것일 수도 있죠. 그림을 사각으로 붙이지 않고 전체적으로 이미지를 따서 표현한 것이 많은 것으로 보이네요. 원하는 주관적인 선을 사용한 것으로 보입니다.

주사랑: 진실만 있으면 된다고 생각하고 스스로도 모가 나지 않아요.

오지원: 사랑을 많이 받고 자랐나요?

치료사: 화면에 사람들이 많이 나타났네요. 사람들에 대한 관심이 있네요.

오지원: 어떤 것을 용서했는지 물어도 되나요?

주사랑: 남편이 좋아하는 취미가 있어서 밤을 새고 게임하고 같이 사람들과 즐기고 늦게 들어왔어요. ○○에 이사 온 후 남편이 늦게 귀가하고 교회 일들도 적어지면서 너무 죽을 것 같았죠. 남편에게 말하고 나를 어디 좀 보내달라고 했죠. 부흥회 가고, 갈 수 있게 해 달라 … 이후 좀 풀렸죠… 그 전까지 싸우기도 하고 이혼하려고도 했어요. 용서하니 자기가 접은 것이죠.

주사랑으로 동일시되는 멋진 여성이 남편과 가족들에게 음식을 주고 있다. 자신의 이미지가 매우 긍정적인 주사랑은 자신을 '보석'처럼 영향력 있는 멋진 여성으로 나타내고 있다. 신체적으로 필요한 '음식'의 의미는 '정신적 지지'까지 의미하고 '영양제'의 의미도 같은 의미를 나타낸다(이근매, 아오키도모코 공저, 2010: 138). 그것에 타인을 받아들이고 용서하는 의미로 '스펀지' 이미지를 사용하였다. 이미지를 따라 오려진 것은 그 의미에 대한 진정성이 있고 의미부여를 강하게 하고 있다고 볼 수 있다. 주사랑은 많은 사람들이 손을 높이 들고 환호하는 이미지를 화면 밖에 넘쳐나게 붙였다. 사회복지 공부를 다시 시작하고 사람을 상대로 하는 직장을 구하고 있는 그녀의 성취에 대한 열망이 엿보이며, 틀을 넘어서고 환경에 매이지 않는 힘이 있음을 알리는 듯하였다.

나인정: 소리 지르고 기뻐하고 아이들과 함께 하는 것이 비전이기도 하고 멕시코 문화같이 살아라! 하는 예언도 있었어요. 내 안에 큰 언니로 인하여 영향을 받은 완벽주의에서 바다에서의 수영처럼 제한 없이 자유로워지고 싶어요. 혼자 있는 것을 부정적으로 생각했으나 그것도 사람스러운 것이라… 의

자에 앉아서 들어주는 것을 좋아하고… 노래를 좋아하고… 스티비 원더가 장님인데 굉장히 자유스러운 노래, 이런 노래를 부르고 싶어요.

이열매: 찢어 붙인 뜻은?

나인정: 자유스러운 표현을 하고 싶었어요. 어디로 튈지 모르는 자유성, 창조성을 나타내고 싶었어요.

치료사: 전체적인 아름다운 어울림… 겹치기도 하고 예술적인 자질이 보이고 중앙의 의미가 있어요. 아직까지 틀을 유지하고 있는 것으로도 보이네요. 그 안에서의 창조성이 보이고요. 틀 밖에 나가지 않기 위해 사진을 돌려 붙인 모습 등 아직 완벽성이 남아 있는 것으로 보이네요.

나인정: 화면 밖에 나가면 불안해요

오지원: 혼자 있는 사진을 보며 "괜찮아, 그런 것도 필요해!"하고 싶어요.

나인정: 관계에서 굉장히 약했는데 같이 이야기해 주고 관계의 좋은 것을 알기 시작했어요.

치료사: 글씨의 영역은 어떤 것일까요?

유시온: 지적욕구?

나인정: 실제로 영어노래를 많이 들어요. 외국에 가려고 했고… 말로 표현한 것은 다른 이들과 비교해서의 특징인 것은 사실!!

이열매: 에너지가 확 풀리면 굉장할 듯…

강한나: 가능성이 많아 보여요.

치료사: 자기모습의 최상급으로 향하여 가야겠죠.

주사랑: 볼수록 완벽해 보이고 마음에 들어요.

치료사: 어차피 절제도 가능하고 자유롭기도 하다면 그것도 자신의 모습으로 수긍을 하는 것은 어떨까요.

이열매: 중간쯤으로 사는 것은 어떤 가요?

나인정: 잠수를 안 타려면 건강한 관계이어야 할 것 같아요.

치료사: 그만큼 개방성이 관계성에 영향을 주죠. 이제는 개방성의 중요성을 느꼈을 거예요.

유시온: 객관적인 사고를 더 첨가하면 좋은 듯… 인정되어 있는… 내 주관이 아닌… 자유로운 마음은… 곧 감성적인 것으로 보여요.

나인정: 고민이었던 부분이에요. 모든 사람들이 인정하는 방법이 안정적이지 않는가 하고 말씀하고 있는 것 같네요. 나 스스로 그러한 완전한 것을 원하였으나 스펙이나 지위에 대한 욕구가 있었는데 한국을 떠나 하와이의 여러 과정을 참여하고 길을 찾아가려 했는데 그 학교가 문을 닫았고 하나님이 더 이상 스펙이 필요하지 않다고 말씀하셨어요. 내가 굳이 풀타임을 하려는 것도 일 중독적인 나의 마음도 있었어요. 그러나 그것은 아니구나! 생각을 하

였고 석사나 박사 학위도 생각했으나 작은 관계들을 원하지 큰일을 하려는 것은 아닌 것으로 생각하였어요. 그것을 얻으려 하였으나 내가 건강하면 내 아이들도 건강할 것으로 생각해요.

치료사: 마르다처럼 뭔가 남들에게 보이기 좋은 가치관을 가지고 있으나 그 틀을 깰 때 자기 모습을 찾을 수 있죠. 다른 사람에 의해서 주어진 기준을 내려놓을 때 자유로워지죠. 지위도 남들에게 인정받고자 하는 것으로 사용한다면 내려 놓아야 하죠. 그것이 된다면 엄청난 자기 정체성을 찾아 가겠죠! 나의 정체성을 이루는데 다른 기준이 무엇인가? 찾으셔야겠죠.

나인정의 작품은 다양하면서도 역동적이다. 사용된 화보의 적절한 색감과 가위로 오려진 부분이 있는가 하면 손으로 찢은 면도 있다. 나인정의 창조성이 엿보이고 자유롭고 싶어 하는 마음이 엿보인다. 화면의 왼쪽 위에 멕시코의 지도가 붙고 플라멩코를 추는 화려한 의상의 여자가 있다. 화면의 가운데는 크게 소리치며 웃고 있는 외국 아동들의 사진이 붙었다. 화면의 가운데 사진은 가장 작가에게 유의미하다. 역시 아이들과 함께하는 것이 비전이라 말한다. 화면 아래에는 흑인가수 스티비원더(Stevie Wonder)가 크게 웃으며 노래를 하고 있다. 그 옆에 마이크를 들고 있는 여성의 사진은 선교단체 간사로, 또는 찬양리더자로서의 자신의 모습으로 이해가 된다. 오른쪽에 붙어 있는 빈 의자는 앉아서 타인의 말을 들어주기 위한 것이라 말한다. 하지만 의자의 무의식적 의미 중 '쉬고 싶다'의 의미나 '자신의 입지', '자신의 지위'의 의미로도 생각해 볼 수 있겠다. 좀 특이한 것은 잔디 위에 혼자 앉아 있는 아이 모습이 오른쪽 상단에 방향이 90도로 돌려서 붙어 있다. 다른 집단원처럼 도화지 밖으로 살짝 넘쳐나게 붙이지 않았다. 화면의 선을 유지하고자 사진을 돌려 붙인 것에서 주어진 틀을 의식하고 있으며 그 준거에 충실하려는 마음으로 해석해 본다.

〈그림 4-59〉 유시온 '나' 콜라주

〈그림 4-60〉 오지원 '나' 콜라주

유시온: 왼쪽에 보이는 초콜릿은, 선물과 하트의 마음을 자전거로 전달했다고 보아요. 교회에서 차량봉사 등을 했거든요. 신발은 발품을 판다고 생각해요. 내 안에 긍정적인 부분으로 발품 파는 것을 좋아하고 알아보러가거나 좋고 값싼 것을 잘 찾으러 다녔어요. 부지런해요. 선인장은 없는 듯 있는 듯 한 존재예요. 김치냉장고는 숙성을 나타내요. 무관심하면 꽃을 피우는 선인장처럼 드러내지는 않죠. 조직에서 리더보다 총무 스타일로 내 버려두어도 괜찮은 나의 모습이에요. 6년간 숙성된 홍삼처럼 시간이 많이 드는 것처럼 은근하게 필요한 사람으로 내 모습을 나타내었어요. 푸른 초원으로 잘 어우러져서 평안하고 수용할 수 있는 바라는 내 모습을 나타내었어요.

주사랑: 성격이 꼼꼼하고 세심해 보여요.

유시온: 갈수록 세밀해지는 것 같아요.

오지원: 아기자기하고 여성스러워 보여요.

치료사: 에너지를 더 기울여서 사진을 오려진 모습이네요.

강한나: 깐깐하기도 하고… 정확하고 내 실수를 안 보이려 하는 것 같아요.

유시온: 가위를 취했다가 버렸어요. 감성적이고 섬세하다는 것을 집중한다는 것을 알았네요.

주사랑: 사진 크기가 비슷하네요.

치료사: 유시온의 가장 맘에 와 닿는 말은 '집중'이라고 생각이 드네요. 그리고 자전거 등 타는 것은 힘을 나타내는 것과 일을 나타내는 데 진취적으로 잘 해내는 것을 나타내죠.

유시온: 질서라고 생각했는데 틀을 깨는 것을 안 좋아해요. 딸 시집갈 때도 음식을 내 스스로 제대로 다 해 주었어요.

유시온의 작품은 화보들이 대부분이 작고, 도화지 화면의 중간 정도에 붙여졌다. 유시온의 체구 자체가 작아서인지 사진의 크기도 아기자기하다. 또한 섬세하게 오리는 작업방식은 시간이 부족하여서 화면을 미처 채울 수 없게 했을 것이다. 이러한 점들은 그녀의 세심하고 집중된 감정을 잘 보여준다. 유시온은 부지런히 사랑의 수고를 해왔다고 말하고 드러나지 않은 선인장과 김치냉장고와 6년 홍삼의 숙성처럼 은근하게 필요한 사람이라고 자신을 드러낸다. 미래를 나타내는 화면의 오른쪽에 자신이 바라는 모습으로 평안한 초원의 이미지를 붙였다. 타인을 수용하는 평안한 사람이기를 바란다고 한다.

오지원: 집이 싫어서 들어가기 싫었어요. 그러나 이제는 하나님이 너 자체가 빛이다 하셨어요. 그래서 밝음이를 생각하고 빛을 붙였어요. 우리 살갗이 아름답다는 것을 아름다운 살갗으로 표현했어요. 살 찐 여자 누드 그림을 붙이고 싶었어요. 음악 책 등을 붙이고 싶었고요. 예술적인 것은 다 좋아하는 것 같아요. 음식도 잘 할 수 있어요. 시집에서는 내가 아팠기에 잘 못한다고 했어요. 지금도 장사하고 돌아오면 발이 시려 못하고 있지만 잘 할 수 있다는 것을 말하는 거예요. 개성 있는 스타일을 해 보고 싶었어요… 다른 사람의 영향으로 하지 못했던 것을 다시 찾고 싶어요. 꽃꽂이도 잘할 수 있고… 남자에게 붙어 있는 연약한 여자의 모습이 싫어서 붙였어요. 이제는 나 한사람으로 살고 싶어요. 나는 나로서 개성 있는 사람으로 살고 싶어요. 내 속 안에 부모의 불화로 엄마의 짜증으로 행복하지 않았기에 슬픔이 있고 늘 슬펐는데 하나님을 만나고 어두운 것이 싫어요. 그나마 건강해졌고 할 수 있다는 힘이 있는 것 같아요.

치료사: 틀 밖으로 나가게 큼직하게 붙여진 사진을 보니, 틀에 이제 매이지 않고자 하는 마음이 더 잘 보이네요. 건강이 안 좋아서 인간의 육신을 다룰 수밖에 없었던 것 같아요. 육을 긍정으로 극복했고 빛으로 나타내었고 빛으로 해결이 되겠다는 생각이 드네요.

오지원: 바다를 좋아하고 남해와 부산 영도 진해 등을 끼고 살았죠. 그리고 이 작업을 할 때 가위질을 자유롭게 하고 싶었어요.

유시온: 남자와 함께하는 하는 여자의 그림이 싫어서 붙였다지만 사실은 이런 모습을 바라는 것은 아닌가요?

오지원: 이 시점에서 남편과 단절이거든요. 생각을 하진 않았으나 사실은 누구라도 화해하고 싶어요. 결국은 내 개성 있는 삶을 살고 있으면 그들이 오면

오고… 이제 어두움으로 살지 않겠어요. 갑상선에 문제가 있어서 밥도 못 먹고… 갑상선암이라 해도 환경이 바뀌지 않는 한 또 재발한다 해서 그냥 지났죠.

강한나: 갑상선 문제는 화병이라, 오지원도 환경을 탈피하려고 하고 극복하려고 하는데… 스스로 나는 못한다고 생각하고 있는 것 같아요. 나도 갑상선도 않 좋았지만 그냥 극복했어. 이미 병이 들었기 때문에 나는 괜찮다고 자꾸 밀어냈지.

치료사: 자기 안에 빛이 있다고 인지하기 시작하신 것 같아요.

오지원: 남편과의 관계를 빨리 풀고 싶은데, 관계를 잘 해야 하는데, 안 되고 있으니… 안절부절못하고 안정되지 않는 것 같아요. 늘 내가 먼저 화해했지만… 더 이상 똑 같이 상처 받지 않으려고… 제 안에 힘이 약해서 다른 방법을 찾아보는 거예요. 옐로우 카드를 생각하고 있어요. 이 시점에서 조언을 받고 싶은 것은 전에는 관계를 얼른 내가 해결했어요. 이제는 그러고 싶지 않아요.

체구가 큰 오지원의 작품은 화보 자체도 매우 크다. 그리고 대부분의 화보는 도화지 밖으로 넘쳐난다. 주어진 화면 밖으로 돌출시킨 작업은 현 상황을 벗어나고 싶거나 분출하고 싶은 감정을 나타낸다고 할 수 있겠다. 화보를 자를 때도 세심하기보다 거칠게 다루어져 있다. 오지원 스스로도 자유롭고 싶어서 편하게 가위질을 했다고 한다. 왼쪽에 앉아 있는 모습의 여성 사진은 대부분 살갗이 드러나 있다. 오지원은 사실 살찐 여성의 누드 그림을 붙이고 싶었다. 아마도 리얼한 육신에 대한 '관심'이나 '자각'의 의미일 것이다. 갑상선암으로 늘 '육신의 치유'라는 주제가 강하지 않았을까? 화면의 가운데는 어두운 배경에서 빛을 발하고 있는 별빛들과 전등불 사진이 붙어 있다. 자신을 '빛'으로 인지하고 있다는 의미이면서 또 다른 무의식적 의미로는 자신의 삶에 빛을 밝히고 싶다는 소망의 의미로도 받아들여진다. 하지만 때로는 밤하늘의 별빛은 우울적 감정을 상징하기도 한다. 그 옆에 붙여진 개성 있고 화려한 드레스를 입고 있는 여성도 자신으로 동일시하고 또한 그런 여성이고 싶다. 그러나 가장 오른쪽 사진인 남자와 팔짱을 낀 여성 사진은 과도하게 돌출되어 붙어 있다. 오지원은 남자를 의지하는 연약한 여성의 모습처럼 보여서 그 사진이 싫다고 한다. 이 점에 대하여 다른 집단원이 피드백을 한 것과 같이 어쩌면 오지원은 남자와 팔짱을 낀 여성처럼 남편과 화해를 하고 싶고, 의지하고 싶은 또 다른 마음을 드러낸 것으로 보인다.

> **치료사**: 지난주 집단미술치료 후 달라진 것은 무엇인가요?
>
> **오지원**: 사실은 나는 개성 있는 사람으로 살고 싶은데 참고 살라는 것으로 받았기에 상처가 되었어요.
>
> **치료사**: 본인이 자각이 되면 다음으로 넘어가는 데 그것이 안 되니 반복되는 것 같기도 해요.
>
> **오지원**: 남편이 남해에 갔다기에 언제 오는지 몰라서 전화해서 물어보니 '남해에 가 있고 안 온다' 해서 누구랑 있냐고 물었더니 그냥 끊었어요. 말할 여유도 없이 끝나니 나 혼자 자면 편하고 좋기도 하지만… 어느 순간 나에게 남편이 요구하는 영역만 잘 하자는 생각이 들더라고요..
>
> **치료사**: 남편이 말 안 하는 것에 대해서 예민하지 말고 스스로가 편하게 있으면 빛의 역할을 할 수 있을 거예요. 남편에 의해서 흔들리지 않고 편해지는 거죠. 마음에 평안만 유지하고 동일한 행동을 해도 남편은 그 영향을 받지 않을까요?

집단원들은 이것저것 조언을 해 본다. 나 또한 지난 시간에 에스더 역을 하며 많은 시간 속에 자신을 탐색했던 오지원은 지난 토요일부터 일주일이 지난 이 시간까지 어떤 심정으로 달라져 있을지 궁금하였다.

그러나 오지원은 도리어 지난 시간 자신에게 포기할 것을 독촉하는 상황에 상처를 받았다고 한다. 결국 타인의 조언보다 본인의 자각이 중요하다는 것을 나는 다시 깨닫는다. 그녀의 감정변화보다 앞서 나가는 우리들의 조언은 도리어 오지원에게 상처를 주고 말았다는 것이 드러났다. 치료사로서 나는 과도한 기대로 집단원의 자기결정권에 손상을 주지 않았는지 반성을 하게 되었다.

집단원들은 서로의 작품에 굉장히 관심을 주며 많은 피드백을 하였다. 이제 집단치료시간을 함께해온 시간이 길어진 만큼 그들도 제법 좋은 치료자적 동지들이 되었다. 집단심리치료의 역할은 바로 작업을 통해 무의식적 패턴을 분석하고 의식적으로 알 수 있게 함으로써 내담자가 그것을 느끼고 이해하게 만드는 일이다. 내가 알지 못하던 나의 무의식을 객관적으로 보여진 누군가에 의해 알려질 수 있으며 타인의 모습 속에서 또한 자신의 무의식을 발견하게 된다. 콜라주 작품들은 충분히 집단원들의 무의식적 사고와 태도를 잘 나타내주었고 성실하게 반응하는 집단원들의 피드백은 분명한 의식으로 전환시켜 주었다.

3) 실존적 삶의 의미를 다시 깨우치며 세워가기

(1) 마리아의 삶을 나의 몸으로 마주하기

〈누가복음 10장 38~42절: 마리아와 마르다〉

38 그들이 길 갈 때에 예수께서 한 마을에 들어가시매 마르다라 이름하는 한 여
자가 자기집으로 영접하더라 39 그에게 마리아라 하는 동생이 있어 주의 발치에
앉아 그의 말씀을 듣더니 40 마르다는 준비하는 일이 많아 마음이 분주한지라
예수께 나아가 이르되 주여 내 동생이 나 혼자 일하게 두는 것을 생각하지 아니
하시나이까 그를 명하사 나를 도와 주라 하소서 41 주께서 대답하여 이르시되
마르다야 마르다야 네가 많은 일로 염려하고 근심하나 42 몇 가지만 하든지 혹
은 한 가지만이라도 족하니라 마리아는 이 좋은 편을 택하였으니 빼앗기지 아니
하리라 하시니라

둘씩 서로 성경텍스트를 읽어 주기를 한 후 한 자리에 모인다. 신앙생활을 오래 동안 해온 집단원들은 마리아와 마르다의 이야기에 대하여 많은 설교를 들어본 경험들이 있다. 가장 친숙한 이야기만큼 결론적 답이 뻔할 수 있다. 그러나 나는 우리의 삶과 연결하여 다시 바라보는 성경텍스트는 어떻게 다르게 우리에게 다가올지 기대도 된다.

자기 집에 영접한 자는 마르다이다. 역시 자매라고 표현하지 않은 점으로 보아 주체적으로 마르다가 예수님 일행을 초대를 하였고 그로 인해 마음이 분주했을 것이다. 예수님만이 아니라 제자 등 많은 인원이 왔을 것이기 때문이다. 성경에는 많은 마리아가 있다. 누가복음 10장에 나오는 마리아에 대하여 탐색을 해 본다. 예수님의 장례를 생각하고 예수님에게 향유를 부었던 여성(요한복음 11: 2)이며, 죽었다가 예수님이 살려주셔서 다

시 살아난 나사로의 누이(요한복음 11: 43-44)와 동일 인물임을 나눈다.

치료사: 왜 마르다가 마리아에게 직접 이야기 하지 않고 예수님에게 가서 마리아에게 명하라고 했을까요?

유시온: 자매관계에서 언니 말을 잘 안 듣는가보다. 막내이기도 하고. 언니의 권위가 없나?

이열매: 마리아는 전체적인 것을 총괄하고 마리아는 자기가 하고 싶은 것만 하네. 마르다가 눈치를 주었는데 말을 안 들었겠지.

강한나: 마리아는 책임감이 있는 것 같아.

오지원: 마르다의 모습에서 남편을 가만 안 두고 채근하는 내 모습도 보여.

이열매: 마리아도 언니가 잘 하고 있으니 말씀을 들어도 된다고 생각했겠지.

주사랑: 딸 셋인데 친정 가서도 저는 하나도 안 해요. 시댁에 가서도 잘하는 동서가 다 해요. 상황상 그래도 될 것으로 보인다는 거죠.

강한나: 나는 반대로 내가 잘하면서도 동서가 있어도 당연히 내가 하는 것으로 돼서 살짝 억울해지더라. 동서는 손님처럼 대하는 시어머니에 성이 나더라고. 동서는 손님이고 너는 주인이니 그렇다는 거지.

치료사: 마르다가 여주인 의식이 강해서 일을 하고 있었을 수도 있겠네요.

이열매: 마리아는 말씀이 더 중요하다고 생각했네. 더 중요한 우선순위를 말하고 있어.

치료사: 우선순위를 강조하면서 주로 설교할 때 많이 나오는 이야기이죠. 마르다가 인정을 받고 싶은 마음에 굳이 '예수님께 명하사' 했을까요? 한편으로는 예수님이 모르고 있는 부분을 알아달라고 하는 마음이 있어 보이네요.

오지원: 나만 일하고 남편이 시어머니와 방에서 얘기하고 있으면 질투하는 마음도 생기더라.

치료사: 마르다가 즐겁게 일하기보다 바빠서도 아니고… 중심은 또 다른 복잡한 마음이 있어 보여요. '많은 일로 염려하고 근심이 있으니 한 가지만이라도 족하다' 하고 예수님도 말하였잖아요. 바빠서가 아니라 '근심'이라는 내면을 끄집어내서 말씀하시네요. 행위나 분량이라는 것 말고 내용을 말씀하시는군요.

이열매: 일하면서 불평하지 말라는 생각도 나네요.

유시온: 일을 많이 한 사람일수록 내가 했다고 알리고 싶기도 하죠.

치료사: '확고한 자아관'으로 연결해서 찾아본다면 어떨까요? '확고한 자아관'이 있으면 흔들리지 않을 거예요. 어찌 보면 마리아는 자아정체성이 있는 것 같아요. 마리아는 내가 앉아 있는 것을 사람들이 어떻게 볼 것인가 등 타인 의식이 없어요. 자기 안의 불안이 있다면 정체성이 없다고 볼 수 있겠죠..

오지원: 저 안에 확연히 드러나는 것은 여동생을 보아도 경계가 있어서 잘 사는

거야. 그런데 나는 이사람 저사람 고통이 다 보이고 어떻게 해 주고 싶고 나는 마리아인줄 알았으나 마르다처럼 인정욕구도 있고 불안하다는 것을 알겠네요.

치료사: 신앙인으로서 내 식구들을 변화시켜야 하고 등등…

나인정: 표면적으로 보면 마리아를 옹호하는 듯하나 마르다를 보고 계신 것 같아. 역동을 건드리신 것 같아요. 마르다를 사랑하셨는데 대놓고 들이대시는 것으로 보니 사실 마르다는 너무 서운… 했겠지… 마르다는 정체성이 흔들렸겠지…

유시온: 마리아도 맹점이 있어요. 마리아 같은 사람이 교회에 있어요. 그들을 생각하면 밉상이에요. 얌체 같아요. 그들은 전혀 모르는 거예요. 자아도취, 믿음의 공주병이 있는 것 같아요. 저는 7은 마르다고 3은 마리아인 것 같아요.

오지원: 나는 마리아가 부러워요.

치료사: 우리나라 여성들이 자기정체성이 낮아서 교회 안에서 자유롭지 않는 것도 있어요.

오지원: 개체가 다른데… 참 다르다는 것을 알겠어요.

강한나: 교회에서 인정을 안 해 주는 거야.

치료사: 이제 자기 문제로 가져와서 해 보죠. 사람마다 다른 영역에서 이런 것들이 있죠. 내 것을 인정하는 것을 해 봅시다.

이열매: 내가 옳다고 생각하지만 다른 사람들의 눈의 비판에 갈등이 생겨요.

치료사: 타인에게서 욕 좀 들을 수 있나요?

강한나: 나는 신경 안 써!

치료사: 가장 신경 쓰일 말들을 서로 해 주기. 우리는 마리아일 수도 있고 마르다일 수 있어요. 아까 콜라주로 진정한 자아 이미지를 나타내었죠. 그것을 기본으로 시작합니다.

(2) '마르다처럼 살지 않을래요.'를 외치는 '나'의 목소리 끌어안기 –bibliodrama

마리아는 자신이 중요하다고 여기는 것을 타인의 언어와 눈치에 상관없이 선택하였다. 우리는 타인의 비판과 기준에 어떤 반응을 하며 살고 있는가? 상황 속에서 자신의 역할을 떠맡고 근심하는 그리고 마리아까지 비판하는 마르다인가, 자신이 선택한 행동에 떳떳한 마리아인가? 갈등적 상황에 들어가면 우리가 어떻게 반응하는지 지금–여기의 시점에서 경험해 보기로 한다.

한사람씩 가운데 앉게 하고 남이 인정해 주지 않는 상황에서 각자의 마음상태는 어떠한지 경험하고 어떤 마음을 가져야 건강한 자아를 지닌 것인지 찾아보도록 한다. 그리고 양쪽 손에 천을 잡게 하고 반대 입장인 사람이 잡아당기며 주장을 하고 찬성 입장이 잡아당기며 또한 설전을 벌이기로 한다. 먼저 강한나가 가운데 앉는다. 양손에 각각 긴 천을 잡는다.

치료사: 어떤 영역을 다루어 볼까요?

강한나: 사람들에게 잘 해 주다가도 도리에 안 맞고 어긋나면 나는 돌변하고 따져야 해!

치료사: 도리에 안 맞다?

강한나: 인간성이 나쁘면… 난 따져야 돼! 그러면서 해 주어야 하는 것은 해 줘!

치료사: 강한나의 갈등은 무엇인가요?

강한나: 마르다처럼 하면서…..

치료사: 만약에 남이 안 도와주면 화나나요?

강한나: 나는 신경 안 써! 안 도와주어도 난 혼자 잘해. 그래도 도와주었는데 야비하게 굴면 싫지!

유시온: 누가 도와달라고 했어! (천을 잡아당긴다)

강한나: 도와달라고 했으니까 했지!

유시온: 그 사람이 그런 사람인지 몰랐어요? (천을 잡아당긴다)

강한나: 몰랐지! 그러니 잘 못된 것은 그렇게 하지 말라고 가르쳐주잖아. 예를 들면 ○○거리에서 버스보고 ○○에 갑니까? 자기네 동네로 안 들어간다고 하길래 택시타고 와보니 차고에 와 있더라구! 그래서 내가 돈을 안 내는 것도 아닌데 왜 안 태웠냐고 따졌어! (천을 잠시 놓는다)

나인정: 마음이 넓으시다면서요? 빨리 천 잡으셔요. (하하)

강한나: 대충 넘어가는 것을 싫어해! 내가 하는 말이 자가용도 동네사람도 같이 들어가 주기도 하는데 돈을 받고도 그냥 가느냐고!

유시온: 그때는 태우기 싫었거든! (천을 잡아당긴다)

강한나: 아니에요. 자기는 당연히 들어가고자 했데… 나중에 미안하다 하더라구.

갈등적 상황을 설정하는 과정이 너무 길어지지 않도록 치료사로서 나는 중재한다. 사건을 이야기하면 끝이 안나니 서로 편을 갈라 각자의 입장을 세워 따져보도록 한다. 진정한 자기됨을 위해서 옳고 그름에 대하여 따지는 것이 옳다는 입장이면 저 쪽으로 가서 천을 잡아당기며 변론

해 주고, 따지는 것이 불필요하다, 높은 자기정체성을 가졌다면 굳이 따질 필요가 없다는 입장이면 이쪽에서 천을 잡아당기기로 한다.

치료사: 예를 들면, 굳이 너를 나타내려는 거야? 굳이 너를 알려야 해? (천을 잡아당긴다)

강한나: 나를 알리려는 것이 아니고 인간미가 없으니까…

치료사: 얘기해서 고쳐지는 것이 아니면 그냥 넘어가! 그냥 본인이 아니라고 생각하면 그것으로 끝이잖아. 넘어가! (천을 잡아당긴다)

강한나: 아니야 다음에 또 그렇게 하잖아.

나인정: 남의 경계선을 넘어서는 것이지요. 그러면 안 되지. 본인 자기 것만 생각해야죠…

이열매: 다른 사람에게 피해를 주잖아! 시정할 것을 시정해야 돼.

치료사: 그럴 때마다 싸울 거야? (천을 잡아당긴다)

강한나: 안 싸우지!

치료사: 싸우잖아! (천을 잡아당긴다)

유시온: 왜 사람들을 다 고치려고 하는데! (천을 잡아당긴다)

강한나: 안 돼! 악한 세상이 되면 안 되잖아!

유시온: 지혜롭게 잘 해야지! 자기 생각이 100% 옳아? (천을 잡아당긴다)

강한나: 깨달음이 있도록 해 주어야지! 옳은 것을 알게 되어서 고쳐지더라구!

유시온: 잠깐! 하도 시끄러우니까 그냥 넘어가는 거지. (계속 잡아당긴다)(하하)

치료사: 말한다고 다 고쳐지지 않거든… 상처받는 사람도 있어. (천을 잡아당긴다)

강한나: 아니야! 안 받어.

이열매: 상처를 받아도 고칠 것은 고쳐야돼!(반대쪽에서 천을 잡아당긴다)

치료사: 그 사람의 때에 맞게 얘기 했어? (천을 잡아당긴다)

강한나: 아니야. 나는 그런 사람이 아니야.

치료사: 말할 때마다 그 사람들이 바뀌었어? (천을 잡아당긴다)

강한나: 하모(그렇다)!

집단원: 하하.

나인정: 상처 받아보았냐고 물어본 적 있어? (천을 잡아당긴다)

강한나: 안 해도 행동으로 보면 알잖아. 물어보지는 안 했어.

오지원: 말조심해서 해야 돼. (하하) (슬쩍 천을 잡아당긴다)

치료사: 이쪽은 네 명이고 저쪽은 두 명인데 영 기 안 죽어!!

강한나: 그래서 이 세상을 살아온 거야. 하나님이 그래서 나를 좋아해! 하하.

집단원: 졌다! 완전 세다!! (천을 놓아서 강한나에게 던지며 모두 하하)

강한나는 도리에 어긋난 일을 당하면 꼭 따져야 한다. 이런 상황은 자아가 안정되고 확고한 자의 행동인지에 대한 의문을 가진다. 강한나에게 그런 행동에 대하여 비판하고 따져본다. 갈등적 상황을 만들어서 대립되는 의견을 가지고 다그쳐본다. 그러나 강한나는 끝까지 자신이 옳다는 생각을 꺾지 않는다. 긴 과정에서 그런 행동이 옳은지 그렇지 않은지는 중요하지 않게 되고 결국 자신의 소견을 유지한 강한나의 자아는 적어도 타인에 의해서 움직이거나 약해지지 않는 자아임이 증명되었다.

치료사: 다음은 누가 하실래요?
(이열매가 가운데로 들어와 앉는다)
치료사: 누가 뭐라고 하면 흔들리는 것이 무엇인가요?
이열매: 교회에서 여선교회 회장을 했는데 내가 아침잠도 많고 멀어서 새벽기도를 안 갔어. 나는 열심히 한다고 하는데 회원들은 잘 안 한다고 자기네끼리 뭐라 한다니, 스스로 못하고 있다고 생각하고 있는데 그 소리를 들으니 소심해지고 숨고 싶고 상처가 되더라고. 사실 못하고 있는 내 잘못이 있으니 말도 못하고….
치료사: 스스로가 잘못했다고 생각하니 더 그러셨겠네요.
나인정: 그러면 표현을 하나요? 어떻게 하나요?
이열매: 표현을 안 하지.
치료사: 아하! 알겠다. 자기 상황을 왜 변명을 안 해요? '나도 부족하거든'하고 이야기를 해도 되는데 왜 말을 안 하죠? 자기마음을 남에게 내가 이런 점은 부족하거든 하면서 설명하는 것은 건강한 자아를 가진 행동이겠죠?
강한나: 해 봐야 소용이 없잖아!
이열매: 말이 많아지잖아. 내가 참고 하나님께 기도만 하고 있었지.
유시온: 사람들은 상황을 모르니 설명해 주어야 알지. (천을 잡아당긴다)
오지원: 왜 변명을 안 해? 말을 해야 알지. (천을 잡아당긴다)
유시온: 말 안 하는 저의가 무엇인데? (천을 잡아당긴다)
나인정: (이열매를 대신해서 천을 잡아당기며) 내가 수준이 높거든!
유시온: 말 안하는 것은 우리를 더 깔본 것은 아니냐고! (더 세게 잡아당긴다)
나인정: 아! 좀 그렇기는 하지! (다들 하하)
오지원: 둘이 싸우네!
나인정: 내 말이고 맞는지는 몰라요. 하하. (물러나 앉는다)
이열매: 그런 것은 아니고… 힘이 들어 새벽기도를 잘 못한다고 얘기를 했지만

못 들었던 사람이 쑥덕거렸지.

유시온: 어쨌든 그 사람은 몰랐잖아! (천을 잡아당긴다)

치료사: 스스로 마음이 위축되어서 일을 제대로 못하게 되잖아요. 스스로 담을 쌓는 거지.

오지원: 쑥덕거리니 마음이 아프다고 얘기해야지.

이열매: 그 소리는 안 했지!

오지원: 해야지!

나인정: 한번 얘기했으면 됐지! 매 번 얘기해야 되냐고!! (천을 세게 당긴다)

유시온: 회장이잖아! 신뢰하고 뽑아주었으니 이야기를 해 주어야지, 우리는 신뢰했는데. (천을 잡아 당긴다)

나인정: 말만 많아지잖아! 기도만 하지 한사람에게만 얘기하면 되지 관계하기 싫다고…. (천을 잡아 당긴다)

유시온: 지금은 회장이잖아.

치료사: 다 잘해야 돼? 스스로 왜 상처를 받냐고! (천을 잡아당긴다)

유시온: 집에서 기도한다고 해! 회장이라고 새벽기도 꼭 나가야 되나?

이열매: 그것 때문에 교회 일을 포기했어. (천을 반대입장에서 잡아당기던 집단원에게 던져버린다. 집단원 모두 하하)

치료사: 어때요? 어떻게 해야 할 것 같나요?

이열매: 해 보니 자기에 대하여 설명하는 것이 필요한 것 같네. 한번은 십일조를 한꺼번에 계산해서 내는데 그것도 안 한다고 사람 있는데서 말할 때 안 좋더라고. 성이 나더라고. 타인에 대하여 판단하는 것도 없어야 돼!

이열매는 교회에서 여전도회 회장을 할 때 기도회를 못 나간 결과 교인들이 쑥덕거렸고 그런 분위기가 자신을 힘들게 하였다고 한다. 그리고 스스로도 잘못이라 생각이 되어 의기소침해지고 숨고 싶었다고 했다. 이런 상황에서 타인에 의해서 흔들리지 않는 자라면 어떻게 행동을 하는 것이 옳은가? 이열매는 집단원들이 자신을 옹호하기도 하고 비판하는 과정을 겪은 후 '자기에 대하여 설명하는 것이 필요한 것 같다'고 결론을 내린다. 집단원들은 서로 천을 잡아당기느라 팔에 힘이 들어가서 잠시 천을 내려놓고 팔을 움직이며 돌려본다. 이열매가 물러앉자 그동안 자신이 경험했던 처지로 이열매 편을 들고 주장하던 나인정이 집단원들이 둘러앉은 안으로 들어와 앉는다.

나인정: 나는 오해를 받거나 할 때 변명을 해야 하는데 말을 안 해 버려요. 설명을 하다보면 다른 사람이 다치니까.

치료사: 다치지 않는 범위 내에서 얘기해야지! (천을 잡아당긴다) 이야기를 하지 아니함으로 자기의 상처가 컸잖아! 잠수 타므로 일을 못하게 되어 서로 손해가 커지잖아. 자기와 함께 일할 것을 놓쳤고 자녀들도 힘들지! (천을 잡아당긴다)

오지원: 잠수타고 나서 마음이 어려워지고…. (천을 잡아당긴다)

나인정: 상담공부를 할 때 사람마다 내 마음에 건드려지는 단어가 분명히 있는데, 그 말을 들으면 기분이 나쁘고 힘든 말이 있다더라고요.

치료사: 극단적으로 흔들리는 말이 무엇인지 찾아보죠.

나인정: 그것이 무엇인지 잘 모르겠어요.
아! 알았다… '넌 나쁜 애야', '네 잘못이야!'를 듣기 싫어해요. 그래서 도망가고 잠수를 타요.

치료사: 네 잘못이라는 말들을 해 봅시다!

유시온: 그래 네 잘못이야.

치료사: 왜 희생양이 되는 거야? 왜 잘난 애 되려고 하지? 너 못났어! (천을 잡아당긴다)

나인정: 내가 완벽해야지 나를 받아주지.

주사랑: 실수를 해! 유치한 것, 이기적인 것, 아픈 것 보여야지! 인간적인 것을 보여! (천을 잡아당긴다)

나인정: 해 본 적이 없으니까 그렇지!

주사랑: 해 봐! (천을 잡아당긴다)

강한나: 고상한 척 하지 말고 해 보자! (천을 잡아당긴다)

오지원: 예수님 말고 누구도 완벽하지 않아! (천을 잡아당긴다)

나인정은 이혼하는 과정에서 수치심 때문에 주변사람들과의 모든 관계를 끊었었다. 그녀는 '넌 나쁜 애야, 네 잘못이야'라는 비난을 두려워해서 도망을 쳤다. 사람들에게 알리지 않고 몇 개월씩 사라져 있었다. 그동안의 삶에서도 변명하고 직면해서 문제를 풀기보다 스스로가 회피하는 방어기제를 많이 사용하여 왔다. 이혼이라는 것이 기독교 윤리상 하면 안 되는 일이며 더욱이 교회학교 교사로서 선교단체 리더로서는 더욱 그렇다. 그래서 나인정은 스스로 정죄감을 가지고 있다. 나는 스스로 자신의 듣기 힘든 말을 찾아낸 나인정에게 한 걸음 더 나아가 정서적으로 안전한 이 장소에서 타인에게서 듣기 두려운 그 말들을 집단원들로부터 직설적으로 들어보는 기회를 가져보게 한다. 나인정은 자신이 완전해야 사람들이 자신을 받아들일 것이라고 자신의 마음속 문장을 입으로 내뱉는다. 이와 같은 생각은 언제나 긴장을 유발할 것이며 이혼한 현재의 자신의 모습을 받아들이지 못하게 하여 자유롭지 못할 것이다. 나인정은 이혼할 당시의 상황을 설명한다.

> 나인정: 사실 제일 아쉬운 것은 교회 사람들이에요. 이혼하면서 교회 사람들에게 변명을 하거나 설명을 할 기회가 없었어요. 그냥 잠수를 탔어요. 아이들 가르치던 사람이 이혼도 하고 하니 누워서 침 뱉기여서… 수치심 때문에 말을 하지 못했어요. 수치심을 드러내면서 말을 하는 것이 나를 보호하는 것인지, 나를 보호하기 위해 말을 안 하는 것이 나를 보호하는 것인지 모르겠어요. 너무 오픈하면 나를 보호하는 것인지, 나를 보호하지 못해서 힘든 것인지 조율이 안 돼요. 그래서 관계가 끊어지지요. 전체를…. 오해도 오해지만 좋은 관계도 끊어지는 거예요. 선교단체나 교회 등을 전체 영역 통틀어서 관계를 끊어버리는 거예요.
>
> 치료사: 변명을 하는 것이 옳은가? 말을 하지 않는 것이 옳은가? 에 대한 입장을 나타내 보죠.

또 다시 갈등적 상황을 만들고 양편에서의 설전이 일어난다. 지지 입장에 선 강한나는 정리가 안 돼서 그런 것이니 당연한 거다. 세월이 지나면 진실은 다 드러나게 되어 있고 이야기를 하다 보면 말이 더 붙는다. 시간이 지나면 진실이 드러나니 말을 할 필요가 없다고 말한다. 이열매와 오지원과 강한나는 좋은 관계에 있던 사람도 나쁘게 얘기하게 되니 말 안 하는 것이 자신을 보호하는 것이라고 말한다. 반대 입장으로 나는 어차피 말들이 더 많아지니 몇 사람에게는 말해 주어서 설명을 할 기회들을 만드는 것이 좋으며 그래야 자신의 마음도 풀린다고 말해 준다. 주사랑은 어느 정도 친한 사람들에게는 말을 해야 한다며 사람들이 이해를 못할 것이라고 생각하지 말고 도리어 도와주려던 사람들이 얼마나 서운하게 여기겠냐며 나인정이 변명하기를 권한다. 두 입장의 의견들을 듣던 나인정은 다시 입을 연다.

나인정: 정리가 되는데 지금 같아서는 어떻게 해야 할지 알 것 같아요. 다 이야기를 할 것 같아요. 그때는 교회에서 관계가 얕아서 신뢰할 만한 사람들이 없었어요. 진실을 얘기해도 그들도 자기 정체성도 약했고…

유시온: 남의 정체성 걱정은 필요 없지. 나는 솔직히 찾아다녔어. 살아 있기만 바랬어. 그러다 만나게 되었어. 그러나 도와줄 것도 없이 완벽하게 스스로 다 해놓은 거야. 도와줄 것도 없이… 어떻게 설명할 건데? (천을 잡아당긴다) 또 다른 배반감이 들었어. 들어갈 틈이 없었어. 가까운 지인들도 또 다른 배반감을 느꼈을 거야!

나인정: 나를 이해하지 못할 것으로 생각했어요. 제 존재감을 너무 낮추고 남편만을 내세웠어요. 구역장에게 얘기했는데 믿을 수 없다고 하더라고요. 아무도 나를 이해하지 못할 것으로 느껴지더라. 아무 이유 없이 내 편이 되어주는 신뢰들이 안 쌓여 있었던 거예요.

치료사: 어느 부분은 감추고 투명하지 않았던 거죠.

나인정: 그 이후 지금은 무슨 짓을 해도 언니, 누나편이야 하는 소리를 듣기 시작했어요.

치료사: 지금은 명확하게 드러나는 관계를 했기 때문이 아닐까요? 평소에 즐거이 자신을 오픈하는 것이 신뢰를 주는 것이지요.

사실상 그녀의 주변 사람들은 그녀를 비판한다. 자신을 변명할 기회를 그들에게 전혀 주지 않았고 그런 그녀의 태도로 인해 그녀와 친분이 있던 사람들은 더 배신감을 느끼며 비난을 하였을 것이다.

나인정에게는 자신의 마음을 집단원들에게 드러내어 말할 기회가 주어진 것이 참으로 다행이다. 즉, 자신이 들었어야 하는 말들을 안전한 자리에서 집단원들에게서 듣고 그것에 변명할 기회를 얻은 것이다. 그리고 입 밖으로 내기 힘들었던 말들을 집단원들이 자신의 일처럼 드러내어 모색을 한 일은 혼자 겪었을 힘든 마음이 위로를 받는 시간이 되었고 자신이 타인으로부터 떨어져 있지 않고 함께 할 수 있음을 몸으로 경험해 볼 수 있었다. 다음 차례로 오지원이 나선다.

치료사: 본인을 밝음이라고 했어요. 있는 모습으로 빛을 발하고 싶은데 외부 환경이 힘이 들어서 묻히는 점이 있으시죠?

오지원: 맞아요. 외부에 휘말려서 어떻게 살아야 할지 모르는 거예요. 어제 친

정엄마와 동생과 같이 만났을 때 엄마가 동생에게 더 의지하기에 그러면 내가 힘들어지잖아! 하고 말을 하니 엄마가 달라지더라고요. 평소에는 말을 안 하고 넘어가다가… 나도 힘드니까 나를 보호하고 나를 먼저 찾을 거야.

이열매: 확 질러버려! (천을 잡아당긴다)

치료사: 좋은 것이 좋아 참아! 조용하게 너만 참으면 돼! (천을 잡아당긴다)

유시온: 자기 모습으로 살아! (천을 잡아당긴다)

이열매: 남편이 간을 보고 그러니 큰 소리 쳐! 달려들어! 내가 먼저 큰 소리치면 이 여자가 왜 이러노 하면서 달라진다니까. (천을 잡아당긴다)

치료사: 너는 여러 가지 상황에 잘 맞추는 것이 너의 장점이야! 그 장점을 왜 버리려고 하는데. (천을 잡아당긴다)

이열매: 답답해서 터져 죽을 것 같잖아! 왜 가만히 있어야 되는데?

오지원: 피 터지고 완전히 죽을 텐데….

이열매: 이렇게 안 살거라고 선언을 해! (천을 잡아당긴다)

치료사: 주위를 살피는 눈이 이미 열렸잖아. (천을 잡아당긴다)

오지원: 일단은 표면적으로 고함을 지르고 하기보다는 내 도리를 잘 함으로써 내 주장을 은근히 알리는 것이 좋을 것 같아.

치료사: 그래 너 그것이야, 은근히 해! (천을 잡아당긴다)

유시온: 맏딸이라고 든든했는데 언니 노릇 그만할 거야? (천을 잡아당긴다)

오지원: 나 좀 힘드니까 좀 보호 받고 할께!

주사랑: 잘했어, 잘했어.

유시온: 계속 빛을 낼 수 있어? (천을 잡아당긴다)

치료사: 그렇게 하려면 네가 즐거워야 하는데 즐거울 수 있어? 장담해? (천을 잡아당긴다)

오지원: 아! 팔 아프다. 그만 할래. (양쪽에서 잡아당기던 천들을 놓아버린다)

치료사: 어떤 생각이 들어요?

오지원: 갈등이야.

치료사: 갈등은 더 힘들어요. 두 가지 생각이 있으면 힘들죠.

오지원: 나도 지금도 두 가지의 마음이에요. 내 자신만 찾으려 하지만 남을 배려하지 않으면 힘이 들고 불편해!

치료사: 어떻게 해야 하지요?

오지원: 나를 보호하면서 할 수 있을 만큼 균형 있게 해야지!

치료사: 오케이!!

오지원은 '자신이 하고 싶은 대로 하고 살자'는 마음으로 남이 어떻든 나를 찾고 싶은 마음과 환경과 상황에 맞게 배려라는 이름으로 살았던 자신과의 갈등이 있다. 오지원의 내면의 소리를 집단원들이 신체적인 충격과 함께 소리를 내어 주장한다. 그리고 갈등적 상황을 극대화하여 오지원의 내면의 감정과 사고를 끄집어내어 본다. 한참을 시달린 오지원은 자신을 보호하고 찾고 싶은 마음이 있지만 사실 남을 배려하지 않으면 불편해하는 자신을 다시 보게 된다. 오지원은 결국 균형점을 찾아야겠다고 결정한다.

중년여성들의 갈등은 주로 인간관계에 대한 것이다. 마리아보다 마르다처럼 상황에 매이고 관계적 갈등을 겪는다. 이열매와 나인정, 오지원은 자신의 행동에 대한 타인의 판단에 예민하다. 그들과 더불어 살기 위해 자신의 행동을 돌아본다. 자신을 포함한 주변과의 관계는 여성들에게는 매우 중요하다. 배경을 포함한 나를 언제나 그리고 있다.

4) 다섯 번째 만남의 의미 다시 느끼기: 살아져야만 했던 당신의 삶의 터들을 함께 탐험하며 당신에게 이 선물을 드립니다

어느덧 계획된 모든 프로그램이 끝이 나고 있다. 그동안 6명의 집단원들은 진지하게 자신을 드러내고 서로에게 반응을 하며 질적인 진지한 만남들을 일구어 왔다. 일상에서 만나기 쉽지 않은 실존적 만남이었기에 헤어짐을 앞두고 많이 아쉬워진다.

마지막 소감시간을 남겨둔 이 시점에서 서로에게 선물을 주는 시간을 갖는다. 6명의 이름을 제비뽑기로 뽑아서 그 이름의 상대자에게 가장 필요한 것을 그림으로 또는 콜라주 등의 작품으로 선물하기로 한다. 집단원들은 자신이 뽑은 상대자의 이름을 비밀로 한 채, 열심히 작업을 하였다. 선물이 될 작품이기에 더 신경을 쓰는 모습에 서로 기분이 즐겁고 화기애애하다.

주사랑은 사랑의 열매가 한가득 열려 있는 나무와 이미 열매를 수확한 상자가 놓여 있는 그림을 보여준다. 그림만 보아도 누구에게 줄 선물인지 알고 집단원들은 벌써 웃는다. 주사랑은 풍성한 열매가 주렁주렁 열릴 것을 축복한다고 말하였고, 이 선물을 받을 사람을 집단원 모두가 손가락으로 가리키며 맞추는 시간을 갖는다. 모두 이열매를 가리키자 주사랑은 맞다고 한다. 즐겁게 선물을 이열매는 받아들고 고마워한다. 다시 이열매는 자신이 그린 그림을 들어서 보여준다. 나무 위에 앉아 있는 새를 그린 그림을 보이며 새를 선물로 드리고 싶다고 하였다. 새에게 하고 싶은 말들도 하고 새가 나는 것을 보면서 자유로운 마음을 가져 보시라고 하였다. 역시 시적이라며 파랑새의 의미가 좋다는 집단원의 반응 속에서 여러 사람들이 선물 받을 사람으로 지목이 되었고 이 선물은 오지원에게 주어졌다. 오지원도 활짝 웃으며 반갑게 선물을 받았다. 오지원은 아직 작품이 끝이 나지 않았기에 나인정이 발표를 한다. 나인정은 남녀가 들녘에서 한가로이 사랑을 나누고 있고 야한 속옷과 화장품과 향수의 사진이 붙은 콜라주 작품을 설명한다. 여자로서 화려해 보이고 멋진 삶을 사시기 바란다고 하자 모두들 자신이 받고 싶은 것 아니냐며 웃는다. 이 선물은 강한나에게로 돌아갔다. 강한나는 마음에 든다며 감사를 표했다. 강한나 역시 화사하게 핀 꽃다발과 열매사진을 보이며 많은 축복과 좋은 열매를 드린다고 하였다. 이 선물은 유시온에게로 돌아갔고 즐겁게 선물을 받는다. 많은 사진이 붙인 콜라주 작품을 하던 오지원은 작품이 완성이 되었다며 자신의 선물을 주겠다고 한다. 콜라주 화면 속에 맛있어 보이는 음식들이 다양하고 풍성하게 담겨 있고 오른쪽 사진에 아궁이 불이 비에 꺼지지 않도록 우산을 받치고 있는 여인이 있다. 오지원은 많은 지지와 음식을 주고 싶고 열정의 불이 꺼지지 않도록 우산을 받쳐주고 싶다고 하였다. 이 선물은 나인정에게 주는 선물이었다. 집단원의 환호성과 함께 선물을 받아든 나인정도 마음이 즐겁고 고맙다. 유시온은 마지막으로 남은 주사랑에게 일할 때 타시라고 자동차를 크게 그렸다고 한다. 밍크 옷과 시계, 커피, 하트 그림들을 가리키며 멋진 옷을 입고 다니시면서 공부하는 데 필요한 시간을 주고 싶고 커피 마시며 좋은 관계를 가지며 많은 사람에게 사랑을 주기를 바란다고 하였다. 주사랑은 핸드폰으로 사진을 찍고 기뻐하였다. 비록 종이 위의 그림이지만 선물을 주고받는 마음은 실제 현실로 받은 만큼이나 즐겁고 감사하다. 그 동안 서로에게 공감해 주며 반응해 준 모든 순간이 사실 서로에게 준 최상의 선물들이었을 것이다.

〈그림 4-61〉 오지원이 나인정에게

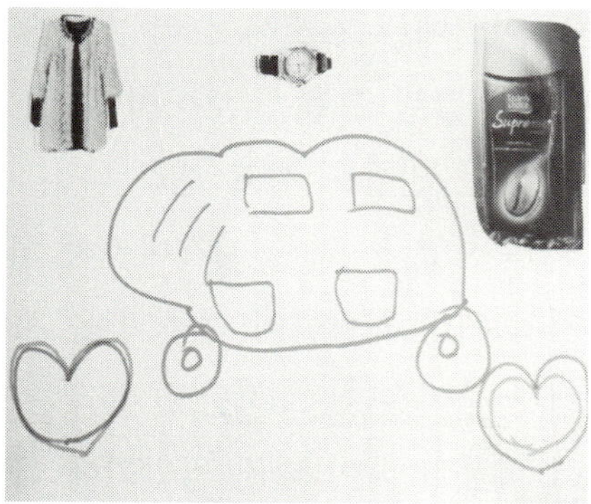

〈그림 4-62〉 유시온이 주사랑에게

〈그림 4-63〉 강한나가 유시온에게

〈그림 4-64〉 이열매가 오지원에게

〈그림 4-65〉 주사랑이 이열매에게

〈그림 4-66〉 나인정이 강한나에게

이제 정말 프로그램의 전 과정을 통해 경험했던 소감을 나누기로 한다. 그동안 비블리오드라마를 활용한 집단미술치료가 중년여성들의 자아개념 형성에 어떤 기능을 했는지 매 회기마다 소감으로 나타내어 왔다. 이제 집단원들이 이야기했던 많은 소감과 더불어 전체적인 자신의 변화나 경험을 나눈다.

> 유시온: 거절불가형이고 오지랖이 넓을 수밖에 없던 이유를 알게 되었고 정리가 되었어요… 콜라주를 하면서 미술치료가 내 안에 숨어져 있는 무의식을 나타낸다는 사실을 알게 되었어요, 상당히 도움이 되었어요. 비블리오드라마를 더 깊게 도전해서 할 것을 후회가 돼요. 그리고 나는 확실한 마르다였는데 오늘 보니까 마리아의 모습으로 되어 있다는 것을 발견하게 되었어요. 교회 안에서 구분할 수 있게 된 것 같아요. 다른 사람들의 단점들이 내 안에 다 있다는 것을 알게 되었어요.

첫날 사마리아 여인이 되어서 관계에서의 어려움을 드러내었던 유시온이었다. 남아선호사상이 강한 어머니로부터의 차별적 사랑에 대한 상처가 야곱으로서 에서와 경쟁하게 하였고 리브가의 편애적 사랑을 받아보는 즐거움도 만났다. 서열에서 밀렸던 야곱에서 현실적 오빠에게로 나아가 자신의 결핍된 마음을 분노와 함께 신체적으로 발산하며 풀어도 보았다. 결혼이라는 주제의 그림을 그리며 신분상승을 바라는 자신과 남편과의 관계 모습을 정의해 보았다. 그러는 과정에서 자신이 타인에 대하여 인정을 받고자 거절불가형의 사람으로 대하였고 그럴 수밖에 없었음을 선명하게 정리가 되었다. 미술치료로 자신의 무의식이 발견하게 되었고 비블리오드라마를 통해 자신이 모르고 있던 또 다른 나의 모습을 발견하고 집단 내의 타인을 통해 곧 나를 보게 되었다고 말한다.

> **오지원:** 너무 재미있었고 친구들과 노는 느낌이었어요. 내 자신을 표현하기 어려웠던 것이 있었고 아쉽고 더 하고 싶네요. 마리아인 줄 알았는데 마르다이었다는 사실을 알게 되었어요. 너무 쉽게 오픈하였었는데 경계를 지니고 해야겠다는 생각도 들어요. 말을 너무 쉽게 옮긴다고 하더라고요. 자녀들과 이야기를 하였는데 너무 싫어하데요. 어디까지 오픈해야 할지를 생각하게 되어요. 나는 괜찮은 사람이라고 오해하고 살았는데… 상황이나 남편이나 시어머니의 영향에 많이 영향을 받고 살았는데 이제 내 힘을 찾아야겠어요. 남편이 도리어 나를 찾아가도록 했던 것 같네요.

오지원은 자신이 가지고 있는 혼란한 문제로 인해 더욱 적극적으로 매 프로그램에 임하였다. 비블리오드라마의 대부분의 주요 인물들이 되어보고, 개인 비블리오드라마로 연장해서도 많은 시간을 들여 집단원들에게서 지지적 관심을 받았다. 이런 과정이 정말 재미있었고 친구들과 노는 느낌이었으리라! 중년여성들이 재미있게 놀아보듯 몸으로 느낀 대로 자신을 드러낸다는 것은 쉽지 않을 뿐 아니라 더욱이 율법과 감정에 경직되어 있던 오지원이 가장 먼저 감정에 대한 소감을 말하는 것이 나는 놀라웠다. 물론 그녀의 가족관계의 문제는 여전하기에 앞으로도 문제해결을 위한 긴 여정을 가야 하리라! 그러나 남편이 나를 찾아가도록 했다는 마지막 소감의 말은 자신의 고난의 날들을 곧 성숙의 반전의 의미로 승화시켰으며 이 또한 고난의 진정한 의미를 깨달은 것이 아닌가? 본 연구에서 오지원은 현재 상황과 시점에서 자신이 변화될 수 있는 최상의 변화를 이룬 것으로 보여지기 시작한다. 나는 그녀 스스로의 자각으로 인한 걸음으로 계속 나아가기를 기대해 본다.

이열매: 허리도 아프고 해서 걱정을 했었는데… 나의 존재에 대해서 생각하지 않았었는데 내 스스로를 짚어보게 되었어요. 그동안 나의 상처를 너무 부각시켜서 생각했었다는 것을 알게 되었어요. 나만 상처가 있는 것이 아니구나를 알게 되었죠. 다들 조금씩 힘든 부분이 있구나를 알았어요. 자신을 돌아보게 되네요. 내가 무슨 생각을 하고 있는지를 자꾸 생각하게 되었어요.

사실 이열매는 첫날 이후 둘째 날부터 허리가 아파서 주로 의자에 기대어 앉았다. 그리고 초기에는 드라마에 다소 소극적으로 임하였다. 그러나 모든 과정을 거친 후, 이제 그녀는 자신의 존재에 대하여서 자꾸 생각하게 된다고 한다. 자신의 존재를 들여다보는 이 과정에서 자신이 상처를 너무 부각시켜 생각해왔음을 자각하였다. 자신에게만 사고가 함몰되어 있어서 심지어 정신병원의 약을 의지하던 그녀가 본 프로그램을 통하여 객관적이고 좀 더 자유로운 시각으로 변하고 있는 것이다. 내가 가진 생각을 다시 내가 바라보는 것은, 즉 나 밖의 나와 나를 바라보는 것으로 자신의 실존을 찾아가는 것이리라!

강한나: 내가 너무 주관이 뚜렷한 사람임을 알게 되었어요. 내 상처들도 힘을 더 가지면 문제가 없게 되고 더 잘 할 수 있을 텐데 하는 생각이 드네요. 나도 참 열심히 살았구나 느꼈어요.

강한나는 집단원들의 갈등과 상처를 옆에서 지켜보았다. 관계 속에서 아파하고 타인의 비판에도 흔들리는 집단원들을 보며 그에 비해 자신은 주관이 뚜렷하고 강한 사람이라는 것을 비로소 확인한다. 그녀 역시 본 프로그램의 초기에는 자신의 신체적 장애에 대하여 말하는 타인을 많이 의식하고 있다고 고민을 털어놓았던 그녀였다. 그러나 집단원들과 작품으로 그리고 드라마로 자신의 이야기를 과거와 현재의 이야기로 풀어내면서 자신의 실존을 다시 보게 되었다. 가정을 가지기 전에 '세상사는 것은 겁이 안나'는 정도로 주도적으로 하고 싶은 것을 하며 살았고 결혼 후 식당을 하며 자신의 삶을 열심히 꾸려나간 그녀는 남편과 시댁식구들의 제약 안에서 고통스러웠을 뿐 자신의 실존은 다른 어떤 집단원들보다 자아가 매우 강하다는 것을 다시 발견한다. 강한나는 그렇다면 내 안의 상처도 내가 조금만 더 힘을 내면 문제가 없을 만치 작게 느껴지기 시작한다. 스스로에게 일어났던 고난의 사건들이 많았음에도 불구하고 이제는 크게 문제시되지 않는 것을 보니 참 열심히 살았다며 자신을 인정한다.

주사랑: 좋았어요. 아쉽기도 하구요. 처음에 비블리오드라마를 활용한 집단미술치료라고 해서 굉장히 하고 싶었어요. 그리고 성경인물로 드라마를 하면서 물동이 역과 이삭 역을 하면서 굉장히 감동이 확 와 닿더라구요. 그래서 하나님께 너무 감사했구요. 또 그런 상황에서 느껴지는 상대방에 대해서도 더 잘 알게 되어서 좋았고… 자신의 내면이 잘 표현이 되니까 참 신기했어요… 그리고 내가 복음에 대한 주제가 너무 강하구나!… 그냥 있을 때는 몰랐는데 콜라주도 하고 작품을 하면서 그 주제가 확실하게 드러나니까 항상 내 마음에 그 주제가 있구나! 그것을 확인하게 되었어요.

주사랑이 드라마 속에서 즉각적으로 반응하며 경험하는 감동은 참으로 놀라운 것이었다. 그녀의 그러한 감동이 있었기에 집단원들의 마음이 더 열리고 굳어진 마음들이 치유될 수 있었다. 그녀는 과거에 매여 있지 않으며 지금-여기에 지성과 감성으로 충실하게 반응하고 있다. 집단 안에서 구체적인 역동들이 일어날 때 그녀의 반응은 강하고 상황을 변화시킬 만큼 힘이 있었다. 이러한 힘은 복음적 신앙관이 강하게 마음의 주제로 있다는 사실을 주사랑은 다시 확인한다.

나인정: 처음에는 다른 사람들이 표현했던 하트가 싫었는데 하트가 예뻐 보이네요. 다른 사람들의 어려움에만 초점이 맞추어 있었어요. 이 프로그램을 시작할 때 가서 즐거움을 취하라는 하나님의 말씀을 주셨는데 사람들이 다 좋은 것들이 있다는 것을 알게 되었어요. 참 좋구나! 저는 진짜 솔직하게 보통 교회에서나 다른 곳에서 드라마를 할 때 미리 시나리오를 짜서 밤새 머리를 돌려서 이런 그림이 나와야 했는데 비블리오드라마는 그렇지 않잖아요. 어떻게 반응할지 모르는데… 내가 어디로 튈지 모르면서 창의적으로 반응하고… 염소 역하면서 내가 튀어나갔거나 왕을 하면서 엉뚱한 말을 하더라구요. 그런데 내가 부끄러운 수치스럽다는 행동이라고 생각했던 모습인데

그렇게 해도 나를 평가하지 않고 그 모습이 정작 내 모습이라고 수용하는구나 라는 느낌이 너무 좋았어요. 다른 곳에 가서 엉뚱한 행동을 해도 용납될 것으로 기대가 되어요. 긴장감이 풀렸어요.
내 감정의 스윙이 크고 기복이 큰 것을 용납을 못했는데 이런 모습도 있고 저런 모습도 있다는 것을 받아들였어요. 이 프로그램을 통해서 관계가 얼마나 안전한지를 그것을 경험했다는 것이 많은 소득이에요.

나인정은 집단 내에서 일어나는 역동의 중심에 늘 서 있었다. 작품이나 드라마에서 사랑을 비롯한 좋고 선한 것들에 대한 받아들여지지 않는 마음과 분노의 감정이 있었다. 강한 거부는 좋은 치료적 전조처럼 결국에 그것들을 머리로만 아닌 감정적으로 받아들인 반전을 경험한다. 사람들의 어려움에 초점을 두던 시야도 좋은 것들에도 시선을 두며 자신도 즐길 수 있음을 받아들였다. 특히 비블리오드라마가 긴장하고 매사에 완전하게 계획하는 나인정에게는 자신을 무장해제시키고 즉흥적으로 감정에 맡겨봄으로써 내면의 장난기와 열정을 드러내볼 수 있는 기회를 가질 수 있었다. 그녀는 긴장이 풀렸다. 자신을 용납하기로 한다. 관계가 안전할 수 있음을 몸으로 경험하였다. 앞으로도 자신의 정체성이 심하게 스윙도 하고 관계에서 긴장도 하게 될 것이다. 하지만 이제는 그것들에게 매여만 있지 않을 것이다.

다섯째 날로 마지막 날을 맞이하였다. 매주 토요일 황금 같은 주말에 가족들을 등지고 하루 종일 시간을 낸 일은 여성들로서 상당한 대가를 지불한 셈이다. 그래서 그만큼의 동기와 의미가 형성되어 많은 것을 받아들이고 새로운 것을 자각할 수 있었던 것이 아닌가 하고 나는 생각을 해 본다.

집단원들은 오전에 만나자 서로 안아주며 인사를 건네는 것이 당연해졌다. 웜 업 시간은 말 그대로 감정을 올리며 자발적인 신체행동을 불러일으키는 시간으로 보냈다. 특히 자기언어로 사는 '마리아'의 이야기를 앞둔 나는 의도적으로 '청개구리 기법'으로 자기주장을 해 볼 수 있는 놀이를 시도하였다. 사춘기 아이처럼 반항하는 일이 중년여성에게 속도 시원해지고 자아도 강해지도록 힘이 되었다.

미술치료시간에 역시 '나'에 집중하며 콜라주 작업을 하였다. 집단원들의 콜라주 작업방식은 각자의 성격과 특성을 그대로 나타내었으므로 집단원들은 서로 이러한 특성을 찾아 피드백을 하는 것에 매우 흥미를 느꼈다. 자신의 작품에서도 무의식적인 의미를 발견하고자 적극적으로 탐색하였다. 집단원들이 선택한 이미지들은 많은 이야기를 이끌어내었다. 그리고 이미지에 담긴 내용은 집단원들이 자각하고 있는 '나'를 잘 담고 있었다. 제법 집단 안의 역동을 잘 활용할 줄 알게 된 집단원들은 숨은 의미를 질문하거나 자신의 느낌을 잘 표현함으로써 집단원 각자의 정체성을 잘 정리하도록 해 주었다.

비블리오드라마의 배경은 성경 속 인물 중 마르다와 마리아의 이야기이다. 성경텍스트를 읽으며 두 자매에 대하여 탐색하였다. 집단원들은 마르다와 마리아의 처지에 대하여 의견을 나눈다. 마르다의 입장이 이해가 되기도 하고 마리아도 이해가 된다. 결국 마리아는 자신이 옳다고 생각하는 행동을 타인의 의식과 상관없이 행하는, 자아가 튼튼하고 자기정체성이 확고한 여성으로 이해가 된다. 우리는 마리아인가? 마르다인가? 집단원들은 각자 자신을 탐색해 본다. 자신이 마르다에 속한다고 생각하다가 또 어떤 영역에서는 마리아이기도 하다는 것을 깨닫는다. 즉, 우리는 마리아일 수도 있고 마르다일 수도 있다. 그리고 우리는 어떤 영역에서는 마르다처럼 '불안'과 '근심'을 하며 갈등을 겪는다.

나는 전처럼 마르다와 마리아의 성경장면으로 들어가는 전체 비블리오드라마를 시연하기보다 곧장 집단원들의 각 개인 비블리오드라마를 시연하기로 하였다. 개인적 경험 속에서 겪었던, 타인의 비판에 의한 갈등적 장면 속에 집단원들을 세우고자 하였다. 즉, 타인의 언어에서 자유로워지는 연습을 해 보는 것이다. 넷째 날에 있었던 비블리오드라마에서 에스더의 갈등적 상황이 조성되지 않았던 것을 경험 삼아 좀 더 그런 상황을 집중적으로 다루어보기로 하였다. 집단원 스스로가 타인의 말에 흔들리는지 그 상황을 재연해 보는 것이다. 타인과 의견이 충돌할 때 자신을 표현하고 따져야 한다고 주장했던 강한나는 자아가 강하다는 사실을 드러낸 반면 이열매는 타인의 비판에 스스로 위축되는 자신의 모습을 재발견하였다. 이혼을 하는 과정에서 교회 안에서의 관계를 어찌해야 할지 몰랐던 나인정도 수치심으로 인해 자신을 그들에게 드러내지 않았다고 한다. 그러나 과연 어떤 행동들이 자신을 보호하고 타인과 좋은 관계를 맺는 강한 자아로서의 행동인지를 탐색하면서 자신에 대한 적절한 오픈을 하는 것이 필요하다고 느꼈다. 오지원 역시 자신을 주장하는 삶을 살 것인지 상황에 잘 맞추며 타인을 배려하면서 살아야 할지 갈등이 있었다. 결국 그녀는 타인의 각각의 주장하는 소리에 결국 나를 보호하면서 할 수 있을 만큼만 배려하겠다고 균형점을 찾는다.

중년여성들인 집단원들의 갈등을 들여다보니 대부분 주변 사람들과의 관계영역에서 일어나고 있다. 마치 여성들은 자율성과 독립성이 부족한 것처럼 보인다. 그렇다면 성숙한 여성은 관계에 매이지 않고 정의롭다면 홀로 나아가는 것을 지향해야 하는가?

결국 집단원들도 관계 속 갈등적 상황에서 내 자신을 그들에게 더 오픈하여 이야기할 것을 선택하였다. 관계 속의 '나'를 더욱 유지하는 것을 희망하였다.

그동안의 실존적 만남의 장에서 각자가 살아온 삶의 '터'를 함께 공유하고 탐험했던 동지로서 서로에게 선물을 주는 시간을 갖는다. 내면적 '나'를 함께 공유하고 경험한 자들끼리 주는 선물은 어떤 것이든 의미롭다. 나를 모르고 주는 선물과는 다르게 그 내용이 의미롭게 여겨지는 것이다. 집단원들은 비록 종이 위의 자신이나 그림이지만 이 순간만큼은 실제적인 선물을 받는 만큼의 즐거움과 감사하는 마음을 느낀다.

CHAPTER

5

발굴된 존재론적 스토리라인들

1. 관계 속에 서 있는 '여성'–기독교 중년여성의 자아개념 구성
2. 신 앞에 맨 몸으로 다시 서는 여성–실존적 해석이 신앙인의 삶에 가지는 치료적 가치는 무엇인가?
3. 그림과 드라마에 힘입어–비블리오드라마와 집단미술치료가 자아개념 형성에 어떤 기능을 하는가?
4. 너의 동반자 되다–치료사의 역할

나는 본 연구를 통해 '비블리오드라마를 활용한 집단미술치료를 경험하며 구성되는 중년여성의 자아개념은 어떤 것인가?'를 알아보고자 하였다. '기독교 중년여성의 자아개념 구성의 특성은 무엇인가?', '실존적 해석이 신앙인의 삶에 가지는 가치는 무엇인가?'의 문제를 알아보는 것과 그 방법적인 접근으로 '비블리오드라마와 미술치료와 집단은 자아개념에 어떤 기능을 하는가?'를 연구하며 나아가 '집단치료장면에서 치료사의 역할은 무엇인가?'를 밝혀보고자 하였다.

본 장에서는 기독교 중년여성에 대한 이해를 통해 중년여성들의 자아구성의 특성을 밝히며, 그들의 신 앞에서의 삶의 의미가 무엇인지를 살펴보고자 한다. 집단으로 구성된 비블리오드라마와 미술치료의 과정이 그들에게는 어떤 모습으로 변화를 가져왔는지 살펴보고, 그 과정에서 치료사의 역할은 어떠하였는지를 성찰하고자 한다. 5일간의 치료과정에서 일어난 역동은 많은 의미를 생성했고 그 변화와 결과를 드러내었다. 그리고 한 사건이나 행위 속에 다양한 의미가 함축되어 있기도 하였다. 같은 행위 속에 다른 의미됨을 또한 보게 된다.

1 관계 속에 서 있는 '여성'-기독교 중년여성의 자아개념 구성

나를 포함한 중년여성들의 자아구성은 과연 어떠한가? 우리는 여성이기에 더욱 억압적이고 소외적인 문화와 환경 속에서 삶을 살아왔다. 다른 한편 생애발달론의 주기에서 중년기는 실존적인 공허와 자아정체감의 위기를 경험하게 되는데, 이는 중년기 여성들의 살아가고 있는 사회문화적 배경을 그 원인으로 들 수 있다. 현재의 중년기 여성들이 태어나서 자라고 교육받았던 1970년대와 1980년대는 남성에 비해서 여성들의 독립적인 자아정체성 수립이 지연된 채 독립성을 격려받기보다는 오히려 가족구성원 속에서 전통적인 여성 역할을 요구받던 시대였다. 남성 중심, 어른 중심의 가부장적인 문화 속에서 자라고 결혼하면서 억압적이고 상대적으로 소외적인 환경과 문화 속에서 여성은 타자에 의해 강제된 삶을 살아왔다.

본 연구에 참여한 기독교 중년여성 집단원들이 미술과 드라마를 이용하여 자신의 자아를 드러내고 찾아가는 과정에서 나타난 것은 가부장적 문화의 영향을 강하게 받아 자신의 신체성이 억압받아 왔으며, 자신의 삶 속에 깊숙이 강제하는 타자의 언어에 의해 주체적인 삶을 살지 못하고 있다는 것이었다. 심지어 기독교문화 속에서도 남성주의적 교리와 체계 역시 그들을 자유롭게 하지 못하였다. 본 프로그램을 통하여서 밝혀진 기독교 중년여성의 문제는 일반 중년여성들과 같이 '관계에 관한 문제'였다. 본 치료 프로그램을 통하여 그들은 마음속에 묻어두었던 감정과 언어를 표출하고 집단의 역동 안에서 자각이 일어났다. 자신이 평생 가지고 온 삶의 문제를 표면 위에 떠올리고 선명하게 바라보는 과정을 겪은 후, 그럼에도 불구하고 여전히 그들은 '사랑'을 구하며 타인에게 '배려'와 '보살핌'으로 다가가기를 원한다는 것을 보여주었다. 여성의 성숙과 발달은 곧 타인과의 조화를 구하며 관계 속에서 어울려 가는 것이며, 서로에게 의미가 되어주는 삶을 추구한다는 것을 발견하였다.

1) 타자의 언어로 살아오다

인간은 끊임없이 '나는 누구이고 무엇을 믿고 어떻게 살아야 하는가?'에 대해 존재 의문을 던지고 재개념화하고 알아내면서 '자신임'의 본질을 끊임없이 재형성해가는 되어감(becoming)의 존재자로 삶을 살아간다. 나는 다른 어느 누구에 의해서가 아닌 나에 의해서만 정의될 수 있는 개념이다. '나'를 타자가 정의할 수 있는가? 그럼에도 불구하고 인간은 사회적·역사적·문화적·무의식적 구조의 언어 속에 살면서 그것들의 영향을 받고 살아가고 있다. 그 과정에서 자신의 언어가 아닌 일방적 타자의 언어로 살도록 강요받게 된다. '일방적 타자의 언어'란 나의 존재성을 일방적으로 지시하는 언어를 말한다(박세원, 2013: 32). 이 언어들은 인간이 상호작용하는 공간, 시간, 물체, 제도, 몸 의식에까지 배어 있으면서 인간의 삶을 일반적으로 지시하게 된다. 하지만 이 언어는 그 방향성이 일방적이고 지시적 성격을 강하게 띠기 때문에 전체적으로 보면 인간의 자기 존재성에 대해 억압적이고 소외적인 기능을 수행하게 된다.

이혼한 지 얼마 되지 않은 나인정은 첫날 타인에게 보일 자신에 대하여 긴장하고 있음을 보였다. '원래의 내 모습으로 돌아가기에 갈등이 생긴다', '다른 사람이 나를 거절할까보아 좋은 모습을 보이려고 한다.' '새로운 사람들을 만나면서 어떻게 반응을 해야 할지 긴장이 된다.'고 한다. 가부장적인 결혼 문화에서 이혼은 여성에게 이혼 자체도 상처이거니와 이혼하였다는 사실로 인하여 부정적이고 소외적인 삶을 살도록 사회공동체에서 강요당하는 사실로 작용하였다. 타인에게서 거절을 당할까봐 항상 긴장하고 있는 모습은 참으로 안타까웠다. '무엇을 좋아하는지, 무엇을 먹고 싶은지도 모른다'라고 자신이 정체성 없이 살아왔다는 사실을 이혼 후 깨달았다는 나인정을 통해 중년이 되기까지 타자의 언어로 살아왔음을 말하고 있다. 중년여성 장애인으로서 강한나는 '상대방이 볼 때는 나를 너무 부족하게 본다'며 타인의 부정적인 평가에 억압적이고 상처 입은 삶을 살아왔음을 말하였다. 스스로는 잘할 수 있음을 알면서도 타인이 부족하게 보는 시선을 의식하며 더 잘하려고 노력한다고 말하였다. 강한나는 하루 동안에 타인과 했던 대화를 집에 가서 되돌리며 반성을 하고, 그 사람이 상처를 받지는 않았을까 자꾸 생각을 한다고 하였다. 또한 오지원은 상처받은 가족들과의 삶 속에서 자신의 주체적 삶을 살지 못하였음을 이야기하였다. 여성은 한 개인으로서의 삶의 의미보다 가정에 결속되어 있는 자로서의 그녀에게 주어진 성역할을 살고 있음을 보여주었다. 유시온도 자신의 정체성을 '민들레'로 이미지화하면서 타인에게 행하였던 많은 선한 일이 사실은 자신의 방어기제였으며, 인정욕구가 강해서 남이 보는 기준에 신경을 써왔다고 말한다. 학력, 남편의 조건, 자녀들의 성공이 자신의 신분을 말들어가는 조건과 수단으로 여겼다고 이야기한다. 타자의 언어에 맞추어 세워진 가치들이었다고 그녀는 말하였다.

결국 인생의 중반에 이른 여성들이 미술작품을 통해서 풀어놓은 이야기들은 외부에 의해 흔들리고 있는, 그리고 아직도 확고하지 않은 자아 개념으로 인한 갈등이 있음을 보여준다. 이렇듯 참여자들이 자신들의 정체성을 이야기할 때나 상처와 갈등을 드러낼 때 반복되어 나타나는 주제는 타인과 나의 관계에 대한 것이었다.

비블리오드라마를 하는 과정에서도 여성들의 삶은 타인과의 갈등을 나타내었다. 성경 속 사마리아 여인의 이야기도 기독교 중년여성들의 관계에서 오는 문제들을 드러내고 있다. 사마리아 여인의 내적 상처와 외로움과 공동체로부터의 고립과 그로 인한 소외감과 불안이 보인다. 그 속에는 반복되는 잘못된 관계유형이 드러난다. 이전의 다섯 남편과 현재 동거하는 여섯 번째 남자가 그것이다. 집단원들도 이 장면에서 실제적 관계의 갈등을 보여주었다. 예수님의 역할을 하는 오지원은 '너 왜 그렇게 사는데?'라며 남편의 주변에 있는 부정한 여성들을 비난하는 것을 통해 남편과의 관계를 나타내었고, 사마리아 여인이 된 유시온은 오지랖이 넓고 과도한 관계지향적인 자신의 문제를 발견하였다. 자아 상실은 소외감을 동반하는데, 그러한 자아 상실과 소외감의 경험들 역시 집단원들에게는 과도하리만큼 관계지향적이었다. 마르다와 마리아의 정체성을 탐구하며 가진 개인 비블리오드라마 진행 시 그런 자신에 대한 변명과 비난을 하는 시간을 가져보며 갈등적 상황 속으로 들어가 보았다. 많은 집단원들이 마르다처럼 환경, 관계, 특히 타인의 의견과 시선에 자유롭지 못하다는 것을 여실히 드러내었던 시간들이었다. 이열매는 교회에서 여선교회 회장의 직분을 가지고 새벽기도에 참석하지 못한 자신에 대한 회원들의 비난에 매우 신경을 썼다. 그러한 비난의 소리에 소심해지며 숨고 싶고 상처가 되었다고 말한다. 스스로도 타인의 의견인 자신의 잘못을 인정하기에 변명도 하지 않고 그 직분을 내려놓았다고 한다. 나인정 역시 이혼을 하는 자신의 모습이 수치스러워 타인들, 특히 교회 사람들에게 변명을 하거나 설명을 할 기회를 가지지 않고 숨어버렸다. 모든 관계를 끊어버렸다고 한다. 자신이 가장 듣기 힘든 말은 "넌 나쁜 애야!", "니 잘못이야!"라는 비난의 말임을 깨닫는다. 타인에 의한 자신의 가치를 비하시키는 말들에 대한 상처가 그 동안의 나인정의 삶에서 영향력을 주고 있었다. 오지원은 '자신이 하고 싶은 대로 하고 살자'는 마음으로 남이 어떻든 나를 찾고 싶은 마음과 환경과 상황에 맞게 배려라는 이름으로 살았던 자신과의 갈등이 있다.

인간은 사회적 동물이기 때문에 자기라는 의식도 타인과의 관계 속에서 찾게 된다. 그러나 자아가 상실된 여성들이 추구하는 관계적 자아는 주체적이지 못하고 일방적 타자의 언어에 의해 소외되는 경향이 뚜렷하였다.

2) 만족이 채워지지 않은 결혼 속에서 대립하는 이상과 긴장하다

결혼이라는 형식을 통한 남녀의 결합에 대하여 어떤 식으로 말을 하든, 여성이 종속되고 희생되는 것이 당연하다는 전제를 우리 사회는 가지고 있다. 남성은 결혼이라는 제도 속에서 가부장적인 권위를 가지며 여성을 지배해 왔다(심귀연, 2010: 211). 여성은 이러한 억압적 구조 속에서 타자로서의 삶을 거부하지 않고 그것을 숭고한 어머니의 희생으로 받아들이게 된다. 자기 주도적이지 않은 '결혼'은 여성들에게 있어 더 큰 과제를 부여받는다. 여성들은 원가족으로부터 받은 사랑이나 상처에 대하여 성숙하게 받아들이고 정리하기도 전에 결혼이라는 새로운 길로 들어서며 계속 혼란스러워 한다. 부부라는 관계 속에 들어가는 결혼은 삶의 문제를 빠르게 해결할 기회도 주지만 문제들이 더 중첩될 위험도 크다. 그리고 집단원 대부분은 결혼이라는 새로운 '터'에 과거로부터 가져온 상처가 그대로 뿌리내려서 영향을 주고 있으며, 또 다른 상처들이 생겨났음을 이야기로 드러낸다. 오지원은 "회색빛이 나는 집안의 분위기에서 부모를 탈출한다는 느낌으로 갑자기 결혼을 했다."고 말한다. 유시온은 "남들처럼 대학응시를 하지 않고 재수하면서 결혼을 했다."며 "결혼이라는 것이 탈출, 신분상승"이었다고 말하며 남편은 맏이이므로 시집가서 대장되고 싶다고 하면서 시집을 갔다고 결혼의 동기를 말하였다. 나인정은 지금까지의 결혼생활은 나를 위해서 살지 않고 남편과 자녀 걱정, 남편의 장래를 걱정하고 그리스도 안에서 어떻게 성장해야 하는지를 대신 걱정을 짊어지고 살았다고 말한다. 결국 그녀는 다시 혹시 배우자를 만나더라도 내가 책임지고 하는 것이 아니라 각자의 삶을 사는 것이 이상적 부부라고 생각하게 된다.

'결혼'이라는 주제로 자신의 삶을 이미지화하는 과정에서 나타난 중년여성들이 경험하고 있는 결혼에 대한 정의는 서로 달랐다. 그들의 이야기 속에서 발견되는 점은, 그들의 현재 삶에서 가장 힘들고 이루어지지 않은, 현실과 대립되는 의미를 지닌 이상적 결혼관을 말하고 있다는 사실이다. "부부는 한 배를 타고 함께 어려움을 헤쳐 나가는 것이다. 하지만 나 혼자 짐을 지고 살아왔다.", "부부는 마주보는 것이다. 그러나 남편과 나 사이에 시댁식구들이 있었고 마주보지 않아서 괴로웠다.", "각기 다른 사람들이 만나서 갈등 속에서 다듬어지며 결국 같은 목적을 바라보고 가는 것이다. 그러나 지금은 그렇지 않으며 갈등과 고난 속에 있다.", "결혼이라는 것이 탈출, 신분상승의 의미였다. 지금도 어른과 아이의 관계가 남아 있다.", "결혼은 독립된 남녀가 서로 의지하고 사는 것이다. 그러나 나는 독립되지 못하고 책임감에 지쳤으며 쉼을 얻지 못하였다." 등으로 말하고 있다.

참여자들의 결혼에 대한 해석은 부부간의 현재의 상처와 갈등에서부터 이상화되고 있었다. 그 만큼 결혼생활이 만족하지 못한 것을 말하고 있다. 지금의 중년여성들은 결혼을 하는 과정에서도 성숙한 자신만의 판단에 의한 결혼이기보다 자칭 나를 염려해 주는 타인에 의해서 결정이 나거나 자기주장과 자기표현이 지향되는 문화가 아닌 환경에 이끌린 결정에 의해 결혼을 수동적으로 따라갔으며, 그러한 삶은 이상적인 결혼과는 멀었다.

3) 남편에게 속하여 살다

결혼이라는 제도 속에서 중년여성들의 남성은 가부장적인 권위를 가지며 여성을 지배하던 시대적 문화의식을 가지고 있다. 여성의 역할은 가정에서 자녀를 출산하고 양육하며, 가사노동을 전담하는 존재로 상징된다. 어머니는 가족과 자녀 및 남편을 위해 희생하고 봉사하는 인간상으로 그 정체성을 사회적·문화적으로 고착시킨다. 이러한 가부장적인 결혼 문화 속에서 여성들은 가족이 바로 자신의 정체성을 구성하는 원천이자 의미의 지평이 되기도 한다(허라금, 2012: 303). 바로 여기에 여성의 억압적 문화구조가 존재한다. 부부관계에서 여성은 남성에 종속적 관계로 역할을 강요받게 되는 것이다.

중년여성의 집단원들은 가부장적 문화 속에서 남편과의 관계의 갈등을 그림을 통하여 이야기하는 가운데 드러내었다. “과하게 화를 내는 남편”에게 자신의 의견을 정확하게 표현하거나 자기주장을 하지 못하고 “남편에게 대들지도 못했고”, 참아온 날들로 인하여 “화병”이라는 “신경성”에 이상이 생기는 등 정서와 신체적인 문제까지 “병이 생겼다.”고 한다. 남편 또한 부인과 의사소통을 원활히 하기보다는 주로 화를 내는 종속적 관계를 기반으로 하는 일방적 의사소통을 하여왔다. 지금의 중년남성들 또한 남성 중심의 문화 속에서 아내를 배려하는 것을 배우지 못했다. 더욱이 가부장적 남편들은 대화 방법이 서툴고 싸움 후에도 화해를 하지 않으며 잘 변화하려고 노력하지 않더라고 말을 한다. 오지원은 “미안하다 섭섭하다.”라는 말을 서로 하기를 원하는데 남편은 아무 일 없었듯이 딱 덮어 놓고 관계 회복을 하고 싶어도 대화로 안 푼다고 하소연을 한다. 그리고 그 시절의 어른들은 유시온에게 “죽은 듯이 남편에게 순종할 것”을 조언하였으며 그로 인해 지금까지 “어른과 아이”의 관계처럼 살았다고 말한다. 그래서 “대등하게 치고 박고 말도 크게 하고 싸우는 것이 소원"이 될 정도라 하였다. 강한나는 무능한 남편을 원망하지 않고 장애의 몸으로 식당을 하며 재산을 일구었다. 그러나 시어머니의 유산이라는 명목 하에 그 재산을 시댁형제들에게 빼앗기면서 그 갈등상황에서 남편은 죽고 여전히 며느리의 낮은 법적 위치와 시댁의 가부장적 문화의 억압 속에 있음을 드러내었다.

많은 중년여성들은 자신들의 정체성을 남편이나 혹은 직장이나 친구에서 남성과의 관계 속에서 찾는 경우가 있다. 특히 한국여성들은 가족중심적 문화에서 결혼을 하면 남편이나 자녀들과 분리가 쉽지 않다. 가정 내에서 어머니로서 또는 아내로서 역할을 중시하는 문화적 사회에서 한 여성으로서 독립적이고 성숙한 성인으로서 자아를 발전시키기가 어렵다. 물론 21세기 현대사회에 와서는 젊은 여성들은 남성과 동등하게 한 인격체로서 대우받고 사회인으로서 직장인으로서 자아를 발전시키는 경향이 많아졌으나, 현재 중년여성들의 경우는 자기 자신을 가정과 가족에 내어주고 희생함으로써 여성으로서 자신의 정체성과 독특성을 유지하기가 어렵다. 오히려 남성을 위하여 존재하고 남성을 위해 섬기는 역할로서 정체성을 가지고 살아온 사례가 많다.

4) 차별적인 부모사랑에 아파하다

가부장적인 가족은 남아선호사상이 지배적인 경향을 가지며, 이는 결국 여아로서 어린 시절 성차별과 편애를 경험한 중년여성들의 상처로 드러났다. 유시온은 부모님이 자신의 옷을 살 때도 오빠를 줄 것을 생각하고 중성적인 색의 큰 잠바를 샀다고 말하고 고등학교 시험을 치는 때에 엄마가 빈소에 가서 시험을 떨어지게 해달라고 빌더라는 말을 하며 부모로부터 성차별적 편애를 받은 상처를 말한다. 비블리오드라마를 하면서 야곱과 에서의 갈등 장면에 유시온은 남매간의 갈등을 드러냈다. 그래서 심지어 에서가 장자의 축복을 받지 못한 것을 '꼬시다'라고 말한다. 개인 비블리오드라마로 그동안 쌓여온 불만을 오빠에게 직접적 대화로 표출할 수 있었다. 오빠에게 말하지 못하고 남겨두었던 말들은 현재도 그때의 감정을 그대로 지닌 채 대면하게 되면서 아버지가 얼마나 오빠를 편애 했었는지 생각해 보라며 분노를 표출하였다. 이후 빈 의자기법으로 몽둥이로 내리치며 올라온 감정을 표출하여 정화시키는 과정에서 결혼 이후에도 어머니는 아들과 사위를 차별대우했다며 분을 토해낸다. 오빠는 재산을 많이 가져갔으며 여전히 사위보다 아들을 아끼는 엄마는 홍수가 져서 아들은 놔두고 신서방보고 위험한 곳에 가보라고 했다며 억울함과 서운함에 몸을 떨었다. 그렇게 사랑을 받았으면서도 엄마 살아생전에 잘하지 못한 오빠가 원망스럽다. 부모로부터 받은 공정하지 않았던 대우는 중년의 나이까지 감정을 상하게 한다. 그동안 묻어놓고 지내던 감정들을 현재 감정으로 다시 꺼내어 만나봄은 중년여성들에게 종종 있어야 할 치료적 장면이 되었다.

나인정은 비블리오드라마 속 야곱이 되어서 자신과 사랑하여 온 라헬을 버리고 책임감으로 레아를 선택하는 예기치 못한 결정을 한다. 실제로 결혼 전 사랑에 관한 아픈 사연들이 있었다. 결혼을 약속한 형제가 잠시 해외단기선교에 나가서 다른 자매와 사귀고 온 사실은 '사랑을 못 믿게 된 상처'로 마음에 새겨지게 되었다. 안타깝게도 서로 미성숙했기에 둘 다 회피하고 만다. 그 회피는 서로 엉뚱한 상대자들을 만나게 되고 잠시의 만남에서 책임감이라는 감정에 의해 잘못된 결혼을 선택하고 말았던 것이다. 그리고 이러한 행동의 근저에는 가족 특히 부모로부터의 버려진 감정이 도사리고 있었음을 또한 본다. 아들인 동생을 엄마가 편애하였고 나인정은 부모로부터 사랑이 단절되어서 지내었다. 마땅히 그 형제에게 따져야 하는데도, 한 번도 자신을 위해 부모에게 주장하고 요구하지 않았던 나인정으로서는 자신의 삶을 주체적으로 주장하며 살지 못하도록 하였다.

오지원의 아버지는 어머니에 대한 정서를 큰 딸인 오지원에게 풀었다. 외모적으로 엄마를 닮은 오지원에게 부정적인 피드백을 준 아버지로부터 생긴 외모열등감이 있었고, 실제로 그들은 예쁜 옷보다 고동색의 옷들만을 입혀주었다고 한다. 여성들은 결혼 후 또 다른 어머니인 시어머니에게서 차별대우를 받기 쉽다. 이열매는 딸만 두 명이라 남아선호사상이 강한 시어머니에게 사랑을 받지 못하였다. 이 또한 가부장적 문화 속에서 부모로부터 제약을 받는 여성들의 삶을 말하고 있다.

Gilligan은 Rogers, Tolman과 함께 편집한 『Women, Girls and Psychotherapy』란 책 속에서 여성의 심리적 발달은 습관적·문화적으로 규정된 환경적인 사고로부터 성인기에 도달할 때 저항함으로써 이루어진다고 말하고 있다. 특히 어머니들이 말하는 것은 사실이 아니고 거짓이며 비논리적이고 어리석은 짓이라며 인습적으로 억압하는 압력으로부터 변화된 행위를 시도할 때 자신을 성장시키는 발달이 이루어진다고 한다. 또한 특히 사춘기 부모의 갈등이나 경제적 박탈감을 경험할 때 여성이 자기비하감(self-devaluing)에 빠질 위험이 높기 때문에 이 시기에 자만심을 발달시키는 남성과 비대칭적 차이가 벌어질 가능성이 높다고 Gilligan은 주장한다. 이것은 보통 남아들은 사춘기를 지나면서 자만심을 키우지만 이 시기에 갈등이나 박탈감을 경험하는 여아들은 자만심을 키우지 못하게 되고 따라서 환경에 저항할 수 없음을 말하는 것이다(Carol Gilligan et al., 1991: 7-14). 그래서 여성들은 참된 자아구성을 하는 과정에서 환경에 매이고 괴로워하는 기간이 중년이 되기까지 길어진다.

5) 신앙 속에서도 제약이!

여성들은 구약성경의 이야기를 탐색하면서 성서 속의 가부장적이고 남성위주의 문화에 대하여 혼란스러워한다. 성서 속 여인들은 남성, 즉 아버지나 남편에게 예속되어 있으며 이차적인 존재로 규정되어 있다. 그래서 여인들은 차별과 억압을 받는 열등한 위치에 서 있다. 야곱에게 두 자매를 주는 성경 속 이야기에 중년여성들은 혼란스러워한다. "하나님이 다른 영혼이 둘로 나뉘는 것과 같은 일들을 허락하신다는 것이 나는 예민하고 어지럽고 혼란스러워!", "다윗과 솔로몬 등 한 남자가 여러 여자를 거느리는 내용이 성경에 있으니 은근히 남자들은 이렇게 해도 되는 것으로 생각하지 않을까?" 등 혼란한 마음은 곧 남성에게 불만이 생긴다. 야곱이 레아도 아내로 받아들이는 것도 여성들은 화가 난다. "사랑하지도 않는데 왜 가능할까? 준다고 들어가냐고!", "남자들, 열 여자 마다 안 한다. 똑같은 놈들이야!"라며 남성을 비난해 본다. 그러나 비블리오드라마를 시연하면서 여성들이 스스로 남편을 선택하거나 자율적인 결혼을 하지 못한 것을 보면서도 자신도 여전히 결혼할 때 성숙된 자아로 자율적인 결혼을 결정하지 못했다는 사실을 발견하였다.

가정에서 영적인 제사장은 아버지이며 남편이다. 한 가정의 축복권이 아버지에게 있기에 야곱은 리브가와 함께 이삭을 속여서라도 그 축복을 받아내려고 노력을 하였다. 한 가장의 축복은 곧 한 민족의 축복으로 이어지는 아주 중요한 권한이다. 절대적인 이러한 권한은 아내로서 딸로서 감히 넘어설 수 없는 경계가 된다.

그래서 이러한 남성위주와 가부장적 의식은 기독교 중년여성들의 많은 시간을 보내는 교회 안에서 그대로 유지되고 있다. 교회조직 안에서 여성들은 지위가 제한되거나 역할도 차별화되어 있다. 교회 일에서 중요사항을 결정하는 일에 동참하기보다, 주로 섬기고 베푸는 역할이 주 여성들의 사명으로 인식되어 있다. 이렇듯 기독교 중년여성들의 자아관은 그들의 신앙관과 신앙생활 속에서 계속 영향을 받고 있다.

6) 그러나 사랑이 필요해

예수님과 사마리아 여인의 만남은 집단원의 실제적 삶 속으로 들어오면서 남성과 여성의 문제, 남편의 외도, 인간관계로 다가왔다. 그 과정에서 오지원은 예수님과 달리 우리의 삶에서 부정한 여자에 대해 용납하지 않는 자신을 본다. 죄가 용납이 안 되는 예수님과 상황상 그럴 수밖에 없었다는 사마리아 여인을 옹호하는 공방전이 이후 계속 벌어진다. 그 과정에서 예수님의 역할을 하는 오지원은 남편에게서 충분한 사랑을 받지 못하고 있다는 사실과 그런 상황에서 부정한 여인들을 남편 주위의 여인들과 동일시하여 받아들이지 못한다는 사실이 드러났다. 여자로서 오지원은 '남편에게서 오는 사랑의 부재'로 인해 모든 주변 사람에게 여유로울 수 없다는 것을 본다.

그리고 에스더가 되어서 왕에게 나아간 오지원은 소원으로 자신을 사랑해 달라고 한다. 많은 시간을 남편과의 갈등이야기를 치료장면에서 드러내던 그녀지만 결국 그녀가 원하는 것은 '남편의 사랑'이다. 이제 더 이상 참지 않고 독립되어 살고 싶다고 몇 번이나 결론을 짓던 오지원의 마음 깊은 곳에는 아이러니하게도 여전히 남편과의 '화해'와 '연합'이 있다.

결혼 첫날밤을 치르는 야곱의 이야기에서 야곱은 결국 사랑을 강하게 요구한 레아에게로 야곱의 마음이 기운다. 라헬인줄 알고 있었던 신부가 레아로 바뀐 사실이 알려졌을 때 레아는 적극적으로 자신의 사랑을 야곱에게 요구한다. "너무 죄송해요. 그런데 당신을 너무 사랑했어요. 제가 너무 사랑해서 놓치기 싫어서 아빠에게 부탁을 했어요. 저를 받아주세요."라고 말하며 실제로 눈물을 흘린다. 아버지에게 졸랐다는 적극적인 사랑은 계속적으로 자신을 보아달라고 말한다. "저도 당신의 아내가 되어서 앞으로 어떤 일이 생길지 모르지만 당신과 함께 감사하게 살게요. 살아가면서 조금씩 저를 보아 주세요." 이러한 레아의 확실한 사랑의 표현은 사랑을 못 믿는 야곱에게는 "그래도 나를 버리지 않는 사랑이 될 것"이기에 레아를 선택하게 하였다. 또한 야곱이 레아를 선택하게 된 결정적인 이유는 그녀와의 진한 포옹에서 편안함과 믿을만한 사랑의 감정을 느꼈다고 한다. 야곱에게 영향을 준 레아를 보며 집단원들은 그녀가 많은 사랑을 받으며 자랐을 것이라고 말한다. 실제로 레아 역의 주사랑은 사랑의 표현이 자연스러운 이유로 지금도 남편에게서 사랑을 많이 받고 있으며 그 표현도 자주 하고 있다고 말한다. "다녀오셨어요? 하고 포옹하고 뽀뽀를 해 줘요. 잘 때도 귀찮을 정도로 해요. 하하. 매일 귀찮을 정도로 사랑해 주어요."라고 말한다. 결국 사랑을 할 줄 아는 그녀에게서 집단원들은 영향을 받는다.

나인정은 평안한 '호수' 같은 정체성을 얻기 위해 '사랑'을 포기해야 한다고 말하였다. 하지만 비블리오드라마와 개인 비블리오드라마의 치료장면을 거치고 소감작품으로 놀랍고 기쁘게도 '사랑'의 하트 작품 하나를 크고 예쁘게 만들고 사랑을 받아들인다. 이성적이고 도덕적인 사고를 내려놓고 원초적 자신이 원하고 있는 것을 인정하기 시작한다. 그녀는 사랑이 두렵지만 필요한 상태였다. '이혼'이라는 단어가 아직도 아프게 하는데 벌써 사랑을 찾는다는 것은 이성적으로 정죄할 일로 여겼으리라. 그러나 여성은 독립이라는 단어보다 '사랑'이 원초적으로 필요한 존재이다.

7) 그럼에도 불구하고 다시 관계 속으로!

'나'라는 말은 이미 '너(혹은 세상)'라는 말을 가지고 있다(Buber, 1923/1979; Heidegger, 1927/2008). 인간은 '너'를 나타내는 사람, 사물, 시간, 공간, 그리고 사랑과 같은 추상적 언어들과의 상호작용을 통해서만 그들의 존재 의미가 드러난다. 집단원들은 그림을 통하여 '나'에 대한 이야기를 하면서 자신들과 관계하고 있는 '너'에 대한 이야기들을 풀어내기 시작한다. 그리고 중년의 나이에도 여전히 자신의 존재의 양식에 대한 조정과 갈등은 계속되고 있음을 보인다. '나'와 만나는 '너'와의 관계에서 나는 어떻게 반응을 해야 하는가?에 대한 의문들을 프로그램 과정에서 계속 던지고 있었다.

성경을 탐색하면서 기독교 중년여성 집단원들은 야곱의 어머니 리브가에게 초점을 맞추게 된다. 옳지 않은 일까지 서슴지 않는 엄마의 사랑은 어디까지 옳은 것인가? 우리들의 경우 사랑하는 가까운 사람들에게 객관적인 옳고 그름을 따지는 것보다 '정'으로 반응하는 것이 옳지 않은가? 보편적 '정의'와 '도덕적 삶'의 기준만을 실수투성이고 쉽게 상처받고 사랑이 필요한 인간들에게 먼저 적용하는 것이 과연 옳은 것인가?를 나는 생각해 본다.

이와 같이 리브가의 야곱에게 향한 '정'과 '보살핌'은 중년여성들인 나와 참여자들에게 있어서 비판하기보다 받아들이고 싶다. 물론 리브가는 두 자녀가 자신의 뱃속에서 싸울 때 주님께 자녀들에 대하여 물어보았다(창세기 25장 22절). 주님은 큰 자가 어린 자를 섬긴다고 말씀하신다. 리브가는 이 말씀을 믿었기에 거짓을 행해서라도 이 사실을 이루는 것을 더 우위에 두었을 것이다. 그리고 한편으로 야곱은 자신과 친한 아들이기에 주관적 '정'의 의미가 분명히 작용되었다고 본다. '거짓'과 '정'이라는 인간의 한계성 속에서 하나님의 의도는 또한 이루어지고 있다. 교육이라는 이름으로 자녀에게 보편적 윤리와 도덕을 강조하기에 앞서 충분한 주관적 '정'과 '보살핌'이 먼저이며, 신앙 역시 윤리성을 항상적으로 포함하지는 않는다고 엄마로서 여자로서 의견이 한 가지로 모아진다.

치료적 장면에서 주사랑은 따뜻한 마음을 가진 집단원이다. 그녀 또한 '죽도록 힘든 과정'을 거쳤으며, 지금은 남편과 사랑을 듬뿍 나누는 사이임을 드러냈다. 상처와 억압이 없는 관계를 하고 있는 주사랑은 비블리오드라마 속 역할을 맡으며 진심으로 감동의 눈물을 흘리며 영향력을 준다. 결국 집단원들은 '진실된 관계'에서 변화를 받는다. 여성들은 관계로서 상처를 받고 관계로서 치유함을 받는다. 관계에서 오는 불안과 두려움이 있던 나인정도 간절하게 야곱의 사랑을 구하는 레아에게 마음이 움직였다. 그리고 따뜻한 포옹은 그동안의 주사랑에 대한 불편한 감정이 눈 녹듯 사라지게 하였다. 주사랑의 진심어린 아비로서의 축복의 기도가 드려지자 집단원들은 저절로 야곱의 손을 잡고 있는 그의 손에 포갠다. 결국 나인정은 관계에서 영향을 받고 변화되기 시작하였음을 알린다. "하트, 핑크에 대한 거부감이 많았어요. 그런데 모임을 하면서 주사랑 씨가 생각났어요. 주사랑은 따뜻한 감정을 열어주는 사람으로 하나님이 나에게 보내셨구나 하는 생각이 들었어요. 내가 가진 거짓 메시지로 '나는 행복하면 안 돼' 라는 나의 메시지가 긍정적으로 바뀌어가는 것을 느꼈어요."라며 소감을 말하게 되었다. 오지원은 셋째 날 소감의 말로 "남편에게서 저주스러운 말이나 듣다가 연극을 하면서 남편에게서 축복 받고 칭찬받고 싶은 마음이 느껴졌어요."라고 말하였다. 넷째 날 자신만이라도 살기 위해 별거를 생각한다던 오지원은 이후 에스더 왕비로서 다음과 같이 말하고 있었다. "우리는 행복했으면 좋겠어요. 스스로 조절이 안 되면 상담이나 훈련을 받아서 새로 출발하는 관계로 나가면 좋겠어요."

또한 집단원들은 마르다에 비해 독립적인 자아를 가진 마리아가 되어 보기 위해 갈등적 상황을 재연하고 자신을 주장해 보는 시간을 가졌다. 관계에서 갈등을 겪는 오지원도 답답한 내면의 소리를 집단원들이 신체적인 충격과 함께 소리 내어 주장해 보았다. 그리고 갈등적 상황을 극대화하여 오지원의 내면의 감정과 사고를 끄집어내어 본다. 한참을 시달린 오지원은 자신을 보호하고 찾고 싶은 마음이 있지만 사실 남을 배려하지 않으면 불편해하는 자신을 다시 보게 된다. 결국 균형점을 찾아야겠다고 결정한다. 집단원 어느 누구도 관계를 끊고 홀로 독립하고자 하는 결정을 내리지 않는다.

여성들이 인간관계영역에서 갈등을 많이 가지는 이유는 여성이 성숙하면서 변화하는 도덕발달이 '보살핌'과 '책임'을 중요시하는 '관계'에 대한 그들의 이해와 직결되어 있기 때문이라고 Gilligan은 말한다(이혜진, 2010). Gilligan의 보살핌의 윤리는 인지보다는 공감, 인간에 대한 애착 그리고 인간관계 등을 중시한다. 그녀는 자신의 책 『다른 목소리로』에서 개인의 도덕성이 문화적이고 환경적인 요인과는 관계없이 불변적인 순서와 계열에 따라 발달해 간다는 Kohlberg의 정의 원리에 입각한 발달단계가 여성의 도덕성 발달과정을 평가하는 데 한계가 있다는 점을 지적했다. 공적으로는 여성들도 남성들과 같이 스스로 선택하고 주장하는 일이 늘어났고 자신이 무엇을 원하는지 물을 수 있게 되고, 또 그에 대한 답을 주장할 수 있게 되었지만, 일반적으로 사회는 성인다움의 필요조건으로 직업이나 일의 세계와 관련된 도구적 능력들은 남성성과 관련시키고 사랑과 관련된 자기표현의 능력들은 여성성에 귀속시킴으로써 사랑과 일이 단절된 것임을 시사해 왔다. 그리고 자율성과 같은 남성적 특성들을 도덕적 발달의 징표로 여겨왔다. Gilligan은 이러한 것을 자아와 타아의 연결보다는 개인적 자아의 독립성을 선호하고 사랑과 보살핌이 중심이 되는 상호의존적인 삶보다는 자율적인 삶을 더 바람직하게 여기는 형평을 잃은 성인관이 반영되었기 때문으로 보았다. 그녀는 여성들이 도덕 문제를 해결하는 방식에서 전통적으로 여성적 '선(goodness)'으로 규정하고 강화시켰던 바로 그 특성, 즉 다른 사람들의 필요에 대한 감수성이나 배려 때문에 여성들이 도덕성 발달에서 열등한 것으로 여겨진다는 사실에 역설이 있다고 주장한다. 즉 여성을 남성과는 다른 기준으로 길들여 놓고 평가할 때는 늘 남성들의 기준, 즉 남성 중심의 기준을 보편적 인간의 기준으로 평가함으로써 그것 자체가 여성들에게는 공정하지 못하다는 것이다. Gilligan의 보살핌의 윤리는 기존의 정의의 도덕성이 갖는 한계를 보완함으로써 어느 한쪽만의 관점에서 도덕성 발달을 고찰함으로써 생겨나는 한계를 극복해 줄 수 있는 상호보완적인 것으로서의 보살핌의 도덕성의 중요성을 강조하고 있다. 결국 여성의 도덕의 성숙함이란 타인 지향적 요구와 자아 중심적 관심을 통합하는 방식을 학습하는 것을 의미한다. 즉, 도덕적 성숙은 보살핌의 윤리가 발달해 가는 관점을 말한다(이혜정, 2002).

결론적으로 말하면, 집단원들은 관계에서 상처를 받지만 그럼에도 불구하고 더 나은 관계로 성숙되길 바란다. 그들의 성숙은 나 혼자의 독립되기보다 더불어 나가고 더 긴밀한 관계 속에 들어가기를 원하고 있었다.

2 신 앞에 맨 몸으로 다시 서는 여성-실존적 해석이 신앙인의 삶에 가지는 치료적 가치는 무엇인가?

우리는 인생에서 피할 수 없는 불안과 절망을 겪게 된다. 그래서 불완전한 인간의 삶은 끊임없는 아픔과 상처를 만난다. 본 연구에 참여한 기독교 중년여성들도 어린 시절 여성으로서 경험하였던 남아선호사상이 가져다주었던 편애와 차별로 인한 상처와 고통을 지녔다. 결국 그들은 결혼 생활을 하면서 원가족과 남편, 그리고 시댁 식구들로부터 오는 억압과 고통과 억울함으로 새겨진 삶 속에서 그 의미를 이해하고 원인을 찾으며, 해결책을 찾기 위해 신에게로 다가가게 되었다. 그러나 확고한 믿음이 있음에도 불구하고 그들은 의미가 불확실한 사건과 고난을 삶의 여정 가운데 계속적으로 만난다. 본 프로그램을 진행하면서 그들은 성경의 이야기를 자신의 진정한 삶과 만나는 작업을 통하여 하나님께 의문을 제시한다. 그들 안에 갇혀 있던 자신의 언어로 신 앞에 서 본다. 이론과 교리를 떠나서 개인적 질문을 들고 단독자로 서 본다. 신앙적 삶을 살고자 노력하는 그들의 모습은 처절하리만큼 애쓰고 있는 모습이다. 화를 안 내고, 참고, 받아들이고 살던 그들은 성경적 배경을 가진 드라마를 통해 놀이형식을 빌어서 진정한 자신의 모습을 발현한다. 결코 교리나 주입식 설교가 기독교 중년여성들의 삶에 변화를 주지 않으며, 신 앞으로 실존적 물음을 가지고 나아갈 때 그들의 삶에 대한 구체적이고 실제적인 의미를 탐구하기 시작한다.

신 앞에서의 실존은 어떤 것인가? Kierkegaard가 말하는 인간의 실존이란 본래의 자기를 자각하고 실현하려는 계속적인 노력이요 끊임없는 생성이라고 말한다(Kierkegaard, 1968). 세계와 자기 자신에 대한 낯섦, 분열, 불안, 절망 등과 같은 경험을 통한 자기 체험으로 실존하는 참모습이 드러난다고 하였다. Kierkegaard의 실존사상은 일반적 인간이 아니라 개별적인 실존자가 자신의 삶의 문제를 해결할 목적으로 그가 소유하고 있는 제반능력과 잠재력을 총동원해서 전인격적으로 수행하는 질적 변증법이다(김종두, 2002: 162-163).

Kierkegaard가 말하는 실존적 인간이란 현실의 삶을 통해 자신을 깨달아가는 현실적 존재자로서 유일한 개인을 말하며, 자기 자신에 의해서 자신을 만들어 가는 삶 그 자체라 말할 수 있다. 참된 신앙이란 어떤 특정한 교리나 신학적 체계를 받아들이는 것을 의미하는 것이 아니라 자신의 본질 속에서 그리스도교를 이루고 있는 예수 그리스도에 실존적으로 참여하는 것을 의미한다. 그것은 자신의 주체적인 결단에 의해 불안이나 절망에 좌절하지 않고 신 앞에 홀로 서는 것을 의미한다. 이렇게 신 앞에 홀로 섰을 때 인간은 비로소 자신의 실존에 대하여 자각하게 되고 자신과 타인과 신에 대한 관계를 사랑으로 느끼고 실천할 수 있게 되는 것이다. 또한 참된 신앙은 신에 대해 온전히 경배하는 것을 의미한다. 신에 대한 경배는 신과 인간 간의 '무한한 질적 차이'를 인정함이며 영원한 죄의식이다. 이 죄의식으로 인해 인간은 죄인으로서 하나님으로부터 절대적 차이를 갖고 떨어져 있다는 실존의 상황을 인식한다. 그 경배는 전적으로 사적이고 개인적인 것이다. 우리는 우리의 이성과 자유의지를 가지고 선택하고 결단해야 한다. 그리고 우리가 실제로 경험하고 체험해야 한다.

성경인물들도 우리가 느끼는 불안과 절망에 빠지는 상황에 직면했었다는 사실을 우리는 쉽게 찾을 수 있다. 아브라함은 하나님의 명령을 듣고 아들 이삭을 죽이려고 하였다. 야곱은 처세술과 권모술이 뛰어나서 형제와 아버지를 속였다. 모세는 자기 민족이 학대당하는 모습을 보고 종국에 살인을 저지르고 광야로 도망치게 된다. 다윗은 하나님 앞에서 늘 승승장구하던 인물이다. 그리고 확고한 신앙인이라고도 할 수 있는 사람이다. 하지만 그도 불완전한 인간으로서 유부녀와 성적인 관계를 맺고 그 남편까지 전쟁터의 최전방으로 몰아 죽이고 말았다. 이와 같은 모든 고통을 그들은 눈물로써 받아들이고 신에게 더욱 더 의탁하고 의지하는 자세를 취한다. 아브라함, 야곱, 모세, 다윗 등의 성경인물은 자신들의 삶 속에서 직면하는 절망, 불안, 죄, 자기한계를 통하여 하나님을 만나고 새로운 경험을 하고 새로운 삶을 영위하게 된다. 이 과정에서 그들은 하나님 앞에 단독자로 실존적인 모습으로 서게 된다. 그리하여 자신에 대한 새로운 이해와 삶을 살게 된다.

고난과 고통을 겪으면서도 여전히 하나님 앞에 서 있는 그들을 보면서 연구자인 나는 고난의 의미를 다시 생각하게 된다. 그들의 고난이 하나님과 멀어지게 하지 않았으며 도리어 개인적 만남을 머리로서가 아닌 감정과 함께 만나는 과정임을 깨닫게 된다. 고난이 '자기부정'의 길로 인도한 것이다. 실존적인 자기 싸움이 그친 나태한 그리스도인은 '성숙'하지 못한다고 Kierkegaard는 말하였다(Kierkegaard, 2005). 그리하여 불안과 절망은 인간이 자신의 삶을 질적으로 도약시키는 계기로 삼을 수 있다. 또한 그것들은 개개인의 주관적 체험이 되어서 종교적 '직관'과 '경험'으로 나아가게 한다. 인간이 윤리적이든 아니든 주님에 대한 간절한 신앙 '감정'이 그들을 신께로 이끈다.

1) 신을 찾다

인간은 불완전한 존재이다. 우선, 인간의 삶에는 병이 있으며, 죽음이 있기에 영원히 살지 못한다. 또한 인간은 독립된 신체를 가지고 있기에 상대방을 나에게로 끌어들여야만 나의 가치가 생기고 의미로 존재할 수 있다. 하지만 독립된 신체를 가진 타자를 내 식대로 끌어들이는 것이 쉬운 일인가? 그래서 인간은 고난 속에서 신을 찾을 수밖에 없다. 집단원들 또한 자신의 삶에서 고난을 당하거나 힘이 들 때 하나님을 찾았다. 특별히 여성으로 살아간다는 것은 더욱 기호언어에 속박되어 살아간다는 것을 말한다. 그러하기에 여성들은 신에게 더욱 위로받고 싶고 의지하고 싶다.

성경이야기 중 야곱이 결혼하는 과정의 이야기는 구약시대 선민족인 이스라엘의 결혼풍습 속에서 일어나는 사건으로 야곱이 4명의 여자를 통하여서 12명의 자녀를 얻어 이스라엘 12지파의 시초를 이루는 사건이다. 아버지 이삭을 속이고 장자의 축복을 받은 야곱의 삶은 결혼 전의 이 사건으로 인한 두려움과 불안으로 결혼과정과 전 인생에서 영향을 받으며 산다. 야곱은 지속적으로 삼촌 라반으로부터 속임을 받음으로 상처와 갈등을 겪으며 그 고통을 되받는다. 야곱의 상처와 갈등의 뿌리는 삶의 연장선에 그대로 드러난다. 그와 같이 기독교 중년여성들도 역시 결혼이라는 '터'에 여전히 과거 상처가 뿌리내려져 있어서 그 영향을 받고 있다.

'결혼'은 여성들에게 더 큰 과제를 부여한다. 나를 포함한 여성들이 원가족으로부터 받은 사랑이나 상처에 대하여 성숙하게 받아들이고 정리하기도 전에 결혼이라는 새로운 길로 들어서고 있다는 생각을 하게 된다. 부부라는 관계 속에 들어가는 결혼은 문제를 빠르게 해결할 기회도 주지만 문제들이 더 중첩될 위험도 크다. 그러나 기독교 여성에게 있어서 결혼의 '터'에 심겨진 상처들로 인한 연약함은 도리어 끊임없이 '신'을 찾고 의지하며 경험하도록 하는 실존적 조건이 된다. 그리고 바로 불안과 절망을 자신의 질적 상승의 계기로 삼는 것을 볼 수 있다. 또한 개개인의 주관적 체험이 되어서 종교적 '직관'과 '경험'으로 나아가게 한다. 그들이 윤리적이든 아니든 주님께 대한 간절한 '감정'이 그들을 신께로 이끈다.

이열매는 결혼 후 술을 먹고 늦게 들어오는 남편과의 관계에서 "죽을 만치" 힘이 들어서 "내발로" 교회에 다니기 시작하였다고 한다. 주사랑은 "세상이 험악하잖아요."라며 하나님께 붙어 있기를 원한다고 말한다. 그리고 "죽고 싶을 정도로 힘든 삶을 살았는데 예수 믿고 치유를 다 받았어요."라며 용서를 하면서 다 바뀌었다고 고백한다. 오지원 역시 남편의 과도한 화로 상처가 생기고 원가족과 시어머니 등 가장 가까운 사람들과의 관계에서 고통을 경험하였다. 그리고 성숙한 정체성을 가지지 않고 결혼을 하면서 합당한 자기주장과 주체적인 삶을 살지 않고 일방적 타인의 언어에 의해서 실존적 삶을 살아내지 못했고, 그 탈출구로 신을 찾았다. 그러다 "결혼하고 막내아들을 낳고서 100일 만에 갑상선에 암이 생겼다."며 더욱 하나님께 매달리게 되었다고 한다. 수술을 하더라도 신경 쓰면 재발한다고 해서 수술을 하지 않고 기도하기로 선택했다. 곧 하나님을 찾는 것은 그녀에게는 생명을 얻는 것과 같았다. 부모로부터 방치되어 살아온 나인정은 이미 젊은 날부터 자신을 사랑해 주는 하나님을 만난 후 진리를 추구하며 선교단체에 가입하고서 정체성을 얻을 수 있었으며 하나님의 뜻을 알고자 늘 노력해 왔다.

연구과정에서 나타나는 집단원들이 드러내는 주된 감정은 위로를 받고 싶은 마음이었다. 그리고 이삭이 야곱의 손을 잡고 눈물의 감동적인 축복의 기도를 할 때 집단원들은 저절로 자신들도 축복을 받고자 이삭의 손에 자기의 손을 포개었다. 이는 인간이 위로와 축복이 필요한 피조물로서의 신을 의지하는 모습이라 하겠다.

2) 신 안에서도 남아 있는 틀을 바라보다

한편 신을 찾아서 교회에 온 기독교 중년여성들은 교회 내에서 남성 중심적 권위주의적 문화에 그리고 성경 속에서 존재하는 남성 중심적 교리에 또다시 얽매이게 된다. 기독교 중년여성들은 갈등적이고 어려움과 억압적인 결혼생활과 가족생활 속에서 신의 사랑을 받고 신으로부터 인정받고 신으로부터 축복받고 싶은 마음을 가지고 교회에 출석한다. 그러나 주입식 성경공부와 일반적인 교회생활에서 여전히 개인적이고 실존적인 신과의 만남은 쉽게 이루어지지 않는다.

오지원은 라반이 야곱에게 그가 사랑하는 라헬과 결혼하는 날에 그 언니 레아를 몰래 신혼방에 들어가게 하여서 결혼을 시키는 이야기에 못내 혼란스러워한다. 한 남자를 두고 자매는 사랑을 쟁취하고자 경쟁하며 상처와 갈등의 삶을 살게 된다. 오지원은 남편이 다른 여자들과 친한 사실에 분노의 감정을 가지고 있기에 더욱 불편하다.

기독교인들은 나쁜 감정을 품는 것을 꺼려하며 그러한 감정을 표출하기보다는 스스로 제어한다. 특히 나인정은 교회생활과 선교단체에서 부정적 감정은 터부시되고 억제하여 왔다.

"교회에 와서 해피하거나 좋은 모습만 보여야 하는 것으로 알고 살았는데 슬프고 짜증나는 일을 표현하는 것은 안 되는 것으로 알았다."고 말한다. 나인정은 집에서도 감정을 표현하지 못하고 살았는데 교회에서도 나쁜 감정이 용납이 되지 않는 것으로 제 스스로 표현하지 않아야 한다고 생각해왔다.

나인정은 남편과 시댁식구들의 영과 육의 구원을 위해 노력하는 과정에서 스스로 자신을 돌보지 않고 희생하며 살았다. 그러나 타인 중심의 삶은 생동감 있는 삶이 될 수 없었고 결국 그녀를 지치게 하였다. 이혼을 하기까지 17년의 노력은 '의무와 책임'으로 버텨온 삶이기에 결혼에서 사랑과 쉼을 누리며 살지 못하였다. 자신의 존재감을 신앙에서 찾았던 나인정은 그만큼 신앙과 교리에서 요구하는 이타적인 모습으로 살고자 노력을 하였다. 이미 주체적으로 성숙한 판단으로 결혼을 하지 않았던 그녀의 삶은 여전히 '참 자기'로 신 앞에 서지 못하고 스스로 자신을 억압하며 살았다.

유시온은 교회에서 많은 봉사와 책무를 맡고 있다. 첫날 자신의 문제가 사람들과의 관계에서 경계가 없이 오지랖이 넓어서 생기는 갈등이 있음을 이야기하였다. 교회 내에서의 많은 봉사와 일을 하던 자신의 행위에 대하여 "선한 일이라 생각했는데 나의 방어기제였던 것 같다."고 자각한다. 자신에 대한 인정욕구가 강해서 이런 것들을 수단으로 생각했으며, 사람들에게 보여지는 것에 예민해져 있었고, 하나님과의 은밀한 관계에서도 사람들의 눈을 의식했다고 말한다. 원가족의 어머니가 성차별적 대우를 했기에 인정욕구가 강하다는 사실을 유시온은 밝힌다. 이 또한 신 앞에서의 실존적 삶과는 거리가 있다.

이열매는 신앙생활 중 타인의 비판에 상처를 받는다. 때로는 교회의 신앙생활 중 외적인 행동으로 신앙이 판단이 되어져 상처를 받는다. 여선교회장으로서 새벽기도를 안 할 때 회원들은 자신을 비방하는 듯이 보였다. "스스로 못하고 있다고 생각하고 있는데 그 소리를 들으니 소심해지고 숨고 싶고 상처가 된다."고 그녀는 말한다. 신앙공동체에서도 자유롭지 못하고 더 많은 제약을 받는 기독교 중년여성들의 모습이 보였다.

교회 안에서의 요구되는 신앙생활은 종종 죄를 짓지 않는 바리새인이나 사두개인처럼 진정성이 없는 형식주의에 빠지게 한다. 우리는 이러한 틀이라도 부여잡고 살았으나 이 자체로만은 불완전하다. 이것은 마치 여성들이 남성주의적이며 윤리적인 문화 속에 끌려들어가 사는 것과 같다고 할 수 있다.

3) 있는 그대로 내 모습 드러내다

그러나 집단미술치료와 비블리오드라마를 통하여 성경 속의 인물들을 시연하는 과정에서 내면 속에 잠재되어 있던 억압과 고통에 대한 분노를 자유롭게 표출하고 그 근원을 바라보면서 집단원들은 새롭게 실존적 자아를 자각하였다. 오지원은 예수님이라는 역할임에도 가장 밑바닥에 남아 있던 자기다운 반응을 보였다. 실제 남편 주위의 문란한 여성에 대한 싫어하는 마음이 분출된다. 나인정도 타인의 작품과 드라마 속 특정 인물에 화가 나는 감정을 경험한다. 그러나 나인정은 예전에는 부정적 표현을 하지 않고 참았으나 지금은 부정적 감정을 있는 그대로 숨기지 않는다. 자신을 드러내기 시작하면서 과거의 상처로 남겨 있던 깊은 감정을 개인 비블리오드라마를 하면서 자신의 언어로 드러내었다. "너 때문에 내 삶이 진짜 꼬였어. 너 같은 놈이 안 끼어들었으면 엉뚱하게 안 믿는 사람과 결혼 안 했잖아! 금방 나를 찾았다는 것도 이해가 안 돼! 믿을 수가 없어."라고 말하였다. 이 말을 하기까지 집단원들의 보조자아가 필요하였으며 스스로도 이런 부정적인 말을 할 수 있을 만큼 자신에 대한 용납과 타인에 의해 규정된 억압과 규제를 벗고 원초적인 자기를 있는 그대로 용납하는 경험을 갖는다. 나인정은 마르다와 마리아의 정체성을 탐색하는 과정에서도 내면을 극단적으로 흔드는 문장이 되어 자신을 비난하는 말로 "넌 나쁜 아이야!"를 자각한다. 나는 집단원과 함께 역설적으로 그 소리를 듣게 하고 비난을 받아보는 경험의 장을 마련해 본다. 어릴 때 죽은 언니로부터 완벽해야 한다는 메시지를 받은 그녀의 반응이었다. 우리 각자도 가지고 있는, 그래서 우리를 가두는 '틀'이 보이는 순간이다. 이후 점점 자신의 숨겨진 감정들을 집단원들의 역동 속에서 찾고 드러내기 시작한다. 상처를 주었던 사람에게 머리로는 이해했지만 억압하고 한 번도 토설치 않았던 감정을 용기를 내어 쏟아놓는다.

다른 집단원들 역시 드라마를 하는 모든 과정에서 자신의 있는 모습을 그대로 드러내었다. 신에게서 축복을 받고 싶은 마음을 역할과 상관없이 드러내는 등 신 앞에서 가장 거짓 없이 자신을 노출하는 기회들을 얻었다.

4) 신께 질문하다

교회 안에서 주입되는 교리와 설교 중에 집단원들은 감히 자신의 신에 대한 의구심을 표현하지 못해왔다. 그러나 비블리오드라마로 자신이 경험하는 성경이야기는 눌러 놓았던 의문들이 일어선다. 가장 솔직한 자신의 감정을 입술로 표현해 본다. 오지원은 신앙적 모범이 될 성경 속 인물이 비도덕적이며 의롭지 않으나 하나님이 용납하시고 있음에 화가 난다. 의롭지 않은 남편에 대한 솔직한 자신의 화나는 감정을 있는 그대로 드러내며 질문을 던진다.

인간이 잘못하는 그 순간 왜 하나님은 그 자리에서 개입을 안 하시는가? 성경 안에서도 그리고 우리들의 삶에서도 중요한 순간에 하나님은 왜 가만히 계시는가? 개입을 하시면 우리가 진탕에 빠지지도 않을 것이며 고통과 고난도 없을 것인데 말이다. 삶에서 온갖 고난을 겪는 하나님을 믿는 우리들의 내면에 묻혀 있던 질문이 터져 나온다. "결국 끝은 주님의 계획하심이 있다는 식으로 풀면 결론적으로 안 풀어지는 문제가 없겠죠. 그렇게 이야기하면 답이 없어요. 왜 출발점에 잘못 엮이기 시작할 때 하나님은 아무 말을 안 하시는데요?"라고 나인정은 자신의 삶을 주관하는 하나님께 의문을 던진다.

드라마가 진행되면서 나오는 대사는 또한 우리들의 내면의 원초적 질문으로서의 문장이 튀어나온다. 나인정은 매 순간 하나님의 뜻을 알고 싶었다. 그러나 확실한 설명이 없는 하나님이실 때가 많다. 아무 말 없이 라헬과 레아를 바꾸어서 결혼을 시킨 라반에게 "왜 항상 맘대로 해요? 설명을 했어야 해요."라며 다그친다. 마치 사랑하지 않는 남자와 얼떨결에 결혼한 자신의 실제 결혼에 대하여 하나님께 항의하는 듯이 말이다.

5) 감정으로 신 앞에서 반응하다

우리는 객관적 진리의 기준으로 인간의 삶 속에 일어나는 불미스러운 사건들을 늘 비판한다. 그러나 이러한 사건들은 개인이 실존적으로 신을 만나는 과정에서 필요한 '주관적 체험'을 하기 위함이다. 우리는 고통스러운 일들을 통하여 또한 신을 '직관'하게 되고 '감정'을 통하여 만나게 된다.

하나님 의식은 절대의존의 감정으로부터 주어지는 인간학적 체험이라고 Schleiermacher는 말하였다. Schleiermacher는 그의 저서 『종교론』에서 통속적인 교리와 교의보다는 더욱 중요한 것은 종교적 직관이라고 말한다(F. Schleiermacher, 2002). 그러므로 종교적 직관으로 주어지지 않은 모든 교리와 교의는 개인에게 절대성을 가지지 못한다. 이 개념은 절대적인 것에 대한 주관적 체험을 의미한다고 하였다. Schleiermacher에게서 하나님의 의식으로 충만한 상태인 경건이란 원초적으로 '감정'을 의미한다. 즉 인간의 자유감정, 다시 말해 주관적 감정을 의미하는 것이 아니라 신 존재에 대한 직관으로부터 주어지는 직접적 의식, 혹은 절대적인 감정을 의미한다. 이러한 '감정'은 우리의 삶에서 때로는 윤리까지 뛰어넘어서 경험되는 것이다. 그것을 그는 경건이라고 표현한다. 경건은 절대의존 감정의 극치이며 자아의식 속에 하나님이 공존하는 하나님의식을 뜻한다.

집단원들은 작품을 통하여 자신들의 신앙적 삶을 이야기할 때와 드라마 속에서 신체적 언어로 직면되는 신앙인의 모습에 그 차이를 많이 드러내었다. '관념'과 '교리'로 알고 있던 신앙이 가장 즉흥적이고 신체로 반응하는 장면에서 감정과 직관으로 자신의 신앙들을 드러낸 것이다.

신앙인은 이웃을 사랑해야 하며 비판하지 않아야 하며 좋은 말만 사용해야 한다는 교리를 이루고자 노력하던 나인정과 오지원과 유시온은 본 프로그램 과정에서 타인을 비난하는 감정을 솔직하게 터트리고 만다. 그러나 그러한 실존적 감정을 인정하였기에 그녀는 그 다음 과정으로 넘어갈 수 있었다. 신 앞에 긍정적이든 부정적이든 솔직한 자신의 감정으로 서게 되었다.

주사랑은 이삭이 되어 진심어린 눈물을 흘리며 야곱과 에서 모두를 축복하고 싶어 한다. 이 드라마 속에서 즉각적으로 반응하며 경험하는 감동은 참으로 놀라운 것이었다. 그녀의 그러한 감동이 있었기에 집단원들의 마음이 더 열리고 굳어진 마음들이 치유될 수 있었다. 그녀는 그 순간만큼은 과거에 매여 있지 않으며 지성과 감성을 통섭적으로 작동시키며 지금–여기의 삶에 충실하게 반응하고 있다. 집단 안에서 구체적인 역동들이 일어날 때 그녀의 반응은 강하고 상황을 변화시킬 만큼 힘이 있었다. 객관적인 교리에서 비롯된 신앙이라면 현장에서 이러한 긍휼한 감정을 경험하기 힘들 것이다.

6) 고통 속에서 맨 몸으로 신 앞에 서다

'고통과 고난은 주님을 만나는 길'이라는 Kierkegaard 말처럼 기독교 중년여성들은 자신이 경험하고 있는 억압, 고통, 어려움 등을 통해 신을 만나 위로받고 그것들을 견디고 끊임없이 그것들을 해결하려고 노력하고 있는 모습을 발견할 수 있었다.

> **치료사:** 인생이 수수께끼고 신앙 좋을 때는 단답형으로 나올 것으로 알고 있다가 중년여성이 되어서야 이런 성경의 이야기로 치유하는 집단상담을 할 수 있다는 생각이 드네요. 특히 기독교 청소년들에게 이렇게 다양하게 풀어보면 위험하겠죠. 우리는 하나님이 이런 것도 용납하시는구나! 통이 넓어질 수 있지만!

성경 속 이야기로 탐색하면서 중년여성들은 하나님의 뜻을 아는 일이 결코 단답형이고 획일적이지 않다는 것을 나는 깨닫는다. 하나님이 축복한 성경의 인물들은 결코 도덕적이거나 윤리적이지 않다. 포장되지 않은 원초적인 맨 몸 그대로 하나님을 대면하고 있다. 야곱은 속임수를 쓰는 자이지만 하나님을 찾는 일에 진지하였기에 축복을 받는다.

나인정은 지금도 고난과 역경 속에서 치열하게 살고 있다. 전 프로그램 과정에서 밝혀진 그녀의 삶은 부모로부터 방치되어 왔고 자기존재감이 낮은 그녀가 하나님을 만나면서 선교단체에 가입하고 전적인 헌신을 한다. 그러나 젊은 날에 경험된 형제에 대한 상처는 순간적이고 엉뚱하게도 안 믿는 사람과 결혼을 한다. 성격과 신앙적 차이가 많은 남편과 시댁에 자신을 맞추며 사는 과정은 고난이었다. 결국 이혼을 하면서 또한 선교단체의 간사로서 자책감을 가지고 자신을 용납하지 못하여서 늘 긴장감이 있다. 그렇기에 그녀는 매순간을 하나님 앞에 더 찾고 그 앞에 서게 된다. 윤리적으로 이혼한 그녀가 버리려던 '사랑'은 그녀가 가장 원하던 것임을 솔직하게 인정하며 그 모습 그대로 신 앞으로 나간다.

기독교선교단체의 리더이면서 이혼한 나인정은 둘째 날의 비블리오드라마를 통하여 결혼 전의 상처를 드러낸다. '사랑'을 이루지 못한 아픔의 과정에서 '책임'으로 시작된 결혼생활이 힘이 들었다. 성경적 윤리로는 이혼은 금물이다. 영적 리더의 이혼은 비판받을 일이다. 그러나 정작 본인은 그 아픈 시행착오를 통하여 Kierkegaard가 말하는 '윤리적 실존'의 삶의 의무를 내려놓고 하나님을 더 의지할 수밖에 없는 '종교적 실존'으로 나가고 있는 것은 아닌가! 대부분의 사람들은 윤리적 단계에 머물러 있다가 종교적 단계로의 비약이 일어난다. 이러한 Kierkegaard의 실존적 해석은 실수투성이며 질곡 많은 우리들의 삶을 존중하며 새로운 해석을 하도록 해준다(김진태, 2000). 이러한 실존적 해석과 관점은 윤리적이고 교리적인 판단을 중지하고 기독교 여성의 삶을 이해하고 해석할 수 있게 해 준다. 영적 리더의 완전하지 못한 삶의 여정에 대해 '판단'하기에 앞서 그러한 '불완전'으로 끊임없이 신과의 '주관적 관계'가 유지되는 한 그대로 '바라보기'가 필요하다. 주님을 만나는 '과정'의 의미를 놓치지 말아야 한다. 나는 여성들의 지나온 과거에 대한 경험을 함께 만날 기회가 많아질수록 그들의 현재 행동의 근원도 같이 바라보아야 한다는 생각을 하게 된다.

신앙인의 삶이 실제적으로 고난이 없는 평탄함만 있는 것이 아니다. 강한나는 "남편 바람난 곳에 가서 난리를 안 피운 건 내가 그나마 내려놓아서 그래요. 그리고 앞으로 희망이 있고 미래가 있다고 생각했어요. 체험을 느꼈기 때문에 희망이 있어."라며 고통 속에서도 그래도 희망이 있음을 말한다. 강한나는 남편이 외도하는 일이 있었고 장애를 가진 몸으로 일구어낸 식당에 대한 보상을 시댁형제들이 상당부분 챙겨서 가져갔으며 그 과정에서 남편은 죽음을 맞는다. 자녀가 둘이지만 부족한 아들이 있다. 그 또한 자신을 겸손하게 해 준다. 결코 삶이 녹녹하지 않으나 그 고난이 하나님 앞으로 겸손하게 나아가게 하였다.

기독교 중년여성들은 자신의 고통과 고난의 의미를 이해하고 해결하기 위해 교회로 신 앞으로 나왔으나, 여전히 고난과 고통은 잔존하고 있다. 교회생활과 기도생활을 통해서 신 앞에 선 단독자, 직관으로 나온 감정으로 신을 직면하게 되는 경험을 통해서 그들이 고통과 고난의 의미를 이해해 간다. 그럼에도 불구하고 그들의 일상생활에서는 여전히 고통과 고난이 남아 있어 그들을 따라다닌다.

Kierkegaard도 지적하는 바이지만, 인간은 윤리적 실존단계에서는 한계상황에 절망하고 자신의 무력감에 좌절할 수밖에 없다. '동방의 의인' 욥도 마찬가지로 자신에게 주어지는 여러 가지 어려운 상황에 절망하고 불안해하였다. 그러나 그는 끝까지 참고 견뎠다. 친구들의 호된 질책에도 잘 이겨냈다. 하지만 그는 자신의 의를 고집하며 하나님을 원망한다. 이와 같은 욥의 신앙적 한계에 대하여 하나님은 사랑이 담긴 책망을 하신다. 결국 욥은 자신의 미천함을 하나님께 고백하고 주체적인 결단을 내린다. 즉 자신의 모든 교만했던 죄를 회개하고 온전히 하나님을 의지하게 되었던 것이다(김진태, 2000: 27).

> "욥이 여호와께 대답하여 이르되 주께서는 못 하실 일이 없사오며 무슨 계획이든지 못 이루실 것이 없는 줄 아오니 무지한 말로 이치를 가리는 자가 누구니이까. 나는 깨닫지도 못할 일을 하였고 스스로 알 수도 없고 헤아리기도 어려운 일을 말하였나이다 내가 말하겠사오니 주는 들으시고 내가 주께 묻겠사오니 주여 내게 알게 하옵소서 내가 주께 대하여 귀로 듣기만 하였사오나 이제는 눈으로 주를 뵈옵나이다. 그러므로 내가 스스로 거두어들이고 티끌과 재 가운데에서 회개하나이다"(욥 42:1-6)

그렇다. 욥 역시 귀로(혹은 설교로) 듣기만 하였을 때는 깨닫지 못했지만 고난의 체험들 속에서 단독자로서 신에게 '나는 누가인가?'의 물음을 온전하게 던질 수 있었고, 눈으로(체험으로) 신에게 다가갈 수 있었다. 기독교 중년여성들 역시 자신의 고통과 고난의 의미를 묻고 그 해답을 얻기 위하여 단독자로서 직관으로부터 나온 감정으로써 신 앞에 섰다. 성경말씀으로 이해하려 하였고 교회생활을 통해서 신이 말씀하시는 고통과 고난의 신비도 알게 되었다. 비블리오드라마와 집단미술치료를 통해 개인적 직접적인 성경말씀의 체험으로 자신들이 가진 고통과 고난의 개별적인 의미를 이해하면서 여전히 자신들이 직면하는 현실생활의 억압, 고통, 고난을 헤쳐 나갈 준비가 되었다. 기독교 중년여성들은 과거보다는 더 자유롭고 여유 있게 여성으로서 짊어지고 가야 할 삶의 짐을 지고 갈 것이다.

3 그림과 드라마에 힘입어-비블리오드라마와 집단미술치료가 자아개념 형성에 어떤 기능을 하는가?

기독교 중년여성들이 중년의 나이까지 이르며 쌓인 긴 이야기만큼이나 고착되고 침잠된 상처나 왜곡을 언어로 이루어진 상담만으로는 깊이 있게 다룰 수가 없다. 마음과 감정은 몸으로 나타난다. 더욱이 긴 세월 가지고 있던 감정들은 신체에 영향을 주어왔으므로 감정과 신체는 함께 다루어져야 한다. 중년여성들이 신체를 활용하여 마음과 몸을 함께 깨어나게 함으로써 오fot동안 억압되어왔던 감정이 완전하게 드러나게 되는 것이다. 실제로 비블리오드라마를 활용한 집단미술치료 프로그램을 통하여서 기독교 중년여성 집단원들은 자발적인 참여 속에서 자신의 개성과 행동을 존중받았으며, 예상치 못했던 장면에서 즉시적으로 몸이 말하는 것을 경험하였고 묻어두었던 감정들이 올라와서 정화되는 경험들을 하였다. 기독교인으로서 성경 속 인물이 되어 그들 역시 동일한 상처와 아픔이 있음을 공유하며 자신의 문제로 가져왔다. 정체성이 강한 주제로 형성되어 있던 신앙관의 가치관에서 놀아보며 자각하는 것은 기독교 중년여성들에게 가장 안전감과 흥미와 동기를 부여하였다.

그림은 많은 생각과 감정을 통합하여 한 공간에 집약시키므로 의사전달에 유용하였으며 또한 자신의 무의식을 발견하도록 하였다. 만들어진 작품은 시공간적 관찰을 통해 집단원들과 같이 탐색하도록 하였고 서로 피드백을 하면서 더 깊이 있게 자신과 서로를 비교하면서 탐구할 수 있었다. 비블리오드라마와 집단미술치료는 집단이라는 단위에서 이루어지면서 서로의 역동이 치료장면에 에너지를 주고 새로운 자각들을 선사하였다. 관계지향적인 여성들에게 있어서 집단은 타자의 언어로 살아서 지친 그들의 삶을 치료하는 과정까지 충분히 기능하였다.

1) 미술을 통하여 '나'를 드러내다-미술치료

(1) 작품으로 이야기하다

사람들은 자신과 다른 사람들이 누구인가에 대한 이야기로 자신의 삶을 형성해가며 자신의 과거를 해석한다. 이야기는 사람들이 세상으로 들어가기 위해 통하는 하나의 관문이며, 이러한 관문에 의해 세상에 대한 그들의 경험이 해석되고 개인적으로 경험의 의미가 만들어진다(Clandinin & Connelly, 2006). 참여자들이 자신에 대한 이미지를 작품화하고 그 의미를 이야기한다. 이야기는 또 다른 이야기를 불러내어서 집단원들은 서로 공감의 이야기, 의문과 답을 화답한다. 자신이 생각하는 결혼에 대한 그림을 그리고 이야기하는 과정은 마치 자신의 과거 삶을 해석하는 의미이기도 하다. 그래서 자신의 경험들이 이야기되면서 그들의 사고방식을 서로 알게 되고 그들의 실존을 만날 기회가 되었다.

작품을 설명하는 과정에서 그들의 과거의 이야기가 들린다. 자신을 상징하는 이미지에 대한 의미를 밝히며 이야기가 되고, 자신이 포기할 것을 밝히며 설명하고, 자신의 소감을 이야기로 공유되었다.

작품으로 표현하는 그 자체도 에너지 증가를 유발할 수 있고(Kahn, 1999), 미술은 단순히 생각에 그치지 않고 내담자가 뭔가를 하게 해 줌으로써 언어 중심의 상담보다 더 활동적으로 된다(France & Allen, 1997). 그리고 내담자가 경험한 갈등, 감정, 처한 상황 등을 은유적으로 표현하게 해 준다(Ulak & Cummings, 1997). 이런 은유적인 표현은 더 자유스럽게 경직되지 않고 자신을 폭넓게 드러내어서 이야기하도록 한다. 작품은 자신이나 자신이 처한 상황을 구체적으로 객관적인 방식으로 묘사하도록 돕는다(Rubin, 2010). 이 모든 과정을 통해서 집단원들의 개인 성격의 일면을 더 쉽게 깨닫도록 하였다(Mills & Crowley, 1986; Plante, 2006).

첫날 종이 한 장으로 자신의 이미지를 나타내는 작품은 단순하고 쉬운 매체로써 오히려 폭넓은 의미를 내포하게 하며 무의식을 드러내기가 쉽도록 하였다. 작품으로 자신을 나타내라는 미션은 짧은 시간에 다른 방어를 미쳐 생각할 틈 없이 빠르게 내면으로 인도하였다. 나인정은 '흔들리는 추'와 '뾰족한 삼각형'의 모양으로, 이열매는 '둥근 함지박모양'으로, 오지원은 '집과 비행기'로, 주사랑은 '연결된 고리모양'으로, 강한나는 '배와 접혀진 삼각형', 유시온은 '세모와 네모, 동그라미'의 입체모형을 만들고 자신을 은유적으로 표현하였다.

집단원들이 자신의 감정을 집단원들이 그림으로 나타내는 일 또한 매우 은유적인 행위이다. 나인정은 낯선 공동체를 만났을 때 느끼는 긴장을 다양한 원 밖의 검은 색칠로, 이열매는 아직도 남은 불안을 원안의 박혀진 씨앗으로, 그 외의 집단원에게서 좋은 일은 밝은색의 꽃과 하트 등으로 표현되었다. 또한 하루의 일정이 끝나고 만들어진 집단원들의 소감작품들은 경험된 감정과 의미를 충분히 내포하는 그림을 그렸다.

그림은 서로의 정서적 거리과 공간의 배치를 통하여 집단원들의 가족간의 역동적 관계를 잘 드러내도록 하였다. 나인정의 경우는 원가족과 이혼한 남편과 두 자녀의 정서적 거리와 단절을 가족도 그림을 통해서 한눈에 보게 하였고 그래서 지금의 그녀가 있기까지를 이해하도록 하였다.

작품을 통한 투사와 동일시 현상은 치료장면에서 직관적으로 이루어진다. 인간은 지속적으로 자신의 삶과 관계를 망가뜨리는 사람들에 의해 좌절감을 맛본다. 자아와 삶에 대한 핵심적 믿음은 집단심리치료장면에서 무의식의 패턴이 되어 재현과 전이의 형태로 표출된다. 즉, '과거의 습관적 행동을 다시 반복함'으로써 관계를 마치 열추적 미사일처럼 우리가 원하지 않는 방향으로 이끄는 것이다. 전이와 재연 역동은 우리의 고통이 어디에 있는지를 알려주는 조용한 종소리와도 같다. 만약 우리가 테세우스처럼 황금실을 이용해 무의식이라는 미로를 헤쳐나가 문제의 근원에 다다르면, 우리는 어둠 속에서 빠져나와 빛을 발견할 수 있는 방법을 찾게 될 것이다. 이를 통해 자신의 갈등이나 관심을 드러내고 나아가 그러한 일을 처리할 수 있는 적절한 방법을 배우고 실행하게 될 것이다(Tian Dayton, 2011).

소감이미지는 그들의 경험들을 한눈에 집약되어서 보여졌다. 나인정의 분노의 감정은 '폭발하는 모습'으로, 이열매는 문제가 연속되며 반복되다가 풀어지는 과정의 생각을 '달팽이'의 이미지를 사용하였으며, 유시온이 경험한 감정은 '한번 불었다 풀린 풍선'처럼 자극을 남겼다고 표현되었다. 주사랑은 본 프로그램에 대한 좋은 기대를 '열매'의 그림으로 나타내었다. 강한나는 눈물을 표현하며 공감하는 내용의 그림으로 촛농이 떨어지는 촛불을 그렸다. 강한나 역시 다양한 공동체가 함께 연이어 있는 그림을 그리고 각각의 공동체 특징을 다 공감이 된다는 말을 하였다. 이후 둘째 날의 소감작품들은 그 전 날들의 소감 그림들과 서로 연결이 되며 조금씩 달라지기도 하였다. 공동체 밖에 검은색이 없어지거나, 원안의 검은 불안의 씨앗이 밖으로 나오거나, 분노의 그림이 사랑의 하트로 바뀌어가고 진화되어갔다. 나인정은 다른 집단원들이 만든 작품을 보고 특별한 감정이 올라온다. 작품에 전이된 감정은 '선하고 좋은 것'을 말하고 있는 작품에 대하여 화가 난다. 그런 것들을 지향하여 왔지만 이제는 그것들이 자신을 억제해 왔다는 생각에서 감정이 올라온다. 투사된 감정을 스스로 탐색하면서 감정을 억압하고 살았던 사실을 직면한다. 그 이후의 소감으로 이열매는 시어머니에 대한 감정을 카타르시스화하고 나서 정화된 마음을 '새잎이 올라오는 푸른 잔디'로 표현하였고, 강한나는 과거의 나와 현재의 내모습의 확연히 다른 모습을 나타내었다. 결국 신앙 안에서 자신을 내려놓았으며 아무리 어려움이 있어도 예수님을 통하여 희망이 있다고 하며 '십자가'의 이미지를 사용하였다. 오지원의 '나비' 그림으로 자유롭고 변화되고 싶은 마음을 드러내었다. 나인정의 부정적인 감정을 나타내는 어두운 색 주변으로 '하트'나 '해피'라는 긍정적인 작은 단어가 등장하기 시작하였다.

(2) 지지와 위로로 피드백 하다

적정한 '집단 온도'는 그 중간지역에 해당하는 사랑과 열정을 비롯한 강렬한 감정을 자유롭게 표현하는 공간이다. 그 속에서 우리의 인지적·감정적 자아는 의식적이고 깨어 있는 상태를 유지할 수 있다. 무의식을 의식으로 만드는 과정은 고통을 유발한다. 집단은 개인의 느끼는 고통의 순간에 공동체 의식과 동일시, 지지를 부여한다. 이것은 내담자의 감정적 고립, 즉 어디에서도 상처받는데 대한 두려움에서 벗어날 수 없다는 감정을 유발했던 과거의 경험을 서서히 수정한다. 이러한 점진적인 치유를 통해 인간은 방어 수준을 낮추고 자신과 타인 그리고 자신의 삶을 더욱 완전히 경험하며 통합되고 균형 잡힌 안전한 자아감을 형성하게 된다.

참여자들의 작품과 이야기를 통하여 서로 공감이 되는 부분들을 나누자 더 깊은 이야기들이 나오기 시작한다. 이열매와 유시온은 둥글고 누군가를 용납하고 담아내는 원만한 자아상을 바라면서도 자신들의 삶에서 모가 나게 살 수밖에 없던 일들을 통하여 세모의 자아상도 필요하다고 서로 공감을 한다. 이열매는 '나'를 희생하며 참았던 관계에서 너무 힘이 들었고 그래서 신경성적 병인 '화병'이 생겼다고 한다. 자신을 '화'를 통해 드러내고 나니 좋아졌다며 때로는 모서리가 필요하다고 하였다. 유시온도 자신의 모가 난 성품이 변해야 한다고 생각과 그런 자신을 용납하려는 두 마음이 나타나고 있다고 공감한다. 두 사람 모두 성숙을 향하는 자신의 모습은 어떠해야 할 것인가에 대한 같은 고민을 발견한다. 오지원과 강한나는 역시 자유롭고 싶은 내면과 제약을 주는 외부환경과의 힘든 삶이 서로 공감을 하며 공통성을 찾았다. 특히 강한나는 자신이 행하였던 삶의 공로를 인정받지 못하고 시댁식구들의 자신에 대한 부정적 평가와 착취에 대한 아픔을 눈물로 이야기를 한다. 즉, 자신의 몸에 대한 핸디캡 때문에 있는 그대로의 '나'를 보지 않는 시댁식구들의 평가에 상처가 있으며 희생하며 애써 살아온 공로는 인정해 주지 않는 '너'에 대한 원망을 말한다.

이러한 공유된 피드백은 또한 참여자들 간의 좀 더 의미 있는 것으로 받아들여지게 되면서 신뢰감을 형성시킨다. 집단미술치료에서의 이점은 다른 사람과의 이미지 공유이다. 자신의 문제가 유일한 것이라고 생각한 채 고립되어 있는 경우나 아무도 자신을 이해할 수 없을 것이라고 짐작하고 있는 때에 자신의 문제를 공유할 수 있는 이해심 많은 구성원이 있다는 것에 대해 집단의 한 부분으로 느끼게 된다(Wadeson, 2008: 203). 집단미술치료 과정에서 자기 자신과 다른 사람이 만든 미술치료의 영향은 각 개인 경험의 부분이 되고, 총체적으로 집단의 삶에 의미 있는 영향을 끼치게 한다.

집단원들은 서로에 대하여 진지한 반응을 하였다. 그래서 집단원들은 자신이 가진 의문과 감추고 싶던 자신의 모습을 드러내며 피드백을 받고자 하였다. 강한나는 자신은 장애가 어렸을 때부터 있었기 때문에 불편함이 전혀 없다. 그런데 교회 부엌에서 200명 식사준비를 할 때 어떤 권사님이 "저 몸을 가지고 저렇게 일을 하는가?"하니 왜 그런 소리를 하는지 자꾸 생각하게 된다고 한다. 치료사는 차라리 그런 말에서 자유로워질 것을 피드백하였고 집단원들은 칭찬하는 말처럼 들린다고 지지를 한다. "잘 살아온 것 같아요."의 지지와 오지원으로부터 첫 대면과 다르게 매력적이고 저와 다른 삶을 살았다는 것이 호기심도 생긴다는 피드백을 받고 힘을 얻는다. 그래서 강한나는 더 나아가 소감을 나타내는 시간에 자신에 대한 피드백을 요구하고 자신의 모습을 확인받고 싶어 했다. 나인정은 '너무 많이 드러낸 것에 대한 불안'이 있다면 서서히 타인이 알아가도록 기회를 주라는 피드백을 해 주었고 강한나는 이 피드백을 유쾌하게 받아들인다. 셋째 날에는 시형제간의 재산적 갈등이 있는 강한나로 하여금 억울함과 원통함을 풀게 하였다. 첫째 날 프로그램부터 자신의 이러한 처지를 드러내며 자신의 주된 문제며 감정임을 알려왔다. 드디어 그러한 감정을 집단원 앞에서 풀 기회를 얻었다. 강한나는 열심히 살아서 자신이 일구어 낸 성과를 시형제들은 전혀 인정을 하지 않고 도리어 욕심쟁이로 만들었던 그 억울한 감정을 몽둥이를 두드리며 몸과 힘을 통해 카타르시스 경험을 가졌다. 결국 그들에게서 듣고 싶었던 말은 '너 수고했다'였다. 이를 보고 있던 집단원들은 진심으로 그녀의 시형제가 되어 그를 수고했다고 하며 미안하다고 안아준다. 감정에 복받쳐서 우는 강한나와 같이 안고 우는 집단원들은 같은 마음이 되어 그 상황을 공유한다. 비록 짧은 시간들이지만 이러한 진정한 공유된 마음은 강한나의 마음속 응어리를 풀어주었다. 눈물이 그치자 강한나는 그런 사건 이후 있을 희망을 말하며 환하게 웃고 모든 집단원도 박수와 환호로 축복하였다.

또한 집단적 치료는 사회측정학적 동일시, 서로 돕기, 격려를 통해 우리를 자아실현의 길로 이끈다. 그림의 무의식과 통합력, 드라마의 자발성 속에 드러난 자기 본연의 감정과 생각을 발견하면서 자아실현으로 나아갈 기회를 많이 접하게 되었다.

매번 제작된 작품에 대한 피드백과 서로의 이야기하기에서 들려지는 그들의 삶에 대한 지지와 피드백이 본 프로그램의 전 과정에서 지속적으로 일어났다. 미술치료장면에서 나오는 작품은 다른 집단원의 시선에서 재인식된다. 집단원들이 서로의 생각을 이야기하고 다양한 의미를 부여하면서 자신이 몰랐던 무의식을 발견하고 타인과 비교하면서 자신의 정체성이 선명하게 드러나는 것을 경험하였다.

특히 넷째 날에 사용한 콜라주 기법은 작품의 내용과 형식과 상징적 이미지를 가지고 집단원들로 하여금 풍부한 피드백을 할 수 있는 기회를 제공해 주었다. 치료사로서 콜라주 작품을 볼 때 화면에 붙인 정도와 위치, 화보를 오린 상태, 화보의 이미지의 무의식적 해석 등에 대한 정보를 나누었다. 그러자 피드백을 주고받는 집단원들은 무의식적 패턴을 서로 분석하고 질문함으로써 객관적으로 자신을 볼 수 있도록 하여 서로에게 좋은 치료자의 역할을 하였다. 고통스러운 감정이 자극받았을 때 그러한 자극을 회피하는 대신, 자발적으로 탐색하고 그 과정에 호기심을 갖는 일은 집단 내에서 형성되는 치료관계의 핵심이라 할 수 있다. 그들은 치료적 분위기를 형성하고 전문가의 도움하에 모두가 그곳에 머무를 수 있도록 서로를 돕는다. 그리하여 집단은 새로운 행동을 배우고 실행할 수 있는 공간이 되었다.

(3) 미 · 가치 · 이성을 신체로 통섭하며 존재론적 의미를 재구성하다

나인정은 자신이 바라는 정체성으로 '호수'를 그렸다. 자신이 큰 물결이 일지 않는 조용한 호수이기를 바라는 마음이 크다. 나인정은 자신이 평안한 '호수'가 되기 위해서는 '사랑'을 포기해야 한다고 말하고 있었다. 하지만 나인정은 그림을 설명하다가 어린 시절을 떠올린다. 어린 시절의 모험심 강한 아이였음을 잊고 있었음을 깨닫는다. 자신의 진정한 모습은 '삐삐'와 같은 에너지도 많고 모험심도 많아 '요동치는 자'라는 것을 기억해낸다. 드라마에서도 비중 없는 양 역을 하면서도 그 상황을 깨고 도망을 다니며 개구쟁이처럼 웃고, 자신도 모르게 한껏 즐거워하는 모습이 너무 자연스럽게 벌어졌다. 나인정은 작품으로 또는 드라마로 자신을 개방하기 시작하면서 긴장을 풀고 눌러놓았던 예상치 못한 즐거운 감정들을 만나게 되었다. 그래서 나인정의 소감 그림에서 검은색과 회색의 눈물이 그려지고 그 아래 주변에 해피라는 단어로 표현되는 작은 하트가 수줍게 그려지기 시작하였으며 초록색과 노랑의 바탕에 조이라는 긍정적인 단어들이 등장하기 시작하였다. 계속적인 집단원들과 상호작용을 통하여서 그녀는 '나는 행복하면 안 돼'의 거짓 메시지에 왜곡되어 있었음을 깨닫는다. 결국 넷째 날에는 '사랑'의 하트 작품 하나를 크고 예쁘게 만들었다. 그녀는 자신의 이성적이고 윤리적인 사고를 내려놓고 원초적 자신이 원하고 있는 것에 미적으로 반응하고, 가치를 부여하고, 이성적으로 사유하고, 예술적으로 창조하기 시작한 것이다. 이혼한 그녀로서는 문화적·도덕적 규율로써 '사랑'을 금기시하였고 자신의 결핍에서 오는 불안함 때문에 '사랑'은 통제해야 할 주제로 여겨온 것 같다. 그러나 두려움의 바닥에는 사랑의 욕구가 있음을 직면할 때 자유로워졌다. 조금씩 자유로워지는 나인정의 변화가 삶에서도 그대로 나타나고 있었다.

유시온은 서로 크기가 다른 두 사람을 만들었다. 큰 사람이 남편이라고 생각을 하였으나 사실 자신이 큰 사람의 역할을 할 수도 있다는 것을 자각한다. "두 사람을 만들었는데 큰 사람이 남편이 될 수도 있고 내가 될 수도 있어요. 남편에게서 받기만 하는 사람으로 알고 있었는데 내가 큰 사람의 역할을 할 수도 있다는 것을 알게 되었어요."라고 말한다. 언제나 남편에 비해 자신은 작은 자라고 생각해 왔다. 어느 면에서는 자신이 큰 자의 역할을 했던 사실도 새롭게 보인다. 생각의 확장과 전환이리라! 그리고 유시온은 "나는 확실한 마르다였는데 오늘 보니까 마리아의 모습으로 되어 있다는 것을 발견하게 되었어요. 다른 사람들의 단점들이 내 안에 다 있다는 것을 알게 되었어요."라며 또 다른 자각한 부분을 말하였다. 이열매는 "나의 존재에 대해서 생각하지 않았었는데 내 스스로를 짚어보게 되었어요. 그동안 나의 상처를 너무 부각시켜서 생각했었다는 것을 알게 되었어요. 나만 상처가 있는 것이 아니구나를 알게 되었죠. 다들 조금씩 힘든 부분이 있구나를 알았어요. 자신을 돌아보게 되네요. 내가 무슨 생각을 하고 있는지를 자꾸 생각하게 되었어요."라며 새로운 자각과 함께 자신의 밖으로 나와서 자아를 바라보게 된다고 말한다.

오지원 역시 상황이나 남편이나 시어머니의 영향에 많이 영향을 받고 살았는데 이제 자신의 힘을 찾아야겠다고 말한다. 그리고 남편이 도리어 자신을 찾아가도록 했던 것 같다며 남편에 대한 새로운 인식의 변화를 보여주었다. 나인정은 첫 작품에 나타내었던 자신의 정체성을 이제는 그것조차 자신의 모습으로 받아들이는 여유를 보였다. "내 감정의 tm윙이 크고 기복이 큰 것을 용납을 못했는데 이런 모습도 있고 저런 모습도 있다는 것을 받아들였어요. 이 프로그램을 통해서 관계가 얼마나 안전한지를 경험했다는 것이 많은 소득이에요."라고 나인정은 말하였다. 강한나도 자신이 너무 주관이 뚜렷한 사람임을 알게 되었으며 자신의 상처들도 힘을 더 가지면 문제가 없게 되고 더 잘 할 수 있을 것으로 생각이 든다고 하였다. 그리고 본인이 참 열심히 살아왔음을 인정하였다.

(4) 매체는 소통의 지름길이다

미술치료는 엄격하게 시각미술재료라고 분류할 수 없는 다양한 많은 매체가 활용되고 있다. 만들기는 놀이의 한 형태로 간주되기도 하고 역사적으로 보아도 아동 및 가족의 놀이치료기법의 한 부분으로 사용되었다(Malchiodi, 2012: 46 재인용). 점토는 매우 폭넓게 사용할 수 있는 소재로 무한한 변화를 줄 수 있다. 특히 유연성 때문에 과정을 발전시키고 변화를 경험하는 데 적합한 재료이다(Wadeson, 2008: 121). 만들기 쉽고 마음대로 되는 성질은 생명과 몸체를 소유하는 매개체를 낳게 하는데, 점토를 한껏 쥐고, 굴리고, 형태를 만들려는 충동에 의해 점토는 깊은 인간 의식을 끌어낸다. 또한 점토를 통한 예술치료 과정은 그들의 치료적이고 창조적인 필요에 의존하는 촉각과 시각 기능 모두를 끌어내게 한다(한국미술치료학회, 2000: 641). 중년여성인 집단원들은 오랜만에 만져보는 찰흙을 즐겁게 다룬다.

찰흙으로 넷째 날의 소감을 입체화하여 표현하기를 하였다. 치료관계에서 미술작품을 만들어가는 과정은 실존주의 혼란에 대한 비유로 볼 수 있고, 미술작품은 내담자를 최상의 심리상태로 이끌어가게 해 준다(Moon, 1995/2007). 드라마로 드러난 감정과 생각들을 찰흙을 주무르며 다시 정리를 하고 가장 핵심적인 자신의 심리상태를 드러나게 한다. 또한 창조하기라는 행위는 무엇인가를 습득해 내려고 애쓰는 것이다. 자신의 손으로 만든 작품을 바라보는 것은 기분이 좋아지는 경험이 될 수 있다(Wadeson, 2012: 1).

찰흙을 이용한 작품의 이미지로 유시온은 자신의 존재가 커지며 그러한 자각을 '큰 사람과 작은 사람'의 사람의 모습을 만들고, 큰 사람이 자신일 수 있음을 말하였다. 또는 갈등이 남아 있던 오지원의 작품은 '두 개로 나뉘어진 덩어리'로 나타나기도 하였다. 나인정은 자신이 버려야 한다고 생각하던 사랑을 '하트'의 모양을 크게 만들고 사랑을 받아들이는 단계를 이미지화하였다. 주사랑은 큰 나무가 되기 위해서는 기다림이 필요하다는 의미로 '나무'의 이미지를 창조하였으며, 이열매는 마음속 불안이 명료화되었다는 의미로 열매가 벌어진 속에 씨앗들이 보이고 있는 작품을 만들었다. 강한나는 자신에게 힘과 능력이 있음을 '자동차'로 나타내었다.

콜라주 기법은 1972년 Buck과 Provancher가 미국 작업치료지에 평가기법으로 게재하면서 최초로 소개되었고(Buck & Provancher, 1972), 이후 콜라주 기법은 일본에서는 1988년 전후 모리타니와 스기우라에 의한 모래놀이치료의 임상 실천과 기초연구를 거쳐, 모래놀이치료의 평면적 활용이라는 발상으로부터 콜라주 기법이 개발되었다(이근매·아오키 도모코, 2010). 특히 미술치료장면에서 많이 쓰이는 기법이다. 콜라주 작품은 내용과 형식, 상징 등을 통하여서 각자의 무의식의 영역을 드러낸다. 즉 무의식을 탐지할 수 있고, 숨겨진 갈등을 표현하는 데 도움을 주고 다른 과정으로는 알기 어려운 숨겨진 사고 및 감정을 의식으로 끌어올려서 자각하게 해 준다(Liebmann, 1990; Rubin, 2010). 콜라주의 형식분석에서는 자른 조각의 수, 도화지 밖으로 튀어나온 정도, 중복붙임, 자르는 방법, 문자의 유무, 여백의 분량, 주된 문자, 채색, 통일감 등을 살피고, 내용분석에서는 테마성이나 선택한 조각의 내용, 즉 자연, 풍경, 인간, 동물, 음식, 탈것, 물체, 추상적인 것 등, 내담자가 어떠한 내용의 조각을 선택하는지가 문제가 된다. 또한 전체 제작체험을 통하여 적극적인 인지 변화와 부정적인 감정들이 감소되고, 집중력, 친밀감이 향상되었다는 많은 연구결과가 있다(이근매·아오키 도모코 공저, 2010). 이러한 분석이 자신의 자아를 찾아가는 중년여성들에게 통합적 자신의 이미지를 찾도록 할 것을 기대하며 실시하였다.

집단원들의 콜라주 작업방식은 각자의 성격과 특질을 그대로 나타내었다. 듬성하게 자신에게 중요하다고 생각하는 이미지 몇 개만 오려서 사용한 이열매는 단순하게 자신의 집중된 생각에 머무르는 특징을 나타내었고, 화면 가득 틈을 주지 않고 질서 있게 사각모양의 이미지를 붙였으나 화려한 옷가지의 화보만 화면 밖으로 돌출시킨 강한나는 질서를 지키지만 언제든지 규율과 상황에 상관없이 자신을 드러낼 수 있는 에너지를 소유한 사람으로 보인다. 작은 화보만을 사용하고 정교하게 실루엣을 오려서 붙인 유시온은 그만큼 세심한 성격을 나타내었다. 대부분 터프하게 오려진 큰 화보들, 그러나 화면 밖으로 과하게 돌출되게 작업한 오지원은 억압된 틀을 깨고 싶은 욕구를 표출하였다. 주사랑 역시 도화지의 위쪽으로 화보가 돌출되게 작업을 하였다. 주사랑은 세심하게 화보를 오리는 방식의 섬세함과 동시에 과감하게 돌출시켜 붙일 수 있는 힘까지 있어 보였다. 화면 밖으로 찢거나 자르며 매우 조화롭게 화면처리를 하였으나 유독 혼자 앉아 있는 사진을 도화지의 면을 따라 돌려 붙임으로 전체적인 틀을 의식한 나인정의 작업은 주어진 상황 안에서 균형과 조화를 이루고 있는 모습으로 보였다. 체구가 큰 오지원의 작품은 화보 자체도 매우 크다. 그리고 대부분의 화보는 도화지 밖으로 넘쳐난다. 주어진 화면 밖으로 돌출시킨 작업은 현 상황을 벗어나고 싶거나 분출하고 싶은 감정을 나타낸다고 할 수 있겠다. 화보를 자를 때도 거칠게 다루어서 규모가 없어 보이고 산만하기까지 하다. 오지원 스스로도 자유롭고 싶어서 편하게 가위질을 했다고 한다. 왼쪽에 앉아 있는 모습의 여성 사진은 대부분 살갗이 드러나 있다.

집단원들이 선택한 이미지들은 많은 이야기를 이끌어내었다. 그리고 이미지에 담긴 내용은 집단원들이 자각하고 있는 '나'를 잘 담고 있었다. 이열매는 단단하면서 융통성이 있는 자아를 갖고 싶어 하였고, 강한나는 엄마처럼 편안하게 타인을 지지하는 자로서의 정체성을 드러내었다. 그러나 또 다른 자신의 모습으로 개성적 에너지가 많이 있다는 것도 드러났다. 주사랑은 음식과 영양제의 이미지를 사용함으로써 사람들에게 지지와 힘을 주고 싶은 마음을 나타내었으며 승리하는 삶을 추구하고 있다고 하였다. 나인정은 '자유'와 '정열'의 주제를 나타내며 사람들과 함께 하는 '비전'을 보였다. 유시온도 그동안의 나타내었던 주제인 타인을 돌아보는 마음과 드러나지 않지만 숙성된 자신의 모습과 잘 어우러져서 수용하는 모습을 기대하는 마음을 이야기하였다. 오지원은 사실 살 찐 여성의 누드 그림을 붙이고 싶었다. 아마도 사실적인 육신에 대한 '관심'이나 '자각'의 의미일 것이다. 갑상선암으로 늘 '육신의 치유'라는 주제가 강해왔기 때문이다. 화면의 가운데는 어두운 배경에서 빛을 발하고 있는 별빛들과 전등불 사진이 붙어 있다. 자신을 '빛'으로 인지하고 있다는 의미이면서 또 다른 무의식적 의미로는 자신의 삶에 빛을 밝히고 싶다는 소망의 의미로도 받아들여진다. 하지만 때로는 밤하늘의 별빛은 우울적 감정을 상징하기도 한다. 그 옆에 붙여진 개성이 있고 화려한 드레스를 입고 있는 여성도 자신으로 동일시하고 또한 그런 여성이고 싶다. 그러나 가장 오른쪽 사진인 남자와 팔짱을 낀 여성 사진은 과도하게 돌출되어 붙어 있다. 오지원은 남자를 의지하는 연약한 여성의 모습처럼 보여서 그 사진이 싫다고 한다. 이 점에 대하여 다른 집단원이 피드백을 한 것과 같이 어쩌면 오지원은 남자와 팔짱을 낀 여성처럼 남편과 화해를 하고 싶고, 의지하고 싶은 또 다른 마음을 드러낸 것으로 보인다.

2) 성경 장면으로 들어가 '몸'으로 느끼다–비블리오드라마

(1) 몸으로 말하다

Merleau-Ponty는 지각의 현상학에서 "내 몸은 모든 다른 대상들에 감응하는 대상이다. 내 몸은 모든 소리에 반향해서 울리고, 모든 색깔에 진동한다."고 하였다(Merleau-Ponty, 1945/2002: 273). 또한 인간은 몸으로 세계에 처해 있으며 인간의 몸이 시간을 의미로 지각하게 하며, 몸은 시간을 소유하며 현재에 대해 과거와 미래를 존재하도록 한다고 하였다(Merleau-Ponty, 1945/2002: 277). 기독교 중년여성들은 오fot동안 문화적,

종교의 교리적·윤리적인 기호문자 속에서 억압과 제제를 받으며 살아왔다. 가장 실존적인 삶은 Merleau-Ponty가 말한 것처럼 나라는 신체적 언어의 자발성과 창조성에 기인한 삶으로의 회기를 말한다.

첫날 비블리오드라마를 시연하기에 앞서 중년여성들이 감정을 신체를 활용하여서 표현해 보았다. 자신의 감정을 그림으로 그리고 몸으로 표현하여 감정 표출과 함께 집단원들과 공감을 해 보는 작업을 하였다. 이 과정은 드라마를 재연할 수 있는 준비가 형성되면서 더욱 몸과 감정이 깨어나게 하였다. 그리고 모호한 감정이 선명해지기도 하고 타인이 공감할 때 오는 안전감과 고마움을 경험하게 되었다. 닫혀 있었고 묻혀 지내던 '감정'을 신체를 통하여 표출할 수 있는 기회가 되었다. 불안, 근심, 감사, 희망, 기쁨의 감정들이 그려진 그림에 대하여 느끼고 그 얽힌 이야기를 집단원들과 함께 다 같이 춤도 추기도 하고 움츠리거나 찡그리기도 하였다.

새로 시작된 공동체를 만나면서 나인정은 '불안'을 느끼고 있다. 이러한 불안에 대한 몸으로의 표현은 경직되게 차렷 자세를 하고서 한 팔을 앞으로 내밀고 손바닥을 세우고 "더 이상 오지마!"를 나타내는 모습과 팔을 휘두르며 몸부림치는 몸의 언어로 변화되었다. 유시온은 형제간의 재산 싸움이 벌어질 것 같은 두려움의 감정도 의문스러워하며 의심하는 마음으로 과연 그렇게 될까? 하는 표정과 손을 가슴에 얹고 옆으로 비껴쳐다보는 양보하는 자세로 그 의미를 신체화하였다. 시어머니가 시누이 집에서 사시겠다고 가버리자 매우 기쁘다고 말하는 오지원과 집단원들은 그 감정을 모두 원을 그리며 그 해방감을 환호와 함께 춤을 추며 손을 맞잡고 돌았다. 강한나는 지금까지 어두운 터널을 지나왔고 감사한 마음뿐이라 그 감사의 감정을 축복하는 몸의 포즈로 연결하였다. 하나님께 엎드려 경배하는 동작과 머리 위로 하트를 그리고 종이를 흔들며 두 팔을 벌려 축복을 비는 행동의 표현으로 공감을 받는다. 이열매는 겉으로는 편안하지만 아직 속에 상처가 남아 있다. 집단원들은 감 속의 씨 같은 모습의 불안이라는 몸동작으로 그녀를 공감해 준다. 주사랑은 행복한 감정과 선물을 주고 싶은 감정을 꽃바구니 끼고 꽃을 뿌려서 나누는 동작으로 자신의 감정을 공감 받았다.

몸으로 임하는 드라마 치료장면에서 내담자들은 단순히 대화만을 하는 것이 아니다. 그들은 상대방이 보내는 무언가를 환기시키는 신호에 동조하고 그에 따라 서로의 신경체계 구조를 바꾸기도 한다. 심리치료의 변화를 불러일으키는 힘은 바로 이러한 체계에 몰입하고 조정하는데서 나온다. 이열매는 나인정의 비블리오드라마를 함께 겪으면서 자신의 무의식에 의한 신체화를 같이 경험하였다. 이열매 역시 남자친구를 오래 동안 기다리며 답답증이 생겼으며 속 시원하게 대처하지 못하고 남겨진 감정처리와 결과가 신체와 정서에 영향을 계속 미치고 있었음을 자각한다. 치료는 대뇌 변연계 작용의 생생한 구현으로 소화나 호흡만큼이나 신체적인 과정이다. 연극을 재연함으로써 우리는 우리가 알고 있는 것과 또한 잊혀졌던 것을 우리 자신과 연결하는 기회를 갖게 된다. 나인정의 자신의 감정을 표출하지 못하고 억압한 채 기다려야만 했던 긴 시간들이 이열매 자신의 몸으로 재경험을 하며 지금-여기에 나타났다.

'신체는 무의식적 마음이다.' 조지타운 대학 교수 캔디스 퍼트는 저서 『감정분자(Molecules of Emotion)』에서 이렇게 말했다. "자신이 감당할 수 없는 감정으로 인해 유발된 억압된 외상은 신체 일부분에 저장되기도 한다. 그래서 우리가 그러한 신체 부위를 느끼고 움직이는 데 영향을 미친다. (중략) 의식이 무의식과 신체에 접근하여 그것을 수정할 수 있는 방법은 무한대로 존재한다(Pert, 1997)."고 하였다. 이렇듯 우리의 감정적 삶은 신체적 삶이기도 하다. 감정은 스스로를 우리의 신체에 각인하기 때문이다. 우리의 신경체계는 지난 시절의 감각이 결부된 감정적 기억을 유지하고 있다. 친숙한 향기, 소리, 공간은 수없이 많은 기억들을 이끌어내고 우리는 그 속에서 과거의 따뜻함을 느끼거나 평화로운 상태를 위협받곤 한다. 그러한 기억과 함께 우리가 당시에 그 사건에 부여한 인지적 의미까지도 드러나는 것이다(Dayton, 2000).

'거울보기'는 한 집단원이 타인의 행동에 대해 강한 감정이나 느낌을 갖게 되는데, 이 행동은 사실상 그 집단원의 행동 특성인 경우를 의미한다(Malchiodi, 2012: 391). 다른 사람들이 자신을 지켜보고 이해하며 '알아차려주는' 경험을 통해 인간은 근본적인 차원에서 변하고 치유될 수 있다. 집단의 역동 속에서 어느 순간 눌러놓았던 감정이 올라오기도 하고 감정이입이 된다. 얼마 전까지 정신과 약을 먹었다는 이열매는 나인정과 서로의 경험을 공유하면서 감정과 신체적 반응의 의미의 실체가 무엇인지를 발견한다. 이열매는 아직 자신 안에 답답함이 남아 있음을 말하며 나인정의 남자 이야기에 대하여 드러나는 것을 보다가 자신에게 영향을 주었던 한 사건이 떠오른다. 내가 좋아하던 남자가 서울로 공부하러 간다하면서 취직이 돼서 가버렸지만 연락을 한다던 그를 기다리면서 답답증이 생겼다. 생각을 하다가도 답답증이 올라오면 공황발작이 생긴다고 말한다. 나인정은 그의 말에 자신도 "뭔가 기다리고 있을 때나 인터넷에서 로딩을 할 때도 가슴 속에 저리며 아프다."고 깨닫는다. 그 남자가 유럽에서 돌아와서 만나러 온다고 기다릴 때 약속이 세 번이나 무산되었던 감정으로 인한 증상임을 깨닫는다.

(2) 몸으로 성경을 만나며 실존을 찾아가다

집단원들은 교회 안에서의 성경공부와는 다르게 솔직한 자신의 생각과 감정을 표출한다. 이러한 자발성은 주입된 교리가 아니고 스스로 체험된 삶과 연관해서 성경을 바라볼 때 일어난다. 집단원들로 하여금 본문에 대하여 객관적인 인식과 주관적인 경험 사이에서 스스로 걸어가도록 허락해야 참다운 성경과의 만남의 기회를 줄 수 있다. 성경의 본문을 탐구하려고 할 때 집단원은 안전함을 느껴야 한다. 그들은 이 순간 성경의 이야기에 화도 내고 혼란스러워하며 피상적인 이야기가 아닌 나와 상관이 있는 이야기 속에 깊이 빠져 들어갈 수 있었다.

이 과정 속에서 자신의 삶에 대한 이해와 상처의 치유가 일어나며, 과거의 비평학적 성경 연구의 한계성을 뛰어넘는 실존적 참여를 통한 성경 이해가 가능해진다. 이런 점에서 몸으로 책을 읽는다는 것은 감정과 생각이 일치한 원초적 경험을 하도록 돕는 일이다.

비블리오드라마의 목적이 누군가를 도덕화하거나 선교를 하기 위함은 아니다. 비블리오드라마는 Victor Turner의 표현을 빌리자면 그야말로 아주 '진지한 극, 행위'라고 할 수 있다. 왜냐하면 성서의 본문들은 근본적인 인간의 갈등, 즉 남자와 여자, 부모와 자식, 형제자매들 그리고 하나님과 인간과의 갈등을 다루며 우리에게 다가오기 때문이다(Bjön Krondorfer, 김세준 역: 2008). 성서의 이야기가 자의적이고 우발적인 해석처럼 보일지라도 그 사람은 영원히 그 순간의 해석에 머물러 있는 것이 아니라 계속해서 새롭고, 더 의미 있는 해석으로 나아갈 능력이 있음을 신뢰하는 것, 한사람의 주석가라는 사실을 인정하는 것이 중요하다(Schweitzer, 2007: 200-208). 비블리오드라마에서 일어나는 자의적 해석(eisgesis)은 더 신중한 주석(exegesis)에 대한 '관심'을 불러일으킬 수 있다는 생각에 그들의 진행에 그대로 받아들인다. 사실 나는 에스더의 '죽으면 죽으리라'의 자기포기 문제가 집단원에게는 어떤 방식으로 드러날지 내심 기대하고 있었다.

성서 이야기들 속에서 발견되는 장점 중 하나는 많은 문학자들이나 성경학자들이 이미 지적해 왔듯이 성서의 이야기들이 단순한 외적 표현을 넘어 그 안에 담겨져 있는 설화식 문체로 전달되는 데 그 내적 배경에 대해서는 그다지 많은 언급이 없다는 것이다. 다시 말하자면 성서 이야기는 플롯에 대하여 묘사하지만 성경인물들 각자의 동기나 열망에 관해서는 거의 정보를 주지 않는다는 것이다. 주인공의 내적 감정을 아주 자세하게 묘사하는 현대 소설에 비하면 우리는 유다가 가진 감정과 동기의식 그리고 예수께서 그의 제자들에게 가졌을 연민의 정 같은 것에 대하여 아는 바가 많지 않다. 그렇다면 이러한 정보를 제공하지 않는 성서의 이야기가 어떤 장점들을 가지고 있단 말인가? 그것은 바로 성경이 그것을 읽는 현대의 독자들로 하여금 그 공백 부분을 스스로 채워보도록 기회를 준다는 점을 말한다(Bjön Krondorfer, 김세준 역, 2008: 17).

참여자들이 성경텍스트를 가지고 자기의 이야기를 드러내는 것은 해석학적 관점에서 '주관적 참여'라고 할 수 있는데, '주관적 참여'가 자의적 해석과 동일시되어서는 안 된다. 주관적 참여라 함은 성경을 고정된 의미를 담고 있는 '그것'으로서 대상으로 보는 것이 아니라 마치 부버(Martin Buber, 2004)가 말한 '나와 너'의 관계구조에서처럼 인격적 파트너 '너'로 삼음을 말하는 것이다. 핏첼은 이와 관련해서 비블리오로그를 통해 '나는 너를 향한 나로서 본문과 대면한다'고 말한다(Perter Pitzele, 1998: 28). 이때 대화의 상대자인 '나'는 가치중립적으로 또는 무전제의 상태로 '너'를 대할 수 없다. 늘 나의 개인적 경험을 가지고 대화에 참여할 수밖에 없다. 이러한 주관적 참여는 성경해석의 개인적 한계를 분명히 드러내고 있는 반면, 의리를 찾아가는 실제적인 대화의 장으로 인도한다. 이렇듯 비블리오드라마는 인간의 삶과 고난의 의미를 새롭게 이해하는 해석학적 방법론을 새롭게 제시한다. 성경드라마에 참여는 자신의 삶의 정황에의 참여이다.

성경의 인물들을 현재 나의 이야기로 드라마를 재연하는 것을 통해 우리는 신앙적 편견의 벽을 넘을 수 있다. 성경을 테이블에서 토론할 때는 서로 다른 견해와 신념으로 인하여 의견을 교환하거나 일치하기가 쉽지 않다. 그러나 난제를 이성적으로 풀어가기보다 연극이나 모방극으로 풀어갈 때 상호교류의 가능성이 커지며 서로 다른 사상이나 신념에 대한 선입견을 넘을 수 있다(Bjön Krondorfer, 황헌영·김세준 역, 오성주 박사 서문, 2010: 5). 비블리오드라마를 통하여서 결혼하는 날 언니에게 남편을 주게 되는 라헬의 심정을 헤아려 보기도 하였지만 또한 레아가 주인공처럼 깊게 조명될 수 있었으며 그의 존재를 강하게 확인하는 시간을 가졌다. 성경의 이야기와 다르게 야곱은 언니 레아를 선택한다. 이 과정에서 야곱을 포함해서 라헬 역할자와 레아 역할자 각자는 이념적인 '사랑'이 아닌 몸으로 체득되어 있던 '사랑'을 재경험한다. 야곱인 나인정은 자신이 사랑하는 사람을 포기하고 '책임'이라는 감정으로 결혼한 경험을 되살렸다. 레아인 주사랑은 자신이 사랑하는 사람인 야곱을 설득해서 사랑을 얻어낸다. 현재 남편과의 좋은 사랑의 관계가 현실적인 사랑의 감정을 충분하게 되살려준다. 라헬인 오지원은 자신의 사랑을 빼앗기지 않고자 야곱의 사랑을 확인시켜야 할 때 자신의 안에 아무런 사랑의 감정이 일어나지 않음을 발견한다. 실로 구체적인 사랑에 대한 경험들이 여실하게 드러나는 순간들을 만나게 된 것이다.

비블리오드라마를 실행하면서 집단원들은 나와 너가 꿰어진 자신들의 이야기를 진솔하게 드러내며 자신의 실존을 충분히 드러내는 경험을 가졌다. 현재라는 말은 과거와 미래를 이미 내포한 말이다. 의미는 한 순간의 특정 시점만으로는 그 실체가 드러나지 않으며 특정 시점들이 하나의 주제로 연결되는 일련의 연속적인 시간들 속에서만 의미는 드러난다. 따라서 현재의 나를 이해하기 위해서는 과거와 미래의 나를 온전히 이해해야 한다. 성경 속 인물들의 역할을 현재 재연하면서 집단원들은 자신의 과거까지 드러내었고 자신의 실존적 의미를 재경험하고 자각하는 시간들을 가진다.

리브가가 야곱과 함께 이삭을 속이는 일을 하나님은 왜 용납을 하는지 집단원들은 의문을 제시한다. 이때 나인정 또한 개인적 경험을 바탕으로 한 주관적 참여를 한다. 야곱 가문에 거짓된 일이 벌어질 때 '왜 하나님은 개입을 하지 않으시는가?'의 질문은 곧 나인정의 질문이 된다. 결혼을 정하는 초기에 자신의 잘못된 판단을 하고 있을 때 '왜 하나님은 개입을 하시지 않는가?'라는 자신의 실존적 질문을 찾아낸다.

예수님 역의 오지원은 사마리아 여인을 처음부터 매우 힐난하고 있다. 역에 충실하다가 때로는 자신을 변명하는 시간들도 주어졌는데, 오지원에게 문란하다고 여기는 여인들에 대한 나쁜 감정들이 실제적 삶에서 마음에 걸려 있다고 하였다. 오지원은 건강식 가게를 하고 있으면서 만나게 되는 주위 다른 상점의 여주인들의 외도에 대해 정죄하고 있는 자신의 마음을 연극에 투사하고 있다. 죄가 용납이 안 되는 예수님과 상황상 그럴 수 있었다는 사마리아 여인을 옹호하는 공방전이 이후 계속 벌어진다. 두 제자도 예수님 편과 사마리아 여인 편으로 보조되어 참가한다. 그 과정에서 예수님의 역할을 하는 오지원은 남편에게서 충분한 사랑을 받지 못하고 있다는 사실과 그런 상황에서 부정한 여인들을 남편 주위의 여인들과 동일시하여 받아들이지 못한다는 사실이 드러났다. 사마리아 여인 역할을 하고 있는 유시온 역시 만나는 주위사람들과의 관계에서 적절하지 못한 관계유지를 힘들어하고 있는 자신의 문제를 드러내고 있다. 그 와중에 여인에게 한 쪽 팔에 안겨 있는 물동이로서의 주사랑은 여인의 성경적 처지에 적극 공감되어 눈물을 흘린다. 나인정은 이런 모습에 또 화가 난다고 한다. 자신의 감정에 솔직하게 반응하는 시험대로 사용하는 기회를 얻고 있다고 보인다. 집단원 모두에게 성경본문의 이야기가 나의 이야기로 나의 현재 삶 속에 들어오는 순간들이었다.

너무나 흥미로웠던 것은 성경 속 야곱의 결혼 이야기 전개와는 전혀 다른 이야기가 전개되고 있었다. 야곱 나인정은 얼떨결에 하룻밤 같이 잔 레아만을 책임감으로 아내로 받아들이겠다고 한다. 나인정은 차라리 자신이 좋다고 강하게 매달리는 레아는 자신을 버리지 않을 것 같은 감정을 느낀다. 또한 사랑의 감정보다 책임감의 감정이 현실적으로 느껴지는 자신의 감정임을 드러낸다. 나인정의 이러한 반응은 문헌에 매이지 않고 자신의 삶이 되는 순간이다. 자신의 삶과 성서의 이야기가 서로 교차된다. 야곱은 이 갈등적 상황에서 자신의 내면의 목소리를 찾아냈다. 그것은 '사랑을 못 믿는다'와 '나는 버려질지도 모른다'는 두려움의 목소리다! 간절하게 자신을 요구하고 있는 레아의 사랑은 곧 변할지 모르는 나의 사랑보다 안전하리라고 느껴진다는 것이다. 그러한 자신의 모습이 있기까지 '아! 예전에…'를 나인정은 떠올리며 울기 시작하였다. 드디어 어렵게 나인정은 자신에게 상처를 준 상대에게 대면하여 말을 할 용기를 갖는다. 집단원들과 디렉터의 지지는 가장 자신의 내면의 원초적 언어를 끄집어내어도 안전하다는 마음이 들게 하였다. 이성적으로 '너를 이해할 수 있다'는 생각이 조금 전까지의 반응이었으나 내가 무시하고 부정해 놓았던 감정도 마주하고 느껴보고 싶으며, 내가 나를 돌보아도 괜찮다는 마음을 받아들이기로 한다. '너 때문에'라며 비난을 해 본다. '믿을 수 없어'라고 직설적인 부정도 해 본다. 집단원들 모두 나인정의 반응에 진심으로 기뻐해 주며 "오~!" 추임새를 넣어준다. 신체작동체계는 우리가 세상을 경험하게 해 주며 그러한 신체적 기억을 바꾸기 위해서는 새로운 일련의 기억이 있어야 한다. 비블리오드라마를 하는 과정에서 라헬 역을 하였던 오지원도 야곱에 대한 사랑이 경험되지 않는다. 그녀는 자신을 사랑하는 남자가 다른 여자와 결혼을 하고 자신을 떠나겠다고 하는 극 중 상황에도 별다른 감정이 없음을 보며 사랑에 대한 경험이 없었다는 것을 깨닫는다.

오지원은 극 중에서 아버지인 라반이 괜히 싫었다. 자신의 아버지에 대한 부정적인 마음이 투사된 감정이었다. 그리고 이어서 원가족이라는 외부적 환경에 의해서 위축되어 살던 오지원은 자기주장을 하며 살지 못하였음을 말한다. 치료사로서 이러한 드라마 중 올라온 오지원의 감정을 다시 개인 비블리오드라마로 가져가서 자기주장을 해 보도록 하였다.

왕의 역할을 맡은 나인정과 오지원은 에스더와 왕의 부부문제의 주제로 변화시키고 있다. 나인정은 오지원을 평소에 잘 알고 지내는 사이이며 그녀의 부부문제를 알고 있다. 남편이 다른 여성들과 친하다는 것을 싫어하는 오지원의 앞에서 여자 신하를 껴안고 있다. 나인정의 의도성이 보였으나 오지원은 이미 포기했다고 한다. 그들은 계속적으로 일상의 부부문제를 드러낸다. 사실 중년여성들이 가장 일반적으로 겪는 주제는 한 나라의 운명이 걸린 일들과는 거리가 먼 일일 것이다.

마르다의 입장이 이해가 되기도 하고 마리아도 이해가 된다. 결국 마리아는 자신이 옳다고 생각하는 행동을 타인의 의식과 상관없이 행하는, 자아가 튼튼하고 자기정체성이 확고한 여성으로 이해가 된다. 우리는 마리아인가? 마르다인가? 집단원들은 각자 자신을 탐색해 본다. 자신이 마르다에 속한다고 생각하다가 또 어떤 영역에서는 마리아이기도 하다는 것을 깨닫는다. 우리는 마리아일수도 있고 마르다일수도 있다. 우리는 어떤 영역에서는 마르다처럼 '불안'과 '근심'을 하며 갈등을 겪는다.

(3) 함께 놀면서 관계를 살아내는 힘을 얻다

중년의 나이는 건강하게 집단으로 노는 문화가 희소하므로, 웜 업 시간에 함께 게임을 하며 즐거워했으며, 즉흥적으로 성경의 이야기가 각색이 되고 자기의 이야기로 변화되면서 강한 역동이 일어나는 것을 놀라워하며 즐거워할 수 있었다. 이렇듯 실제 생활에서 일어나는 것이 아닌 가상의 세상에서 드라마로 진행이 되는 본 프로그램의 모든 과정은 사실 '놀이'이다. 이러한 놀이는 집단원들의 마음을 열리게 하고 서로를 받아들이게 하여서 각자의 삶을 서로 공유하도록 하였다.

비블리오드라마는 놀이를 포함하고 있다. 놀이 자체가 신중함이 없다거나 성스러움에 반대되는 것이라고 보아서는 안 된다. 놀이란 단순히 '재미를 보는' 행위가 아니다. 놀이는 내부 세계와 외부 세계 전부를 포함한 인생의 전 영역에서 그 자료를 취한다. 또한 동시대에 속한 모든 것들과 그 문화 안에 축적되어 온 온갖 경험들을 망라한다. 그러므로 '놀이'야말로 인간이 전유하고 있는 최대의 퍼포먼스라 할 수 있다 (Turner, 1986: 168-170).

염소 1이 된 나인정은 도망을 치는 돌발적인 퍼포먼스를 하였다. 항상 자신의 행동에 제약을 두고 자신의 감정을 돌보지 않았던 나인정은 순간 돌발적인 장난스러운 감정이 올라왔다. 본래적 자기와 환경에 길들여진 자기와의 사이에서 갈등을 겪고 있었던 나인정이지만 놀이적 상황에서 자신의 자발적이고 원초적인 모습을 터트렸다. 그녀는 놀면서 긴장이 풀렸고 자신이 용납되기 시작하였다. 놀이적 관계는 긴장을 풀고 무장해제를 하게 하여 인간관계가 안전할 수 있음을 몸으로 경험하게 하였다. 그리고 나인정은 성경의 인물이 되어 라헬과 레아처럼 자신의 사랑을 주장하는 것을 경험할 수 있었다. 가상현실에서 몸으로 경험함은 안전함 속에서 자신의 변화와 모험을 쉽게 할 수 있게 하였고 실제적 삶에도 영향을 주게 되었다. 마지막 비블리오드라마의 장면으로 돌아온 나인정은 삼촌 라반에게서 자신의 유익을 받아들이며 "대박이다!"를 외쳤고 그 외침은 묻혀 있던 나인정의 고유한 색깔의 언어가 살아서 표출되어 나온 것이다. 주사랑도 사마리아 여인의 품에 안긴 물동이가 되어 사마리아 여인을 공감하고 이삭이 되어 자녀에게 축복하면서 또 다른 예상치 못한 감동적인 퍼포먼스를 남겼다. 영적 아비가 된 주사랑은 자녀를 축복하며 진심의 감동의 눈물을 흘렸고 염소들도, 아내 리브가도 아들들도 그 축복을 받고자 자신들의 손을 이삭의 손에 포개었다. 놀이이기에 원초적인 자신의 소망을 자연스럽게 드러내는 순간들이었다.

다양한 역할을 한 다른 집단원들도 모두 한바탕의 놀이처럼 재미있어 하였다. 놀이야말로 삶의 진지함과 성스러움을 우회적으로 표현한 실체이다. 지금까지 우리의 삶 속에서 성스럽고 권위 있는 목소리를 간직해 온 성경과 '놀이'를 혼합하여 접근해 보는 것은 진리를 삶 가까이로 통합할 기회를 얻게 하였다. 성경 속의 개념화되어 있는 의미가 드라마의 미적인 끌림과 놀이의 자발성 안에서 신체화된 사유 활동으로 되고, 집단원들의 공유적 관심사가 되어 자유롭게 자기의 이야기로 살아났다. 집단원들은 처음에 열등감, 낯설음, 비교의식, 사적인 것에 대한 노출 불안이 있지만 놀이를 할 때 비로소 개인의 자기 발현성이 억압에서 벗어나서 지금–여기로 풀어진다. 그리고 놀이로 말미암아 집단원 서로의 삶에 붙들려지고 감정몰입이 이루어지면서 공유적 관심으로 나아가서 서로를 축복하기에 이른다.

마지막 날 집단원 서로가 마음의 선물을 작품으로 만들어서 선사하는 시간을 가졌다. 그동안의 실존적 만남의 장에서 각자가 살아온 삶의 '터'를 함께 공유하고 탐험했던 동지로서 서로에게 선물을 주는 시간은 즐거웠다. 내면적 '나'를 함께 공유하고 경험한 자들끼리 주는 선물은 어떤 것이든 의미가 있다. 집단원들은 비록 종이 위의 그림을 주는 '놀이'이지만 이 순간만큼은 실제적인 선물을 받는 만큼의 즐거움과 감사하는 마음을 느꼈다.

(4) 갈등을 안전한 위기상황에서 정화하다

Fritz Perls는 치료사가 사이코드라마에서 창조하려는 환경을 '안전한 위기'라 말했다. 안전한 위기란 '지도와 지지를 바탕으로 성장과 통합을 이루는 일'을 말한다. 치료사들은 내담자의 통합되지 않고 조절되지 않은 생각과 감정을 드러내는 동시에, 그들에게 이러한 경험을 통합할 수 있는 수단을 제공함으로써 위기를 만든다. 사이코드라마 치료사들은 직면과 해석과 그리고 개인이 지지와 위로를 받을 수 있는 대인 관계적 환경 사이를 반복해서 이동한다(Weiner, 1975).

해결되지 못한 긴장체계는 적절하게 처리되지 못하여 자아에 남아 '내적 긴장'을 일으킨다. 해결되지 못한 긴장은 날카로운 칼과 같아서 때때로 우리의 내면세계를 공격하기도 한다. 우리는 두려움과 격한 감정을 느끼면 경직되는 경향이 있다. 뇌는 정상적으로 기능하지 않고 따라서 사건을 적절하게 마무리 하지 못한다. 대신 중요한 의미를 지닌 감정과 생각을 조각내고 심리적 방어기제를 이용해 이를 무의식의 영역으로 보낸다. 자신도 모르는 사이에 무감각해지거나 분열되는 경우도 있다. 그러므로 기억을 떠올릴 때 수반되는 감정의 파편을 느끼고 다시 경험한 후 자아와 통합할 수 있는 안전한 환경과 행동을 마련해야 한다. 고통스러운 환경에 우리가 부여하는 의미는 우리의 자아와 삶, 관계와 세계에 대한 신념체계의 필수적인 부분을 차지한다. 그리고 이러한 의미부여 과정과 그 의미를 통해 생존할 수 있는 한계를 탐색하는 작업은 미해결 과제를 처리하는 일의 일부가 된다.

집단원들은 갈등적 상황 속에 의도적으로 노출되어본다. 그들은 드라마를 하는 과정에서 만난 자신의 갈등적 고민을 가상이며 잉여현실이기에 안전한 위기 속에서 더 극대화하여 경험한다. 야곱이 된 나인정은 라헬과 레아의 두 여자들의 요구 속에서 갈등을 겪으며 더 극적인 상황 속에 노출을 당한다. 야곱이 잡고 있는 양쪽 손의 천들을 한 쪽에는 레아가 잡아당기고, 또 다른 쪽은 라헬이 잡아당긴다. 그녀들의 주장과 함께 당겨지는 신체적 흔들림에 시달리던 야곱은 그 갈등 속에서 자신의 과거의 삶 속에 일어났던 실제적 갈등상황을 만나며 자신의 마음속 문장을 발견하였다.

다른 장면에서 집단원들은 자신이 중요하다고 생각하는 것을 위하여 인습적 상황을 이기고 행동을 하였던 마리아가 되어보기 위해 자신들을 억압하는 상황 속에 의도적으로 나아가본다. 강한나는 도리에 어긋난 일을 당하면 꼭 따져야 한다. 이런 상황은 자아가 안정되고 확고한 자의 행동인지에 대한 의문을 가진다. 강한나에게 그런 행동에 대하여 비판하고 따져본다. 갈등적 상황을 만들어서 대립되는 의견을 가지고 다그쳐본다. 그러나 강한나는 끝까지 자신이 옳다는 생각을 꺾지 않는다. 긴 과정에서 그런 행동이 옳은지 그렇지 않은지는 중요하지 않게 되고 결국 자신의 소견을 유지한 강한나의 자아는 적어도 타인에 의해서 움직이거나 약해지지 않는 자아임이 증명되었다. 이열매는 교회에서 여전도회 회장을 할 때 기도회를 못 나간 결과 교인들이 쑥덕거렸고 그런 분위기가 자신을 힘들게 하였다고 한다. 그리고 스스로도 잘못이라 생각되어 의기소침해지고 숨고 싶었다고 했다. 이런 상황에서 타인에 의해서 흔들리지 않는 자라면 어떻게 행동을 하는 것이 옳은가? 이열매는 집단원들이 자신을 옹호하기도하고 비판하는 과정을 겪은 후 '자기에 대하여 설명하는 것이 필요한 것 같다'고 결론을 내린다.

우리는 역할극을 통해 자기의 다양한 측면을 표현해 볼 수 있는 자유도 갖고 있다. 카타르시스는 치료를 하기 위한 치유적 통합적 목적을 이룬다. 카타르시스적 행동을 허용하는 것은 유익한 분노를 유발하는 것도 아니고 분노를 탐구하고 이해할 수 있는 감정으로 만들기 때문이다. Moreno는 개인적인 정보를 다른 사람들과 공유하고 타인의 이야기에 감정이입하는 것만으로도 상당한 치료 효과가 있다는 사실을 발견했다. 그는 집단의 구성원들이 서로의 치료사가 되는 과정을 지켜보았고 구성원들의 다양한 사회측정학적 만남 속에 치유의 가능성이 담겨 있음을 알게 되었다. 이것은 '개인이 아닌 집단 속에서의 인간 치료'를 말한다(Moreno, 1964).

야곱과 에서처럼 우리의 실제 삶에서도 형제간의 갈등과 부모의 편애와 재산의 불평등적 분배에 대한 다툼은 대단한 듯하다. 결혼 후 시댁 형제까지 확장되었으니 더욱 할 말이 많아져 보인다. 그 동안 이 들의 답답했던 마음은 어떻게 풀고 살았을까? 야곱과 에서의 '경쟁'과 '갈등'은 곧 우리들의 삶에서도 일어나고 있다. 집단원들마다 부모로부터의 비교되는 사랑과 형제간의 차이 때문에 얻어진 멍이 많았다. 응어리진 것을 풀어내는 작업으로 '지금-여기'에 머물면서 감정을 정화하는 '빈 의자기법'을 사용하였다.

이열매는 시어머니에 대한 억제된 에너지를, 오지원은 시어머니와 남편에게, 유시온은 재산상속 문제로 오빠에게, 강한나는 시형제들에게서 받는 부당한 대우와 재산상속에 관한 억울함을 드러내서 부정적 감정을 분출하였다. 빈 의자에 종이 몽둥이를 내리치는 힘과 신체적 반응이 점점 커질 때 디렉터로서 나는 그들의 말을 반복하거나 확대해 준다. 이에 강한나는 자신의 억울함에 통곡하였고 집단원들은 기꺼이 나쁜 시형제들이 되어 그녀가 듣고 싶은 위로의 말을 하며 그녀를 진심으로 품어주고 안아준다.

카타르시스는 극적 재연을 통해 개인이 안고 있는 문제와 콤플렉스를 의식적 수준까지 끌어올림으로써 영혼을 정화하는 것이다. 카타르시스는 상황 그 자체를 건드리지 않으면서도 근본적인 변화를 이끌어낸다. 집단은 리더의 능력을 초월한다. 집단은 동일시, 갈등, 긍정적 또는 부정적 전이 감정을 비롯한 다양한 만남을 제공함으로써 치유의 가능성을 증폭하는 것이다. 그리고 집단은 단순한 구성원들의 모임이 아닌 그 이상의 존재가 된다. 집단에 존재하는 모든 사람들이 서로의 치료사가 된다.

4 너의 동반자 되다-치료사의 역할

비블리오드라마를 활용한 집단미술치료는 '신체'를 그 기반으로 하고 '이야기하기'를 통하여 집단원들이 실존을 드러내고, 놀이라는 형식 속에서 자발적이고 생생한 자신으로 돌아가게 함으로써 자아를 재구성하는 치료방법이었다. 그리고 집단을 단위로 그 역동을 이용하였다. 이 과정에서 치료사의 역할은 어떠했는가?

놀이는 집단원들로 하여금 이론이나 타성이 아닌 원초적인 신체의 언어로 반응을 하도록 하였다. 놀이란 외부적 억압이나 지시 없이 가장 자발적인 욕구 속에서 벌어지므로 현실에서 억압되어져 있던 집단원들의 자아를 자유롭게 풀어 놓게 하였다. 그림과 드라마가 예술적 흥미를 촉발함은 크게 놀이가 되어 자기로부터 시작되는 흥미와 에너지를 일으켰다. 그러므로 그림이나 드라마의 예술적 매체를 활용하는 치료사는 집단원들이 빠르게 놀이적 자발성에 몰입하게 도우며 가장 신체적 언어로 반응하도록 도와야 하였다. 결국 놀이는 분리된 개인이 타인과 함께 감정과 몸으로 서로 공유하도록 나아가게 하였다. 공유된 집단원들은 가장 안전한 배경 속에서 실존적 자기모습을 찾아가기 시작하였다.

1) 신체의 언어로 다시 서게 하다

Merleau-Ponty(1945/2002: 65)는 지각과 판단이 구별되지 않는다고 한다. 그리고 지각의 문제를 신체의 문제라고 본 것은 지식이 살아 있는 신체를 가진 나의 경험이기 때문이라고 말한다. 신체는 지각을 경험하기 위한 필수조건이다. 우리는 신체를 사물적 존재로 취급하기 이전에 세계에 대한 나의 관점으로 이해해야 한다. 우리는 신체를 이해함으로써 타인과 세계를 이해할 수 있다. 세계를 이해하기 위해 우리는 세계에 참여해야 한다. 세계에 참여한다는 것은 나와 타인, 그리고 신체와 세계와의 끊임없는 소통을 의미한다. 그런 까닭에 우리는 신체를 거부할 수 없다. 오히려 우리는 신체를 통해 현상적 장을 열고 그것을 지평으로 삼아 자유를 실현한다. Merleau-Ponty에 의하면 신체가 실존을 표현한다는 것은 언어가 사고를 표현하는 것으로 설명될 수 있다. 우리가 먹는 것, 말하는 것을 거부하는 신체는, 삶을 포기하는 것만을 대표하는 것이 아니라 타자와 미래의 거부를 표현하는 것이다. 그러므로 신체는 실존의 현 실정이며 실존의 상징이다.

비블리오드라마를 시작하기 전에 치료사는 집단원에게 드라마를 대하는 마음에 대하여 설명하였다. 드라마를 통해서 예수님과 우연의 엉뚱한 자리에서 만나는 것이다. 이때 예수님은 집단원들을 변화시킬 핵심이 되는 단어로 화두를 던지신다. 이 순간 "어떻게 나를 아는데?"하고 놀랄 수 있는 의미가 있는 그 단어는 과연 무엇일까? 성극이 아니라 집단원들 각자의 각본으로 자기 이야기가 되도록 만드는 것임을 말한다. 즉, 드라마를 재연할 때 나의 이야기로 가져와야 한다. 이론과 이성이 지배하고 있어서 본질적인 자아를 억압하거나 진정한 자기를 만나지 못하는 일이 없어야 하였다. 중년여성이 자신의 껍질을 내려놓고 가장 신속하게 자신을 만날 수 있도록 치료사로서 격려한다. 중년여성들의 신체에 도배되어 있던 타자의 언어들을 벗어나서 자신의 신체성이 발현되도록 도와준다. 드라마를 시행할 때 자신의 신체적 언어가 뿜어져 나오도록 인도하여야 하였다.

미술치료장면에서도 동일하게 적용되었다. 타인의 작품에 대하여 어느 순간 내 안에서 올라오는 감정에 우리는 진실해야 한다. 치료사는 부정적인 감정일지라도 솔직한 반응을 유도하여야 한다. 감정을 닫고 살던 나인정은 치료적 안전한 장소에서 솔직해지는 연습을 할 수 있었다. 자신이 무엇을 좋아하는지 싫어하는지 아무 감정이 없다던 그녀는 치료적 장면에서 가장 솔직하게 있는 그대로를 내어놓기 시작하였다. 그리고 "내가 왜 이렇게 반응하지?"하고 놀란다. "오호!! 괜찮아요. 계속하세요. 솔직한 반응을 보여 주세요."라며 치료사인 나는 반가운 반응을 보인다. 솔직한 그녀의 피드백은 곧 다른 집단원들에게도 영향을 주게 되어 솔직한 반응이 나오기 시작하였다. 그녀의 역동적 반응은 이후에도 매 회기마다 있으면서 결국 자신이 부정하고 있던 '사랑'을 받아들이기까지의 변화를 겪게 된 힘이 되었다.

드라마 속 예수님인 오지원은 사마리아 여인을 비난하고 꾸짖는다. 야곱인 나인정은 라반의 행동에 화가 난다. 이삭인 주사랑의 축복하는 행동은 모두의 행동에 영향을 준다. 치료사는 다만 그들의 나타나는 현상을 도울 뿐이다. 그들이 신체적 언어로 매 순간을 설 수 있도록 안전하고 용납되는 상황을 베풀 뿐이다. 드라마의 이야기의 전개는 집단원들이 진행하였다.

중년여성들이 살고 있는 삶은 우리에게 많은 것을 규제하고 강요하여 왔다. 신도로서, 아내로서, 며느리로서 그 역할에 나를 억제하고 살아온 중년여성들은 비로소 그 틀을 깨고 자기 언어로 말을 하기 시작하였다. 말하는 그들의 신체 속에 해결되지 않고 묶여 있는 분노가 있음을 치료사는 볼 수 있었다. 치료사로서 나는 몽둥이를 그들에게 쥐어주며 몸속의 분노를 표출할 기회를 주었다. 치료사는 충분히 이런 장면을 격려하고 지속이 되도록 하는 것이 필요하였다. 현실에서 표현하지 못하던 분노는 가상의 현실에서 안전하게 표출되어졌다. 이후 이열매는 "아까 두드리고 나니까 그림에서 새잎이 올라오는 것처럼 그런 느낌이 올라왔어요… 시어머니에 대한 감정이 조금 풀어진 것 같아요."라고 말하게 되었다. 유시온도 "억지로 해 보려던 것이 좀 편안해졌어요."라며 재산상속에 대한 문제로 오빠를 이해해 보려던 억지스러운 마음이 편해졌다고 말한다. 치료사는 집단원에게 자신의 언어를 찾아가도록 이러한 세팅을 만들어 주어야 한다. 그래야 신체 속에 묻혀 있는 언어들을 다시 살려낼 수 있다. 또한 이러한 경험은 내 언어로 하나하나 몸에 다시 심어져야 한다. 마치 리모델링과도 같다. 미술은 내 언어와 내 색깔을 찾는 것이라면 비블리오드라마는 살아 있는 나의 언어를 창조해 그것을 내 몸에 집어넣는 것이다. 그리고 다시 미술치료로 돌아가서 명료화 의식화하여 계속 유지시키게 정리를 하는 것이다. 곧 신체와 의식, 신체가 거주하는 시계와 신체 그리고 주체와의 분리된 경계선을 없애고 이들의 관계를 엮어 놓았을 때, 비로소 우리는 자유의 문제를 거론하며 그 실현 가능성을 보여줄 수 있었다.

2) 신체로 서로에게 붙들리면서 사유의 공유 지평을 열게 하다

비블리오드라마를 하기 전에 성경을 탐색하는 시간을 두어 극중 인물에 붙들리게 한다. 치료사는 참여자들이 극중 인물에 더 몰입할 수 있도록 기본 자료를 제시해야 한다. 성경텍스트에 나타난 연대와 배경과 문화를 탐색하였다. 단원들과 함께 성경 속 상황을 살피고 텍스트에 표현되어 있지 않는 인물들의 내면의 감정을 느껴보도록 노력하였다. 그 감정은 또한 어떤 생각에서 기인된 것일까? 결국 중년여성들의 선입관과 가치관으로는 어떤 의문과 비판이 생길지 함께 의견들을 나누었다. 치료사는 집단원들이 설교로 들어 온 고정관념과 교리적인 것에 매이지 않도록 질문을 던지며 다양한 답을 유도하여 자신의 언어로 반응하도록 노력하였다. "왜 마르다가 마리아에게 직접 이야기 하지 않고 예수님에게 가서 마리아에게 명하라고 했을까요?" 치료사의 질문은 계속 마르다와 마리아의 차이를 탐구하도록 하였다. "이제 자기 문제로 가져와서 해보죠. 사람마다 다른 영역에서 이런 것들이 있죠. 내 것을 인정하는 것을 해 봅시다. 자신이 가장 신경 쓰일 말들을 서로 해 주기. 우리는 마리아일 수도 있고 마르다일 수 있어요."라고 제언을 한다. 이러한 충분한 상황파악을 하기 위한 질문은 곧 자신의 문제로 현재의 공간으로 가져와 자신의 삶과 접목할 힘을 주게 된다. 다양한 영역에서 우리의 내면에 돌을 던지는 말의 의미를 찾아보고 어떤 반응이 될지 시연할 수 있는 에너지가 생긴다. "이때의 7년의 연애시절은 어떠했을까? 현대의 연애와 어떻게 달랐을까요?", "라반이 레아의 짝사랑을 눈치 채지 않았을까? 아빠로서 두 딸을 동시에 보지 않았을까? 야곱은 왜 라헬이 아닌지 밤에 몰랐을까요?", "아침에 야곱의 놀람은 어떠했을까? 왜 7일을 채우라했나요?", "옳지 않은 일까지도 서슴지 않는 엄마의 사랑을 어디까지 옳은 걸까요?", "가장 자신에게 와 닿는 장면은?" 등의 질문을 적절한 타임에 자극제로 사용한다. 이러한 성경탐색은 교리와 윤리에 붙들리지 않고 자신의 세계 속으로 성경을 가져오게 한다. 그리고 함께 나누며 그럼에도 불구하고 자신들의 선입견을 발견하게 하였다.

드라마를 시작할 때는 극중 인물에 몰입하기 위해서 각자가 맡은 인물에 대한 인터뷰를 한다. 인터뷰로 인하여 비로소 이 이야기는 살아 움직이게 된다. 이제 극 가운데 우리 자신이 놓여 있음을 발견한다. 그리고 이 성서의 이야기 가운데 등장하는 인물의 마음을 공감하며 성경 이야기 안으로 들어가는 드라마틱한 접근이 가능해진다. 비블리오드라마를 가리켜 성경의 설화들을 드라마로 재현하는 것이라고 할 수 있다. 이는 사람들이 성서가 보유하고 있는 풍부한 보물에 창의적으로 뛰어들어가기를 희망할 때 가능한 것이다. 참가자들이 각자 이야기 속의 인물과 자신을 동일시하여 그 역할자의 입장에서 이야기하고 또 다른 역할로 전환하여 이야기하는 것이다. 여기서는 이야기 속의 등장인물의 역할을 맡은 이와 '인터뷰' 형식의 대화를 이끌어가게 된다. 치료자가 질문을 함으로 역할을 맡은 이가 자유롭게 대답하는 형태를 갖게 된다. 이를 통해 참가자는 성경이야기 속의 등장인물과 자신을 동일시하게 되었다. 그리고 이어서 인도자는 질문을 던져서 즉흥적으로 자유롭게 말하게 한다. "물동이는 무슨 생각이 들었나요?" 드라마 중간에 물동이 역을 하고 있는 주사랑에게 묻는다. "사마리아 여인이 물 길러 왔다고 할 때 그 감정과 그 상황이 생각나면서 마음이 확 아픈 거라." 이때 우물의 역할을 하고 있던 나인정도 말하기를 청한다. "저도 말해도 되요? 성질났어요. 예수님이 왜 화내는지 이해가 되었어요. 예수님 역할을 하는 이 분이 화가 많이 나 있다는 것이 느껴졌어요." 치료사는 곧이어 진행을 시킨다. "아! 오케이. 알겠어요. 계속하세요."

중년여성들이 하루 종일 미술과 드라마로 함께 시간을 보내는 것은 많은 집중과 체력이 필요하다. 이열매는 첫날에는 허리가 아팠다. 중년여성으로 허리가 아플 나이가 되기도 하다. 그래서 의자에 틈틈이 기대어 앉는다. 그리고 드라마의 극중 인물 중 주요 인물을 선정하지 않고 주변 인물을 선택하였다. 예수님과 사마리아 여인의 이야기에서 그녀는 제자를 자원하였다. 드라마가 진행이 되면서 모든 집단원들이 사물인 우물과 물동이까지 역할을 맡았지만 도리어 사물의 역할이 더 역동적이었다. 사마리아의 옆구리에 끼어 있는 물동이 역할의 주사랑은 감동의 눈물을 흘리고, 누워서 자신의 주변에 앉은 예수님과 사마리아 여인의 이야기가 집중하던 우물 역할의 나인정은 인물들의 마음이 쉽게 와 닿는다. 그러나 먹을 것을 얻으러 간 제자들이 먼 주변에만 있어서 현장 속으로 들어오지 않고 있다. 사마리아와 예수님의 갈등적 상황들이 벌어지며 공방전이 벌어지면서 제자들을 권면하여 그들의 보조자아 역할을 해 보도록 하였다. 때로는 드라마의 역할이 약한 캐릭터가 생길 때 적절하게 참여하도록 순발력 있게 역할을 더 주거나 바꾸는 일이 필요하였다.

치료사에게 요구되는 기술로 에코잉(echoing), 즉 '메아리', '공명' 기법이다. 이것은 인도자가 역할자가 언급한 말을 일인칭의 문장으로 다시금 반복해 주는 것인데 때로는 대답한 말 그대로 반복하거나 때로는 축약해서 간결하게 때로는 명확한 문장으로 정리해 줌으로써 역할자가 자신의 생각이 정확하게 전달시킨다. 이러한 과정은 가장 자기다워지는 순간이 된다. 외부에 의해서 주입되지 않은 진솔한 자신의 지금-여기에서 만나는, 자신과의 실존적 만남을 제공해 주었다.

중년여성들은 부정적인 감정을 드러내는 일이 쉽지 않다. 그러나 '잉여 현실'을 창출하는 드라마는 안전한 심리적 장소를 제공하며 집단원들에게 부정적인 감정을 정화하도록 돕는다. 이 과정에서 치료사인 나는 그들의 원초적인 내면의 말을 끄집어낼 수 있도록 옆에서 돕는다. 아버지에게 "철 좀 들어요!"라고 말하는 오지원의 말을 그대로 공명해 준다. 그리고 더 큰 소리로 명확하게 반복해 준다. 그리고 확대해서 말해 준다. "철 좀 들어요!", "어른으로서 행동하세요!", 시어머니에게 하고 싶은 며느리의 외마디, "왜 간섭이야!"를 대신 외쳐준다. 그들의 올라온 감정을 공유하고 더욱 남김없이 정화하도록 돕는 것이다. 집단원들은 자신의 내면에 남아 있던 감정들을 몸과 말로 풀어내기 시작할 때 처음 목소리는 작고 빈 의자를 두드리는 종이 몽둥이의 내리침이 약했으나 점점 감정이 실리면서 제법 동작들이 커진다. 집단원들이 보는 앞에서 자신의 치부를 드러내는 일은 쉬운 일이 아니다. 디렉터로서 나는 그들의 외침과 절규에 같이 하였다. 가장 내면의 원초적인 말을 그들이 했을 때 더 내뱉어지도록 추임새를 넣어주었다. '왜 간섭이야!', '억울해'라며 큰 소리를 질러준다.

때로는 예상치 않았던 비블리오드라마의 장면에서 불쑥 자신의 갈등이 드러난다. 다른 이들과 구별된 행동을 하는 자신이 과거에 경험된 사건이 동일하게 이 시각에 일어난 것처럼 놀랍기도 하고 흥분되기도 하고 슬프기도 하다. 이러한 역동이 일어난 집단원과 나머지 집단원들은 긴밀하게 그 정서적 끈을 놓지 않고 있어야 한다. 갈등적 상황을 만들고 보조자아로서 그 사람의 역동에 참여함으로써 치료적 에너지를 끌어올려야 한다.

여인의 죄가 용납이 안 되는 예수님 역과 상황상 그럴 수 있었다는 사마리아 여인 역, 그리고 레아와 첫날밤을 보내고 라헬과 레아 사이에서 갈등을 겪는 야곱, 이삭과 리브가와 야곱과 에서의 장자축복을 둘러싼 논쟁, 왕과 에스더의 부부갈등, 마리아와 마르다의 정체성 갈등 등 모든 드라마가 진행될 때마다 격한 정서적 반응이 올라온 집단원과 그 감정을 함께 공유하도록 치료사인 나는 긴장이 늦추어지지 않도록 유도한다. 대립되는 갈등이 있을 때는 집단원들을 양편으로 나누어 감정과 의견이 더 팽팽하게 대립이 되도록 하였다.

오지원은 자신을 주장하자니 상황과 주변사람이 보여서 주장을 하지 못하는 갈등이 있다. 자신의 이러한 두 마음은 행동의 방향을 잡지 못하게 하고 계속 제자리에 머물게 하고 있다. 집단원들은 모두 한 마음이 되어 서로 대립되는 입장이 되어 자극을 준다. "확 질러버려!", "아니야! 좋은 것이 좋아 참아! 조용하게 너만 참으면 돼!", "자기 모습으로 살아!", "아니야! 남편이 간을 보고 그러니 큰 소리 쳐! 달려들어! 내가 먼저 큰 소리치면 이 여자가 왜 이러노 하면서 달라진다니까."라며 오지원이 잡고 있는 양쪽 천들을 힘 있게 잡아당긴다. 함께 하는 이러한 상황은 모두가 집중된 관심을 쏟게 하며 새로운 자각이 일어나도록 도왔다.

나인정은 이혼을 하면서 모든 관계를 끊고 사라졌었다. 자신을 이해해 주는 사람들이 전혀 없는 지금의 상황에 자신을 위해 변명하는 것이 옳았었는지, 말을 안 하는 것이 자신을 보호하는 것인지 혼란스러워한다. 반대 입장의 의견들이 집단원들에 의해 주장된다. "정리가 안 되서 그런 것이니 당연한 거야. 세월이 지나면 진실은 다 드러나! 이야기를 하다보면 말이 더 붙어 시간이 지나면 진실이 드러나니 말을 할 필요가 없어."라는 주장들을 펼치며 나인정의 내면에 있을 갈등적 생각들을 쏟아놓는다. 다른 편에서도 조언을 한다. "어차피 말들이 더 많아지니 몇 사람에게는 말해 주어서 설명을 할 기회들을 만드는 것이 좋으니 말을 해!", "내 마음도 풀리고 어느 정도 친한 사람들에게 말을 해! 관계를 왜 끊으면 더 서운하지, 오해를 하던 안 하던 그 사람의 문제야!"라며 더 대립되어 말한다. 이에 나인정은 "정리가 되는데 지금 같아서는 어떻게 해야 할지 알 것 같아요. 다 이야기를 할 것 같아요."라고 마음을 정리한다.

3) 신체로부터 발현된 자아를 또렷이 바라보게 하다

미술치료장면에서 집단원들이 만든 작품은 개인적인 의미를 가지고 있지만 각각의 이미지마다 연구된 상징적 의미를 지니고 있기도 하다. 특히 진단용 그림에서 널리 사용되는 이미지들은 이미 타당도와 신뢰도를 바탕으로 한 연구의 결과로 사용되고 있다. 주로 중년여성들이 지향하는 '자유'에 대한 갈망은 하늘을 나는 '비행기'로 '나비'로 나타나기도 한다. 자신에 대한 이미지를 만든 집단원들은 이러한 상징들을 많이 사용하고 있었다. 치료사는 매번 알리지는 않았으나 그러한 의미가 있음을 종종 설명함으로써 그들의 자기 탐색을 돕는다. 오지원은 가정을 나타내는 집을 종이로 입체적 작품을 만들면서 가정에 환기가 필요하다며 창문의 의미로 구멍을 내었다. 그만큼 자신의 가정의 분위기에 새로운 공기가 주입되기를 바라는 무의식을 드러내었다. 강한나는 뇌병변의 지체로 부자유스러운 손놀림이지만 스스로는 능력이 많다고 생각한다. 그녀는 자유롭고 싶기도 하지만 일의 성취와 기동력과 힘을 나타내는 의미인 '배'를 작품화하였다. 그리고 기독교 중년여성으로서 '십자가'와 '사랑'의 이미지가 많이 나타났다. 또한 좋은 결과를 바라는 '열매'의 이미지도 반복되어 사용되었다. 집단원 자신들의 정체성으로 찾은 이미지는 결국 자신에 대한 상징성을 지녔으므로 치료사로서 해석해 주고 서로 이야기를 나누어서 더 깊이 자아탐색을 하도록 하였다. '호수'의 의미는 '조용한 평안'을 바라는 나인정의 의미가 있지만 그 무의식에는 '우울'이나 '치유'의 의미가 더 함축되어 있기도 하다. 이혼으로 인한 긴장과 번민이 해결되기를 바라는 마음속에 우울과 치유를 바라는 마음도 같이 있는 나인정을 더욱 이해하였다. 비블리오드라마를 마치고 소감으로 나타내는 작품들 역시 많은 상징성을 나타낸다. 남편과 자신을 '큰 자와 작은 자'로 나타내었던 유시온은 부부 사이의 '크기'에 집중된 관심을 드러내었으나 다른 영역에서는 자신이 큰 자일 수 있음을 발견하기도 하였다. 두 마음으로 나뉘어져 갈등을 나타내는 오지원의 소감작품 또한 자신의 내면을 상징적으로 잘 드러내고 있어서 서로 피드백을 하며 그 의미를 확인하고 구체화할 수 있었다.

비블리오드라마를 통해서 역동적인 상황 속에서 집단원들은 예상치 않은 자신의 내면의 역동들을 경험하게 되었다. 수면 위로 올라온 그들의 갈등적 감정을 마지막까지 연소해야 더 혼란하지 않게 된다. 치료자는 그들의 자기발현을 적절하게 다루어주어야 했다. 오지원의 남편과 자녀와 본인과의 관계를 나타내는 가족조각기법, 나인정의 옛 남자의 출현을 위한 빈 의자기법, 극 중 인터뷰를 위한 정지화면기법, 오지원이 남편이 되어보고 집단원들이 타인의 보조자아로 나서는 역할 전환시키기 등을 시행함으로써 집단원의 발현된 자아를 더 명료하게 바라보도록 하였다.

4) 치료적 여행의 동반자가 되다

Natalic Rogers(1993)는 "우리는 내담자가 가는 길을 모른다. 치료사는 그저 그 길에 빛을 비추어 주는 동반자에 불과하다. 따라서 어떤 방법을 사용하든 우리는 내담자의 길 위에 있는 것이며, 내담자는 우리가 제시하는 어떤 방법을 활용할 수도 거부할 수도 있다."고 말한다.

집단원들이 창조성과 자발성을 특징으로 하는 비블리오드라마를 활용한 집단미술치료 프로그램에 임하면서 자신에 대한 탐구를 할 때, 어떤 그림을 그리며 무엇을 드러낼 것이며 그 정도에 대해서도 스스로 결정하였다. 그들은 작품에 대한 이야기하는 과정에서도 자신의 감동과 오픈되는 만큼 자신을 드러내었다. 또한 타인에 대한 반응도 억압이나 강요에 의한 것이 아닌 절대적 지지와 안전함을 바탕으로 반응하였다. 그리고 드라마를 진행하면서 그 역할의 주인이 되어 시연하였다. 드라마의 흐름은 집단원 각자가 스스로 느껴지는 대로 자유스럽게 발언을 하였으며 누구나 주도적으로 진행을 하였다. 연출자가 있어서 진행을 시키는 것도 아니며 타인에 의해서 이런 저런 대사를 하도록 지시되지 않았다. 이러한 모든 창조적 행동은 결국 자발성과 즉흥성을 바탕으로 철저히 스스로 결정하는 과정을 겪는다.

그리고 집단원들과 치료사는 서로의 치료여행에 동반자가 되어주었다. 드라마는 상대역이 필요하다. 상대역으로 집단원들과 치료사는 흔쾌히 허락하거나 주인공이 힘이 들어 하면 보조자아로 대신 나서고 갈등적 상황에 함께 서 주었다.

치료사가 자신을 배반한 남자로서 빈 의자에 앉기를 나인정은 바랐다. 결혼을 약속했던 남자가 되어 나는 빈 의자에 앉았다. 즉흥적으로 나는 그 형제가 되어 변명의 말들을 해 본다. 가상의 현실 속에서 나인정이 아는 그 형제가 되어보며 또 그가 했을 법한 이야기로 그녀의 치료적 가상세계를 돕는다. 나인정이 이 잉여현실에서 어떠한 반응을 할지는 그녀의 문제가 된다.

집단원들의 소감을 나누는 작품을 보면 스스로 깨닫고 성큼 변하여 있기도 하였다. 집단원들은 자신의 문제 속에서 머물러 있다가 자신의 밖에 서서 그 문제를 바라보게 되었다. 그래서 스스로 그 문제의 방향을 찾게 되었다. 누군가 알려주지 않아도 스스로 나아갈 길을 발견하기도 하였다. 결과적으로 나인정은 관계 속에서 긴장이 풀리고 두려워하던 주제를 받아들이며 진실된 자신의 욕구를 찾기도 하였다. 이열매는 타인들도 모두 문제를 안고 살고 있음을 발견하고 자신이 예민하게 신경을 쓰며 살아왔다는 것을 스스로 발견하였다. 주사랑은 자신이 여리다고만 생각해왔지만 신앙 면에서 굉장히 강한 모습이 자신을 타인의 눈으로 바라보게 되었다. 강한나는 자신이 주관이 뚜렷한 사람임을 알게 되었다. 그리고 참 열심히 살아온 자신을 보게 되었다. 유시온 역시 신분상승과 인정욕구에서 이제 벗어나야겠다는 결정을 한다.

본 프로그램에서 오지원은 가장 많은 시간을 들여서 개인 비블리오드라마를 실행하며 남편과의 갈등을 다루었다. 그녀는 부부관계의 좁혀지지 않는 거리와 가족 간의 불화에 대하여 많은 이야기를 드러내며 치유받고자 열심이었다. 첫날 예수님의 역할을 하였으며 개인 비블리오드라마로 남편과의 갈등을 드러내었고 둘째 날에 라헬의 역을 하고 또한 개인비블리오드라마의 주인공을 하였다. 그리고 세 번째 날에는 리브가의 역할을 하였으며 빈 의자에 몽둥이로 두드리며 자신의 분노를 표출하였고 네 번째 날에 역시 주인공인 에스더의 역할을 하였고 개인 비블리오드라마의 주인공을 하였다. 마지막 날인 다섯 번째 날 역시 마리아가 되어보는 일에도 적극적으로 참여하였다. 6명 중 5일간의 프로그램 중 편향적으로 오지원에게 많은 시간들이 주어졌다. 오지원 스스로 가장 자발적이고 적극적으로 임한 결과였다. 그러나 반복해서 드러나는 오지원의 문제에 대하여 치료사와 집단원들은 조금씩 조언을 하기 시작하였다. 나는 가족 중 한 명이 변화하면 모빌처럼 영향을 받고 좋아질 테니 본인 먼저 변할 것을 권면하기에 이르렀다. 특히 에스더의 '포기'처럼 그녀도 무엇인가를 포기해서 변화가 있기를 제시하기까지 하였다. 나는 프로그램의 진행상의 주제인 에스더의 '포기'를 그녀에게 강요하였던 것이다. 많은 애정과 노력이 들어간 것만큼 그녀도 그 만큼은 변화되기를 우리들도 욕심이 생겼다. 그녀를 돕는다는 명목하에 지시적이고 보편적인 해답을 먼저 제시하게 되었다. 이에 오지원은 "상대방이 용서도 구하지 않는데 내가 해 주라고 성경에서 말하고 있나요?"라고 말한 후 남편과의 관계에서 더 이상 이제 죽을 수 없어서 자신이라도 살아야 할 것 같다고 말한다. 오지원은 넷째 날의 소감작품으로 '두 마음'을 찰흙으로 표현하였다. 한 마음은 '내 마음대로 살고 싶은 마음'으로 타인의 요구에 이제 반응하지 않고 싶은 마음과 '의무와 사랑을 주겠다'는 두 마음을 나타내었다. 오지원은 그 다음날 "사실은 나는 개성 있는 사람으로 살고 싶은데 참고 살라는 것으로 받았기에 상처가 되었어요."라고 말하였다. 나는 또 다시 치료사라는 권한으로 '타인의 목소리'가 되어 그녀에게 요구하였다는 것을 깨닫게 되었다.

이후 연구자료를 가지고 해석하는 과정에서 나는 새로운 사실을 발견할 수 있었다. 치료장면에 함께 있을 때는 오지원이 변화가 없거나 혼란스러워하는 것으로 판단이 되어 그저 안타까웠다. 그러나 실존주의 관점을 더 확고히 하고 바라보니 오지원에게 많은 변화가 있었음을 보게 되었다. 아직도 가정에서 긴장과 고통은 여전하지만 그러한 상황 속에 자신을 매몰시키거나 영향을 받지 않겠다는 오지원의 다짐은 실존적 자아로서 힘을 가진 변화로 보였던 것이다. 오지원은 "상황이나 남편이나 시어머니의 영향에 많이 영향을 받고 살았는데 이제 내 힘을 찾아야겠어요. 남편이 도리어 나를 찾아가도록 했던 것 같네요."라며 마지막 소감을 말하고 있었다.

그러고 보니 본 연구의 서두에 쓴 자전적 나의 이야기에서 다양한 고난을 겪고 있는 기독교 중년여성들에게 일반적이고 보편적인 대안을 제시하고 판단을 하였던 나의 모습이 다시 재현되고 있었다는 사실도 깨닫게 되었다. 치료사는 집단원에게 문제의 답을 제시하는 것이 아니며 중립적이어야 한다. 결국 안전한 심리적 상황을 주어서 집단원 스스로가 자유로운 해석을 하도록 하여야 한다. 그래야만 또 다시 타인의 언어에 사로잡히지 않고 생활 속의 자기로 나아갈 수 있기 때문이다. 상황성에 발현된 자신의 실존적 질문을 만나고 그 답을 스스로 찾아야 하기 때문이다. 결국 그들에게 불안과 긴장 속에서도 그것들과 함께 살아가는 힘을 찾아주는 것이다.

성숙한 치료자는 인간의 실존에 대한 근본적 불확실성을 인내할 수 있어야 한다(Yalom, 1980/2013). 치료사로서 나는 그들의 마음이 어디로 향할지 모른 채 불확실성 속에서 실존하며 내담자와 다만 조율하여 나갈 뿐이다. 치료자나 문제를 가진 자나 불확실성을 참아내며 올곧이 자신의 언어와 몸짓으로 변화하기까지 기다림이 필요하며 이 기다림은 곧 인간에 대한 존엄성을 지켜주는 자세이리라. 치료자는 인간을 평가할 대상이 아닌 이해의 대상으로서 존중해야 한다. 치료자는 문제 속에 있는 자들보다 앞서 인도하거나 잡아끄는 것도 아니고 목적을 향하여 손가락질을 하는 것도 아니고 다만 동반자이어야 함을 다시 명심하게 되었다.

CHAPTER

6

스토리라인들이 주는 가치

나는 본 연구를 수행하는 과정에서 미술치료가 인간의 성장과 치료에 도움이 되는 학문으로써 탁월하며 앞으로도 그 지평이 넓게 확장될 것임을 확신하게 되었다. 본 연구에서의 삶의 형성과정을 통해 얻게 된 결과들을 성찰하고, 그것으로부터 여러분께 제언을 함으로써 미술치료가 학문으로써 발전되고 또한 미술치료사로서 역량과 성숙에 도움이 되고자 한다.

첫째, 미술치료는 인간의 신체를 통하여 만들어진 작품으로 진실된 자아를 발현시키는 치료기법임을 본 연구는 그 의미를 확실히 하였다. 즉, 신체 중에서 특히 '눈'이라는 '신체'를 매개로 만들어진 인공물로써의 작품은 개인 실체의 진실을 가장 잘 드러낸다. 이러한 '신체적 언어'를 사용하는 미술치료는 일반 언어로만 사용하는 다른 상담보다 실존적이고 인간중심적인 방법이 된다. 본 연구를 통하여서 미술치료가 '신체적 언어'를 사용한다는 의미를 사용하므로 미술치료에 대한 개념정리와 의미의 지평을 더 확장시킬 수 있었다. '신체적 언어'의 개념은 일반 신체의 개념을 넘어선 철학적이고 존재론적인 언어임을 본 연구에서 밝히고 있다. 따라서 본 연구는 미술치료의 개념 교육과 연수에 도움이 될 수 있는 이론적 토대를 제공할 수 있을 것이다. 앞으로도 미술치료에 대한 개념과 의미가 더 철학적이고 학문적인 의미의 발굴로 인하여 풍부해지고 넓어져서 치료장면에서 미술치료를 사용하는 치료사의 기본 개념적 입지를 확고하게 될 것을 기대한다.

둘째, 본 연구에서는 신체를 사용하는 미술치료와 공동의 신체적 언어를 적극 활용하는 비블리오드라마를 연계하여 프로그램을 시행하였다. 이는 공동의 신체적 언어사용과 행위의 즉흥성과 작품의 영원성이 결합되었다. 일회적으로 드러난 역동적 자아의 발현을 이미지와 인지적 각성으로 작품을 통해 확고하게 함은 서로 시너지효과와 보완의 효과를 얻게 하였다. 미술치료의 장점들은 타 예술치료와의 연계에서 더 확연하게 드러나고 있음을 본 연구에서 보여주고 있다. 그러므로 치료요소가 다른 예술치료의 적절한 통합적 프로그램을 발전시키고 연구하여 앞으로 미술치료의 활용 지평이 확장될 것을 기대한다.

셋째, 미술치료는 작품을 통하여 자아를 드러낸 후 충분히 자신의 작업을 탐색하며 이야기하기를 한다. 이러한 이야기를 하는 과정에서 실존적 힘과 주체적인 의미구성을 하는 것이다. 이야기하기는 의미를 재창출하거나 재정립하며 또한 듣는 청자와 삶을 공유하도록 한다. 이러한 화자의 중요한 의미를 미술치료장면에서 인식하고 중요하게 여겨져야 하므로 미술치료사는 작품을 통하여 충분히 이야기하도록 안전한 분위기를 조성해야 한다. 따라서 이 같은 미술치료사의 역할은 미술치료사 교육과 재교육에서 강조되어야 할 것이다.

넷째, 연구자는 본 연구를 하면서 실존주의적 치료사의 역할에 대하여 정립을 할 수 있었다. 미술치료사와 드라마에 디렉터의 세심한 기법적 기술이 필요하기도 하지만 인간을 대하는 기본 철학적 바탕이 어떠한지에 따라 치료사의 역할은 달라진다. 치료사와 내담자는 치료적 동반자의 관계이다. 치료사는 내담자의 실존적 삶을 근본으로부터 인정하고 스스로의 힘으로 자신을 드러내고 결정하며 나아가도록 해야 한다. 성숙한 치료자는 인간의 실존에 대한 근본적 불확실성을 인내할 수 있어야 한다. 즉, 치료사는 그들의 마음이 어디로 향할지 모른 채 불확실성 속에서 실존하며 내담자와 다만 조율하여 나아갈 뿐이다. 치료사라는 권한으로 도리어 내담자에게 타자의 언어로 지시하지 말아야 한다. 그러므로 본 연구는 미술치료사의 정체성 형성에 필요한 이론적 자료를 제시하고 있다.

다섯째, 포스트모더니즘의 현대사회에서 다양한 가치와 중첩된 의미를 찾는 질적연구의 필요성이 크다. 이미 현대사회는 진리의 보편성과 절대성을 인정하지 않는 포스트모더니즘 사회이다. 현대사회에서 다양한 가치를 지니고 사는 현대인들을 연구하는 일은 질적인 연구방법으로 나아갈 수밖에 없다. 더구나 그들의 삶에 대한 독특한 의미를 예술을 통하여 드러낼 때는 양적인 수치로 그 변화과정을 설명할 수는 없다. 본 연구처럼 작품이나 몸을 가지고 공간에 다차원으로 의미를 구성하는 치료장면에 대한 연구는 의미의 생성과 변화과정이 잘 나타나는 질적연구방법만이 가능하다 하겠다. 그리고 치료장면에서 일어나는 주요한 사건은 많은 의미를 내포하고 있다. 그 중첩된 의미를 풀어내기 위해서는 질적연구만이 가능하기 때문이다.

여섯째, 본 연구에서 사용한 탐구방법은 질적연구방법 중 '존재론적 탐구방법'을 사용하였다. '존재론적 탐구방법'은 또 다른 치유기법으로써 존재한다. 양적연구는 연구자 자신이 연구에 참여하는 것을 바이어스(bias)로 취급해버린다. 그것은 연구의 효과성을 드러내지만 '존재론적 탐구'는 연구자와 참여자 모두가 실존을 통해 신체 속에 묻혀 있던 언어들을 드러내고, 삶에 대한 가치적 변화와 성숙의 과정을 겪게 하며, 그 의미를 실존의 언어를 통해 재구성하도록 한다. 본 연구에서 연구자와 참여자는 모두 '존재론적 탐구방법'을 통하여서 치료사로서의 의미를 온전하게 형성할 수 있었고 또한 성숙할 수 있었다. 인간의 실존을 다루는 치료사들은 이러한 '존재론적 탐구'를 연구방법으로 활용하기를 제안한다.

일곱째, 기독교 상담의 실존적 탐구에 응용 가능한 집단미술의 영역이 확장되기 바란다. 기독교 상담은 본래 기독교적 교리에 중심을 두기보다는 내담자가 자신의 실존을 신 앞에서 찾아가도록 돕는 데 초점을 두어야 한다. 내담자들로 하여금 종교적 윤리와 교리 등의 2차 첨가물을 벗어나 자신에게 주어진 고난을 통해, '무엇 때문에 신을 사랑하는 것'이 아니라 '당신입니다'라고 올곧이 고백하도록 하는 것이 신학상담이 되어야 한다. 그러기 위해서 내담자의 성장 가능성과 거듭남의 가능성을 열어두어야 한다. 내담자의 고난의 행군에 대해 설교하거나 지시하는 것이 아니라 그가 자신의 언어로 실존을 바라보도록 안전한 관계와 장을 마련해주는 것이 기독교 상담이라 할 수 있다. 비블리오드라마와 집단미술치료는 문제를 가진 내담자로 하여금 성경적 말씀을 생생하고 살아 있는 형태로 자신의 생활상의 문제, 실존적 문제로 인식하게 하는 매개체가 될 수 있다. 본 연구는 내담자가 성경말씀을 교리적으로 적용하도록 하기 보다는 자신의 삶을 실존적으로 대면하면서 자아탐구를 가능하게 돕는 데 있어서 비블리오드라마와 미술치료가 어떻게 집단 역동 속에서 전개할 수 있는지에 대한 방법론적 가능성을 찾아보았다. 따라서 앞으로 신학상담에서 내담자들이 어떻게 집단미술치료와 비블리오드라마를 집단 역동에 기반해 자신의 실존론적 탐구를 수행할 수 있는지에 대한 보다 심층적인 연구가 필요함을 제안한다.

여덟째, 유사한 문제와 가치를 가진 집단구성의 역동성이 보다 폭넓게 활용되길 제안하다. 기독교라는 같은 종교적 가치관을 가진 집단원들의 연구가 진행되었듯이 동일한 가치관을 가진 집단원들에 대한 질적연구가 필요함을 느낀다. 치료의 의의는 내담자가 집단 속에서 어떤 상호작용을 이루었는가에 따라 그 결과도 상당히 다르게 나타난다. 특히 개인미술치료와는 다르게 집단미술치료는 집단을 구성하는 요소가 무엇인지에 따라 집단성원의 개별적 흥미를 공동의 목적으로 창조하는 데 있어서 큰 변인들이 존재하며, 공동의 흥미와 목적을 창출하는 것은 각 집단성원이 가진 문제를 해결하는 데 중요한 키워드가 된다. 또한 다양한 집단 역동을 생성, 유지하고, 그것이 어떤 결과를 가져다주는지에 대한 이해를 찾기 위해서는 지속적인 질적연구가 필요하다. 그러므로 집단미술치료는 동일한 문제를 가진 집단이나 동질적인 문화와 가치, 혹은 동일한 연령집단을 기반으로 개인의 문제를 해결하도록 하는 데 매우 유용하다고 하겠다. 바로 이러한 내용들이 앞으로 미술치료에서 심도 있게 연구되어야 할 과제이다.

CHAPTER

7

신 앞에서 실존자로 서며 '만남'을 준비한다

본 연구는 기독교 중년여성들을 상대로 비블리오드라를 활용한 집단미술치료를 시행하고 그 과정을 탐구하면서 기독교 중년여성으로서의 자아구성의 어떻게 형성되는지, 신 앞에서의 실존적 삶은 어떤 것인지, 그리고 치료사인 나의 역할은 어떠하여야 하는지를 탐구하였다.

인간이 길어야 100년을 산다고 하면 이제 50대 중반이 되어가는 나는 반평생을 산 것이다. 인간의 발달과정에서 중년이 된 이 시점에서 살아온 날들을 돌아보며 나로 구성된 모습을 진솔하게 들여다보고, 또한 앞으로 남은 날들을 바라보며 어떤 자아로 성숙되어야 할지를 생각하게 된 계기가 되었다.

가치관이 형성되는 청소년 시기에 주님을 만나서 '신 앞에서의 나'의 정체성을 얻은 후 나는 신을 의지하며 살았다. 사춘기에 만난 하나님은 내게는 인생의 답이었다. 그래서 하나님 안에 있으면 저절로 성숙할 것으로 여겼다. 그럼에도 불구하고 내 안에는 나를 자유롭지 못하게 하는 제약과 억압이 있어서 불편하였고 이러한 '미성숙'이 해결되지 않았다. 나는 심지어 진정한 자아의 모습이 어떤 것인지를 자각하지도 못하였고 자라지도 않은 자아를 버려야 한다는 신앙심으로 희생시키고 섣불리 포기하기도 하였다. 그러나 하나님은 분명 나의 길을 인도하고 계셨지만 성숙은 그냥 하늘로부터 주어지는 것은 아니었고 육신의 삶에서 경험되고 깨달아져야 하는 영역으로 남아 있다는 사실을 몰랐다. 인간이 성숙하여 가장 '자기다움'으로서, 즉 실존으로 살기 위해서는 인간의 자아는 무엇이며 어떻게 구성되어가는 것인지에 대한 실존적 자각이 필요하였다.

태어나기 전부터 우리는 외부로부터 영향을 받으며 태어난 후에는 부모로부터, 사회로부터, 교육으로부터, 그리고 성서의 교리로부터 주입된 사고방식으로 구성당하며 살았다. 우리는 이미 기성세대가 만들어가는 대로 판단할 겨를 없이 '수동적'으로 구성 당한다. 누구도 외부의 영향 없이 스스로 자아가 구성되지 않으며, 구성을 당하며 자아가 형성된다. 그러나 성숙한 자아란 세상으로부터 그저 구성 당하지 않고 더 이상 타자의 언어로 살지 않는 것이다. 성숙이란 인간의 영역에서 감각경험을 통하여 세상을 경험하고 하나님이 주신 '지각'과 '이성'을 통해서 '개념'을 형성하며 자아를 구성함에 적극적인 노력과 주체적인 자아에로의 전환이 필요하다는 것을 알게 되었다. 그러하기에 하나님이 주신 지각을 사용하여야 하고 실제적 자기경험을 하며 감정으로 깨달아진 실존적 자기언어로 삶을 살아야 함을 깨닫는다. 많은 기독교인들이 신앙은 있으나 삶에서 여전히 실존적 성숙의 삶을 살지 못하고 내면의 억압되고 눌린 외부로부터 받은 상처와 주입된 사고로 고통을 받기도 한다. 자아구성이 어떠한지 자각하고 가장 자기다운 맨 몸으로 신 앞에 서야 한다.

본 연구로 내 안에 외부로부터 주입된 여성으로서의 자아구성됨을 탐구할 수 있었다. 내가 자유롭지 않은 모든 영역을 '미성숙'이라 부르며, 그 완성되지 않은 내 모습의 '불편함'이 나에게만 속한 영역이라 여겼던 것이 중년여성들의 삶을 들여다보면서 나만의 불편함이 아닌 일정부분 '여성'으로서 가진 공유된 영역임을 알게 되었다.

나는 살아가는 모든 장면마다 나를 포함하여 내 주변의 '배경'까지 언제나 신경이 쓰였다. 나의 감정은 내 주변의 사람들의 감정과 연루되고 나의 의견이 독립적이기보다 타인의 의견에 신경을 쓰며 나의 결정은 모두에게도 만족할 것인지에 초점을 두는 모습이었다.

본 연구에 참여한 6명의 기독교 중년여성들과 이 연구에 앞서 같은 목적으로 시행했던 실험적 연구에서 만난 또 다른 6명의 기독교 중년여성들, 그리고 본 연구 이후 비교연구로써 비기독교인을 대상으로 한 똑같은 주제와 프로그램을 적용했던 6명의 서로 다른 중년여성들을 보면서, 그들은 동일하게 '관계'에 대한 '바람'과 '불편함'이 있음을 드러내었다. 그리하여 결국 본 연구는 여성들이 관계지향적인 '보살핌'의 도덕론적 발달을 한다는 Gilligan의 주장을 받아들이게 되었다. 그들은 중년까지 살면서 관계지향적인 그들의 배려는 더 커졌고 결코 '독립'되고 '정의'를 찾기보다 '함께'하기를 원하며 또한 그러할 때 자신의 존재감을 느낀다는 사실을 발견한다. 그러나 타인 속에 나를 찾는 여성들이기에 타자의 언

〈그림 7-1〉 배경을 둘러쓴 '나'

어에 더욱 매이기 쉽다는 것도 사실이다. 가부장적 문화에 속하며 어머니로서, 아내로서, 며느리로서의 역할에 속하도록 강요받는다. 그러나 일방적이고 지나친 강요된 틀은 자연스럽게 여성으로서의 실존적 삶을 사는 것에 방해를 받는다.

나는 나의 내면에 '여성'의 실존적 자아가 타인지향적임을 받아들이며 '성숙'의 방향은 더욱 '더불어'와 '보살핌'의 발달까지 가기를 원하게 된다. 하지만 타인에 의해서 조장되거나 외부에서 강요할 때 이제는 그것을 분별하기를 원한다. 나 스스로도 자발성 없이 그것에 매이지 않을 것이며 이것은 끊임없는 내적인 성찰이 필요할 것이다. 참여자 여성들은 과거의 삶 속에서 자신을 '억제' 하거나 '회피'하며 문제를 다루어왔다. 그러나 이번 연구과정에서 그들은 작품과 드라마를 통해 서로 이야기하고 공유하면서 성찰을 하고 다음 단계로 나아갈 길을 찾았다. 삶은 여전히 다양한 장면에서 다양한 역할을 요구할 것이다. 그 안에서 사는 모양은 같을 수 있으나 내면은 주체적인 자발성을 잃지 않도록 성찰되어야 할 것이다.

〈그림 7-1〉은 본 논문을 쓰고 있던 시기에 만든 나의 자아에 관한 작품이다. 나의 실존을 들여다보던 이 시기에 단순한 지식으로 알고 있던 나의 과거 이야기가 나의 자아구성에 강한 영향력을 주었다는 사실이 크고 강하게 다가왔다. 노란색의 사람형상은 각각 나의 자아를 나타내는데 하나는 나의 태아적 '자아'를, 다른 하나는 이제 성숙한 나의 '자아'를 표현하고 있다. 2개의 푸른색의 덮개는 심리적이며 추상적인 환경일수도 있고 실제적인 물리적 상황을 나타내기도 한다.

내가 어머니의 뱃속에서 태아로 있을 때, 어머니는 나를 '아들'로 여기고 계셨다고 한다. 그리고 그 시절 군인이시던 아버지에게 좋지 않은 일이 생겼다. 아버지가 모시고 계시던 상관에게 일이 생기면서 오랜 시간 집에도 들어오시지 못하였고 강한 시어머니에게서 시집살이를 하고 계시던 어머니는 큰 딸과 아들과 둘째 딸을 키우시며 정서적으로 매우 어려운 시기를 겪고 계셨다. 나는 태아로서 외롭고 힘든 어머니의 심리를 함께 겪으며 아들이 아닌 딸인 '나'됨을 미안하게 생각하며 자랐다. 태아를 감싼 푸른 환경을 나는 본능적으로 의식하며 영향을 받았다. 나의 내면에 자주 등장하는 주된 감정은 '미안함'으로 이러한 주된 감정은 나를 자유롭지 못하게 하였다. 그러나 현재 모습이기도 하고 또한 미래 모습은, 그렇게 의식되었던 내 주변의 배경을 여전히 둘러 덮고 있다. 현재에도 나는 배경과 상황을 의식하는 경향이 있다. 그러나 이제 그 의식함은 나를 보호하는 담요가 되기도 하고 아름다운 긴 머리체가 되기도 한다. 배경을 의식한다함은 내 주변의 타인의 감정을 먼저 보고 전체 속에 나를 보는 눈으로 승화하였다. 그 동안의 나의 성숙을 향한 여정이 본 연구로 얻어진 결과와 같음을 본다. 여성으로서의 자아는 '관계지향적' 발달을 한다는 사실을 나 역시 받아들인다.

〈그림 7-2〉 1984년 '자화상'
45.5×31.8cm 유화

〈그림 7-3〉 2010년 'Submerged'
40×40cm 유화

〈그림 7-2〉는 대학시절 때 그린 자화상이다. 교회가 보이는 뒷동산 공터에서 조금씩 어두워지는 시각에 한 아이가 불장난을 하며 놀고 있다. 어둑해진 노을빛은 인물을 선명하게 드러내지 않고 굵직한 실루엣만 드러내며 색채는 듬성하게 큰 면적으로 칠했다. 아직 어린 나의 영성은 불을 가지고 노는 아이로 나타난다. 그리고 뒷배경 속의 교회는 신을 의식하고 있음을 보이고 있다. 비록 놀다 지쳐가는 노을빛이지만 어깨에 걸린 하늘빛은 강하고 따뜻하다.

〈그림 7-3〉은 최근 2010년에 그린 자화상이다. 쉼을 상징하는 소파가 있는 사적 개인의 공간이 한껏 은혜로 잠겨 있다. 나는 한 손에 성경을 들고 하늘을 바라보고 서 있다.

두 그림은 대학시절이나 현재나 나는 여전히 신을 의식하며 살고 있음을 보여준다. 신 앞에서의 존재 의미를 늘 찾고 있었음을 다시 확인할 수 있다. 이러한 주된 관심은 신 앞에서의 내 모습에 의문을 두고 기독교 중년여성들을 대상으로 본 연구를 진행할 수 있었다.

기독교 중년여성들은 자신을 둘러싸고 있는 포장된 많은 가치와 사고와 판단과 억압들이 많아 진정한 삶을 살지 못하고 있었다. 부모로부터 온 사고와 과거에 상처를 준 사람으로 인한 고통과 인정받고자 하는 욕망, 심지어 교리와 율법에 매여서 이러한 것들로 겹겹이 둘러싸여 있었다. 외부로부터 잘못 구성된 모습으로는 신 앞에 온전하게 서서 성숙할 수가 없다. 정직하게 신 앞에 선다는 것은 나를 포장하고 있던 많은 사고와 가치관과 하나님에게서 오지 않은 많은 규례를 제거하고 벌거벗은 가난한 마음이 되어야 한다. 내 안이 깨끗해질 때 하나님의 관점과 시선으로 나를 보기 시작하고 신과의 개인적 만남으로 온 감정이 살아날 때만이 하나뿐인 독특한 자아로 지어진 나를 완성할 수 있으리라!

집단미술치료와 비블리오드라마는 긴 삶에 비해 짧은 기간에 집단구성원의 자아의 어떠함을 진솔하게 드러내도록 물리적·정서적 장소를 제공하는 것으로 매우 감동적인 것이었다. 각 집단원의 자아를 미술이라는 매개체를 사용하여 가장 상징적으로 표현함으로써 쉽게 한 개인의 특성이 이해가 되었으며 서로 공유할 부분을 찾기도 하고 차이를 한 눈에 발견할 수 있게 하였다. 작품을 만드는 과정에서 집단원들로 하여금 실존적 자신의 내면으로 집중시켰고 그러므로 드러난 자신의 작품을 통해 빠르게 자신의 문제를 발견하도록 하였다. 드라마는 이성으로 이론화되어 있는 자신을 떠나 묻혀 있던 감정을 동반하여 현재의 실존적 모습을 가장 잘 드러내도록 하였다. 본 연구 이후 비기독교 중년여성을 대상으로 동일한 프로그램을 시행하면서도 이러한 결과는 재차 확인을 할 수 있었다. 같은 미술작품이 없듯이 같은 드라마도 연출되지 않았다. 각자의 삶이 다르기 때문이기도 하며 그만큼 개인의 실존을 잘 드러냄으로써 치유의 길로 가기 때문이었다.

한 예로 세 집단의 비블리오드라마 중 야곱, 라헬, 레아 사이의 극중 진행이 전혀 다르게 전개되었다. 본 연구에서 결혼 첫날밤을 치르는 야곱인 나인정은 라헬보다 레아를 선택한다. '책임감' 때문에 결혼했던 자신의 모습이었다. 실험연구로 진행하였던 집단에서는 레아가 라헬에게 자신의 신랑을 '가져가라'고 포기한다. 그녀는 사실 유부남과 만났고 이후 그와 '재혼'을 하였으나 후회하고 있었기 때문이다. 또 다른 집단에서는 야곱이 레아도 라헬도 다 포기한다. '정신병'을 앓고 있는 자신의 여자형제들 때문에 '갈등적 상황'이 힘겹다고 하였다. 인생 자체가 긴 드라마로 많은 것을 경험한 후에 자각이 될 것을 '치료적 장면'에서는 상징적 작품과 타인의 역할을 빌려서 쉽게 자각된다. 즉, 자신을 바로 드러내고 바라본다는 것은 곧 치유로 가는 길이 된다고 할 수 있다.

인간이 살아가면서 모든 상황을 자신의 굴절된 시각으로 받아들이지 않고, 있는 그대로 반응하며 자유로운 실존적 자아실현을 이루는 것이 치유의 목적일 것이다. 그 목적을 이루기 위해서 나는 치료사로서 그리고 돕는 자로서는 어떠하여야 할까?

지도교수님의 제안으로 본 논문에 도움이 될 만한 인물들을 만나 인터뷰를 하는 과정에서 욥에 대한 실존 신앙을 연구하고 계신 대구교대 송인주 교수님과의 대화는 나로 하여금 욥에 대하여 다시 성찰하게 하였다.

흠 없고 악에서 멀리 떠나있던 욥에게 하나님은 엄청난 고난을 허락하신다. 그러므로 하나님은 욥으로 하여금 더 깊이 자신을 경험하게 한다. 하나님은 한 사람의 이야기가 42개 장을 차지하도록 성경의 지면을 할애하셨고 내러티브적 대화로 욥을 다루신다. 그만큼 인간 개개인이 욥처럼 주님을 만나기를 원하신다. 욥이 외부적인 모든 포장된 것을 벗어던져 실존적 자아로 주님을 만나게 하셨다. 그리하여 욥이 부분적으로 알고 있었던 주님을 눈으로 뵙는 만남을 허락하셨다. 곧 주님은 고난을 통해서 진리를 만나는 과제를 던져주신 것이다. 곧 현존하는 자아는 진리를 제외한 억압하는 모든 것을 벗겨내지 않으면 '자아'를 만나기 힘들기 때문이다. 내가 만난 현실을 가장 정직하게 드러내는 것이 힘이다. 그러므로 우리는 정직하게 주님 앞에 그대로 노출하는 자세가 필요하다. 노출을 하도록 또한 주님은 고난을 사용하신다. 그동안 이해할 수 없는 고난을 당하는 신자들의 삶에 대한 나의 의문을 이제 내려놓는다. 욥의 친구들은 욥을 돕고자 나름의 조언을 욥에게 한다. 그들의 말 자체는 틀린 것이 하나도 없이 문자적으로 맞지만 그들은 하나님으로부터 책망을 듣는다. 고난을 당하는 기독교인들의 고난의 의미를 이해하려고 판단하기보다 그가 모든 것을 내려놓고 하나님 앞에 서도록 함께 있어주는 것이 필요함을 깨닫는다.

고통당하는 인간들을 대하는 치료사는 인간의 자아에 대한 이해와 자아 구성의 어떠함을 읽고 그들이 그러한 자신을 자각하도록 도와야 한다. 문제가 있어서 내담자가 된 그들이 삶을 살며 구성당해 온 온갖 사고와 지식의 포장된 것을 드러내도록 안전지대가 되어주어서 스스로 무장해제하고 진솔한 자기언어를 만나서 실존적 삶을 살아가도록 해 주어야 한다.

그러나 그들과의 만남에서 또 다른 나의 언어로 그가 말하게 되고 나의 눈으로 그가 보지 않도록 조심하여야 한다. 본 연구에 참여한 6명 중 가장 많은 시간을 개인 비블리오드라마를 시연했던 오지원에게 나는 '기대'를 넘어 앞서서 '제시'를 하였다. 결국 그녀는 두 마음에서 갈등하며 그러한 제시가 상처가 된다고 말한다. 나는 치료사로서 또 다른 타자의 언어를 가지고 그들을 '폭력'하지 말아야 함을 생각하게 된다. 가장 달콤

한 것도 행동 여하에 따라 독한 것이 된다. 그동안 우리는 '자본'을 매개로, '부모'의 권위로 '교사'의 이름으로 폭력을 사용하였고 또한 받았다. 이제 나는 또 다시 '치료사'의 이름으로 폭력을 사용할 수도 있음을 기억해야만 한다. 구원자 예수님조차도 각 사람들의 마음의 문 밖에 서서 그들 스스로가 문을 여시도록 노크를 하시며 기다리시지 않는가!

그리고 6명의 집단원들은 같은 치료적 장면에 있었으나 변화의 속도도 다르며 그 변화의 정도도 다르다. 모두가 내가 바라는 만큼 변화될 것을 기대하여서 또 다른 기준으로 그들에게 요구하지 말자! 치료자의 역할은 그들이 진정한 자신의 모습을 찾아가도록 그들의 옆에 서서 같이 나아가는 동반자이기 때문이다. 그들이 자신에 대한 실존적 질문 앞에 서도록 하는 것이 나의 역할이다.

이 시점에서 여성들의 선교단체에서 만났던 ○집사와의 만남을 다시 생각해 본다. 영적인 모임은 더욱 죄에 대한 문제를 예민하게 다룬다. 예로 성경 속에는 죄를 지적하는 선지자들이 옳으며 하나님 앞에 순종하는 자로 서있다. 삶에서 '경건'과 '순결'이 요구되는 신자들이기에 그들 사이에서도 '죄'에 대하여는 너그러울 수가 없다. 그래서 강도당한 사람의 이웃은 불결한 것을 만지면 안 되는 제사장이나 레위인이 아닌 선한 사마리아인이었다(누가복음 10장 25절~37절). 나는 거룩함이 요구되는 선교단체의 임원으로서 ○집사의 삶을 판단하였다. 그녀의 삶에 가까이 갈수록 힘들어하는 '그녀'에게 집중하기보다 일어나고 있는 사건에 대해서 머리로 이해하고자 하였다. 그녀는 스스로 자발적으로 직장을 버리고 의심이 많고 여린 남편의 권위 속에 머물 것을 결심하고 하나님과 실존적 만남을 시도하는 과정에서 온갖 현실적 문제들을 견디어 나가고 있었을 것이다. 이 과정에서 그 집사는 할 수 없이 카드빚을 얻었고 그럼에도 불구하고 주님이 남편이 달라지도록 개입하기를 기다리며 주님과 씨름하고 있던 시기였을 것이다.

"다른 사람에게 거룩함을 요구하는 것은 그가 종교를 이해하지 못하고 있음을 보여주는 것이다. 여러분은 전적으로 여러분 자신의 힘으로 서려고 하며 여러분 자신의 길을 가려고 한다. 그러나 이런 고귀한 의지는 종교를 향하는 여러분을 방해하지 않는다. 종교는 노예의 봉사와 감금이 아니다(Schleiermacher, 2006).” 상대에게 거룩함을 요구하는 것은 표면적인 행위에 대한 요구로서의 의미로 이해된다. Schleiermacher에게 있어 행위는 절대의존의 감정에서 비롯된 순수한 자발적 특징을 가진다. 그러므로 다른 사람에게 거룩함을 요구하는 행위는 타인으로 하여금 순수한 자발적인 신앙의 체험의 결과로서 이루어진 것이 아니라는 점에서 종교에 무능하고 무지하다는 증거로 볼 수 있다.

그러나 신앙인들은 교리와 윤리의 이름으로 더 정죄를 하게 된다. 나 역시 고통을 당하고 있는 사람들을 판단하는 시각으로 바라보았다. 이러한 시각은 고난 중에 있는 그들에게 전혀 도움이 되지 않는다. 그들 자신이 자신의 죄를 더 들여다보고 있기 때문이다. 나는 죄를 함께 나누기 원한다. 나는 그들 스스로 자기반성을 통해 신께 고백하도록 그들에게 주권을 넘겨주고자 한다. 그리고 정죄와 판단도 이제 하나님의 영역으로 넘겨드리고자 한다. 나는 그들의 고백을 정죄함 없이 들어주고 어깨를 나란히 하고 같이 걸어가고자 한다.

그리고 여성으로서의 실존 또한 교리와 율법에 눌린 신 앞에서의 실존처럼 가부장적 문화 속에 억압되어 있다. 하나님이 창조한 본래의 실존적 모습을 찾기 위해 실존적 질문을 할 수 있도록 도와주고자 한다.

> …자아가 실존의 자아를 만나려면 하나님의 진리에 근거해서, 살아오면서 구성당한 자아의 경험들을 읽어내지 못하면 실존의 자아를 지향은 할지언정 만나지는 못합니다. 치료한다는 것의 초점은 자아의 과거를 읽어내고 그 겪은 고통에서 터닝 포인트해서 스스로 찾아가게 하는 것입니다… 나도 역시 성경을 만나기 전에는 ‘집 잃은 개’임을 몰랐어요. 하나님 말씀에 딱 마주치고 눈이 열렸어요. 바울이 자신의 실존을 말하기를(빌립보서 3장 5~8절) 육적인 것을 신뢰했던 자아로는 흠잡을 것이 없지만 그 모든 것을 물리치고 그의 동력은 단지 하나님의 말씀이 되지요. 육적인 것을 드러내고 버려야 이것이 바울의 실존이요, 세상에서 말하는 실존과 다른 신자들의 실존입니다. 치료란 육적인 것들을 드러내고 하나님의 앞에 서도록 하는 연결고리의 역할을 하는 것입니다. 이것이 하나님 안에

서 성도의 교제가 되는 것이지요. 그때에야 너의 고통이 나의 고통이 되며 지체가 되는 것입니다…

—대구교대 송인주 교수 인터뷰(2014. 6.) 내용 중—

신 앞에서 나는 나를 포장하고 있던 세상의 가치관과 육적인 가치관을 내려놓고, 피조물로서 사랑을 받는 존재로서 하나님 앞에 설 때만이 자유로워진다. 그리고 그 충만한 하나님의 사랑이 느껴지기 시작할 것이다. 그리고 비로소 타인에게도 그들의 본연이 아닌 모습을 벗고 실존으로 나아와 신 앞에 서서 함께 자유하도록 돕는 것이 '치료사'이며 '성도로서 교제하는 자'가 됨을 깨닫는다.

참고문헌

강영호(2005). 집단미술치료에서 치료사의 역할에 대한 연구. 석사학위논문. 명지대학교 사회교육대학원.

계홍규(2011). 비블리오드라마(Bibliodrama)를 통한 새로운 성서해석방법 연구: 누가복음 15:11~32(탕자비유)를 중심으로. 석사학위논문. 장로회신학대학교 신학대학원.

김난미(2004). 내러티브 탐구 방법으로 본 저소득 독거 여성노인의 미술치료 활동 경험 연구. 석사학위논문. 서울여자대학교 특수치료전문대학원.

김동연(1990). 미술을 통한 심리치료 (1). **정서·행동장애연구, 6**(1), 1-7.

김동연 외(1994). **미술치료의 이론과 실제**. 한국미술치료학회. 대구: 동아문화사.

김동연·공마리아 편역(2000). **인물화 및 집·나무·사람 그림에 의한 심리진단법**. 한국미술치료학회.

김명자(2003). **중년기 발달**. 서울: 교문사.

김세준(2009). 기독교집단의 비블리오드라마를 위한 액션메소드의 종합적 활용. **한국사이코드라마학회지**. 12(1), 23-38.

김세준(2011). 비블리오드라마를 통한 자기 발견과 치유–가족갈등을 경험한 기독청년들을 중심으로. **한국사이코드라마학회지, 14**(2). 21-40.

김세준(2011). 비블리오드라마를 통한 자기발견과 치유경험–가족갈등을 경험한 기독청년들을 중심으로. 박사학위논문. 백석대학교 기독교전문대학원.

김영란(2014). 집단미술치료가 중년여성의 자아존중감에 미치는 영향. 석사학위논문. 동국대학교 문화예술대학원.

김애순(1993). 중년기 위기감(3): 개방성향과 직업, 결혼, 자녀관계가 중년기 위기감에 미치는 영향. **한국노년학 13**(2), 1-14.

김완순(2007). 배려윤리와 도덕교육: 길리건과 나딩스의 배려윤리와 교육이론을 중심으로. 석사학위논문. 동국대학교 교육대학원.

김원옥 외(2005). **내러티브 분석**. 서울: 군자출판사.

김유태(2010). 비블리오드라마를 통한 효과적인 청소년 성경공부. 석사학위논문. 장로회신학대학교 교육대학원.

김윤정(2008). 미술치료가 시설아동의 우울성향에 미치는 영향 사례연구. 석사학위논문. 한양대학교 교육대학원.

김정란(1993). 중년기 위기 극복에 관한 한 연구. 석사학위논문. 고신대학교.

김종두(2002). **키에르케고르 실존사상과 현대인의 자아이해**. 서울: 도서출판 엠에드.

김종원(2005). 키에르케고르의 실존적 인간 이해. 석사학위논문. 부산가톨릭대학교.

김주현(2012). 디렉터와 주인공이 지각하는 사이코드라마 치료요인에 대한 개념도 연구. 석사학위논문. 인천대학교 교육대학원.

김주현 · 이지연(2012). 디렉터가 지각하는 사이코드라마 치료요인에 대한 개념도 연구. **한국사이코드라마학회지** 15(2), 17-45.

김지해(2006). 미술치료가 시설청소년의 우울과 불안에 미치는 영향–내러티브 탐구 방법론. 석사학위논문. 원광대학교.

김지현(2010). 총회 공과에서의 비블리오드라마 활용에 대한 연구. 석사학위논문. 장로회신학대학교 신학원.

김진숙(1997). **예술심리치료의 이론과 실제**. 서울: 중앙적성출판사. 36-37.

김진태(2000). 키에르케고르의 '종교적 실존'개념을 통해 본 성경 속의 인물 분석. 석사학위논문. 공주대학교.

김창호(2007). 몸으로 배우는 것이 가장 효과적이다. 액션 메소드 교육방법–비블리오드라마. **교육교회**, **362**. 165.

김현희(2008). 비블리오드라마와 독서치료. **한국사이코드라마 학회지**, **11**(1). 11-42.

김희영(2009). 비블리오드라마(Bibliodrama)를 통한 역동적인 성서교육에 관한 연구. 석사학위논문. 성공회대학교.

박노권(2006). 목회상담에서 신학과 심리학의 관계. **한국기독교상담학회지**. 95.

박세원(2010). 초등학교 교사의 교사됨의 의미형성 경험에 관한 질적 연구: 교사는 스스로의 언어로 아동과의 대화적 삶을 이야기 하고 살아내는 만큼 존재한다. **교육과정연구**.

박세원(2011). 왜 존재론적 탐구인가?: 인간 언어성 분석을 통해 본 탐구방법론적 과제.

박세원(2012). 존재론적 탐구로서의 저널쓰기 : 예비교사의 자기정체성 형성 이야기. **교육 인류학연구**.

박세원(2013). 학생 이해에 기초한 교과교육과정 통합 재구성 전략: 도덕과를 중심으로. **한국초등교육** **24**(4), 57-77.

박세원 외(2013). **이해의 선물**. 서울: 교육과학사.

박은미(2012). 비블리오드라마를 활용한 집단미술치료가 중년여성의 자아정체감에 미치는 영향. **한국미술치료학회지.** 19(6). 1481-1501.
박희석(2002). **사이코 드라마.** 광주: 한울사이코드라마연구소.
서인순(2003). 치매 시어머니를 수발하는 며느리의 경험: 내러티브방법론. 박사학위논문. 이화여자대학교.
손영희(2000). 중년기 여성을 위한 가치명료화 프로그램의 효과. 석사학위논문. 계명대학교 교육대학원.
송정아(1992). **중년의 위기와 예방.** 서울: 생명의 말씀사.
신연숙(1995). 정신분열증 환자의 미술표현 연구. 석사학위논문. 서울대학교.
신주영(2002). 배려윤리의 도덕 교육적 의의에 관한 연구. 석사학위논문. 동국대학교.
심귀연(2010). 가부장적 구조 속에서 본 타자화된 여성. **철학논총.** 59. 1.
심정아(2010). 몸으로 성서읽기 이론과 실제. 석사학위논문. 감리교신학대학교.
안영미(2008). 내러티브탐구를 통한 두 남성 노인의 삶과 죽음에 관한 이해. 박사학위논문. 이화여자대학교.
안재성(2007). 한 사람의 그리스도인이 되고자 한 키에르케고르와의 대화. 석사학위논문. 감리교신학대학교.
양유성(2004). **이야기 치료.** 서울: 학지사.
오수진(2011). 노인 여가활동으로서의 비블리오드라마 효과 노인 여가활동으로서의 비블리오드라마 효과. **한국사이코드라마학회지,** 14(2), 89-109.
유정희(2004). 집단미술 활동을 통해서 본 갱년기 여성의 신체변화에 대한 체험연구. 석사학위논문. 서울여자대학교 특수치료전문대학원.
유혜진(2004). 특수학교 재학중인 초등학생 자폐아 어머니의 미술치료활동 경험. 석사학위논문. 서울여자대학교 특수치료전문대학원.
윤일수(2013). 사이코드라마 디렉터의 역할과 자질. **한국사이코드라마학회지,** 16(1), 33-57.
윤혜원(2003). 발달장애아를 둔 초등학교 형제자매의 미술치료활동에 관한 경험: 내러티브 탐구 방법론. 석사학위논문. 서울여자대학교 특수치료전문대학원.
은옥주(2000). 중년 여성 우울증에 대한 미술치료 사례 연구 : 정신역동적 접근. 석사학위논문. 연세대학교 연합신학대학원.
이관직(2012). **성경인물과 심리분석: 개정증보판.** 서울: 생명의 말씀사.
이근매·아오키 도모코(2010). **콜라주 미술치료.** 서울: 학지사.
이미경(2009). 이분법 스키마타를 치유하는 성서읽기 연구—에스더서 1-3장을 중

심으로–. 기독교교육논총 21. 389-431

이민영(2008). 내러티브 연구. 홍현미라 외. 사회복지 질적 연구방법론의 실제. 서울: 학지사.

이범석(2007). 비블리오드라마 모형에 관한 기초연구–기독교 패러다임을 중심으로. 석사학위논문. 국제신학대학원.

이연경(2004). 유방절제술을 받은 중년여성의 미술치료활동 경험: 내러티브 탐구 방법론. 석사학위논문. 서울여자대학교 특수치료전문대학원.

이옥순(2002). 나딩스의 보살핌윤리의 도덕교육적 성격에 관한 연구. 석사학위논문. 충북대학교 교육대학원.

이정희(2013). 생애 이야기 속에 드러난 초등학교 중년 여교사의 삶의 고뇌와 성장. 박사학위논문. 경북대학교.

이한주(2001). 저소득 노인의 우울에 관한 내러티브 접근. 박사학위논문. 연세대학교.

이혜정(2002). 여성주의 윤리학에 대한 연구. 박사학위논문. 한국외국어대학교.

이혜진(2009). 인간발달사에서 본 여성의 도덕발달 과정연구. 석사학위논문. 감리교신학대학교.

이화성(2009). 통합적 접근 집단콜라주 미술치료가 중년여성의 우울에 미치는 효과. 석사학위논문. 평택대학교 사회복지대학원.

임근택(2011). 중년기 여성의 위기 극복을 위한 영성교육에 관한 연구. 석사학위논문. 장로회 신학대학교 교육대학원.

임성빈(2004). 21세기 문화와 기독교. 서울: 장로회신학대학교출판부.

장은정(2008). 중년여성의 우울증에 대한 정신역동적 집단미술치료. 석사학위논문. 나사렛대학교 재활복지대학원.

전종국·최선남(1997). 집단미술치료가 부모, 자녀관계증진에 미치는 영향. 한국미술치료학회지, 5(1), 125-137.

정희성(2013). 목회상담에서 가계도 연구의 새 방향. 신학과 실천 34.

조광제(2004). 몸의 세계 세계의 몸: 메를로퐁티의 지각의 현상학에 대한 강해. 서울: 이학사. 408.

조재호(2008). 중년여성을 위한 자아회복 프로그램. 석사학위논문. 장로회신학대학교 교육대학원.

천세경(2008). 주부 우울증을 가진 중년 여성의 미술치료 단일 사례 연구. 석사학위논문. 동국대학교 문화 예술대학원.

최명선(2013). 미술치료사의 전문가 되기 여정에 관한 존재론적 탐구. 박사학위논문. 숙명여자대학교.

최예정 · 김성룡(2005). **스토리텔링과 내러티브**. 서울: 글누림.

최외선 · 이근매 · 김갑숙 · 최선남 · 이미옥(2006). **마음을 나누는 미술치료**. 서울: 학지사.

최재영(1997). 미술치료의 치료적 역할. **교육개발**, 1, 55-60.

최재희(2008). 콜라주기법을 이용한 집단미술치료가 중년여성의 우울에 미치는 영향. 석사학위논문. 대전대학교 보건스포츠대학원.

최희정(2008). 예비수도자들의 집단미술치료 경험에 관한 내러티브 탐구. 석사학위논문. 서울여자대학교 특수치료전문.

표재명(1992). **키에르케고르의 단독자 개념**. 서울: 서광사.

한경혜 · 노영주(2000). 중년여성의 40대 전환기 변화 경험과 대응에 대한 질적 연구. **가족과 문화**, 12(1), 67-91.

한국미술치료학회(1994). **미술치료의 이론과 실제**. 서울: 동아문화사.

허라금(2012). 여성의 행위성과 가족 관념의 재구성. **철학논총**. 67(1), 297-316

홍근미(2012). 중년여성의 위기에 대한 이해와 기독교상담. **복음과 실천신학**. 25. 217-244.

황은혜(2011). 드라마예배에 관한 연구. 석사학위논문. 이화여자대학교 신학대학원.

홍현미라 외(2008). **사회복지 질적 연구방법론의 실제**. 서울: 학지사.

Arieti, S.(1976). *Creativity.* The Magic Synthesis. NY: Basic Books.

Bohart, A. & Tallman, K.(1999). *How Clients Make Therapy Works: The Process of Active Self-Healing.* Washington DC: American Psychological Association.

Buber. M.(1923). *I and Thou.* W. Kaufmann Trans(1979). Edinburgh: T. &T. Clark.

Buck, R. E., & Provancher, M. A.(1972). Magazine picture collage as an evaluative technique. *American Journal of Occupational Therapy,* 26(1), 36-39.

Clinebell H.(1987). *Basic Types of Pastoral Care Counseling.* 박근원 역(2001). 목회상담신론. 서울: 한국장로교출판사.

Clandinin. D. Jean & Connelly, F. Michael(2000). *Narrative Inquiry : Experierce and Story in Qualitative Research.* San Francisco : Jossey-Bass.

Colazzi, P. F.(1978). Psychological research as the phenomenologist views it. In

R. Vaile & M. King(Eds), Existential phenomenological alternatives for psycbology: New York: Oxford University Press.

Dayton, T.(2000). *Trauma and Addiction*. Deerfield Beach: Health Communications.

Dayton, T.(2005). The Living Stage. 김세준 역(2011) **사이코드라마와 집단치료 메뉴얼**. 도서출판 비블리오드라마.

Elisaberth Naurath Uta Pohl-Patalong(2002), *Bibliodrama:* Theori-Praxis-Reflexion.

France, M. H., & Allen, E. G.(1997). Using art: A gestalt counselling strategy for working with disruptive clients. *Guidance and Counselling, 12*(4), 24-26.

Gadamer, H-G.(1984). *Truth and method*. New York: The Crossroad Publishing Company.

Gilligan, Carol(1988). *Mapping The Moral Domain*. Cambridge: Harvard University Press. 21-48.

Gilligan, Carol et al.(1991). *Women, girls & psychotherapy*. New York: Harrington Park Press. 7-14.

Hale, A. E.(1986). *Conducting Clinical Sociomertric Explorations: A Manual for Psychodramatists and Sociometrists*. City: Publisher.

Hardy, D.(2005). Creating through loss: How art therapists sustain their practice in palliative care. In, D. Waller & C. Sibbett(Eds). *Facing death: Art therapy and cancer care*(pp. 185-198). Berkshire, Enhland: Open University Press.

Heidegger, M.(1927). Sein und zeit. 전양범 역(2008). **존재와 시간**. 서울: 동서문화사.

Janssens, L.(1977). Norms and Priorities in a Live Ethics. *Louvain Studies* 6 (Spring), 214-221

Josselson, R.(2007). On Psychotherapy and the Human Condition. 이혜성 역(2008). **얄롬의 심리치료와 인간의 조건**. 서울: 시그마프레스.

Kenyon, G. M. & Randall, W. L.(1997). *Restorying our lives: Personal growth through autobiographical reflection*. Westport, CT: Praeger.

Kerby, A. P.(1991). *Narrative and the self*. Bloomington, IN : Indiana University Press.

Kramer, E.(1993). *the Art Therapy Source Book*. New York: The Guilford Press.

Krondorfer, Björn(2008). *Serious Play : Bibliodrama in the Context of Creative Incarnation*. **한국사이코드라마학회지**, 11(1). 83.

Krondorfer, Björn(2008). *Body and Bible*. 황헌영, 김세준 역(2010), **비블리오드라마**. 서울: 창지사.

Kottmam, T.(2010). *Play therapy: Basics and beyond.* Alexandria. VA: American Counseling Association.

Kierkegaard. Soren(1968). *Kierkegaard's Concluding unscientific postscript.* Princeton : Princeton University Press. 448.

Kierkegaard, Soren. Enter-Eller(1843). 권오석 역(1992). **이것이냐 저것이냐.** 서울: 홍신문화사.

Kierkegaard, Soren. Begrebet Angest(1844). 임규정 역(1999). **불안의 개념.** 서울: 한길사.

Kierkegaard, Soren. Indovelse I Christendom(1850). 임춘갑 역(2005). **그리스도교의 훈련.** 서울: 다산글방.

Kris, E.(1952). *Psychoanalytic Explorations in Art.* N.Y.: International University Press.

Lerner, C., & Ross, G.(1977). The magazine picture collage: Development of an objective scoring system. *American Journal of Occupational Therapy,* 31(3), Levinson, D.(1978). The Seasons of a Man's Life. New York: Ballanetine Books. 57

Liebmann, M.(1990). It just happened : Looking at crime events. In M. Liebmann(Ed.). *Art therapy in practice.* pp. 133-155. Bristol. PA: Kingsley.

Lourie, Walter(1951). *A short life of Kierkegaard.* 임춘갑 역(2007). **키에르케고르 평전.** 서울: 다산글방.

Malchiodi, C. A.(2011). Handbook of Art Therapy. 임호찬 역(2012). **미술치료 입문.** 서울: 학지사.

Martin, Gerhard Marcel(2001). *Sachbuch Biblioframa.* 손성현 역(2010). **몸으로 읽는 성서.** 서울: 라피스. 12

May, Rollo.(1991). *The Cry Myth.* New York: W. W. Norton & Company Inc.

Mckiel, Ruby Elaine(1996). *Participatory care: The dxperiences of parents of hospitalized childen.* Doctatio disertation. University of Alberta.

Merleau-Ponty, Maurice(1945). *Humanisme et Terreur.* 류의근 옮김(2002). **지각의 현상학.** 서울: 문학과 지성사.

Merleau-Ponty, Maurice(1964). L'oeil et L'esprit. 김정아 옮김(2008). **눈과 마음.** 서울: 마음산책.

Merriam. S. B.(1998). *Qualitative research and case study applications in education.* San Francisco: Jossey-Bass Publishers.

Mills, J. C., & Crowley, R. J.(1986). *Therapeutic metaphors for children and the child within,* New York: Brunner/Mazel.

Moen. P. and E. Wethington(1999). Midlife Development in a Life Course Context. pp. 3-23 in *Life in the Middle: Psychological and Social Develoment in Middle Age.* S. Willis and J. D. Reid (Eds.). California: Academic Press. Inc.

Moon, B.(2007). Dialoguing with dreams in existential art therapy. *Art Therapy.* Journal of the American Art Therapy Association, 24(3), 128-133.

Moreno, I.(1964) *Psychodrama.* Vol. 1 Ambler. PA: Beacon House.

Palmer, Richard E.(1969). Hermeneutics. 이한우 역(1993). **해석학이란 무엇인가.** 서울: 문예출판사.

Pert, C.(1997). *Molecules of Emotion.* New York: Scribner.

Perter Pitzele.(1998). *Towards a Practice od Bibliodrama.* Los Angeles: Alef Design Group.

Phillips, D. K. & Carr, K.(2006). Becoming a teacher through action research: Process, context, and self-study. 황미향 외 역(2010). 교사를 위한 실행연구. 과정과 맥락 그리고 자기연구. 파주: 교육과학사.

Pihl Jones.(1996) Drama as Therapy. 이효원 역(2005). **드라마와 치료.** 서울: 율력.

Polkinghorne, Donald E.(1988). Narrative Knowing and the Human Science. 강현석 외 공역(2009). **내러티브 인문과학을 만나다.** 서울: 학지사.

Rogers, C.(1951). *Client-Centered Therapy.* Boston: Houghton Mifflin Co.

Rogers, C.(1958). Reinhold Niebuhr's Self and Drama od History. *Pastoral Psychology* 9. June, 14-21.

Rogers, Steven S.(2002). The Parent-Child Relationship as an Archetype for the relationship between God and humanity in Genesis. *Pastoral Psychology,* 50(5), 377.

Rogers, N.(1993). **인간중심표현예술치료.** 이정명·전미향 역(2010). 서울: 시그마프레스.

Rubin, J. A.(2010). *Art therapy: An introduction* (2nd ed.). New York: Taylor & Francis.

Reich, W.(1942). Die Enteckung des Orgons. Koeln. Kiepenheuer u. Witsch.

Schleiermacher, Friedrich.(1999). *The Christian Faith.* (2nd ed.). Edinburgh: T&T CLARK.

Schleiermacher, Friedrich(1799). Uber die Religion. 최신한 옮김(2002). **종교론 :**

종교인을 멸시하는 교양인을 위한 강연. 서울: 대한 기독교서회.

Schramm, Tim F.(1992). *Bibliodrama in Action: Reenacting a New Testment Healing Story in BODY AND BIBILE.*

Schweitzer, Friedrich(2007). Wie Kinder und Jugendliche Biblische Geschichten konstruieren. Rezeptions-forschung und Konstruktivismus als Herausforderung des Bibelunterrichts. in: Bizer, Christoph(et. al. hg), Bibel und Bibeldidaktik(Jahrbuch der Religionspädagogik Bd.23).

Susan E. Chase.(2011). Narrative Inquiry: Still a Field in the Making. Norman K. Denzin & Yvonna S. Lincoln (ed.), *The Sage Handbook of Qualitative Research,* Los Angeles: Sage.

Teichert, W.(2001). *Wenn die Zwischen-räume tnzen: Theolog ie des Bibliodramas. Kreuz.* 18.

Tillich, Paul. *Perspective on 19th and 20th century Protestant theology.* 송기득 역(2004). 서울: 대한 기독교서회.

Tuna. N.(1992). *Woman and the History of Phildsopy.* New York: Paragon Books. 72.

Turner, Victor.(1986). *the Anthropology of Performance.* New York: New York Publications.

Ulak, B. J. & Cummings, A. L.(1997). Using clients'artistic expressions as metaphor in counselling: A pilot study. *Canadian Journal of Counselling, 31*(4), 305-316.

Virkler, Henry A.(1994). *Hermeneutics: principles and processes of Biblical interpretation.* 김승역(2001). **성경해석학**. 서울: 연합. 25.

Wadeson. H. S.(1980). *Art Psychotherapy.* N.Y: John Wiley & Sons. 34-36, 52-53.

Wadeson, H. S.(1995). Dynamics of Art Psychotherapy. 장연집 옮김(2008). **미술심리치료학**. 서울: 시그마프레스.

Webb, N.B. (Ed).(2007). Play therapy with children in crisis: Individual, group, and family. *Therapy Association, 24*(2), 52-58.

Weiner, H. B.(1975). *Living Experience with Death-A Journeyman's View Through Psychodrama.* Omega, 6(3), 251-274.

Waller, D.(2002). *Art therapies and progressive illness: Nameless dread.* New York: Brunner-Routledge.

Winnicott, D. W.(1971/1989). *Playing and Reality. Reprint.* London/new York: Routledge, Chapman & Hall.

Yalom. I. D.(1995). *The theory and Practice of Group Psychotherapy*(2nd ed.). New York : Basic Books.

Yalom, I. D.(2005). The Schopenhauer Cure. 이혜성, 최윤미 역(2006). **쇼펜하우어, 집단미술치료**. 서울: 시그마프레스.

Yalom, I. D.(1980). Existential psychotherapy. 임경수 역(2007). **실존주의 심리치료**. 서울: 학지사.

용어편

〈ㄱ〉

가상현실 / 315
가족도 / 173
가족조각 / 223
간증 / 12
갈등적 상황 / 246
감정 / 132
감정몰입 / 316
감정분자(Molecules of Emotion) / 60, 308
감정이입 / 161, 318
거울기법 / 66
거짓 메시지 / 301
건강한 자아 / 246
경건성 / 45
고통과 고난의 신비 / 294
공동체로부터의 고립 / 269
공명 기법 / 325
공유된 피드백 / 299
공포와 전율 / 44
교리 / 45
교의 / 45
굴러가는 수레바퀴 / 72
그대로 바라보기 / 292
극적 신체 / 60
기독교 상담 / 336
기독교 신앙 / 12
기독교 여성 / 22
기독교 중년여성 / 24, 51
기술(description) / 50
기호문자 / 51

〈ㄴ〉

나와 너의 관계구조 / 311
남아선호사상 / 107
내러티브적 연구방법 / 29
내적 경험의 전위 / 55
내적 긴장 / 317
노는 것 / 28
놀이 / 54, 315
놀이의 신성함 / 62
놀이형식 / 57, 86
놀이형식의 치료장면 / 112
눈 / 46

〈ㄷ〉

단독자 / 43
대리보충적 언어 지평 / 51
도덕 발달론 / 40
도덕성 / 40
독립성 / 41
동행자 / 28
되어감의 존재 / 64
드라마 / 323
드라마형식 / 57
디렉터 / 154

〈ㅁ〉

말하는 치료 / 50
메아리 / 325
명료화 / 71
모래놀이치료 / 304
몸 / 26, 46
몸의 언어 / 64
미술교사 / 14
미술대학 / 13
미술치료 / 46, 258, 334
미술치료기법 / 14
미술치료사 / 15, 334
미술치료장면 / 327
미술치료책 / 14
미술표현 / 65
미술활동 / 40, 80
미적 실존 / 43

〈ㅂ〉

보살핌(care) / 40
보살핌의 관점 / 41
보살핌의 윤리 / 281
보조자아 / 154
보조자아 사용하기 / 66
봄의 의식 / 47
부조리 / 21
부흥회 / 12
붙들림 / 47
비블리오드라마(Bibliodrama) / 18, 25, 48, 128, 184, 288, 312
비언어적 의사소통 / 55
빈 둥지 / 39
빈 의자기법 / 66, 318

〈ㅅ〉

사마리아 여인 / 125
사물 속으로 달아남 / 47
사이코드라마 / 18
사회적 관계망 / 23
삶의 정체성 / 32
삶의 터들 / 254
새로운 자아 / 42
생애발달론 / 266
선교단체 / 16
선험적 근거 / 47
선형론적 인식 / 146
성경 / 17
성경텍스트 / 28, 59, 243
성서 이야기들 / 149
성차별적 편애 / 273
소감시간 / 254
소감이미지 / 297
소외 / 28
쉼 / 139
시원적(genealogical) 다원성 / 56
신 앞에서 선 단독자 / 45
신체 / 46
신체적 언어 / 48, 63, 334
신학상담 / 336
실존 / 24, 78
실존론적 물음 / 71
실존론적 존재론 / 72
실존적 만남의 장 / 263
실존적 사고 / 24
실존적 언어 / 78
실존적 이미지 / 203
실존적 인간 / 282
실존적 체험 / 27
실존적 해석 / 266
실존적인 공허 / 266
실존주의 심리치료 / 28, 66
실존주의적 치료사 / 335
실존주의치료 / 66
심리세계 / 52
심리치료 / 28, 54

〈ㅇ〉

안전한 위기 / 316
억눌린 자아 / 39
억압과 고통 / 288
억압된 자아 / 107
억압적 구조 / 270
HTP 진단그림도구 / 99
에코잉(echoing) / 325
에피소드 / 40
여권주의자 / 41
여성성 / 280
여성시대 / 36
여성적 선(goodness) / 281
여성학 / 41
역할 / 26
역할교대 / 66
역할극 / 20, 112, 133, 223, 318
영성적인 문제 / 23
영원성 / 44
영적세계 / 15
예수님 / 125
예술치료 / 46
외재적 표상물 / 26
원가족과의 관계 / 173
웜 업 단계 / 80
윤리적 실존 / 43, 78, 228

율법 / 14
은유적인 표현 / 296
의미 형성과정 / 29
의미구성 / 46
의미요법(logotherapy) / 56
이야기 형식 / 42
이야기(story) / 48, 49
이야기하기(storytelling) / 48, 49, 319
인간의 성장과 치료 / 334
인간의 실존성 / 72
인간의 실존에 대한 근본적 불확실성 / 335
인간의 존재 구성 / 72
일방적 타자 / 76
일방적 타자의 언어 / 78, 268

〈ㅈ〉

자기노출 / 47
자기동일화 / 52
자기비하감(self-devaluing) / 275
자기와의 만남 / 59
자기정체성 / 120
자기탐구 / 47
자기해석의 틀 / 50
자발성 / 28
자서전적 이야기 / 50
자아개념 구성 / 266
자아개념 형성과정 / 32
자아구성 / 266
자아변화 / 24, 40
자아성숙 / 22
자아성숙과 변화 / 40
자아의 독립성 / 280
자아정체감의 위기 / 266
자아정체성 / 42
자아정체성의 위기현상 / 38
자아형성과정 / 107
자아혼란과 변화 / 45
자유에로의 여정 / 66
자율성 / 41
자의적 해석(eisgesis) / 310
자전적 글쓰기 / 71
재현과 전이 / 297
저출산 고령사회 / 36
적정한 집단 온도 / 298
적합성(rightness) / 84
전이 / 173
전이와 재연 역동 / 297
전인적인 인간 / 53
점토 / 303
정신적 외상 / 50
정체성 / 15
정체성의 위기 / 24
존재 지평 / 79
존재되어감(becoming) / 72
존재론적 연구방법 / 31
존재론적 탐구 / 72
존재론적 탐구방법 / 336
존재론적 탐구방법론 / 70
존재의 의미 / 77
존재의 집 / 78
존재함(being) / 72
종교적 실존 / 24, 43
죄의식 / 45
주관적 경험 / 29
주관적 참여 / 310
주체적 진리 / 43
중년 / 36
중년기 / 36
중년여성 / 22, 36
중보기도 / 15
즉시적 표상 / 27
즉흥성 / 28
지각의 현상학 / 27, 47, 306
직접적·주관적 체험 / 45
진단용 그림 / 327
진실성(veracity) / 84
질적연구 / 335
집단미술치료 / 15, 288
집단미술치료 장면 / 128
집단미술치료 프로그램 / 65
집단상담 / 163
집단역동 / 27, 161, 166
집단원들 / 156
집단치료시간 / 242

집단치료장면 / 213

〈ㅊ〉

찰흙 / 303
참됨성(truthfulness) / 83
창의성(creativity) / 87
창작기법 / 53
체화된 의미 / 27
초월 / 47
초월성 종교 / 44
최면놀이 / 202
추체험 / 50
치료과정 / 266
치료여행 / 329
치료장면 / 160
치료적 동반자 / 335
치료적 여행에의 동반자 / 66
치유자 / 17

〈ㅋ〉

카타르시스 / 318
카타르시스 경험 / 193
콜라주 기법 / 235
콜라주 작업 / 232
콜라주 작업방식 / 305
콜라주 작품 / 234
콜라주 화면 / 255
콜라주의 형식분석 / 304

〈ㅌ〉

타자의 실존의 언어 / 77
탈존 / 78
텅 빈 공허감 / 38
통합적 접근 / 57
투사 / 125, 173
투사자료 / 27

〈ㅍ〉

퍼포먼스 / 315
평면적 의식현상 / 70
포스트모더니즘 / 56
포스트모더니즘시대 / 25
표의적 가공물 / 27
풍부성(richness) / 84

〈ㅎ〉

하나님 / 12
하나님의 사랑 / 12
한국미술치료학회 / 142
해석학 / 50
해석학적 순환 / 50
현상학적 방법 / 69
현상학적 분석 방법 / 70
현전(presence) / 51
화병 / 272

인물편

〈ㄱ〉

공마리아 / 140
김동연 / 52
김명자 / 36
김세준 / 59, 121, 310
김애순 / 23
김정란 / 37
김종원 / 46
김진숙 / 26, 54
김진태 / 293

〈ㄷ〉

다윗 / 275

〈ㄹ〉

라반 / 147
라헬 / 143
레아 / 143
리더 / 17
리브가 / 177

〈ㅁ〉
마르다 / 243
마리아 / 243
모르드개 / 215
모리타니 / 304
모세 / 283

〈ㅂ〉
바사왕 / 215
박세원 / 26, 63, 73
박은미 / 87
박희석 / 62

〈ㅅ〉
손영희 / 37
솔로몬 / 275
송인주 / 345
송정아 / 38
스기우라 / 304

〈ㅇ〉
안재성 / 46
야곱 / 146, 177
양유성 / 51
에서 / 177
에스더 / 213
와스디 왕비 / 215
요나 / 18
욥 / 17
이관직 / 182
이미경 / 216
이범석 / 25, 62
이삭 / 177
이혜정 / 281
이혜진 / 40, 280
이효원 / 57
임성빈 / 56

〈ㅈ〉
장연집 / 65, 118
조광제 / 27
조재호 / 39

〈ㅊ〉
최외선 / 52

〈ㅋ〉
카인과 아벨 / 176

〈ㅌ〉
표재명 / 24

〈ㅎ〉
하만 / 216
허라금 / 272
홍근미 / 30

〈A〉
Anna / 50
Ariete / 54

〈B〉
Bjön Krondorfer / 25, 310
Bohart & Tallman / 65
Buber / 28, 278
Buck / 304

〈C〉
Candice Pert / 60
Carol Gilligan / 275
Chase / 135
Clandinin & Connelly / 30, 48
Colazzi / 69

〈D〉
Dayton / 308
Derrida / 51

〈E〉
Erikson / 37

〈F〉

Freud / 50
Fritz Perls / 316

〈G〉

Gadamer / 63
Gerhard Marcel Martin / 47
Gilligan / 40, 181

〈H〉

Heidegger / 70, 78
Howard Clinebell / 23

〈J〉

Josselson / 28
Jung / 23

〈K〉

Kahn / 296
Kenyon & Randall / 48
Kerby / 48
Kierkegaard / 24, 282
Kohlberg / 40, 181
Krondorfer / 56

〈L〉

Levine / 64
Levinson / 38
Liebmann / 304

〈M〉

Malchiodi / 52, 303
Maslow / 53
May / 50, 66
Merleau-Ponty / 26, 27, 306
Merriam / 86
Mills & Crowley / 296

〈N〉

Natalic Rogers / 328

〈P〉

Peter A. Pitzele / 58
Phillips & Carr / 88
Pihl Jones / 28, 57, 62
Plante / 296
Polkinghorne / 71
Provancher / 304

〈R〉

Rollo May / 25, 54
Rubin / 296, 304

〈S〉

Schleiermacher / 44, 290
Stevie Wonder / 238

〈T〉

Tian Dayton / 61, 121, 297
Tim F. Schramm / 57
Turner / 63

〈U〉

Ulak & Cummings / 296
Ulman / 25, 46

〈W〉

Wadson / 47
Weiner / 317
Winnicott / 54

〈Y〉

Yalom / 28, 66

저/자/소/개

• **박은미**

경기여자고등학교 졸업
동덕여자대학 회화과 졸업
Midland Technical College, Watercolor Course 수료(미국)
인제대학교 사회복지대학원 사회복지학과 졸업(사회복지학 석사)
영남대학교 대학원 미술치료학과 박사과정 졸업(미술치료학 박사)

서울시교육청 중등학교 2급 정교사 미술과 교원자격증 취득
사회복지사 2급 자격취득
한국미술치료학회 미술치료사 자격획득
한국미술치료학회 미술치료전문가 자격취득

서울 한강여중학교 미술교사
부산 백양중학교 미술교사
경남대학교, 진주산업대학교, 경상대학교, 가야대학교 사회복지학 및 미술치료 강사
현재 엠마오마산미술치료연구소 소장

대우백화점(마산) 문화교실 '누드크로키 전시회' 출품(1999)
경남기독미술인협회전 출품. 3.15 아트센터(2010)

노인상담론(공저), 창지사(2011)
케어복지론(공저), 정민사(2016)

집단미술치료가 시설노인의 대인관계에 미치는 효과, 한국미술치료학회, 미술치료연구 제13권 4호(2006)
초등학생의 자기효능감과 '빗속의 사람' 그림반응 특성에 관한 연구, 한국미술치료학회 미술치료연구 제18권 제6호(2011)
비블리오드라마를 활용한 집단미술치료가 중년여성의 자아정체감에 미치는 영향, 한국미술치료학회 미술치료연구 제19권 제6호(2012)
기독교 중년여성의 비블리오드라마를 활용한 집단 미술치료의 경험에 관한 존재론적 탐구, 영남대학교 대학원 미술치료학 박사학위논문(2014)

비블리오드라마를 활용한

집단미술치료

초판 1쇄 인쇄 / 2017년 7월 10일
초판 1쇄 발행 / 2017년 7월 20일

저　자 / 박 은 미
발행인 / 이 중 수
발행처 / **동 문 사**

서울특별시 서대문구 홍제원 1길 12
(홍제동 137-8)
Tel : 02)736-3718(대), 736-3710, 3720
Fax : 02)736-3719
등록번호 : 제9-17호
가격 : 20,000원

ISBN : 978-89-8251-931-4(93370)
E-mail : dong736@naver.com
www.dongmunsa.com